社会主义新农村建设实务丛书

农业嘉年华
规划、建设与案例分析

主　编　张天柱

中国轻工业出版社

图书在版编目(CIP)数据

农业嘉年华规划、建设与案例分析/张天柱主编. —北京:中国轻工业出版社,2021.1
(社会主义新农村建设实务丛书)
ISBN 978-7-5184-1318-8

Ⅰ. ①农… Ⅱ. ①张… Ⅲ. ①观光农业—农业发展—研究—中国 Ⅳ. ①F592.3

中国版本图书馆CIP数据核字(2017)第035592号

责任编辑:伊双双 秦 功
策划编辑:伊双双　　责任终审:劳国强　　封面设计:锋尚设计
版式设计:王超男　　责任校对:燕 杰　　责任监印:张 可

出版发行:中国轻工业出版社(北京东长安街6号,邮编:100740)
印　　刷:三河市国英印务有限公司
经　　销:各地新华书店
版　　次:2021年1月第1版第5次印刷
开　　本:720×1000　1/16　印张:18.5
字　　数:430千字　插页:4
书　　号:ISBN 978-7-5184-1318-8　定价:52.00元
邮购电话:010-65241695
发行电话:010-85119835　传真:85113293
网　　址:http://www.chlip.com.cn
Email:club@chlip.com.cn

201568K1C105ZBW

本书编委会

主　编：张天柱

审　稿：曹　华　郝天民　张德纯　王有年

编写人员：（按拼音排序）

陈燕红　房志超　郭佳欣　郭玲娟　郭唯伟　郭显亮

侯苗苗　侯　倩　李伟平　刘彩霞　刘二春　刘　佳

陆婉颖　亓德明　尚　辉　司跃腾　宋建华　苏彦宾

王朝栋　王富强　王　静　吴金杰　于稷栋　曾祥伟

张立田　张　兴　张志涛　赵志伟　朱　涛

序一
FOREWORD

摆农业盛宴，颂嘉年华章

人类已有约300万年的悠久历史，在大约90%以上的漫长岁月中，人类主要靠采集野生植物的果实、根、茎、叶和渔猎为生。在我国远古神话中就有“神农氏尝百草，一日遇七十毒”的描写。神农氏尝百草，实际上就是我们的先民尝百草，不知有多少人因误食毒草毒菌而丢掉了生命，但正是因为这样，人类才逐渐累积了有关植物的知识，为农业的发展奠定了基础。

考古学家发现距今7000年左右的时期，中国进入了新石器繁荣时代。由于这一时代的文化遗产首先被发现于河南渑池仰韶村，因此被称为仰韶文化。黄河流域的仰韶文化遗址已被发现一千多处，其中以西安半坡遗址最有代表性。在半坡遗址挖掘中发现了多种农作物种子及斧、刀、锄、铲等磨制的石器。考古学家认为半坡先民是用石斧砍倒树木荆棘，放火烧去野草，再用石锄、石铲平地、松土，然后播上种子。这一考古发现，证明了远在6000多年前，我们的先民即已从事农业生产了。

在漫长的农耕社会中，广大的农民过着日出而作、日落而息的劳作生活。落后的生产方式、残酷的封建剥削，使得劳作者终日面朝黄土背朝天，为温饱而辛苦。《悯农》：“锄禾日当午，汗滴禾下土。谁知盘中餐，粒粒皆辛苦”，便是农业艰辛劳作的生动写照。多少年来，人们视农业为畏途，农业劳作没有欢乐。

历史的车轮终于走到这一天，中华人民共和国的成立，推翻了压在中国人民头上的三座大山；在5000年华夏历史上，人民真正成为了国家的主人。尤其是改革开放以后，国家经济得到了飞速的发展，人民生活得到了空前的提高。

在新的历史条件下，人们需要农业的节庆，需要农业的狂欢节。人们借用流行在欧洲和南美洲地区的狂欢节“嘉年华”一词，创造了“农业嘉年华”的新概念。农业嘉年华是“嘉年华”与农业的结合与应用，是农业活动上一项历史性发展、创新和提升。该事物一经出现，立即得到社会的普遍青睐。

中国农业大学、北京中农富通园艺有限公司在北京昌平区、安徽省马鞍山市、广西壮族自治区玉林市、辽宁省辽阳市、河北省南和县等地举办的“农业嘉年华”已成为品牌，更多“农业嘉年华”的筹办工作正在等待他们去开展。

衷心祝愿中国农业大学、北京中农富通园艺有限公司百尺竿头更进一步，让农业的狂欢带给人们更多的欢乐。

中国农业科学院蔬菜花卉研究所
张德纯
2016 年 3 月

序二
FOREWORD

“农业嘉年华”是以国内外前沿科技为支撑的大型农业节庆活动。活动内容富有知识性、趣味性、参与性、互动性、休闲性。它是中国独创的一种都市农业新型业态，是近年来城乡各阶层、各类别群体都乐于参与的高层次农业展会。

“嘉年华”一词源于流行在欧洲和南美洲地区的狂欢节（Carnival）。在狂欢节期间，人们举行宴会、游行，尽情地宣泄、纵情欢乐，其中以巴西每年举行的狂欢节最为著称。在中国，每年春节欢庆活动的规模与其相似。春节期间全国各地的人们走上街头玩旱船，舞狮耍龙，放鞭炮，搭台唱戏，热闹非凡。

“嘉年华”是根据Carnival译音并中国本土化后的名词，此冠名更具中华民族的文化特色，其内涵更加丰富。“嘉年华”一词出现在中华大地后，迅速、广泛地被融入娱乐（如嬉水乐园嘉年华）、体育（如欢乐体育嘉年华）、汽车（如北京汽车嘉年华）、电子（如电子竞技嘉年华）、科技（如国际数字娱乐嘉年华）等行业活动上，受到人们的欢迎、接受、理解，具有较强的号召力。

中国创造“农业嘉年华”是“嘉年华”与农业的结合与应用，是农业活动上一项历史性发展、创新和提升。农业嘉年华内容丰富，规模宏大，与国家发展战略结合密切。

中国农业大学和北京中农富通园艺有限公司自2013年参与北京首届农业嘉年华的规划、设计和建设工作后，又连续参加了2014年、2015年和2016年北京农业嘉年华。其内容的更新与提升，使每届农业嘉年华都含有不同的特点和明确主题，第一届为“观农业盛典，享花样年华”；第二届为“多彩农业，点亮生活”；第三届是“美丽乡村，快乐生活”；第四届为“智慧农业，引领生活”。这些特点体现了北京中农富通园艺有限公司的经营理念：“农业嘉年华”与时俱进，不断推陈出新，以新的理念，新的设计，新的景观，新的表现手法展现国内外农业的最新技术。因此，四年多来，北京农业嘉年华在每届58天的开馆期间接待参观者的人数不断攀升，从2013年第一届的100万人次，发展到2016年的133.6万人次；农业嘉年华的直接收入从2013年的3300万元，增加到2016年的6070万元。同时，北京农业嘉年华推动了所在地昌平区的草莓产业和民俗旅游业的发展，提升了昌平草莓产业和旅游业品牌的知名度，显著增加了农户的收入。

农业嘉年华展示出许多国内外最先进的农业生产技术、农产品品种、生产设备，显现出的生态种植、养殖和循环的可持续发展思想，使农民看到农业发展的美好未来和行动方向。农业嘉年华在农业的发展方向上起到了引领作用。

农业嘉年华展示出各种新型、特异、非常规的水果蔬菜，使参观者眼界大开；展出的古老、传统农业生产工具和加工设备，让参观者了解了中华民族的农耕历史。农业嘉年华以其直观易懂的方式，发挥了传播知识的作用。

农业嘉年华为宾客提供了农产品采摘等农耕和农产品加工体验活动，还可近距离观看蜜蜂采蜜授粉的全过程并可体验蜂蜇治疗；还可参与有奖农业知识问答，在互动中得到快乐，这体现了农业嘉年华的趣味性。

农业嘉年华展馆中的“玉米瀑布”“向阳花海”“紫蔬探秘”等各种不同主题的景观以及展馆附近令人心旷神怡的田园风光，为压抑在城市狭小家庭空间中的大人和孩子们提供了休闲、放松的好去处。

农业嘉年华这种新型都市农业的优势迅速传遍全国，不少地方的领导也纷纷希望借助农业嘉年华的生产功能、生活功能、生态功能、文化功能促进本地区“三农”“城乡一体化”和“三产”的融合发展。农业嘉年华强劲的影响力赋予北京中农富通园艺有限公司更多的责任，2014 年，北京中农富通园艺有限公司应邀规划、建设了 1.1 万平方米的安徽马鞍山和县农业嘉年华；2015 年，北京中农富通园艺有限公司规划、建设了 4.1 万平方米的辽阳市辽阳县农业嘉年华；2014 年至 2016 年，规划、建设了面积约 10 万平方米（先后两期）的广西玉林“五彩田园”农业嘉年华；2015 年规划、建设了河北南和县农业嘉年华等。

通过几年的实践，我们深深感到：（1）农业嘉年华在我国具有很强的发展势头，今后将更需要农业嘉年华；（2）农业嘉年华是一项庞大的系统工程，投资较高，规划、设计和建设需要高水平的技术人员。要使农业嘉年华产生良好的社会效益、经济效益、生态效益和文化效益，在规划、建设时必须有正确合理的指导思想、原则和理论知识。为了全社会特别是农业领域的科技人员深入探讨相关问题，中国农业大学、农业嘉年华课题组和北京中农富通园艺有限公司编写出版《中国农业嘉年华发展研究报告（2016）》一书。此书对农业嘉年华的内涵、规划理论、原则、程序等方面进行了初步的阐述，其目的是抛砖引玉，引发共同讨论，使农业嘉年华向更高的水平发展。

中国农业大学食品学院原院长
吴卫华
2016 年 7 月

目　录
CONTENTS

第一章
绪　　论

第一节　都市农业概述

一、都市农业的理解

（一）都市农业的概念

“都市农业”（Agriculture in urban countryside）这一词的英文本意是指都市圈中的农地作业。都市农业一词最早见于1930年出版的《大阪府农会报》杂志上，表述为“以易腐败不耐储存的蔬菜生产为主的，同时又有鲜乳、花卉等多样化的农业生产经营”，称之为都市农业。日本地理经济学家青鹿四郎（1935年）在《农业经济地理》一书中对“都市农业”定义为：都市农业是分布在都市内的工商业区、住宅区等的区域内，或者是分布在都市外围的特殊形态的农业。即在这些区域内的农业组织依附于都市经济，直接受都市经济势力的影响，主要经营乳、鸡、鱼、鲜菜、果树等，集约化、专业化生产程度很高，同时又包括稻、麦、水产、畜牧等的复合经营活动。

联合国粮农组织（FAO）在1997年将“都市农业”定义为：都市农业是在大都市内或都市圈周围，利用城市间的间隙，包括耕地、山地、水面，从事种植养殖业等经济活动，为城市提供鲜活农产品、生态、旅游、休闲农产品的现代农业。1996年在多国组织和政府的支持下，国际都市农业促进小组在荷兰成立，并于2001年发展成为国际都市农业基金会。国际都市农业基金会由位于荷兰的全球总部和7个区域中心组成，其中包括中国区域中心。基金会已执行了三个阶段推广性的项目：2001—2004年为推介阶段，旨在整理和理解有关都市农业的研究理论和各国都市农业的最优实践；2005—2008年为新模式探索阶段，在全球21个城市实施了“城市为未来而耕作”项目（CFF，City Farming for the Future），旨在通过多利益群体参与式的行动方案，探索各城市都市农业的发展战略和策略；2009—2010年为实践推广阶段，在战略确定的基础上，实施“从种子到餐桌”项目，进一步总结可操作性的都市农业发展和提高农民收入的创新技术与创新制度。

我国引入“都市农业”这一概念是在20世纪90年代后期，以上海、深圳、北京等地开展较早。我国都市农业之所以在这些大都市率先出现，是与这些地区的城市化进程和城市向郊区不断拓展直接相关的。都市农业的兴起是城郊农业和城市经济发展一系列内外部条件成熟的结果，是我国城市化进程中必然发生的现象。都市农业比较公认的理解是“地处城市郊区（或者近郊）的农业以及由于市区扩展而划入市区的农业”。

都市农业是现代农业在都市条件下与其他产业日益融合而产生的、功能与作用日益多元化的特殊形态产业，它以都市社会经济发展及市场需求为导向，以构建城乡和谐发展融合生产、生活、生态于一体的多功能农业体系为目标，以现代的科学技术、经营管理为支撑，建设依托城市并服务城市的集约、优质、高效和可持续发展的现代农业体系。都市农业深深植根于城市各个生态系统，并与其相互作用；市场地理位置优势明显，既存在于城市内部，又包括城市化地区与周边间隙地带；具有明确的城市指向，城市需要决定着都市农业的发展方向。

（二）都市农业代表性的学说

1. 城乡一体化理论

城乡必将从分离发展到融合，这是人类社会发展的必然规律。只有城市与乡村相互融合，才能使城市和乡村都获得更好的发展。都市农业发展以城乡一体化理论为基础，追求城乡之间有分工、多层次、一体化的新经济格局，追求都市与乡村经济、社会、环境的协调统一。

2. 农政经济学家桥本卓尔学说

都市农业是都市内部及其周边地区的农村受城市膨胀的影响，或在农村城市化进程中受席卷而形成的一种农业形态。都市农业是被都市包容的、位于都市中的农业。都市农业最容易遭受城市扩张的影响，但也最先享受城市基础设施完备带来的益处，因此都市农业是双重意义上的“最前线”农业。都市农业是城市建设发展占地和居民住宅建设占地等并存、混杂、镶嵌的农业。都市农业如果被放任自流，就有灭亡的危险，因此都市农业是需要被有计划保护的农业。

3. 美国经济学家E. F. 休马哈学说

美国经济学家E. F. 休马哈对都市农业作用做了三点概括：人类是自然界中脆弱的一部分，农业可以将城市人同自然界连接起来，可以改善和提高人类的生存环境，生产粮食等原料，以满足人类生活的需要。

二、都市农业的特征

纵观国内外都市农业的发展，尽管各国有不同的发展方向和重点，但其共同的特点及经验值得借鉴。

（一）都市农业处在大城市边缘及间隙地带

都市农业是指位于城区里的农业工厂，或是在大都市建设间隙（如城市庭院、屋顶阳台、立体围墙、屋檐下）内点缀市容的袖珍农业，或是布局在近、远郊之间的休闲农业。都市农业接近城市市场，一般在市郊和交通要道两侧，地价较高，交通便捷，运输距离短，人流量大，可最经济地利用其地理优势开发城市资源、填充农产品市场，给城市居民提供优美的生态生活环境。

（二）都市农业依托城市

都市农业在经济上依附于大城市，大城市的科技、人才、资金、市场为其提供了优势。都市农业是在城市化高度发展、城市社会经济快速发展和人们经济收入不断增加的条件下发展起来的。只有城市的规模化、现代化和生态化发展，进而对城市郊区的农业提出更高的要求，才能促进郊区农业向都市农业转变。都市农业由城市需要决定其发展方向，体现了都市农业对城市的依赖性，在相互融合的过程中实现相互依存、相互补充、相互促进的一体化关系。

（三）都市农业服务城市

都市农业从城市的需要出发，可以满足饭店、宾馆等一些特殊高档场所对农副产品的需求，都市农业贴近城市消费者，可以随时了解市民的消费心理和消费需求，引领生产新潮流。发展都市农业的目的是把农产品卖出去，取得较高的效益，而城市市民的需求正是都市农业的市场。所以，都市农业要尽可能地满足城市市民物质生活和精神生活的需要，大力发展生态、安全、营养、健康的绿色农业，观光休闲旅游农业和绿化环境的环保农业。所以，开拓城市市场，建立产、供、销市场体系是发展都市农业的方向。

（四）都市农业是脆弱的农业形态

政府的政策支持和规范化管理是都市农业发展的重要保证。都市农业最容易遭到城市、工业的盲目扩张带来的破坏，政府要制定措施保护农业用地。同时，政府还应重视农民素质的提高，开办农业培训班，资助农民学习农业技术和管理方法。都市农业是城市社会经济的一个重要组成部分，发展都市农业应该制定相应的法规，效仿德国《市民农园法》、法国《家庭农园法》、日本《生产绿地法》、中国台湾《休闲农业管理法》。通过法规保证都市农业合理而健康的发展。

（五）都市农业发展的可持续性

都市农业本身的功能决定了其发展的根本是追求经济效益、社会效益、生态效益的和谐统一，而高新技术的广泛应用，使无污染和少污染的生产方式成为可能和必然，都市农业必须强调保护资源环境，实现可持续发展。随着城市化发展和人们生活水平的提高，人们对没有污染、安全、健康的农产品要求越来越高。所以，都市农业一定要保护好资源环境，最大限度地减少化肥、农药的污染，更多地生产绿色无公害食品。因此，开发生产安全优质的绿色产品，注重环境治理，突出生态建设、节约资源、合理利用尤为重要，正确处理眼前利益同长远利益的关系，走农业可持续发展的道路是必然的。同时，都市农业是城市生态环境的一部分，保护农业生态环境，对建设生态绿色城市具有重要意义。

三、都市农业的功能

与传统农业不同，都市农业是高层次、高科技、高品位的绿色产业；是完全依托于城市的社会经济和结构功能的生态系统；是按照市民的多种需求，构建、培育的融生产、生活、生态、科学、教育、文化于一体的现代化农业体系；是集种植、养殖、加工、农业、工业、贸易、生产、研究、教育于一体的工程体系；是城市复杂巨大的生态系统的重要组成部分。都市农业具有生产性、生态性、生活性三重功能，是兼具自然生态、休闲娱乐、旅游观光、教育和创新功能的现代农业。

发展都市农业，要全方位地开发农业的多种功能。综合世界都市农业的经验，并结合我国的实际情况，着力开发都市农业的四大功能。

（一）生产生活功能

都市农业为城市居民的生产和生活提供了最基本的物质资料，满足都市居民各方面的需要。从生产者角度看，都市型现代农业为生产者带来稳定的收入。都市农业作为一个规模巨大的产业系统，解决了都市区域内的就业问题，通过高端有机农业以及休闲观光农业的发展，提供了农业生产管理、农业旅游服务等相关就业机会，促进了园区内农民的增收。通过优化农业资源和生产要素配置、调整产业结构、创造就业机会、延长产业链条，可最终实现农业的多重增值，有利于提高农民收入。农民收入的增加又会有效地扩大农业市场，为都市经济的有效增长创造广阔的条件。从消费角度看，都市型现代农业是经济社会发展到城乡融合新阶段的产物，通过发展都市地区生态农业、高科技农业和可持续发展农业，为都市居民提供新鲜、卫生、安全的农产品，可满足城市居民食物消费需要。开发充满绿色、环境优美、对游客具有吸引力的都市观光园，利用农业景观吸引游客前来观光、品尝、体验、娱乐、购物等，可给城市居民带来精神满足。

（二）自然生态功能

生态功能是都市农业的突出功能，都市农业除了提供高品质的农副产品外，林木花卉等非食用性植物也是都市农业生产的重要部分。都市农业园对保育自然生态，涵养水源，调节微气候，改善人们生存环境起重要作用。通过对郊区的农田、菜园、果园、林地等方面的建设，可以组成马赛克式的景观，美化城市环境。由于生产的新鲜食物，接近消费者，都市农业还起到减少城市生态足迹、运输、包装、制冷等能源损耗的作用。通过把废弃的空地变为绿化带，可使城市变得清洁；通过把城市污水变成可利用资源，可减小环境污染；通过收集家庭废弃物和有机废弃物，可用于生产堆肥或动物饲料，都市农业还可以保护生物物种多样性，维护生态平衡，充当都市的生态屏障，减少城市环境污染，提高城市环境质量，营造绿色景观，保持清新、宁静的生活环境，给都市居民创造良好的生活空间，塑造城市形象，创造城市品牌。都市农业采取注重生态、注重资源可持续利用、注重安全的农业生产方式，可最大限度保护园区原有生态环境条件。

（三）聚集融合功能

都市农业园把第一、二、三产业进行融合，利用农业资源体现农业特色，使游客每到一处都有新的意境、新的感受和新的收获，充分体现了“城郊合一”“农游合一”的基本特点和发展方向。都市农业园要实现从品种集成、技术集成、设施设备集成到项目集成的创新。通过会议会展，使农业品牌深入人心；通过农业活动，建立市民与农民之间的纽带，从而拉动当地市民与农民消费水平并引导其消费方向。

（四）示范教育功能

按照有机生产技术体系、循环种养体系的要求，都市农业应走可持续发展道路，应给人们提供生态教育、有机生产技术等方面的培训，增强人们的生态保护、健康生产意识。大都市农业是一种特殊形态的现代农业，又处在科技、资本、人才密集，国际国内交往频繁的展示功能强的大都市，因而必然具有显著的示范、展示和带动作用。都市农业园区具有“窗口农业”的作用，由于现代化、机械化、科技化程度高，对其他园区可起到样板、示范作用，作为城郊高科技农业园和农业教育园，可为城市居民提供农业知识教育（图1－1）。

四、都市农业的主要类型

世界都市农业发展最初以“市民农园”为主，随着城市化和经济现代化的发展，出现了观光休闲农业；以后随着城市现代化和国际化的发展，具有

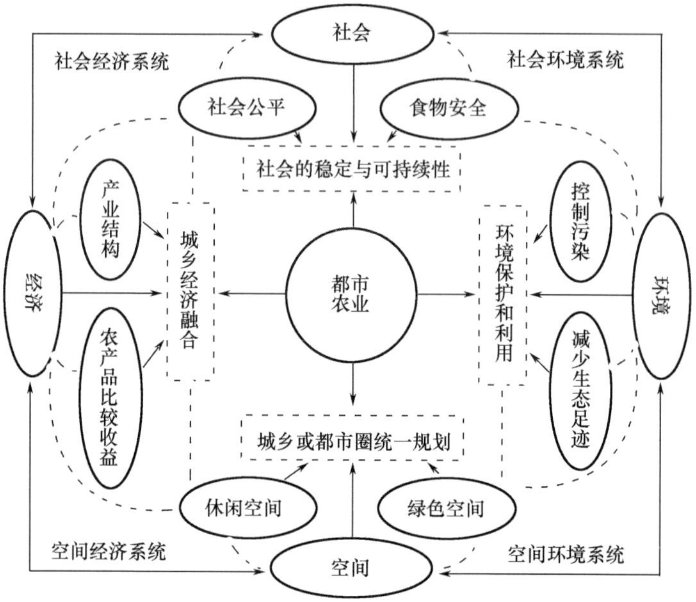

图 1－1　都市农业功能关系图

生态化和现代化特征的“都市农业”获得了较快的发展。

（一）世界范围的都市农业形态

1. 美国

20 世纪 50 年代，美国农场逐步从多种经营转变为专业化经营。都市农业主要形式为耕种社区（市民农园），是一种农场与社区互助的组织形式，占地为美国国土总面积的 10%。参与市民农园的居民与种植者共同分担生产成本、风险及盈利，在庭院、社区、学校、城市闲置空地发展园艺业，为城市提供食品保障，应对经济波动，满足环境协调和开放空间等需求。

2. 欧洲农业

20 世纪，一系列的城市问题和环境问题迫使欧洲重新审视农村和城市的发展关系。都市农业发展已经成为欧洲许多国家协调城乡发展、多功能利用土地的一个重要议题。德国都市农业以市民农园为代表，是欧洲都市农业早期的生产形式，分布于中小城镇中，由镇、县政府提供的公有土地和居民提供的私有土地组成。1919 年，德国颁布《市民农园法》，至 2008 年，德国共有 102000 个市民农园，占地面积达 46640hm^2，超过 400 万人参与市民农园的种植和管理。

法国是高度城市化但农业又非常发达的国家，是欧洲中小农场最多的国家。法国都市农业的组织形式以中型家庭农场为主，提倡农民集体生产，出现“农业土地组合”和“农业共同经营组合”等组织形式。农业合作社为农场提供各种社会化服务，如耕种收、种子化肥提供、加工销售等。

荷兰利用地理位置位于欧洲中心的优势，建立了分工不同的农业物流基地，这些是荷兰都市农业高价值的保证。荷兰是欧洲都市农业最具国际化、专业化、优质化和高新技术特征的国家，都市农业发展具有高投入、高产量、高产值、外向型特征。其生产组织形式以家庭农场为主，家庭农场主要采取的是集约化设施农业。荷兰本土没有都市农业的说法，但荷兰人口密度大，农业紧靠大中城市，特别是其园艺业和奶牛业，位于大中城市的“都市圈内”。荷兰是农业高度发达的国家，其发展目标不再是追求产量，而十分强调农业与环境、自然的协调发展。重视农业的社会责任，为荷兰形成“绿色生产力”打下一个很好的基础。

3. 亚洲

亚洲都市农业以土地节约型和技术密集型为主，农业由城郊型向都市型转变，也成为解决生产生活过快城市化问题的关键之一。以日本嵌入式的绿岛绿色农业、新加坡大力倡导的花园城市运动和台湾观光、休闲、体验为主的都市农业都在列。

日本的都市农业，是指包含在都市内的农业及都市近郊的农业。日本是一个土地资源十分有限的岛国，由于土地私有制，为保留土地以达到增值的目的，一些农户不愿过早出卖自己所拥有的土地，于是将可继续耕种的土地在高楼大厦林立的城市内保留了下来。以后人们发现，在城市星星点点的耕地上生产的嫩绿的蔬菜、鲜艳的花卉，不仅可为城市增添绿色、增加观赏的景点，还可改善城市的生态环境，有不可忽视的存在价值。许多高集约化的尖端农业，蔬菜自给率可高达 90% 以上，以小型化、集约化、现代化的园艺设施生产的蔬果为主导农产品。日本都市农业主要集中在三大都市圈内——东京圈、大阪圈和中京圈，呈点状和片状分布。

新加坡是一个城市经济国家，全国可耕地面积仅 5900hm^2，占国土面积的 9.5%。自然资源的贫乏，使农产品不能自给，甚至连沙石、水、食品都需要进口。新加坡本地只生产少量蔬菜、花卉、鸡蛋、水产品和乳制品等，加上城市化发展后耕地的不断减少，使新加坡非常重视都市农业向高科技、高产值的发展。

20 世纪 80 年代起，新加坡政府大力发展农业科技园，其发展以追求高科技和高产值为目标。新加坡建有 6 个农业科技园，共占地 15hm^2，每个园内都有不同的作业，如养鸡场、胡姬花园、鱼场、牛羊场、蘑菇园、豆芽农场和菜园等，每个小农场平均占地 2000m^2 左右。新加坡推出了世界首批在城市环境中种植热带果蔬和其他农作物的低碳、水力驱动的旋转纵向农场。林厝港一带建立的3.6hm^2大型菜园农场即是专门从事垂直农场研发和制造的，其9m高的耕种塔可旋转种植蔬菜，整个农场有2000座这样的耕种塔。

20世纪70年代末，以观光、休闲、体验为主要特征的都市农业在台湾地区逐步兴起，其主要形式有观光农园、休闲农场、市民农园、假日花市、观光渔场、农业公园、教育农园、森林游乐园、屋顶农业等。依据台湾休闲农业学会编写的《休闲农业场家全面性调查计划》，2004年全台休闲农业场有1102家，2007年有1244家，2012年公告划定的休闲农业区有74处。台湾专家认为，都市农业发挥三种功能：一是提供市民生鲜副食品，即农产品的种养业；二是营造优美自然的都市景观，即公园及其他绿地；三是提供自然生态旅游的场所，即休闲农业。

（二）都市农业类型

都市农业按其功能可分为农业公园、观光农园、市民农园、休闲农场、教育农园、高科技农业园区、森林公园、民俗观光园、民宿农庄等九种不同类型，其地理位置选择、规模及主要特征，如表1－1所示。

表1－1　都市农业类型

类型	地理位置	规模	特色
农业公园	依山傍水，有林草的地方	面积比较大	公园与农业生产场所、消费场所和休闲场所结合起来建设，利用农业生产基地吸引市民游览，主要供观赏和旅游
观光农园	大城市的边缘区或近郊	几十亩到几百亩不等	主要是供观赏农村景观或生产过程。开放农业园地，让市民观赏、采摘或购置
市民农园	一般设在距离市区较近，交通、停车都便利的地方	比较小的地块	让没有土地所有权的市民承租农地，直接参与农业植栽，亲身体验农业劳动过程。农园经营者把整个园地划分若干块，分别租给不同的市民，供他们进行耕作体验
休闲农场	大城市的边缘区或近郊	几十亩到几百亩不等	农场以生产果、菜、茶等农作物为主，充分利用农场原有的多种自然景观资源，以吸引旅客住宿为特点。赏景观、采摘果实、体验耕作、住宿餐饮和娱乐等多种活动结合在一起，满足他们度假游乐的需要
教育农园	城市内或城市边缘	较大	兼顾农业生产与科普教育功能的农业经营形态，即利用农园中所栽植的作物、饲养的动物以及配备的设施，进行农业科技示范、生态农业示范，普及农业知识

续表

类型	地理位置	规模	特色
高科技农业园区	城市内或城市边缘	较大	这是采用新技术生产手段和管理方式，形成集生产加工、营销、科研、推广等功能于一体，高投入、高产出、高效益的农业种植区或养殖区。这些园区有的可以对外开放，接受游人的观赏，有的属于封闭型，不接待游客
森林公园	地形多变、开阔的林地	较大	以森林风光与其他自然景观为主体，在适当位置建设狩猎场、游泳池、垂钓区、露营地、野炊区等，是人们回归自然、休闲、度假、旅游、野营、避暑、科学考察和进行森林浴的理想场所
民俗观光园	村庄、农舍	较小	选择具有地方或民族特色的村庄，稍加整修提供可过夜的农舍或乡村旅店之类的游憩场所，让游客充分享受农村浓郁的乡土风情和浓重的泥土气息，以及别具一格的民间文化和地方习俗
民宿农庄	城郊	较小	主要是为已退休或将退休的城市居民提供租住农村房屋，迁居农家

（三）特色都市农业模式

1. 屋顶农业

德国 1982 年立法强制推行屋顶绿化；日本东京规定每 1000m^2 占地面积的建筑必须有 20% 的绿色植物覆盖；加拿大出台政策奖励屋顶绿化的私人拥有者。中国建筑屋面可利用空间约为 2 亿亩（1 亩 = 666.7m^2），利用这些空间进行农业种植，对于景观效益和生态效益均大有裨益。

2. 车顶农业

世界上第一辆车顶种植物的公交在西班牙小镇希罗娜获准上路，由西班牙景观艺术家马克·格拉内设计运营。植物车顶可为车内降温 3.5℃，空调冷凝水可为植物浇水，超轻水培泡沫材料做基底安装在车上可使车子只留湿气不存水，降雨也不会对车顶造成负担。

3. 废墟利用

美国底特律在原拉斐特大厦旧址，位临繁忙金融区的地段建立都市农场，面积为 1719.9m^2 的城市花园，填补城市的绿色空间。根据日常行人穿越路径的监测，进行了高出地面的植物种植槽摆放，布置了超过 200 种的蔬菜水果、草药和鲜花，提供了许多休息座位。苹果园对面的蔬菜种植床里面有可调节的灌溉管线。种植园的食物能提供给周边的白领和社区居民食用。

丹麦 Kolding 镇有一片公寓的周围曾经是一块废地，堆满了旧汽车和垃圾。如今，这个地区景色宜人，是当地居民会面、放松的好地方。建筑物排出的废水和雨水被收集在一起，并利用瀑布式排水系统进行过滤。区域中间位置建立了一个玻璃金字塔，处理系统就位于其中。在金字塔的底部，从废水中最终提炼出的营养物质可用于喂鱼。金字塔的其他部分则作为温室可种树和蔬菜。

英国伊甸园项目位于英国康沃尔郡，其所在地原是当地人采掘陶土遗留下的巨坑，在这些巨大的废矿坑复绿的基础上，英国人围绕植物文化的主题，建立了科研、产业和旅游价值含量极高的植物景观性主题公园。该工程投资 1.3 亿英镑，总面积达 $15hm^2$，开业的第一年就吸引游客超过 200 万人次。

4. 垂直农场

垂直农场不受天气及其他会中断农作物生产的自然因素影响，作物被种植在严格筛选及监督的条件之下，这确保每一种作物或动物在一整年里都有最佳的生长环境，即室内并没有所谓的季节之分，平均一公顷楼上地板的产量可能是传统土壤的十到二十倍。

五、都市农业发展的新趋势

（一）都市农业发展理念

产村相融：产村相融是指每一个或几个新农村社区的主导产业，发展特色种植庄园、加工庄园、观光庄园等，成立一批专业合作社，引导和鼓励农业高等院校、农业科研院所、农业公司通过合作共建等形式参与园区建设，加强农业生产要素的积聚。按标准强化基础配套设施，完善公共服务功能，推进新村全面小康建设和农业现代化，探索出一条产村相融的新路子。

产业链组织：都市农业产业链被广泛地扩展和延伸，向前延伸到种子、苗木以及农业机械的生产和供给，向后则延伸至产后的农副产品一次、二次及深加工和开放型的内外营销。横向拓展到种前的育苗、育种业，可有效地带动农用物资加工、设施农业及相关产业的发展。生产中，紧密结合当地自然资源，在作物生产全过程中，利用休闲农业的生产性、观赏性、娱乐性、参与性、文化性、市场性等开发旅游观光农业。

（二）现代都市农业发展方向

习近平总书记强调，“按照创新、协调、绿色、开放、共享的发展理念推动我国经济社会发展，是当前和今后一个时期我国发展的总要求和大趋势”。发展都市现代农业，必须坚持以新发展理念为引领，努力走出一条符合国情、农情和时代要求的发展道路。要立足当前、着眼“十三五”，重点是抓好“六推进”、实现“六提升”。

第一，大力推进“菜篮子”工程建设，全面提升供给保障水平；第二，大力推进农业标准化生产，全面提升农产品质量安全水平；第三，大力推进循环农业发展，全面提升农业生态涵养功能；第四，大力推进农业科技创新，全面提升科技支撑能力；第五，大力推进一、二、三产业融合，全面提升农业综合效益；第六，大力推进体制机制创新，全面提升农业农村发展活力。

近年来，农业部把发展都市现代农业作为推进农业现代化的重要抓手，各大中城市把发展都市现代农业摆在突出位置，加大政策扶持，强化科技支撑，发挥示范引领作用，取得了明显成效，呈现五个新特点：①“菜篮子”供给保障能力有新提升；②现代生产要素导入取得新进展；③都市农业产业形态发生新变化；④规模化经营主体培育取得新突破；⑤城乡一体化发展取得新成效。

抓住旧村改造的时机，整合土地资源，通过招商引资的方式，使小城镇建设与产业联动，使农业实现多产业互助式发展模式。以都市型现代农业园区为基础，发展休闲观光农业，带动农业结构的调整。

（三）部分城区发展都市农业的经验做法

1. 上海市

依托中心城市辐射作用和城郊农业自身积累，加快城郊农业向都市农业的转变。环形分布切合都市实际：内圈着重发展设施化、园艺化和观赏性农业，以生态性、生活性农业为主，为市民和市区提供休闲、游乐和体验农业的场所；中圈依靠现代工业和现代科技的力量，发展高科技、高附加值和高产优质高效的种植业；外圈通过提高科技贡献率，调整种养结构、产品结构，提高农业的产出率、商品率和经济效益。与此同时，上海还发展具有一定规模的旅游农业、观光农业、深加工农业和都市农业带，如林果带、市民观光农业带等。

2. 北京市通州区

加强政策扶持：扶持对象包括设施农业、农民专业合作组织、农产品认证品牌、都市农业走廊建设、籽种产业、观光休闲农业和农业龙头企业。

搭建农业重点项目工作平台：平台整合农业政策、资金、技术等资源条件，主要负责设施农业食用菌类生产、中低产田改造、农业节水、农村安全饮水、农村土地流转、农民专业合作组织建设、农民科学技术培训、农村新能源开发、优质农产品品牌打造和无公害、绿色、有机农产品认证等12项重点工作。

规范村级财务管理工作：在全区推行以大额资金管理为主要内容的农村财务管理制度改革，主要是在村级设置基本账户，实行“定额备用金制度”，并在此基础上，单独开设一个“集体大额资金专储账户”，对集体资金实行转户储存，规范管理。

3. 河南省郑州市

河南省发展要求“两不三新”：即发展不以牺牲农业和粮食、生态、环境为代价的新型城镇化、新型工业化、新型农业现代化，“三化”协调发展。

郑州都市型现代农业战略体系：品牌标准引领、创新服务带动、转型升级促进、文化生态聚核。郑州市农业总体布局“三分天下”：都市农业区、高效农业区和休闲观光农业区功能各异。郑州市“一带、两区、三圈”即郑州北部生态经济产业带，高效现代农业示范区和生态涵养与特色产业区，城区农业科教创新核心圈、近郊高效农业圈、远郊优质特色农业圈。

郑州市休闲农业概括为“一带两区一组团”，即炎黄观光农业带、果乡风情观光体验区、东南部农业生态旅游区和以山区度假休闲为主的农家乐组团。2015 年，建成 30 个以蔬菜、林果、水产为主的特色观光休闲产业园，5 个特色农家乐组团，打造了 3 ~ 4 个农业节庆品牌。

都市农业是一个充满朝气、充满魅力的产业。它是由单一的生产功能向兼顾生产、生态、生活功能的三维空间结构的多功能方向发展，在区域布局上更趋合理化。在层次上，都市农业产业在都市近郊，可侧重以蔬菜、花卉、林果、草坪等绿色园艺业为主，发展健身、休闲、体验型农业，限制发展畜牧养殖业；在中郊，可实行种植、养殖、加工等多种经营，因地制宜地发展优质谷物生产、蔬菜业、林果业、畜牧业、水产业、花卉园艺业、种子种苗业和观光休闲农业等主导产业，以及农产品的加工和流通业；在远郊，可建立具有地方特色的名优稀有土特产、反季节农业、特色农业、生态农业、生态林业、休闲度假农业和速生丰产林的重要基地。

六、发展都市现代农业的意义

加快发展都市现代农业，是推进农业供给的结构性改革、提高供给体系质量和效率的迫切需要；加快发展都市现代农业，是践行以人民为中心的发展思想、提高新型城镇化水平的客观要求；加快发展都市现代农业，是促进城乡发展一体化、提高农村发展水平的必然选择。

七、都市农业新业态——农业嘉年华兴起

随着都市农业的发展，都市农业的集大成者——农业嘉年华应运而生。

农业嘉年华是以农业生产活动为背景，以国际化娱乐狂欢作为载体的一种农业休闲体验模式，是建立在市场需求、农业科技、文化创新基础上的现代都市农业，是用开放创新的思想，将农业与中国文化结合在一起的传统文化盛会，也是一场现代都市的盛宴，一个聚集资源、表达主题、扩延思想的平台，一个万众创新、大众创业的农业产业孵化器。

农业嘉年华是现代都市农业的一种新模式，它将农业元素融入到嘉年华活动中，以城市居民需求为导向，以农业科技为支撑，以农产品、农具为道具，充分体现农业的多功能性。农业嘉年华在农业节庆和农业展会的基础上，融入了更多更新的内容，它以弘扬农耕文化、享受农事乐趣为主题，充分发挥农业的多功能性，最终实现引领现代农业发展、促进农民增收、建设生态美丽新农村的目的。

伴随农业嘉年华的发展，农业嘉年华的模式也在不断地完善。近年来，南京、成都、北京、玉林、安徽等地通过举办农业嘉年华，赢得了社会各界的广泛好评，参展企业也收到了可喜的经济效益和社会效益。随着国内农业嘉年华项目建设的不断开展，我们对农业嘉年华项目所带来的重大机遇和未来发展有了全新的认识。它不仅是一个典型的三产融合项目，同时也是一个典型的都市农业多功能项目。农业嘉年华的本质是农业综合体或农业旅游综合体项目，是现代农业的引领者。

第二节　嘉年华的衍生

近年来，各种“嘉年华”充斥着人们的生活，集展示、体验、游览、商业运作为一体的嘉年华逐渐成为一种潮流。嘉年华是一种源于欧美等国家的现代移动游乐园式的狂欢娱乐活动。2001 年，嘉年华进入中国市场，目前已经在中国大陆多个城市举办成功，成为都市旅游的热点。

一、嘉年华的起源

“嘉年华”全称为“嘉年华会”，Carnival 是它在英文里的名字。Carnival 的英语发音，用汉语很难准确表达，为了较为直观的理解它，所以就用了它的意译“狂欢节”这个名字。关于它的起源传说，目前主要有三种：其一是说它起源于中世纪欧洲一年一次的天主教社会中的圣餐祭典；其二是起源于古希腊传统的酒神祭祀节；其三是起源于四大文明古国之一——古巴比伦的占星节。

嘉年华原本是一种农业性质的节庆活动。古代西方嘉年华会举办的最初目的是通过嘉年华节庆日里的狂欢活动，防止牲畜和农作物受害，并驱邪辟魔，祈求人们得到幸福安康。

在欧洲众多的传统节日里面，嘉年华是其中一个。它从欧美的“狂欢节”演变而来，古埃及是它的发源地，经过长时间的演变，后来慢慢成为古罗马农神节期间持续长达一周的欢庆节日。为了纪念罗马农神萨图尔努斯（Saturnus），每年的12月17日—24日在古罗马广场农神庙内，由罗马皇帝主持隆重的祭祀活动。祭祀期间，一切商贸交易和工作都被禁止，所以奴隶也有短暂的休息时间来做自己想做的事情。人们的活动在一定范围内不受道德规范约束，人们也可以自由的交换节日礼物，这就是嘉年华的最早起源。

嘉年华是进入斋戒月前的大肆狂欢活动，从1294年以来，法国尼斯嘉年华深受皇室重视，由于皇室成员们的积极参与和支持，是世界嘉年华中最盛大的。在英国，18世纪后嘉年华被视为不可或缺的狂欢节日，伴随着历史车轮的推进，嘉年华已经与当地文化融合为一体了。在特定的日子里，人们乘马车或步行，来参加这个难得且充满激情的盛典。多年来，我们一直用“嘉年华”这一词作为英文里面的单词“Carnival”的音译。其实，世界各地狂欢节在被中国媒体提到的时候都有这个词“Carnival”，比如英文：Jamaica Carnival，Saint Paul Winter Carnival，Carnival Venice，就是著名的牙买加狂欢节、巴西圣保罗狂欢节和威尼斯狂欢节。

后来随着香港经济的迅速发展，狂欢节在香港传播开来并生根开花，“嘉年华”一词正是香港人翻译过来的。“嘉年华”的译名具有音与义的双关之妙，是熟悉中文又懂外文的当时文学才子的杰作，但是遗憾的是，“Carnival”一词的狂欢之义，并没有被淋漓尽致地表达出来。“Carnival”所包含的热烈、狂放气氛，在“嘉年华”这里都转变成了文雅的气息。事实情况也和它的翻译一样，“嘉年华”在香港举行的时候比较温文尔雅，而“Carnival”在巴西举行的时候却近似狂野，二者已经大相径庭了。

二、狂欢节（Carnival）

人们提起“嘉年华”自然想到“狂欢节”。从词源上看，狂欢节这个词的拉丁原文是“Carnisprivium”，意思是“封斋期的开始”，阿兰·弗尔所说的“斋前节”，指大斋期（从圣灰星期三开始）之前丰饶的三天，这是一个和基督教神学联系紧密的节日。狂欢节有几个突出的特点：假面具、宴会、彩车游行以及搞怪的化装舞会。

（一）狂欢节时间

狂欢节举行的时候，人们会推翻正常的生活，戴着面具参加这样的公共庆祝活动，而且有马戏团的游行表演。狂欢节通常在每年的二月或三月初举行，是属于基督教四旬斋节日期间的活动。

早在公元4世纪，神学家已经将春分后第一个月圆之日后的第一个星期天，定为基督复活日。到了8世纪时，复活节前的40天又被规定为封斋节，此时不得吃肉喝酒，不得聚会玩乐。但有封斋就会有开斋，基督教中的开斋期，与欧洲文化中已有的节日形式相结合，最终从名到实产生了今天所说的“狂欢节”。正如中国的春节一样，狂欢节也曾是法国（乃至全欧洲）最重要的节日。其实，狭义狂欢节的时间主要是2月冬春转换之时，与中国春节的时间大致相当，它也正是欧洲传统历法中的“新年”。

（二）历史上的狂欢节

在公元前3世纪，大祭司贝鲁斯（Berose）用希腊语整理的古巴比伦文献中，人们确实发现了类似狂欢节的记录。春分前后的12天中，巴比伦的所有大型寺庙和神殿内都通宵达旦地狂欢，狂欢在第4天进入高潮。早上开始，人们就不断念诵《创世颂》，到了晚上，国王被剥去皇袍和王冠，由大祭司当众扇他耳光、鞭打他、扭着他的耳朵揪到巴比伦城邦之神马尔杜（Marduk）面前，强迫他向神跪拜和哀求，并发誓永不违背众神、神庙、城邦和城邦主人的意愿。在古巴比伦石碑中还有这样的文字：“当新年之时，仆人站在主人之上”，“权力被带入大众之中”。公元前539年，古波斯人占领了巴比伦，根据弗雷泽的说法，他们正是狂欢节承上启下的创造者，因为他们吸收了古巴比伦文化，而古希腊人和古犹太人又继承了波斯人的传统。但随着基督教在罗马帝国的兴起，无论是节日中祭祀的神祇，还是狂欢、戏剧与面具舞蹈，都受到严厉的禁止。直到中世纪以后，真正意义上的狂欢节才在公众场合重新兴起。中世纪是欧洲社会兴起、民间文化发展的黄金时期，每个村庄和城市都发展出自己的保护神。比如每年五月的丰收节，农民们会绕村落游行，一方面预祝丰收，一方面宣示村落领土范围，这都是地方社区成熟的标志。文化交流在此时也得到进一步的发展，凯尔特人在每年11月1日戴着面具游行，庆祝万圣节的风俗传入了欧洲腹地。狂欢节就是在这样的语境下逐渐成熟起来了。

复活节被定在春分月圆后的第一个星期日举行，而狂欢节则被定于复活节前的47天举行。正是由于这一规定，导致了每年狂欢节的日期不确定，一般在二月的中旬或下旬。狂欢节的活动从狂欢节那天的前三天（星期六）就开始了，在每天晚上进行，接连举行三天。

（三）各地狂欢节

虽然狂欢节在世界上不少国家都有，但当今最隆重且狂欢人数最多的是号称世界三大狂欢节的里约热内卢狂欢节、意大利威尼斯狂欢节和法国尼斯狂欢节。

1. 里约热内卢狂欢节

里约热内卢狂欢节被认为是世界上最大的狂欢节，始于19世纪中叶。在狂欢节的早期，仅是一些达官显要佩戴从时尚之都巴黎购买来的装饰面具，举行一些室内的化装舞会来寻欢作乐。1852年，葡萄牙人阿泽维多指挥乐队走上街头。随着节奏明快乐曲的奏响，整个城市欢腾起来了，不管是黑人还是白人，也不管是穷人还是富人，男女老少都狂欢起来了。阿泽维多的这一行动获得了非常大的成功，成为里约热内卢狂欢节发展史上的一个里程碑，标志着狂欢节成了大众的节日。里约热内卢狂欢节场面异常壮观，持续时间长，不仅给当地巴西人带来了欢乐，也吸引了众多外地游客，促进了当地旅游业发展，刺激了经济消费，狂欢节一年比一年热闹，现已成为巴西人生活中的一项重要活动。

2. 意大利威尼斯狂欢节

威尼斯狂欢节又称威尼斯面具节，起源于西元11世纪，流行于18世纪。19世纪，威尼斯共和国逐渐衰亡，威尼斯狂欢节也逐渐失去活力。20世纪，威尼斯的狂欢节随着当地经济的发展和旅游业的繁盛，又逐渐恢复兴盛，重新绽放出它原有的风采，吸引大量来自世界各地的人参加。每年复活节前的第七个星期三，也就是四旬斋节的第一天被定为威尼斯狂欢节。在四旬斋节快来的时候就要进行狂欢节的准备了，首先需要在复活节前40天禁食。威尼斯狂欢节最大的亮点是人们华丽的服饰和精致的面具装饰。面具可以使穷人和达官贵族自由地混合在一起。在面具后面，年龄差异、性别差异、地位差异都被消除，人人都是平等的。现如今，作为威尼斯狂欢节象征的面具，也同时变成了威尼斯旅游最著名的纪念品。

3. 法国尼斯狂欢节

在地中海岸，位于法国的东南部有一座城市叫尼斯市，它是在法国大城市排名中位于第五的城市。而最让尼斯市出名的不是它的城市排名，而是每年在二月底至三月上旬期间举行的艺术气息浓厚且特别的法国尼斯狂欢节。正是由于它每年都有让人们感到活跃向上的活动主题，使得它独树一帜，能从众多的狂欢节中脱颖而出。

尼斯市不仅有狂欢节，而且它还拥有天然的浪漫氛围。这里到处都充满着创作的激情，正因为如此，雷诺阿、马奈、毕加索、马蒂斯等大艺术家都曾慕名到这里居住，来寻找他们创作所需要的灵感。每年都有来自世界各地的近120万名游客被活力四射的尼斯市吸引并来到这里。同其他的狂欢节一样，尼斯狂欢节里同样有欢快的艺术表演、令人陶醉的音乐会、焰火晚会、各种各样的娱乐活动以及绚丽的花车游行，至今，尼斯狂欢节的历史已经有一百多年了。

三、感恩节

（一）感恩节的起源

感恩节和居住在美洲的古印第安人有密切关系，也和当地人的玉米种植活动有关。1620 年，有这样的一批人，他们搭乘一艘名为“五月花号”的木船，在大西洋上经过了 65 天的漂泊之后，到达了位于北美殖民地的普利茅斯。漂泊期间，这些人忍受住了常人难以想象的饥饿、疾病、疲劳以及寒冷的折磨，并经受住了死亡的考验，他们就是遭受宗教迫害而前往美洲避难的英国清教徒。

在那个严寒的冬季，田野里一片苍茫，就在所有人感到绝望的时候，印第安人拿着玉米和土豆，慷慨地将本应该属于他们自己越冬的食物送给了这些可怜无助的英国清教徒，食物还包括辛苦打猎来的火鸡和野鸭子。而第二年春天，这些白人又从印第安人那里学到了饲养火鸡和种植南瓜、玉米的技术。经过长时间的相处，这些英国移民和印第安人之间建立起了密切而又深厚的友谊。就在这一年玉米丰收的秋季，英国移民们举办了热情而又真诚的感恩会，他们把自己种植的玉米做成丰盛的糕点，还用自己饲养的火鸡做成食品来款待曾经帮助过他们的印第安人。印第安人也分别带着自产的玉米、南瓜制作的食物、采摘来的野葡萄以及玉米酒来参加晚会，人们载歌载舞，通宵达旦。从此以后，每年的 11 月底玉米收获后，在这里居住的那些英国白人都要举行这样的感恩会，在家里都制作玉米饼和烤火鸡肉，来款待那些善良淳朴的印第安人。最后经过长时间的积累和坚持，这种以感恩为主题的庆祝晚会就变成了一个节日，并延续至今。南瓜馅饼和烤火鸡也成为感恩节最具代表性的特色食物。

（二）感恩节的发展

美国感恩节：感恩节成为全国性的节日是在 1863 年由林肯总统宣布的，而感恩节的确定举办日期却是在 1941 年，这一年将每年 11 月第四个星期四定为美国传统的“感恩节”，这个日期是由美国国会正式确定的。在美国，许多人在教堂用从花园或农场种植的食品来庆祝丰收。每当这一天，人们按照习俗去教堂做感恩祈祷。按规定，学校和商店在这一天也都放假休息，每个城镇都举行戏剧表演、体育比赛还有化装游行。这一天最高兴的当然是孩子们，他们戴上面具或画上脸谱，穿上当年印第安人的服装，打扮成印第安人的模样，在街上吹喇叭、唱歌。

加拿大感恩节：加拿大的感恩节成为全国性的假日是在 1879 年由加拿大议会宣布的，举办日期定于每年的 11 月 6 日。感恩节的举办日期在随后的年代里改变了多次，直到加拿大议会在 1957 年 1 月 31 日宣布将感恩节确定为每年十月的第二个星期一。虽然加拿大和美国都过感恩节，但却不在同一天，因为加拿大更靠近北部，谷物收获季节相对于美国早一些，所以加拿大的感恩节早于美国的感恩节。11 月的最后一个星期四是美国感恩节举行的日期，是一个具有宗教性质的节日。而加拿大人过的感恩节，感恩的内容和主题却是感谢上苍、感谢大自然、感谢阳光与雨露，并且庆祝一年的大丰收，祝愿大家平平安安，从此可以看出加拿大的感恩节与宗教无关。

英国感恩节：在英国，自异教徒时代开始，人们用于感谢农作物的丰收并进行庆祝的活动。丰收节传统上是在星期天或最近的满月举行，这个满月发生在秋分附近（9 月 22 日或 23 日）。这一天的庆祝活动通常包括演唱赞美诗，祈祷和装饰教堂，这个节日称为感恩节或丰收节。在英国的教堂和学校及一些加拿大的教堂，人们在花园里进行一部分农作物生产，产出的食物通常是分给当地社区的穷人和老年人的，或用于筹集资金资助教堂和慈善机构。

感恩节除了在加拿大、美国和英国举办以外，世界上还有一些国家也有自己独特的感恩节，像希腊、埃及等国家。

四、丰收节

在世界各地的节日中，有一种是在农作物成熟和丰收的时候举办的，这种节日叫做“丰收节”。它是各地人民根据当地的农作物的成熟时间来确定日期的，因此各地丰收节庆祝的时间各不相同。丰收节盛宴的独特性在于所用的食物全部来自当季成熟的作物。在这个节日举办期间有充足的食物，人们通过吃饭、欢乐、竞赛、音乐来展现自由，这是全世界丰收节共同的特征。

（一）中国丰收节

我国传统的丰收节是在农历的十月初十，也有一些少数民族像畲族就将农历八月十五定为当地的丰收节。结婚登记的人更是为了求得“十全十美婚”，在双十节这一天结婚。每年农历的十月初十，正处在秋收后的农闲时，亲朋好友可欢聚一堂庆祝丰收，沉浸在一片丰收的喜悦之中。在那一天，全村老少早早地起来，将村街巷道，房前屋后，所有的公共场所都打扫得干干净净，并且做好香喷喷的糯米饭，准备好丰盛的饭菜，来款待所有的亲朋好友，热烈庆祝“丰收节”这个一年一度的节日。

（二）南印度丰收节

在印度南部，每年也有他们的“丰收节”，即庞格尔节（Pongal）。它起源于泰米尔纳德邦，这个节日在当地已经有一千多年的历史了，它是从每年的 1 月 13 日开始连续庆祝四天，一直到 1 月 16 日。在这个庞格尔节里，家家户户必须做的一件事是煮甜牛乳米粥。泰米尔人在 1 月 14 日的日出之时在门前支起火炉，将牛乳放到陶罐里煮到沸腾，当罐子里面的牛乳开始沸腾溢出罐子的时候，大家一起大喊“Pongal ~ o ~ Pongal”，同时将新年的第一季的糖和稻米撒到罐子里面。从这一天开始，泰米尔人认为万物开始复苏，太阳开始北归。“Pongal”在泰米尔语中相当于汉语里面的“沸腾溢出”，而煮好的米粥也被他们叫作“Pongal”，当地人用这一仪式来祈求新的一年家庭幸福美满，粮食大丰收。除了1月14日，其余的三天也会举办当地富有特色的庆典。

五、环球嘉年华

(一) 环球嘉年华创始人

Stevens先生是环球嘉年华的创始人，也是世界最大娱乐节“迪拜购物节”的主要组织者之一。在19世纪晚期，Stevens先生的祖辈们开始在英国经营少年儿童骑驴赛跑活动。Stevens先生作为家族的第六代传人，以英国为根据地，逐渐扩展嘉年华业务。20世纪初，在许多国家成功组织了嘉年华游乐活动，受到东欧、南亚和中东地区人们的热烈欢迎。由于Stevens先生显赫的名望，世界各地许多主题公园邀请他担任设计和经营顾问。

(二) 环球嘉年华发展

“环球嘉年华”（Worldcarnival）是一项巡回游乐活动。2001年，William和在商界具有丰富经验的Hanslodders与香港金海岸有限公司一起，合作成立了香港汇翔有限公司，注册商标“环球嘉年华”，专业经营巡回式游乐场。

环球嘉年华是世界知名的娱乐品牌，与迪士尼主题公园、环球影城并驾齐驱，但它具有自己独特的“移动+整合”运营形式。环球嘉年华的场地一般是临时租借的，活动时间为1~2个月。为了节约固定资产成本和给游客不断带来新的体验，环球嘉年华中的娱乐机器一般也是租借的。作为世界最大型的巡回移动式游乐活动，环球嘉年华已经在伦敦、巴黎、新加坡、迪拜、香港、上海、北京等诸多城市举办，受到当地市民的热烈欢迎。

环球嘉年华本着“给游客带来全面的快乐体验”的目标，每到一处都以快乐体验为卖点，给游客留下快乐时光的回忆。2003年，环球嘉年华首次登陆中国内地城市上海，共吸引游客将近200万人次，总收入达到2亿元人民币。环球嘉年华的体验活动都是在一种刺激、活跃和欢乐的环境中进行的，嘉年华过程中充满灯光、音乐、色彩、舞蹈、歌声和运动，使被感染的游客享受到独一无二的“环球嘉年华体验”。2004年沈阳、北京、成都、厦门等大城市均纷纷举办嘉年华。因为业绩突出和影响广泛，嘉年华被中国社科院旅游研究中心评选为2004年度中国旅游产业十大热点之一。

近年来，嘉年华在更多的城市中受到了人们的追捧，天津、上海、杭州、广州、南宁等城市都出现了嘉年华的身影。嘉年华活动已成为游乐业发展的新趋势，有着广阔的发展前景。随着时代的不断发展，嘉年华的内涵得到了拓展和延伸，在国人的推动下，这个活动演变成了大型欢乐活动和节庆的代名词。“环球嘉年华”引发了中国嘉年华热潮。

第三节 农业嘉年华的衍生

伴随着农业展会和农业节庆的兴起，嘉年华与农业结合开创了令人耳目一新的“农业嘉年华”。将嘉年华的理念引入农业领域，是中国的发展和创新，目前国外还没有相关报道。农业嘉年华就是农业狂欢节，是农业节庆的内容丰富化和生产设施化，是农业节庆的延伸。

农业节庆活动是利用农业场地、农事生产或农产品资源等，综合了文化、社会、经济等诸多因素并在一定时间内举办的形式多样的大型社会活动。农业节庆活动追求社会影响力、经济效益和消费者满意率最大化，将农产品营销和节庆活动相结合，农事体验和休闲踏青相结合，并把单纯的农业生产拓展为多功能体验，使市民体验了收获的乐趣，使农民直接面对消费市场，为农业生产增加了动力。农业文化节庆以观赏、采摘、品尝、体验、娱乐、健身等活动为载体，是宣传推介、聚集人气和农产品促销的重要手段，在推动休闲观光农业发展上起了关键作用，成为拓展农业多功能，促进农产品销售，带动农民增收和壮大地方经济的新渠道。

一、国内特色农业节庆

（一）毛南族的“南瓜节”

举办时间及地点：每年农历九月九日在广西壮族自治区西北部的环江县举办。

活动内容：南瓜节当天，被市民选出的一组评委走门串户，到各家评选“南瓜王”。家家户户将刚刚收获的形状各异的南瓜搬出来，放到楼板上面参与比赛。南瓜王不仅要看南瓜的表面，还要综合比较评估瓜籽的饱满程度，以供来年使用。最后要把瓜切成块，放进小米粥锅煮得烂熟，先盛一碗供在香火堂前敬奉“南瓜王”，然后众人共同享用美味的南瓜粥。

（二）大兴庞各庄“西瓜节”

举办时间及地点：每年 5 月 28 日在北京市大兴区庞各庄镇举办。

主办单位：大兴区政府。

西瓜原产非洲的热带沙漠，汉代以前通过“丝绸之路”传入中国新疆。大兴有着长期种植西瓜的历史，形成了独特的大兴西瓜文化，大兴西瓜曾作为历代皇朝的贡品。大兴区西瓜种植以庞各庄地区为中心，每年西瓜种植面积约 80000 亩，总产 260000t。1988 年，由区委、区政府主要领导提议，区人民代表大会决议，将每年6月28日定为西瓜节（2001年后改为5月28日）。按照“以文化立形象，以情节聚人气，以展示育商机”的节庆理念，西瓜节期间开展文艺表演、经贸洽谈、观光旅游、商品展销、西甜瓜擂台赛等活动。经过多年发展，庞各庄农业形成了以大兴西瓜为主导的特色产业体系，先后获得“中国西瓜之乡”“西瓜专业镇”等多项荣誉称号。

（三）第七届世界草莓大会

世界草莓大会是由国际园艺学会于1988年发起的，每4年举办一次，是全球草莓界最高级别的学术盛会，被誉为草莓界的奥运会，迄今为止，已成功举办了七届，前六届分别在意大利、美国、荷兰、芬兰、澳大利亚、西班牙举办。第七届草莓大会首次来到中国，在北京昌平举办，本届大会的主题是“健康、发展、共享”，宣传口号是“草莓，让生活更甜美”。本届大会与往届大会有所不同，是将草莓学术会议与产业发展相结合，除学术会议外，还举办了综合展示、产业经济论坛等活动。

整个草莓博览园占地1000亩，草莓大会采取“一区、一场、一园、三中心”的办会模式。“一区”即精品草莓产业示范区，“一场”指草莓大会主会场九华山庄，“一园”是指草莓博览园，“三中心”是指草莓加工中心、草莓产品展示交易中心和农业产业科技促进中心。科技促进中心，面积为28000m^2，可容纳500人进行培训。展示交易中心，面积为7000m^2，是国际草莓产业展的展示场地，用于举办品种与育苗展示、栽培与管理展示、储运与加工展示、保障与配套展示、农业机械展示、商贸洽谈六项活动。草莓加工中心，建筑面积为22000m^2，日加工配送能力为200t。国际草莓风情展区，温室面积为26000m^2，集中展示各大洲草莓种植品种、模式以及区域风情。展区分为五个展馆，即亚洲馆、欧洲馆、美洲馆、澳非馆和综合馆。

（四）塘栖枇杷节

枇杷是塘栖的金名片。塘栖种植枇杷历史悠久，文化底蕴深厚，是中国四大枇杷主产地之一。塘栖枇杷节是塘栖的传统节日，在2006年加入世博会。

举办时间及地点：每年五月的最后一个星期天杭州塘栖古镇。

活动效益：塘栖枇杷节从1999年开始至今，已连续举办了17届，成为杭浙地区一个颇具影响力的地方性节庆活动。塘栖镇枇杷种植面积为15000亩，总产量近40000t，总产值4000多万元。浙江省人民政府将塘栖镇命名为“浙江枇杷之乡”。目前，塘栖镇已建成多个塘栖枇杷特色观光园区和枇杷种苗基地，成立了枇杷科学研究所、枇杷专业合作社，主要开展枇杷生产、加工产业。经过不断的科研创新，塘栖镇将枇杷的产业链拉长，开发了枇杷花茶、果脯、果酒、果汁等产品。

（五）厉家寨樱桃节

举办时间及地点：每年农历 4 月在临沂临港经济开发区厉家寨举办。

活动效益：2003 年，坪上镇为樱桃注册了“好例”牌商标。2005 年 5 月，坪上镇成功举办了首届樱桃节，吸引游人和客商 60 多万人次，“好例”牌樱桃供不应求，果农收入成倍增加。这几年，越来越多的城里人因万亩樱桃来到厉家寨景区，樱桃树开花时来赏花，樱桃树结果时来尝果。坪上镇也因势办起了“农家乐一日游”，让城里人在欣赏美景的同时，也可以体验农家的生活，品尝农家的饭菜。

近年来，我国各地多次举办了各类农业展会、农事节庆活动，名目繁多、百花齐放、内容丰富，这些活动在农业科技交流、农业物资交流等方面发挥了巨大的作用。农业节庆活动不是万能的，而更像是催化剂，可以加速都市型效益农业，尤其是休闲观光农业发展。农业是一个系统工程，农业增效也是一个长期性、复杂性的问题。农业嘉年华作为一种更具吸引力的综合性的农业展览方式正在逐渐兴起。

二、国外农业节庆

为了庆祝农产品丰收，各国会举办不同的农业节庆，农业节已有很长的历史了。这些节日是约定俗成的、固定日期的全民活动，如美国南瓜节、法国柠檬节、西班牙奔牛节和西红柿节等。

（一）美国加利福尼亚州“半月湾南瓜艺术节”

举办地点：享有“世界南瓜之都”美誉的美国加利福尼亚州半月湾市。

节庆内容：南瓜比赛与摆街、获奖南瓜大游行、南瓜雕刻比赛、吃派比赛、点亮南瓜灯等活动。

节庆时间：每年万圣节前，即 10 月份收获南瓜后举行，为期两天。

节庆效果：促进了当地南瓜产业的发展，烘托了节日气氛，丰富了当地市民的生活娱乐。丰富多彩的活动吸引了世界各地的游客，南瓜艺术节每年可以给当地居民带来 1000 万美元左右的经济收入。

（二）法国芒通柠檬节

法国芒通每年都会举办柠檬节，这是一个以柑橘类水果为主题的嘉年华活动。

时间和地点：每年 2 月在法国小镇芒通举行，长达 15 天。

举办单位：法国旅游局组织举办。

活动内容：金黄水果花车大游行，巡游队伍中有乐器和舞蹈表演。所有器物都由柠檬来作装饰，当水果游行结束时，90% 的水果会仍旧完好，并以低价售出。由柠檬和柑橙组建的大型彩雕，会吸引大批游客。狂欢期间也有介绍特产柠檬的展览会。

节日效果：人们在柠檬节狂欢，节日吸引了众多观光客并带动芒通地区的旅游事业。

（三）西班牙奔牛节

西班牙的斗牛历史悠久，早在 13 世纪便有了斗牛节。西班牙是世界上著名的“斗牛王国”。有人说：在西班牙没有不斗牛的节日，也没有不爱看斗牛的地区。现在，西班牙共有大小斗牛场 400 多个，最大的斗牛场可容纳 2 万人。每年斗牛次数达 5000 场以上。

斗牛要举行入场式。伴随着雄壮奔放的乐曲，斗牛士身穿绣花紧身衣、紧腿裤，头戴三角帽入场。斗牛士的队伍由两名骑士引领绕场一周，并向观众致意，之后由主持人宣布斗牛开始。奔牛节是被无数人热爱的一个节日，在南美、欧洲甚至是中国的云贵少数民族地区，也存在着很多类似的奔牛节。

此外还有西班牙布尼奥尔镇西红柿节、印度拉贾斯坦邦的沙漠城市比卡内尔骆驼节等。

三、农业展会兴起

（一）国内农业展会

1. 寿光蔬菜博览会

中国（寿光）国际蔬菜科技博览会（简称“菜博会”）创办于 2000 年，由中华人民共和国农业部、中华人民共和国商务部、中华人民共和国科学技术部等部委与山东省人民政府联合主办，每年 4 月 20 日至 5 月 20 日在山东寿光蔬菜高科技示范园定期举办。中国（寿光）国际蔬菜科技博览会，是商务部批准的年度例会，是目前国内最大规模、最具影响力的国际性蔬菜产业品牌展会。自 2000 年以来，蔬菜产业品牌展会已成功举办了十七届，共有 50 多个国家和地区，30 个省、市、自治区，近两千万人次参展参会，实现各类贸易额突破 1500 亿元。

特色：蔬菜博览会期间还会举办现代农业专题论坛、中华农圣文化节、中国（寿光）文化产业博览会等活动。

2. 长春农业博览会

“中国长春国际农业·食品博览（交易）会”由国家农业部、吉林省政府和长春市政府共同主办的。2000 年农博会首办，到 2015 年长春农业博览会已成功举办了十五届。累计参展参观人数 1280 万人次，成交贸易额达 900 多亿。自 2010 年起，每年春节前后，吉林省人民政府和长春市人民政府共同举办为期一个月的“吉林冬季农博会”，此举打造了具有北方冬季特色的综合性农业展会品牌。

特色：室内与室外相结合，内容贯穿从田间到餐桌的全过程，并常年对外开放，打造了永不落幕的农博会。

3. 杨凌农业高新科技成果博览会

由科技部等 17 个部委主办，联合国教科文组织等国际组织协办，陕西省人民政府承办的中国最高级别的国际农业高新技术博览会。博览会会址在中国农业高新城陕西杨凌，会展每年 11 月 5 日至 9 日召开一次，2016 年已是第 23 届。据不完全统计，农高会累计有 30 多个国家和地区的上万家国内外涉农企业、农业科教单位和中介机构以及 830 余万客商和群众参展参会，项目投资及技术和产品交易额累计达 869 亿元；围绕农村产业发展举行的实用技术培训和咨询，累计培训、咨询超过 30 万人次。

特色：宗旨明确、作用显著、优势突出、参与广泛。

4. 山西农业博览会（太原、北京交替举办）

国家农业部、山西省人民政府、中华全国供销合作社和中国国际贸易促进委员会共同主办，展会设立综合展示区、农产品加工龙头企业展示交易区、“一村一品”特色农产品交易区、农业科技展示交易区、民间工艺展示交易区、民间工艺、休闲观光农业及乡村旅游展示交易区和农业机械展示交易区。主要活动有“农超对接”洽谈、招商引资与贸易签约、主题宣传推介等。

5. 北京国际都市农业科技节

北京国际都市农业科技节一般于每年的 5 月 ~10 月举办，国家有关部委、地方区县政府、农业科研院校、国内外知名涉农企业、有关国家驻华使馆及媒体各界代表共同参加北京国际都市农业科技节，在此期间，国内外业界人士齐聚一堂、共话农业，感受现代都市农业的魅力。

活动宗旨：贯彻落实中央一号文件精神，进一步推进农业科技创新，促进国际技术交流合作和先进理念模式的推广。

指导思想：一中心——以农业科技为中心；两面向——面向国内、国外两个市场；三个头——园区科技有看头、有学头、有搞头；四主体——以政、产、学、研、推为主体；五平台——建设国际现代农业技术交流合作平台、国内外先进农业设施装备展示平台、农业科研院校先进技术中试平台、农进理念模式及技术输出平台、农业实用技术推广培训平台；六创新——不断开拓创新新理念、新模式、新技术、新设施、新设备、新品种。

活动内容：开展系列主题节庆；农业科技成果展；农业创意成果展；农业信息化系统的应用；果树与林下养殖模式展示；农业科技论坛交流。

6. 首届全程露地蔬菜生产机械化现场观摩会

开幕时间：2013 年 9 月 12 日

为进一步推动北京国家现代农业科技城建设，促进种业与农业智能装备产业的发展，北京国际都市农业科技园组织业内成员单位开展了全程露地蔬菜生产机械化现场观摩会。该观摩会主要展示了最新农业科技成果、农业示范用高效设施，详细介绍了全程露地蔬菜新型农业机械化装备，如苗盘播种机、整地作畦机、弓架弯折机、收获拖车等装备的技术性能和作业效率，观摩了国外引进的全程露地蔬菜生产机械现场演示。观摩会采用一系列完整配套的现代化机械，如大型旋耕机、作畦机、移栽机、施肥器、除草机、大型喷药机、移动式喷水灌溉设备、收获拖车、包装机等配合高效的管理系统，此体系具有节省人工、生产效率高、产品一致性好的特点。同期举行现代化农业科学技术发展研讨会、农业科技成果展览、创意农业体验、家庭园艺展示等活动。

近年来，我国各地多次举办了各类农业展会、农事节庆活动，名目繁多、百花齐放、内容丰富，在农业科技交流、农业物资交流等方面发挥了巨大的作用。农业展会作为休闲旅游的一部分，近年来，在山东、山西、北京等地兴起、发展、壮大、创新，并逐渐扩散到其他地区，成为实现城乡一体化发展的强大推动力。

（二）国外农业展会

1. 越南（河内）国际贸易展览会

越南国际贸易展览会（VIETNAM EXPO）国际农业畜牧业（越南）展是由越南社会主义共和国工贸部举办的，是专为行业企业量身打造和促进国外企业高效进驻越南市场进行贸易对接而展示的平台，展出面积约为10000m^2。每年4月份的越南国际贸易展览会是越南国家最重要的贸易促进活动，2015年的第25届越南国际贸易展览会在越南展览中心隆重举办并取得美满成功，越南国家高级领导黄忠海副总理、各部门的领导及各国外交代表出席开幕式，来自柬埔寨、中国、捷克、古巴、日本、韩国、老挝、马来西亚、缅甸、俄罗斯、新加坡、泰国、美国、越南等20个国家和地区的650家企业参加了展览会。展会期间，合同签订总金额达6亿多美金。为了给国内外企业介绍越南最新的经济、贸易、投资情况和越南促进出口的政策，越南工贸部还举办了“出口促进论坛”。

2. 缅甸国际农业机械展览会

借助中国—东盟自由贸易区正式启动的契机，2015年“东盟（缅甸）国际农业展览会”成功举办，此展会获得中国参展商、缅甸来访客商双向良好反映，近八成的企业认可展会效果，绝大部分企业认为缅甸市场需求旺盛，半数以上企业表示有意继续参加展会，到会客商近6000人次。通过展会，国际社会越来越看好缅甸今后经济发展的潜力。

3. 巴西国际农业展览会

巴西国际农业展览会是南美洲最大、最专业的农业展览会，该展览会由英孚曼会展集团和巴西工业机械设备协会联合主办，巴西最大的三家银行是展览会的合作伙伴，在现场对买卖双方的交易提供金融咨询服务，并现场提供贷款服务。展会范围主要包括：农业机械和技术、畜牧技术、农副产品加工机械、农药和化肥、农业存储设备、农业信息技术几大部分。

4. 美国国际农业展览会

美国市场是国际供应商竞相角逐的市场，美国图拉尔国际农业展是美国效果最好的室外综合性农业展，是了解和评估美国农业发展相关技术进步的重要标尺，为计划开发美国市场的农机企业搭建了一个很好的平台。美国图拉尔国际农业展每年举办一次，至今已经成功举办了 47 届，是美国南部最大的一个综合性的室外露天农业展，展品涵盖了农业行业的各个分支，包括农业机械、农药化肥、农业灌溉、畜牧机械、畜牧产品、家禽、蔬菜水果、园林园艺、温室产品、生物能源、林业产品等。

四、我国农业嘉年华的产生及发展

随着时代的不断发展、农业展会和农业节庆的兴起，嘉年华的内涵得到了拓展和延伸，在国人的推动下，这个西风东借的概念逐渐演变成了大型欢乐活动和节庆的代名词。2001 年，香港汇祥公司把欧洲概念的嘉年华引入中国，以“环球嘉年华”为品牌在香港试办成功。2003 年，“环球嘉年华”进军中国大陆市场，以 75 天吸引 211 万游客、超过 2.4 亿元营业收入的业绩，引发了中国嘉年华热潮。当各种游乐场所充斥各大城市，相对应的市场已经趋向饱和，单一游乐形式的嘉年华所面临的市场已经不复往日的繁荣了。嘉年华又开始了新一次的蜕变，与农业相结合，开创了令人耳目一新的“农业嘉年华”。

2005 年 9 月，借鉴“嘉年华”形式，中国大陆地区成功地打造了第一个以农业为主题的都市型现代农业盛会——“南京首届农业嘉年华”，受到了广大市民的一致欢迎和赞誉。南京农业嘉年华现已经成为南京市休闲农业节庆品牌，其以“农民的节日，市民的盛会”为活动宗旨，主要展示都市农业新成果、现代农业新科技、郊区农民新风采和城乡和谐新生活的内容，兼有展览、娱乐、购物、展示、宣传、招商等多种功能。

近年来，随着国家政策对于三农的大力支持，越来越多的企业投身农业，农业嘉年华活动犹如雨后春笋，已在我国多地成功举办，如南京、安徽和县、北京昌平、广西玉林、辽阳首山、邢台南和等，均取得了良好的社会、经济效益。此外，各地的农业嘉年华活动还在陆续进行，如润东农业科技嘉年华、郑州中牟·国家农业公园嘉年华、贵州农业嘉年华、武汉农业嘉年华等。农业嘉年华作为现代都市农业的一种新业态，适用于全国各地。农业嘉年华已经成为现代都市农业园区的一枝新秀，显示出旺盛的生命力。

中国农业嘉年华自北京嘉年华开始便获得社会各界的广泛认可。实践证明，农业嘉年华是现代农业的引领者，越来越受到政府和业界人士的广泛好评，得到了全国各地各级政府、涉农企业的高度重视。农业嘉年华将立足自然资源，以市场为导向，以文化为内涵，拓展农业多功能性，举办农村与城市交融、人与自然和谐的创新型现代农业盛会。农业嘉年华作为都市农业的新秀，需要广大农业嘉年华的实践者不断完善、不断创新，去追求理论创新、模式创新和科技创新，推动农业嘉年华的可持续发展。

第二章
农业嘉年华发展理论探讨

第一节　农业嘉年华的理论体系的构建

一、农业嘉年华的定义

随着农业嘉年华的发展，专家学者们关于农业嘉年华的定义不断有新的诠释。

王有年院长（北京农学院 2014）：农业嘉年华是以农业生产活动为背景，以狂欢活动作为载体的一种农业休闲体验模式。它以市民需求为导向，以农业科技为支撑，以农产品为道具，充分体现了农业的多功能性，从而达到使全民关注都市农业发展与健康生活方式的目的。

蒋和平教授（中国农科院农业经济与发展研究所 2014）：农业嘉年华是以农业生产活动为背景，以城乡需求为导向，以农业高新技术为支撑，以农业文化创意成果为载体，以吃、喝、玩、乐、娱、体验等活动为要素，以充满“农”味的素材为特色，融生产、生活、生态于一体的都市休闲观光中会展农业的一种高级形式。

王先杰（北京农学院 2015）：农业嘉年华以市民对农业多元化需求为导向，以农业科技为支撑，以农产品为道具，充分发掘和展示都市型现代农业的全景功能，从而达到使全民关注都市农业发展和健康生活方式的目的。它具有生产性、效益性、市场性、文化性、观赏性、娱乐性、参与性，具有生态环境、休闲娱乐、科普教育、科学实验、绿色文化等功能。

郝天明（园艺高级工程师）：农业嘉年华以都市农业为基础，以市场需求为导向，以现代科学技术和科技装备为支撑，以现代农业体系和经营形式为载体，以弘扬农耕文化、享受农事乐趣为内容，充分发挥农业的多功能性，最终实现引领农业发展、促进农民增收、建设生态美丽新农村的目的。

综上所述，中国农业大学农业规划科学研究所给出的概念如下：

农业嘉年华是以都市现代农业为基础，以市场需求为导向，以现代农业科技装备和科学技术为支撑，以农业创意为手段，以互动体验为抓手，以当地特有的历史文化风情、民俗文化体验、特色创意旅游为特色，紧扣时代脉搏，打造现代都市农业的欢乐盛会，展示现代农业科技发展新成果，充分发挥农业的多功能性，使农业更好地服务于市民，最终实现引领农业发展、促进农民增收、集产业发展、区域带动、农旅结合为一体的都市农业新业态。

二、农业嘉年华的特点

农业嘉年华会展的举办，一方面带动了当地农业及相关产业的发展，提高了当地的知名度，实现了“因节而兴、因会而旺”的效果。另一方面，参展企业便捷地通过展会，低成本获取了信息和商机，走向市场。农业嘉年华的兴盛，将大力推动农业产业化、农村城镇化的进程。农业嘉年华蓬勃发展是当前发展趋势，但如何形成特色、创出品牌是农业嘉年华设计单位适应发展趋势、赖以生存的发展关键。农业嘉年华不仅是都市农业的新业态，也是农业会展的一种崭新的实践活动。它积聚了农业新技术、新品种、新知识等元素，同时也转变了传统农业的生产方式，实现了三产紧密相融，无缝衔接，充分展示了农业的多功能性，突出了农业的生产、生态、生活和文化功能，推动了农业嘉年华的快速发展。

（一）农业、科技、创意相结合，彰显品牌特色

农业嘉年华的特色主要是突出农业，融入创意，彰显科技。农业嘉年华通过三产融合，实现产业升级，吸引资源要素，集聚各种资金流进入到现代农业生产中，同时通过培育新型农业经营主体以及生产方式的集约化、专业化、组织化，提高农业综合生产能力。随着开展与科研院所及国际的合作，嘉年华不断创新提升科技含量，融合了生态、休闲、教育、文化、创意等多种元素，使嘉年华总体规划、环境营造、场馆设计、活动策划、景观设计、创新元素等方面不断丰富和创新，体现出农业艺术创作的无穷魅力。农业嘉年华能全面展示都市型现代农业的多功能性，能提升地区形象，吸引更多知名人士和企事业单位精英的关注，推动地方休闲旅游和文化产业的发展，使城市的知名度、美誉度和影响力得到提升，从而彰显出农业嘉年华的品牌特色。

（二）主题特色鲜明，活动精彩纷呈

在历届农业嘉年华活动中，均以特色鲜明、活动精彩纷呈而著称。农业嘉年华坚持以农业为第一要素，融入文化内涵，突出生态养生，贴近市民生活，打造集科技性、前瞻性、参与性、娱乐性为一体的农业特色活动。农业嘉年华在表现形式上，以当地特有的民俗民风为依托，通过开发当地的传统文化或创意文化，使其以鲜明的特色文化融入旅游发展主题中，通过举办文

化创意互动，建设特色文化型的旅游主题，给予游客文化上的新鲜感。

（三）市民参与性强，影响力大

随着知名度及影响力的不断扩展，农业嘉年华越来越受到全社会的广泛关注和多方支持。农业嘉年华场馆将创意农业和现代农业结合，农耕文化和创意文化结合，设置了农事体验、观光采摘和教育旅游等项目，使广大游客在休闲观光的同时感受浓郁的农耕文化和浓厚的乡土风情。从参与的客群来看，举办地周边市民都会积极热情地参与到农业嘉年华中。市民参与度之高、嘉年华影响力之大，使农业嘉年华已成为都市农业发展的一张名片。

（四）经济、社会效益显著，带动性强

农业嘉年华聚焦农业、科技、产业、文化等方面，提升农业的高价值和深内涵。通过展示示范农业科学技术，树立品牌形象，推广农产品，进一步展示农业发展成果，弘扬农业文化，引领现代农业发展方向。农业嘉年华项目取得的成效主要体现在农民收入明显增加；农业产值稳步增长；农业产业结构进一步调优；农业生态建设加快推进速度；现代农业水平有较快提升等方面。通过农业嘉年华项目，实现了一、二、三产业的有机融合。农业嘉年华展示的观赏、体验、文化和科普等丰富多彩的农业新业态，将农业一产带入了休闲农业、创意农业等二、三产业，不仅促进了农业生产，带动了农民致富，而且为城市提供了生态、生活、休闲、教育、科普等多元化的功能空间，展示了都市型现代农业的生产功能、生活功能、生态功能、文化功能。从历届农业嘉年华项目来看，经济效益和社会效益均有显著提升，带动了农业及其相关产业的发展。

（五）专业化、市场化筹备及先进运维管理手段，活动高效推进

农业嘉年华运营机制是政府主导、企业参与、市场化运作的方式。在历届农业嘉年华活动之前，主办方深入市场开发，引入社会资金，引入市场机制，运用管理模式上的“市场引导、企业运作”的模式，在农业嘉年华的组织和操作中不断推陈出新，与时俱进。政府主导体现在两方面，当地政府创造各方面条件，促进当地特色产业的发展，采用企业独立运营方式持续推广和运营，运用农业嘉年华创新农业管理模式及运维手段，推进农业嘉年华活动的成功举办。

（六）产业联动，政府、企业、市民、农民多方受益

农业嘉年华活动是随着我国经济发展和产业转型而出现的都市农业新业态，农业嘉年华的发展顺应了时代的发展，契合了政府、企业、市民、农民、专业人士的需求，它不仅有利于市场资源优势的产业集聚，也有利于农业专业化及农业产业升级。农业嘉年华以农业生产温室为载体，通过活动的策划，挖掘农业相关产业文化内涵，实现园区内与农业产业带的联动，更加全面地

宣传当地特色农业产业，使游客清晰地了解、认知特色农产品的品牌特点。农业嘉年华活动在都市型现代农业的实现形式、发展方式、运行模式上做了大量卓有成效的探索和创新，提升了当地政府的形象，宣传了当地龙头企业及特色农产品，打造了地方品牌。市民可通过参观采摘互动，增进了对现代农业和传统文化的了解，企业可通过农业嘉年华和新技术观摩获得启发，政府可通过组织活动向社会展示农业在城市发展和生态环境建设中不可或缺的地位，推动当地经济发展。

三、农业嘉年华的主要功能

（一）富民、兴业、创品牌

为了缩小城乡差别，增加农民收入，中央政府出台了改变我国农村落后面貌、建设社会主义新农村的政策，而农业嘉年华是新农村建设中能够直接带动农民增收、促进社会发展的新兴产业。农业嘉年华，作为城市近郊区农业的一种大型农业活动，正是能促进一、二、三产业融合发展、增加农民收入的一种都市农业新业态。增加农民收入，必须延长农业产业链，提高农业附加值；必须积极开发农业多种功能，挖掘乡村生态休闲、旅游观光、文化教育价值；必须打造形式多样、特色鲜明的乡村旅游休闲产品。

1. 带动周边旅游发展，提高农民和涉农企业的收入

据有关资料显示，第二届北京农业嘉年华活动期间，周边各草莓采摘园接待游客256万人次，销售草莓301.6万kg，实现收入1.63亿元。同时，园区带动周边兴寿、小汤山、崔村三个镇实现民俗旅游收入0.75亿元，园区实现直接经济收入3510.47万元。第三届北京农业嘉年华开园九天，总收入已达593万元。至活动结束，实现园区总收入5195.7万元，带动周边地区草莓观光采摘收入1.58亿元，民俗旅游收入0.93亿元。安徽和县农业嘉年华开园一个月，旅游总收入达390万元，销售农业机械及农副产品1200多万元。由此可见，农业嘉年华提高了农民和涉农企业的收入。

2. 推动了农业产业化的进一步发展

北京农业嘉年华以草莓博览园为中心，带动周边万栋草莓日光温室，形成以草莓为中心的农业产业。第三届北京农业嘉年华开园不久，嘉年华组委会即与周边五个乡镇的一万亩草莓种植园签约，引领春季草莓采摘体验热潮，为草莓产业的持续发展增添后劲。同时，农业嘉年华集中展示了都市型现代农业的多种功能，吸引了更多人士关注农业，借势推动了全市休闲旅游、文化会展产业的发展。在农业嘉年华活动期间，通过涉农企业的参与，进一步拓宽了农业产业渠道。

广西玉林农业嘉年华在建设中，分为“核心区”“拓展区”两期建设，

从而促进一、二、三产业融合互动。据玉东新区管委会介绍，到目前为止，广西玉林农业嘉年华已签约 19 个项目，合同总投资额达 55 亿元，在谈项目 20 多个，意向投资近 80 亿元。

安徽和县农业嘉年华期间，举办了全国蔬菜产业发展与机械化论坛、安徽省蔬菜产业学术研讨等高规格的农业专业性会议，共同描绘全省乃至全国蔬菜产业的未来。

3. 加强行业间合作，提高各行业品牌知名度

第二届北京农业嘉年华活动期间，来自全国 29 个省、市、自治区的 450 多家农业企业参展，近千种创意产品集中亮相，“优质农产品展销活动”吸引地标产品生产企业 18 家，食品生产企业 48 家，京郊特色农产品生产企业 14 家。第三届北京农业嘉年华为京津冀联合办展，为国内首创，参加活动省份达 24 个，招商 198 家，展示地方特色产品 708 种。安徽和县农业嘉年华有来自全国近百家农业企业进驻会展，展示、展销农资、农副产品近千个。这些来自全国的农业企业来参与农业嘉年华活动，丰富了农业嘉年华的活动内容，进行了行业间的信息交流，建立了新的业务和技术联系，进一步丰富了我国现代都市农业科技园区的建设内容，使我国现代都市农业科技园区建设水平不断提升。

（二）农业科技示范推广

农业嘉年华能够依托大城市科技、信息、经济和社会力量，成为现代高效农业的示范基地和展示窗口，进而持续带动高效农业乃至农业现代化的发展，对我国广大农村地区的土地高效利用起到示范作用。

科技含量高，彰显现代农业魅力。嘉年华高科技种植栽培配合新奇特品种展示，运用农业新设备、二维码食品安全追溯等科技创新手段，大大提升了农业嘉年华的科技含量。第二届北京农业嘉年华集中展示 500 余种农业新奇特品种，以及 100 余项农业科技成果，吸引了大量国内外专家、学者前来学习交流。

农业嘉年华活动期间，中央电视台科技苑节目、省市区电视台先后多次报道了农业嘉年华展示的农业新品种、新技术，农业嘉年华组委会（北京）还举办了“农业科普日”“食品安全日”活动，给全国人民提供农业高新技术的科普教育，也使许多农民学到和应用了农业新技术。例如，中央电视台科技苑节目于 2014 年 5 月 7 日、5 月 9 日播放了北京第二届农业嘉年华《紫色蔬菜原来有那么多秘密》《巧技术、神技术，全是新技术》后，中国农业大学接到了许多全国各地农民、农业企业的咨询电话，详细询问有关的新品种、新技术内容。

北京市昌平区电视台在北京第三届农业嘉年华期间，拍摄了关于药用蔬

菜的保健功效、栽培技术、市场分析的科教片并向全区播放，使农业嘉年华成为开拓农民致富之路、提高农民收入的一个平台。在农业嘉年华的活动期间，举办了“走进农业，探索未来”活动，许多大、中、小学组团前来参加。如北京第二届农业嘉年华共吸引全市范围内 80 所幼儿园、4.5 万名中小学生前来参观体验，许多家庭利用周末携子女共同来农业嘉年华参观体验，从而进一步培养了城市青少年热爱农业的中华传统美德。广西玉林农业嘉年华在 4 月 25 日，吸引了玉林高中近千名在校师生走进“五彩田园”科普园，开展农业科普教育的社会实践活动。2015 年，广西玉林农业嘉年华所在基地被农业部科技教育司和共青团中央农村青年工作部认定为“全国青少年农业科普示范基地”。

（三）创意娱乐、丰富市民生活

农业嘉年华通过发展新、特、奇农产品，吸引游人，为新品种推广起到示范带头作用。文化创意产业与农业的交叉，即为创意农业。创意农业是文化创意产业的重要组成部分。北京市委常委牛有成同志在《北京都市型现代农业发展的思路、内涵与途径》中明确指出：“要大力发展创意型农业，要搞好农产品的文化注入，面对高端消费群，完成农产品的工艺化过程，提高农产品的观赏性和附加值”。

农业嘉年华将娱乐方式和农业相结合，可进一步开发农业功能，让更多的消费者了解并参与农业实践，享受其中的文化成果。农业嘉年华是以农业经营为基础，农业和旅游业相结合的一种新型产业，集游、购、娱为一体，进一步丰富市民的生活内容，开拓了农业观光、旅游、休闲、体验项目，突出其艺术性、趣味性，满足市民多层面的消费需求，并为农民和市民搭建了一个沟通交流、休闲娱乐、共赢发展的平台。比如，广西玉林农业嘉年华全年开放，开展“百花科技节”“荔枝科技节”“石斛科技节”“养生科普节”四季主打节庆活动，以吸引省内外市民参加。

在增加市民参与程度方面，嘉年华也颇下了一番工夫。200 项互动体验活动的趣味性、参与性、互动性，是嘉年华的一大特点。市民在参观的同时，还可以体验互动，购买放心农产品。农业嘉年华活动超出了普通展会的概念，融合产业、文化、科技、旅游等诸多方面的优势资源，为市民打造“农业乐园”，为企业搭建商贸平台，同时也促进农民增收。农业嘉年华，接地气、吸引人气、凝聚商气，成为了各产业、各行业互动的平台。

（四）促进都市农业发展

农业嘉年华是现代都市农业的一种新模式、新业态，从投资运营、产业带动、品牌价值等方面推动了现代农业的发展。随着现代都市农业园区的大力发展，传统农业的生产方式已不能满足人们日益增长的农产品消费的文化需求和娱乐需求，广大农民的收入增长趋势也逐渐走向瓶颈，旅游者已不满足于传统的大众化观光旅游产品。在城市休闲游憩环节中，都市人群向往体验优美的农业景观和生态环境，体验浓郁的田园风光。在这样的环境下，农业嘉年华应运而生，由于其高度融生产、生活、生态于一体，发展势头方兴未艾。农业嘉年华以其自然、生态、融合、参与的特色，博得了越来越多市民的青睐。

我国是农业大国，农耕文化是中华文化的重要组成部分，底蕴醇厚，具有发展都市农业、绿色农业、生态农业、创意农业的显著优势。农业是先民最原始，也是应用最广泛的谋生方式。对于人类生存、繁衍具有重要意义的农业文明，在现代人心中具有挥之不去的情结。因而，参观了解或亲身参与和体验农业劳作，品味农家生活成为一种令城市人向往的休闲方式。

农业嘉年华以人们喜闻乐见的方式呈现，以充满“农”味的素材为特色，打造一个融经济效益和社会效益于一体的富有内涵的农业盛会。通过进行科技、文化、设计等创意性活动，开发具有独特性的创意农产品，开展趣味性活动，以提升现代农业的价值与产值，探索新型的农民增收模式，实现农业增产、农民增收、农村繁荣，构建农村创意生产方式、生活方式和生态方式的目标。农业嘉年华，是集中展示都市型现代农业多功能的重要窗口。同时，其活动效应也转化为推动地方经济发展，树立区域品牌，实现城乡一体化发展的强大动力。农业嘉年华的兴起是现代都市农业发展的必然。

四、农业嘉年华的内涵

农业嘉年华的定位是都市农业发展的一个新业态，是一种全新的农业创新形式，它以都市现代农业为基础，以农业科技为支撑，以农业创意为手段，以农事体验、创意文化以及农业元素为载体，以会议会展展销为形式，融合了旅游、文化、餐饮、服务、物流、信息等多种形态，是都市农业与相关产业发展到一定阶段的产物，是会展业与都市农业有机结合的产物。农业嘉年华作为一种创新型的农业发展业态，既能够带来一定的经济效益，又能带来一定的生态效益和广泛的社会效益，它是一种全新的农业创新发展体验方式，符合了我国“创新、协调、绿色、开放、共享”五大发展理念。本节从如下几个方面来综述农业嘉年华内涵。

（一）农业

1. 农业内涵

农业嘉年华中的农业是农业嘉年华的基础，在农业嘉年华中无论从农业发展、农业传承、现代农业还是未来农业都离不开农业这个根本。我国有史以来一直是农业大国，农业工作也一直是政府工作的重中之重，中国农业需要发展，需要突破，如何创新地发展现代农业是广大农业研究者不断探索和论证的课题，因此推进农村一、二、三产业融合是顺应国内外产业发展新趋势的。在不同产业或同一产业内不同行业之间相互交叉、相互渗透、相互融合的步伐应不断加快，产业边界日渐模糊或消失。农业嘉年华使农产品从传统走向时尚，从体力型农业走向智慧型农业，从低端市场走向高端市场，从低（附加）值高碳走向高（附加）值低碳，从现代生活的配角走向主角，从个体生产走向农业总体经济，从温饱型消费走向审美型消费，从充饥果腹走向美容养生，从传统农业走向现代农业，实现了农业发展方式的根本转变。

2. 都市农业内涵

“都市农业”的概念，是20世纪五六十年代由美国的一些经济学家首先提出来的。都市农业是指地处都市及其延伸地带，紧密依托并服务于都市的农业。它是大都市中、都市郊区和大都市经济圈以内，以适应现代化都市生存与发展需要而形成的现代农业。在中国发展起来的都市农业一般是指靠近都市，在都市圈中、城乡边界模糊地区发展起来的农地作业，可为都市居民提供优良农副产品和优美生态环境的高集约化、多功能的农业。都市农业不仅可以提供农业产品，还可以为人们休闲旅游、体验农业以及了解农村提供场所。都市农业的特点，包括的范围是：一、指都市城市化地区与周边间隙地带的农业，不同于一般城郊型农业；二、都市农业的生产、流通和消费，农业的空间布局和结构安排，农业与其他产业的关系等，必须首先服从城市的需要并为此服务。这种由城市需要决定农业的发展的情况，体现了农业对大都市的依赖性，并进而实现相互依存、相互补充、相互促进的一体化关系；三、都市农业不仅是经济功能的开发，而且要进行生态、社会等功能的开发，并进而实现全功能性的大农业；四、农业生产经营明显表现为高度集约化的经营方式，实现生产、加工、销售一体化经营，进而达到高度的农业发展形态和为都市服务的特殊功能。

3. 农业嘉年华是都市农业发展新业态

农业嘉年华是都市农业发展的新业态。2015年中央一号文件中提到“增加农民收入，必须推进农村一、二、三产业融合发展。”文件指出，增加农民收入，必须延长农业产业链、提高农业附加值；必须积极开发农业多种功能，挖掘乡村生态休闲、旅游观光、文化教育价值；必须打造形式多样、特色鲜明的乡村旅游休闲产品。农业嘉年华，作为城市近郊区农业扩散出来的一种大型农业活动，正是能促进一、二、三产业融合发展、增加农民收入的一种都市农业新业态。农业嘉年华承担着农产品生产、销售、展示、科普、休闲、观光、生态、旅游、娱乐等综合功能。国内历届农业嘉年华活动，都会有近百家国内外企业参与，汇集数百个农业优新特品种，应用百余项先进技术保障支持，聚集了多种优质农产品进行展销，还设置了数百项农事体验活动。

农业嘉年华活动重点突出农业主题，展现前沿农业科技，广泛聚集高端农业要素，通过新颖震撼的科技示范展示，将都市现代农业信息化成果、农业生产、生态、休闲、教育、示范等多功能呈现在游客面前，同样也体现其集约化经济发展业态。农业嘉年华活动，坚持城乡一、二、三产融合发展，致力于打造一个全新的具有引领示范作用的都市现代农业盛会。

（二）科技

农业嘉年华活动已进入会展农业的成熟期，发挥了当地特色产业在区域农业产业的引领和示范作用，借助其科技、资源优势打造区域发展新高地。农业科技作为农业嘉年华的软、硬件基础，无论从种子资源、育种、农业技术、设施农业、循环农业等农业形态，还是从农业科研教学机构到场馆种植展示，农业嘉年华均实现了农业科技的高度集成。农业嘉年华紧紧围绕农业科技展示、特色品种展示、新技术展示、生物科技、农业信息化等，从前沿技术、农业专项研究、农业服务体系等层面进行项目部署，为现代农业的发展提供了重要的支撑。据不完全统计，在第四届北京农业嘉年华活动中，共引进、示范、展示了400余种农作物新品种。这些品种一是在国内具有推广价值，二是具有很高的保健价值和观赏性，成为我国农业嘉年华一大主角。我国农业嘉年华的蔬菜栽培，采取了国内外的高新栽培技术。这些高新栽培技术的应用，绝非仅仅为吸引游客的注意力，更重要的是，它代表着我国现代农业建设中高新技术的发展方向，有着广泛的推广前景。农业嘉年华依托自身优势取得了显著成效，如在农业嘉年华活动中设施栽培方面的技术创新，各种栽培模式的科技展示，采用立体水培、无土栽培、基质栽培等，并采用国内外先进的设施设备，如采摘机器人、自动嫁接机、声波助长仪、二氧化碳发生器、硫磺熏蒸器、营养液消毒设备、植物静电发生器、微纳米气泡发生器、灌溉水处理设备、温室调控仪、补光灯、电生功能水等，这标志着我国农业嘉年华已经迈进现代农业展会的行列。

（三）创新

嘉年华的创新主要体现在农业科技创新、文化创新和模式创新上，其主要目的是要打好特色创意品牌。农业嘉年华是以农业生产活动为背景，以国际化娱乐狂欢为载体的一种农业休闲体验模式，是建立在市场需求、农业科技、文化创新基础上的现代都市农业的全新体现，是使用开放创新思想将农业与中国文化结合的一场农业创新、科技创新、文化创新的孵化器。农业嘉年华，无论在科技创新和文化创意方面都有很大的突破，取得了很大成效。在科技创新方面，水培、气雾培、基质培、椰糠培等培育方式的不断创新与发展，使栽培技术管理技术方面也走出了一条创新之路。在文化创新创意方面，农业嘉年华要打好创意牌、特色牌。连续举办三届的北京农业嘉年华，今年增设河北馆和天津馆，引进津、冀特色农产品，体现京津冀农业特点，以农业主题为背景，包括农业精品馆、农业创意馆、农业体验馆、激情狂欢乐园、农事体验乐园以及草莓休闲观光采摘带，打造集休闲、观光、体验、科教、娱乐等功能于一体的大型创意农业品牌，搭建一个亲近农业、享受农趣、展示文化、促农增收的平台。和县农业嘉年华以“智慧农业，田园生活”为主题，秉承地域性、科技性、参与性和创新性相融合的原则，以现代农业体系为载体，展现和县特有的历史文化风情和最新农业科技发展成果，打造新颖的农业盛世景观，突出了嘉年华的狂欢乐趣，推动了都市休闲农业的发展，丰富了市民的文化生活，满足了市民的消费需求。文化景观方面的创新从第一届北京农业嘉年华的“江山”、第二届北京农业嘉年华的“瓜瓜世界”，到玉林农业嘉年华的“玉蔬临风、瓜彩世界”，无不展示出创意农业给人们带来的生机与活力。因此，要持续发展农业嘉年华就要不断推进农业科技创新和文化创新，善于开发利用科技创新成果和文化创意产品，不断丰富农业嘉年华的内容和项目，不断为游客提供新、奇、特的感受，调动游客参与的积极性，从而增加农业嘉年华的活力。所以，农业嘉年华是以创意农业生产活动为背景，以创意活动作为平台的一种农业创意体验模式。农业嘉年华模式的创新，不但要体现农业生产、生态旅游的因素，还要充分挖掘二产元素，展现现代化大生产的气势，给人们以视觉冲击力和震撼。当前农业嘉年华的投资运营主体由政府主导逐渐向市场主导转移，主要运营模式逐渐转变为政府主导＋公司运营、政府引导企业投资运营。

（四）协调

农业嘉年华活动的举办可推动区域经济协同发展，促进产业转型，树立区域品牌实现城乡一体化的强大动力。

农业嘉年华是现代农业示范区的核心，政府或企业前期会投入数亿元进行建设。嘉年华项目紧紧围绕现代农业的多种功能进行拓展，将农业的生产功能、生活和生态功能以及休闲观光和旅游功能有机地融合在一起，促进嘉年华及其周边农业产业快速提升，并形成规模效应、产业集聚，这对我国农业现代化水平提高以及区域协调发展起到积极作用，同时也极大地提升了当地的知名度，扩大了社会影响。例如，通过辽阳农业嘉年华的活动举办，2015 年辽阳市被农业部确定为第三批国家现代农业示范区，“黄柳刘线”为现代农业示范带。随着辽阳县首山现代农业示范区框架的确立，观赏、休闲、体验、民俗等多功能为一体的新生活体验在这里成为现实，农业科技研发、成果转化、集成示范推广等项目在这里实现了深度结合，嘉年华在辽阳市走出一条产业规划、政府协调与生态环境和谐，市场、企业、政府良性互动的现代农业发展之路。2015 年 1 月 1 日，在广西玉林茂林镇举办的第一届广西玉林农业嘉年华项目，玉林嘉年华项目作为五彩田园的核心，旨在承载产业拓展、科技展示、科普教育、技术推广、搭建技术、展销平台等功能，以达到推动区域农业产业规划、带动周边农业产业升级、促进都市现代型农业发展的目的。在项目区玉东新区茂林镇先后成立的农产品深加工产业园、蓁蓁生态农业观光园、花卉产业园、中药园、交易市场等项目，不仅带动了当地的农业发展，还带动了当地其他产业的发展。交易市场是集国际会议、文化展示、商业服务、旅游休闲为一体的大型特色文化交易市场，将园区逐步建设成为以国内外农业高新技术及人才集聚为特色，广西领先、国内一流的现代农业科技示范园区。通过玉林农业嘉年华活动的举办，当地各种资源条件相互融合，实现了当地的各产业融合，促进了当地农业经济的协调发展。

（五）绿色

随着高科技的发展和经济全球化趋势，创意设计同“低碳”一样，可谓是当下中国乃至世界出现频率最高的词汇之一。综观世界各国，创意设计及其产业越发达，人们的生存品质就越高，经济实力就越强，综合国力发展的速度也就越快，二者是成正比关系的。农业嘉年华发展创意农业，集绿色、生态、环保、可持续发展为一体，吸引了周边市民的积极参与，为休闲农业打下坚实的基础。同时，通过融合各种资源条件发展生态，有利于水土保持、资源循环利用，为国家农业产业规模化发展和食品安全提供了有力的保障。农业嘉年华项目关于农业生产方面严格遵循生态农业的生产规范要求，减少对环境的污染，充分展现了优美的生态环境和生物的多样性。反季节产品的展示观光活动，增加了游客的观光热情，保持了农业嘉年华的持久性。

（六）开放

农业嘉年华是一个国际化的开放平台，它汇聚了国内外各种先进的农业生产新技术、新设备、新工艺、新理念，有很强的科技支撑力。农业嘉年华也是科普培训和农业相关知识普及的平台，是学生了解农业科技的平台，是业内学者进行行业技术研讨的平台和观光者旅游文化交流的平台。在这里，游客可以接触各种顶尖的农业新技术、新信息、新创意、新思想和新高度。在农业嘉年华活动中，随着我国农业产业平台的搭建，正在为国内外游客提供一个交流、开放的平台。农业嘉年华的开放平台，促使我国的农业产业发展与国际接轨，跨行业、跨领域融合发展的步伐空前加快，农业国际化水平明显提高。

（七）共赢

农业嘉年华活动使农民、市民、企业、政府——形成共同参与主体，达到多方共赢。农业嘉年华通过对都市型现代农业的细化分类，确立最接近城市市民需求的城市农业、物联网农业、精准农业等板块，并特别强调人们的参与性、互动性，让所有参与者均能从中受益。农民通过农业嘉年华不但增加了收入，更重要的是观念上得到了启迪；市民在参与中获得了对农业与城市、农业与生活新形态的全新认识；参展的农业企业在充分展示产品绿色、科技、文化等内涵的同时，赚取了可观的收入；政府通过立体直观的方式，向全社会传播了农业在城市发展中不可或缺的作用，树立了新的农业品牌形象。通过农业嘉年华的成功举办，农业嘉年华活动已成为都市型现代农业高度融合的第一品牌。市民可通过农业嘉年华活动，增进了对现代农业和传统农耕的了解，企业可通过嘉年华平台建立了新的业务范围。同时农业嘉年华是郊区农民奉献给市民的一个礼物，是农业奉献给消费者的欢乐盛宴，是农业奉献给专业人士的科研平台，是学生的教育平台，是市民安全食品及农业知识普及的文化传承平台。随着人们对农业嘉年华需要的增加以及社会给予农业嘉年华关注与期待的增加，农业嘉年华已然成为优化农业优势资源，促进农民增收的有力途径。通过打造都市休闲乐园，它促进了社会和谐，实现了社会各界的共赢。农业嘉年华不仅是一个全新的展示体验平台，也是推动当地经济的驱动器。

五、农业嘉年华的外延

（一）搭建国际信息交流平台

农业嘉年华凭借自身在国内外的影响力，在提高当地农业产业，推动中国农产品、传统文化产品“走出去”活动中发挥了重要的作用。农业嘉年华活动主办方认为，通过农业嘉年华活动，可以促进区域经济发展、促进各国农业产业合作，使国内外各企业机构间能建立良好的合作关系，在农业投资、农产品贸易和农业专项研究合作过程中发挥重要的桥梁作用。随着中国农业经济形式的不断发展，作为现代农业展示平台，农业嘉年华的平台作用越来越被看重。农业嘉年华活动可以发挥其独特的农业资源优势，以其巨大的展示功能，快速拉动地方经济产业发展，助推当地农业产业快速发展。随着近年来现代农业的发展和市场需求的不断变化，农业嘉年华即将成为具有影响力的农产品、农业技术的国际信息交流平台。

（二）搭建农业生产要素集聚平台

农业嘉年华围绕农业科技技术、生物育种、农产品产业发展等几大关键领域，从前沿技术应用研究服务体系和农业创意景观展示方面进行功能部署，为农业嘉年华展示农业提供了强有力的支撑。农业嘉年华搭建了一个农业生产要素的聚集平台，通过示范普及和推广农业科技产业、设施农业、循环农业和有机农业等多种农业的形态，充分发挥高端引领作用，推动区域农业的发展。

（三）搭建文化传承、文化交流平台

农业嘉年华项目包含丰富多彩的农耕文化及民间艺术。在农业嘉年华活动中，通过互动体验的形式，让农耕文化在游客的内心深深扎根，成为地方政府展示地方文化的平台。农业嘉年华活动相继在全国陆续开展，对当地文化传承及文化创新产生了积极和广泛的影响，成为架构弘扬民俗文化、增进国际文化交流的平台。农业嘉年华活动吸引了众多国内外企业参展，活动通过综合展示、学术研讨、技术参观等形式，从科研、技术、产业、投资等多个角度全方位分析了现代农业产业与经济的发展，为全球农业及其相关人士搭建了良好的文化技术交流平台。

（四）搭建农产品展示平台

随着农业嘉年华会展设施逐步完善，农产品示范、推广、展示数量呈现出不断加速态势。农业嘉年华除了农业种植展示、农业景观展示、农耕文化展示、农业科技展示，同时也包括农林牧渔等的展示，具体产品涉及农副产品、农业深加工产品、调味品、农业机械展示、冷藏冷冻产品、检查仪器、国内外农业新品种展示和先进农业技术设备，相继有一定规模和影响力的农业企业参与。农业嘉年华集中汇集展示了国内外农产品及农业关联产品，搭建了国际农业农产品展示的集聚平台。

（五）搭建科技创新、技术推广平台

农业嘉年华强调科技支撑，集中展示国内外先进科技成果，打破了人们对传统农业的认知。同时，它依托当地特色优势产业，积极开发农业关联产品。农业嘉年华是一个农业新技术、新装备、新品种的展示平台，是农业集成创新平台。农业嘉年华活动不断地进行科技创新和实践，对国内外先进的种植栽培技术、栽培设施、栽培模式、栽培形式加以创新。在农业嘉年华活动中展现的农业技术成果包括基质栽培、营养液栽培、节水灌溉、病虫害防治、立体栽培等上百项技术。随着时间的推移，人们通过农业嘉年华活动搭建的技术创新平台不断学习和掌握新技术，并加以实践，推进了农业产业的快速发展。

（六）实现产业升级转化平台

农业嘉年华以都市农业为基础，以农业科技为支撑，带动周边农业相关产业发展，以农业嘉年华主场馆设施基地为核心，着力农业科技创新，坚持把科技成果转化作为支撑产业升级的重要手段。通过开展农业嘉年华活动，发挥科技群团优势，在农业科技展示和技术推广之间架设“桥梁”，有力地推动了科技成果转化，加快了产业升级速度。同时，建立文化科技、技术推广多元化体系，加快科技型中小企业发展，完善农业科技成果市场化，积极推进农业科技成果的转化应用，以农业科技成果转化带动农业技术、品种推广、

新品种、新材料、设施农业、加工业等产业的快速发展。以玉林农业嘉年华为例，通过农业嘉年华的举办，带动了当地的产业升级，打造了以农业嘉年华为中心的农业产业综合体。

六、农业嘉年华产生的意义

（一）打造区域发展核心点，带动周边农业及其相关产业的发展

农业嘉年华项目是现代农业发展的标志性工程，它引用国内外现代农业最前沿技术和创意农业相关概念，围绕农业核心板块——农业创意文化产业以及农业科技体验，以现代农业发展为导向，遵循都市现代农业发展思路，挖掘区域特色文化资源、农业资源、旅游资源，开展科技创新、产业融合，通过特色产业、政府引导、企业引领进行驱动，打造一个依托都市农业服务功能，能够促进一、二、三产融合、集产销娱游于一体的，带动农民脱贫致富的，带动区域经济发展的，具有嘉年华模式的农业综合体。农业嘉年华围绕"都市农业和科技农业"的主题，通过注入"现代农业、科技农业、生态农业、健康农业、景观农业、体验农业、创意农业"的新理念，融合一、二、三产业，着力打造"六次产业"，以打造都市现代农业新典范和农业科技新高地。农业嘉年华对周边产业的发展起到积极的作用，通过农业嘉年华活动使周边区域劳动力、资金、技术等要素得到聚集，通过产品、资本、技术、人才、信息的流动，使农业嘉年华周边地区的农业及其相关产业得到不断发展，引发周边地区的农业科学技术不断进步，资金及各种资源快速集聚，从而吸引农业及相关产业进一步不断扩大规模，并且向核心地区逐渐集中，进而对农业及其相关产业的可持续发展起到了积极的作用。

（二）推动当地农业产业升级及产业转型

在经济新常态下，我国农业产业转型升级面临着许多新趋势、新机遇、新矛盾和新挑战，也将进入一个新的阶段。农业嘉年华这一平台，能有效推动劳动力要素的升级和结构的优化，提升农业及相关产业的整体技术能力和生产水平。农业嘉年华围绕重要农业产业领域发展，整合现有科研院所、企业资源，形成关键技术和共性技术的研究开发体系，加大技术和模式的改造力度，在农业嘉年华的周边，已经推动并建立一批由企业、科研院所和高校共同参与的农业产业创新发展联合体。农业嘉年华推动了当地一、二、三产业的深度融合，从而促进了当地农业产业升级和农业产业转型。首先，通过农业产业发展的智能化、数字化、网络化、服务化，提升农业附加值，从而极大地促进农业生产性服务业的发展。其次，通过建立和完善引领农业产业转型升级的创新产业平台，通过农业嘉年华带动的产业链并引导创新链，以农业创新链支撑农业产业链，建立和完善一个良好的产业系统，努力推动全

区都市型现代农业的转型升级。总之，农业嘉年华活动的举办对推动当地农业科技创新、产业升级及产业转型都将产生积极作用。

（三）促进区域经济发展、带动农民增收

农业嘉年华是现代农业发展的一种模式。农业嘉年华活动，可带动周边农业产业的发展，促进产业转型，扩大了当地农民的经营范围，增加了农民的就业机会，提升了农民的收入，壮大了农村的经济实力，实现农业引领示范目的，对稳定农业生产、增加城乡融合、促进农民增收、提高农民的生活质量，推动城乡一体化进程起到积极作用。农业嘉年华活动的举办是当地农业产业发展的一大盛事，对于推动当地农业产业升级，促进城乡统筹、农业增效、农民增收产生深远的影响和积极的作用，是推动区域经济发展、带动农民增收的新型现代农业发展模式。

（四）搭建区域现代农业展示平台、拓展当地特色农产品市场

农业嘉年华是一个现代化农业会展平台，是一个集产、学、研多功能平台，是农业、信息、科技、展示、技术集成的平台。农业嘉年华聚集了国内外最先进的农业新技术、新设备、新模式、新工艺、新理念、新品种等做支撑，已然成为都市新现代农业培训基地、学生认知、业内人士专业研讨、农业国际合作及信息交流的综合性平台。农业嘉年华通过搭建技术、文化、展示、交流平台来加大当地农产品的营销宣传力度，吸引周边农业企业、市民、农民前来观摩，由此拉动了当地农业产业、农产品及旅游市场的发展。例如，在第二届北京农业嘉年华 1 号馆，汇集了 200 多个新奇特品种。在玉林农业嘉年华一期中，四个场馆共展示了 60 多个农业优新特品种、60 多项先进农业技术、11 项专利。在辽阳农业嘉年华活动中，展示了 11 项专利、64 项前沿技术、260 个农作物新品种、256 种花卉品种。农业嘉年华通过集成农业科技、技术、产品、理念，搭建了现代农业展示平台，同时也根据市场的需求进行了产业整合，拓宽了农产品及其相关产业的市场。

（五）弘扬民俗文化、展示农业科技成果、树立企业形象

农业嘉年华充分发挥了农业的多功能性，通过与都市型现代农业的深度融合，推动了三产融合和农业产业升级。农业嘉年华从文化、审美、教育等方面，宣传了我国传统农耕文化和民族文化。农业嘉年华的文化功能主要表现在三个方面：休闲娱乐、科普教育、互动体验。在农业嘉年华活动中，将中国传统文化、地方特色文化、美食文化、健康文化有机融入展览展示之中，突出文化内涵，通过娱乐、体验、园艺展示、创意农艺景观等文化元素的融入，勾起游客对乡情童趣的美好回忆，达到情感共鸣，开拓了农业关联产品及农产品市场，实现了文化与产业的共融，树立了企业品牌形象。农业嘉年华活动不仅展示了农业技术成果，弘扬和传承了民俗文化，也对树立企业品牌形象起到积极作用。

（六）推进美丽乡村建设，加快城乡一体化进程

农业嘉年华活动实现了现代农业与休闲的高度融合，通过城乡统筹，以一产为基础，以二产为支撑，以三产为带动力量，充分体现一、二、三产高度融合。落实推进城乡一体化进程，以农业嘉年华为“抓手”，努力把美丽乡村建设为生态优美、村容整洁、产业鲜明、服务健全、文化繁荣的社会主义新农村。农业嘉年华同时延伸为对关注生态保护、文化传承、旅游休闲、品牌塑造等多种价值的体现，是在“两型社会”形态下，符合未来农业可持续发展的理念和发展方向。农业嘉年华在总体策划和实施上更是充分利用农业景观资源和农业生产条件，发展观光、休闲、旅游产业，融合农村一、二、三产业，将生产、生活和生态紧密连接起来，集农业、农产品加工业、服务业的新型农业产业形态和新型消费业态。农业嘉年华的兴起，可带动当地农业产业转型，农业产业可发展特色产业，实现农业产业升级及农业多元化发展，进而推进新农村建设，缓解城市化压力，加快都市周边农业经济社会的发展，促进社会的和谐，加快城乡一体化进程。

（七）树立农业嘉年华产品品牌形象，拓展品牌发展影响力

农业嘉年华活动通过高标准的策划布置、全面深入地宣传推介，为当地打造一张极具特色的城市发展名片。通过嘉年华活动的宣传，全面展示都市型现代农业的多种功能，充分展示了地区的新时期新形象，吸引更多人士关注举办地、走进举办地、了解举办地，大幅地提升区域品牌的知名度和美誉度，从而推动举办地的休闲文化和会展产业的发展。农业嘉年华活动的举办，不仅能够提升区域地方政府的知名度，同时也能够扩大周边农产品及农业园区、特色农产品的品牌影响力，农业嘉年华能有力打造“都市农业会展的第一品牌”。北京农业嘉年华活动作为全国性高规格的农业盛会，是引领休闲农业、智慧农业、创意农业发展的引擎，是展示优质农产品、推进企业合作交流的重要平台。

第二节　农业嘉年华发展极的理论

一、发展极理论概述

（一）什么是发展极理论

发展极是指由于经济发展不平衡所形成的某些主导部门和企业聚集的地区。这一概念是由法国经济学家弗朗索瓦·佩鲁提出的。他认为国民经济在各个地方的发展速度是不一样的，在不同时期，增长的势头往往集中在那些

聚集着大量国民经济主导部门和有创新能力的企业地区，这些地区往往会首先发展起来，之后再向周围地区扩展其效应，这些大城市中心就被称为发展极。

（二）发展极理论的主要内容

发展极理论是以区域经济发展不平衡规律为出发点的，在佩鲁的发展极理论中，发展极的核心是指集中了区域主导产业和创新企业的中心城市，从产业发展的角度看，就是产业生长点。发展极有两种效应：极化效应和扩散效应。极化效应直接产生于聚集经济效益，主导产业和创新企业的集中便产生巨大的内、外部经济效益，从而使发展极迅速迅猛。极化效应扩大了发展极与其他区域的差异。扩散效应的产生，一是由于发展极规模的扩大而带动周围地区的发展；二是由于发展极产业结构的升级而不断向区域扩散以至产业层次和技术层次低的企业；三是政府限制极化效应，强化扩散效应，扩散效应的结果是大范围区域经济得到发展。发展极的产生至少需要三个条件：一是必须存在有创新能力的企业和企业家群体；二是必须具有规模经济效益；三是需要适当的环境，即需要有一个良好的投资、生产环境，以吸引资本、人才与技术。

发展经济学分析发展极建设是发展中国家的政府在经济结构刚性、资源（尤指资金、技术等）稀缺、生产力发展水平较低的条件下，优先发展一定数量经济基础较好、发展潜力优越的地区，使之成为区域经济发展极，以带动经济整体增长的政策选择。

（三）发展极理论的功能

佩鲁的“发展极”概念的中心是创新活力，具有创新活力的企业起着主导作用，发挥四个方面的功能：第一，能够发挥技术的创新与扩散作用；第二，能够融集资本集中使用并输出资金；第三，充满活力的新企业形成“聚集”的经济效果；第四，能够产生规模经济效益，带动外在经济的发展。

二、农业嘉年华发展极理论概述

农业嘉年华发展极理论是根据区域增长极理论衍生而来的，强调自上而下的过程，是将“农业嘉年华”作为农业综合体的核心，通过产业联动诱发区域经济整体增长的引爆点，吸引和带动周边农业以及相关产业经济快速增长的经济理论。中国农业大学规划研究所运用此概念来研究农业嘉年华对区域经济增长产生诱导作用过程中相关产业的特征。其特征为：1. 位于大都市周边正在不断扩大的具有关联性的一系列农业及其相关产业，通过对区域周边的影响带动周边区域经济的增长。2. 其核心是通过农业嘉年华项目的建设作为核心引爆点，影响并带动周边农业园区、科技园区、物流、资金流、人才流、旅游业、房地产、养老、餐饮、休闲、娱乐等相关产业的发展。由于嘉年华的举办集聚了各种资源因素，拓展了集聚区域经济的不同领域发展，因此农业嘉年华的极化效应同时也涉及区域发展、产业集聚、产业融合、创新发展、经济发展、资源集聚、产业升级等相关理论。

三、农业嘉年华发展极理论探讨

农业嘉年华发展极理论作为新型理论体系，其支撑的理论体系呈系统性和多元性。

首先产生经济的聚集效应，生产的聚集上表现为，能够引起人口的增长，而人口的增长又会引起一系列为居民服务的行业相应的发展，从而带动地方经济的增长。生产的聚集，将引发人才科技的聚集，有利于区域产业的创新和发展，从而提高区域的竞争能力。生产的聚集势必使一系列为他们服务的生产性和非生产性行业聚集发展，各个行业部门可以共同使用公共建筑和公共服务设施，既可以发挥这些设施的利用效率，又有利于开展专业协作进行联合生产，形成各种经济各种产业统一的集聚。其次是农业嘉年华项目的规模效应，使生产力不断扩大，规模经济效应导致生产成本的下降和收益的增长，并向核心地区聚集，增强核心地区的竞争优势。农业嘉年华项目通过资源、经济、产品的聚集，从而对经济增长、产业融合、产业升级、调整产业结构产生了积极的作用。

（一）乘数效应和加速原理

乘数—加速原理相互作用理论是把投资水平和国民收入变化率联系起来解释国民收入周期波动的一种理论，是最具影响力的内生经济周期理论。乘数—加速原理相互作用理论是凯恩斯主义者提出的。凯恩斯主义认为引起经济周期的因素是总需求，在总需求中起决定作用的是投资。正是这种理论，把乘数原理和加速原理相结合，说明投资是如何自发地引起周期性经济波动的。经济学家认为，经济之所以会发生周期性波动，其根源正在于乘数原理与加速原理的相互作用。

1. 乘数—加速模型

乘数—加速模型就是把这两种原理结合起来，以说明经济周期的原因。

根据凯恩斯主义的国民收入决定理论，现期收入等于现期消费、现期投资与现期政府支出之和（不考虑开放经济中的净出口）。该理论说明在考虑消费时，投资最终仍取决于收入的变动，即加速原理说明的关系。

2. 乘数—加速模型的完整含义

包括以下三方面内容：

（1）在经济中投资、国民收入、消费相互影响，相互调节。如果政府支出为既定（即政府不干预经济），只靠经济本身的力量进行自发调节，那么就会形成经济周期。周期各阶段的出现，正是乘数与加速原理相互作用的结果。而在这种自发调节中，投资是关键的，经济周期主要是投资引起的。

（2）乘数与加速原理相互作用，引起经济周期的具体过程是投资增加引起产量的更大增加，产量的更大增加又引起投资的更大增加，这样，经济就会出现繁荣。然而，产量达到一定水平后，由于社会需求与资源的限制无法再增加，这时就会由于加速原理的作用使投资减少，投资的减少又会由于乘数的作用使产量继续减少，这两者的共同作用会使经济进入萧条期。萧条持续一定时期后，由于产量回升又使投资增加、产量再增加，从而经济进入另一次繁荣。正是由于乘数与加速原理的共同作用，经济才形成了由繁荣到萧条，又由萧条到繁荣的周期性运动过程。

（3）政府可以通过干预经济的政策来影响经济周期的波动，即利用政府的干预（比如政府投资变动）就可以减轻经济周期的破坏性，甚至消除周期，实现国民经济持续稳定的增长。

（二）产业聚集理论

产业聚集（Industrial Agglomeration）理论，从外部经济、产业区位、竞争与合作、技术创新与竞争优势、交易成本、报酬递增等角度探讨了其形成原因与发展机理。产业聚集是指在产业的发展过程中，处在一个特定领域内相关的企业或机构，由于相互之间的共性和互补性等特征而紧密联系在一起，形成一组在地理上集中的相互联系、相互支撑的产业群。这些产业基本上处在同一条产业链上，彼此之间是一种既竞争又合作的关系，呈现横向扩展或纵向延伸的专业化分工格局。通过相互之间的溢出效应，使得技术、信息、人才、政策以及相关产业要素等资源得到充分共享，聚集于该区域的企业因此而获得规模经济效益，进而大大提高整个产业群的竞争力。

农业嘉年华活动项目是都市农业发展的一种新业态，是社会经济发展的产物。农业嘉年华活动带动了农业相关产业的发展，相关产业也因农业嘉年华的开展，愈发完善和成熟，与农业嘉年华之间的联系也越来越紧密。农业嘉年华活动有聚集多种资源的优势，从产业聚集理论可深入分析农业嘉年华对城市及区域经济发展的影响。

1. 空间相互作用理论

空间相互作用是指区域之间所发生的商品、人口与劳动力、资金、技术、信息等的相互传输过程。它对区域之间经济关系的建立和变化有着很大的影响。一方面，空间相互作用能够使相关区域加强联系，互通有无，拓展发展的空间，获得更多的发展机会。另一方面，空间相互作用又会引起区域之间对资源、要素、发展机会等的竞争，并有可能对有的区域造成损害。

2. 空间相互作用的内涵

资源的区域性解释了为什么空间中的任何区域不可能孤立的存在和发展。为了保持生产和生活的正常进行，城市之间、城市与区域之间存在物质、能源、人员、资金、信息的交换和联系，我们称这种交换和联系为空间相互作用。空间相互作用的表现形式相当复杂，在方向、距离、时间上千差万别。但不管哪种相互作用，都是由迁出地、迁入地和两地之间的流动路线这三个基本要素组成的，它们是空间相互作用的基础。千万种相互作用均具有这种基本形态，无数的空间相互作用单元相互重叠，错综复杂交织，使得一定区域内不同等级规模、不同职能性质的城市或乡镇产生密切的联系，并形成具有一定结构和功能的不同层次和等级的有机整体。空间相互作用是人类空间活动中最积极、最丰富的组成部分，它永远处在不停的运动中，不断地重新组合，不断地形成新的空间动态世界，为地理学的发展提供了极其有价值的内容。

（三）产业结构理论

1. 产业的概念

产业是社会分工现象，它作为经济单位，介于宏观经济与微观经济之间，是属于中观经济的范畴。它既是国民经济的组成部分，又是同类企业的集合。但是由于产业的内容十分复杂，至今尚无统一且严谨的定义。因此，对产业含义进一步给以质和量的规定是有必要的。产业是历史范畴，是伴随生产力和社会分工的深化而产生和不断扩展的。从社会分工来说，存在一般分工和特殊分工两种。特殊分工是在一般分工基础上发展而成的，在社会生产力发展的不同阶段，由于社会分工的主导形式转换和不断地深层发展，而形成的具多层次的产业范畴。再次，产业作为一个经济单位，并不是孤立存在的。产业和产业之间存在着极其复杂的直接和间接的经济联系，形成自变与应变之间的函数运动，使全部产业成为一个有机的系统。一个产业的存在，会成为其他产业出现和发展的条件，一个产业内部结构的变化会直接或间接引起其他产业的变化。

2. 结构的概念

“结构”一词的涵义是指某个整体的各个组成部分的搭配和排列状态。它较早地被应用于自然科学中。在经济领域，产业结构这个概念的应用始于20世纪40年代。

所谓产业结构，是指在社会再生产过程中，一个国家或地区的产业组成即资源在产业间的配置状态，产业发展水平即各产业所占比重，产业间的技术经济联系即产业间相互依存相互作用的方式。产业结构可以从两个角度来考察：

一是从“质”的角度动态地揭示产业间技术经济联系与联系方式不断发生变化的趋势，揭示经济发展过程中的国民经济各部门中，起主导或支柱地位的产业部门的不断替代的规律及其相应的“结构”效益，形成狭义的产业结构理论。

二是从“量”的角度静态地研究和分析一定时期内产业间联系与联系方式的技术经济数量比例关系，即产业间“投入”与“产出”的量的比例关系，从而形成产业关联理论。广义的产业结构理论包括狭义的产业结构理论和产业关联理论。

（四）点—轴渐进扩散理论

点轴开发理论最早是由波兰经济学家萨伦巴和马利士提出的，点轴开发模式是增长极理论的延伸。从区域经济发展的过程看，经济中心总是首先集中在少数条件较好的地区，成斑点状分布。这种经济中心既可称为区域增长极，也是点轴开发模式中的点。我国专家学者吸取了据点开发和轴线开发理论的思想，对生产力地域组织的空间联系做了进一步阐述，提出了点—轴渐进扩散理论模式，把点—轴开发模式提到了新的高度。

点轴模式是增长极模式的扩展。由于增长极数量的增多，增长极之间也出现了相互联结的交通线。这样，两个增长极及其中间的交通线就具有了高于增长极的功能，理论上称为发展轴。发展轴应当具有增长极的所有特点，而且比增长极的作用范围更大。点轴开发模式的主要思路有以下几点。

（1）在一定的地域空间范围，选择若干优势明显的具有开发潜力的重要线状基础设施经过的地带，作为发展轴予以重点开发。

（2）在各发展轴上确定重点发展的中心城镇，使之成为增长极，并确定其性质、发展方向和主要功能。

（3）确定中心城镇和发展轴的等级体系，重点开发较高级别的中心城市和发展轴。随着区域经济实力增强，开发重点逐步转移扩散到级别较低的发展轴和中心城镇，最终形成由不同等级的发展轴和中心城镇组成的多层次结构的点轴系统，进而带动整个区域的经济发展。点轴开发模式往往是开发程度较低、经济比较落后的地区首选的空间开发模式。

点轴开发理论的实践意义在于首先揭示了区域经济发展的不均衡性，即可能通过点与点之间跳跃式资源配置，及轴带的功能，对整个区域经济发挥牵动作用。因此，必须确定中心城市的等级体系，确定中心城市和生长轴的发展时序，之后使开发重点逐步转移扩散。

（五）旅游经济学理论

旅游经济学理论以社会主义市场经济理论为指导，运用现代西方经济学、旅游学、管理学等多学科知识，全面、系统地阐述了旅游经济的基本理论和方法。内容包括现代旅游经济的形成与发展、旅游经济的性质特征、旅游经济产业标志、旅游产品及开发、旅游需求与供给、旅游市场及开拓、旅游产品价格及策略、旅游消费及发展趋势、旅游收入和分配、旅游经济效益、旅游经济结构、旅游经济管理体制及发展模式等。随着经济的发展和人民生活水平的提高，在世界范围内旅游正在成为现代人类社会重要的生活方式和社会经济活动。

旅游经济学研究旅游经济的地位及其发展条件，旅游经济是国民经济的有机组成部分，在国民经济中占有十分重要的地位。旅游经济的形成和发展必须以整个社会经济发展为基础，同时旅游经济的发展又对社会经济、文化及环境产生重要的影响。旅游经济学主要围绕旅游经济活动的进行而展开，通过分析旅游经济活动的各个方面、旅游活动进行的条件、影响旅游经济活动进行的因素、旅游经济活动同社会活动乃至世界经济活动的关系等，揭示旅游活动中各种经济现象、经济本质，探索旅游活动中的规律。

农业嘉年华作为现代农业与旅游活动相结合的新兴产业，已发展成为农业产业升级和旅游经济的重要组成部分。嘉年华项目中的旅游系列主题活动，促进了当地旅游经济的增长，既能满足广大游客的不同需求，又能提供机会让城市居民熟悉农业、了解农作物生产过程、体验农村生活。同时农业嘉年华活动还能带动当地旅游经济的发展，对优化旅游产品结构，促进旅游业转型升级，农业增效、农民增收，充分利用农村剩余劳动力资源，维护农村社会经济可持续发展具有重要意义。因此，旅游经济学对指导农业嘉年华在未来发展中协调农业、旅游业与经济的关系发挥着积极的作用。

（六）消费经济学和体验经济学理论

1. 消费经济学理论

消费经济学，是研究消费者的生活消费活动及其活动规律的经济学科。生活消费问题，是经济学和其他学科共同研究的对象。消费经济学作为专业经济学的一个分支学科，以消费关系和消费力的矛盾和统一作为考察对象，重点研究一定的消费关系制约下的消费力的合理组织问题。学科定义为消费经济学（economics of consumption）。主要研究对象是消费力问题，涉及管理学、人口学、社会学、商品学等多种学科；消费行为问题，涉及心理学、社会学、伦理学、市场学等许多学科。但从本质上说，消费问题首先是经济问题，是经济学的研究对象。社会主义消费经济学以劳动者的生活消费作为研究主体，以消费者的消费需求与市场信息作为研究的出发点，以马克思主义政治经济学原理作为研究的理论基础，以消费的实践与经验作为研究的依据，以辩证唯物主义、历史唯物主义和现代统计学方法作为研究的主要方法。运用消费经济学可以指导农业嘉年华活动及农业会展的发展探讨如何创新、丰富、提升嘉年华活动的质量和效率。

2. 体验经济理论

体验经济理论（体验经济带动新的消费方式、体验经济成为新时代产业新价值的体现）概念、价值取向、体验创新是一个推动未来中国休闲度假目的地发展的重要引擎。随着现在全球经济的发展，高科技及各种各样创意的推动，全球经济已经迎来了体验经济的起始点。

体验经济认为，所谓的体验是企业以服务为舞台，以商品为道具，围绕消费者，通过教育体验、娱乐体验、行为体验和情感体验等多种形式，创造出值得消费者回忆的活动，进而将消费意识由侵入式转为吸收式，将消费行为由被动消费转为主动消费的过程。体验经济的核心就在于主题体验设计，而成功的体验设计必然能够有效地促进体验经济的发展。农业嘉年华突出游客的参与性，游客通过在嘉年华活动中的不同感官体验，使游客在游赏玩为一体的过程中，畅享体验经济带来的乐趣。

（七）农业嘉年华发展极理论主要功能

1. 农业嘉年华发展极理论对经济增长产生的作用

农业产业的融合发展为农业嘉年华发展提供了空间，居民的消费变化为嘉年华发展提供了市场前景。农业嘉年华本身不仅在门票、体验、售卖、展销、餐饮、采摘等方面获得了很好的收益，同时也带动周边地区的旅游收入，带动产业增收和当地农民增收，带动周边农业经济产业链的发展，带动区域经济发展。

2. 农业嘉年华发展极理论对产业集聚产生的作用

通过以农业嘉年华为核心的农业综合体，带动了周边农业及其相关产业的发展，如农产品加工、物流、信息、养老、地产等多种产业的发展，各产业间彼此相互联系，共同发展。

3. 农业嘉年华发展极理论对区域发展产生的作用

区域发展要求以“坚持区域经济协调发展，逐步缩小地区发展差距”作为一项基本发展指导方针，农业嘉年华项目的建设是依据市场经济规律、农业产业与经济发展内在联系及地方特色资源条件，突破行政界限，在已有区域总体经济布局的基础上，以嘉年华活动作为核心引爆点，通过交通要道为依托，形成多个跨省市区的经济区域，发展各区域优势产业，避免产业结构趋同，促进区域经济从高起点上向前发展。

4. 农业嘉年华发展极理论对产业融合产生的作用

通过农业嘉年华的产业集聚效应，使与农业嘉年华相联系的会展经济、加工业、物流业、交通业等不同产业相互渗透、相互交叉，最终融合为一体，逐步形成农业综合体的发展模式。

5. 农业嘉年华发展极理论对产品创新产生的作用

农业嘉年华发展极理论，通过模式创新、技术创新、理念创新、设计创新、产品创新等不同形式实现了农业嘉年华的可持续发展，同时也催生了现代区域农业的发展极。

6. 农业嘉年华发展极理论对资源集聚产生的作用

农业嘉年华集聚了各种资源因素，促进了集聚区域经济中不同领域的发展。农业嘉年华活动充分发挥资源优势，集聚了生产要素，加快了我国现代农业的发展速度。我国农业嘉年华活动的举办大多依托当地地方特色农业资源，并对其进行综合开发和资源利用，从而突破传统农业的生产模式，实现农业产业的转型，把人、财、物聚集在一起，进行综合开发并发展形成发展极，产生极化效应。

7. 农业嘉年华发展极理论对经济结构调整产业的作用

政府通过举办农业嘉年华活动，对各生产部门进行了重组，通过对市场分析实现了对市场消费结构、劳动力的调整以及对部门、人员投资、能源及材料的调整，从而实现了农业及其相关产业的可持续发展。

第三章
农业嘉年华的规划

第一节　农业嘉年华规划的指导思想

一、全局意识

十八大以来，以习近平为总书记的党中央从中国特色社会主义事业“五位一体”总体布局的战略高度，对生态文明建设提出了一系列新思想、新论断和新要求，为推进生态文明、努力建设美丽中国、实现中华民族可持续发展提供了蓝本，指明了前进的方向和实现的路径。十八届五中全会审议通过的《中共中央关于制定国民经济和社会发展第十三个五年规划的建议稿》中，将“打造美丽中国”首次写入“十三五规划”，将生态文明纳入了“五位一体”总布局。全会强调，实现“十三五”时期的发展目标，破解发展难题，强化发展优势，必须牢固树立并切实贯彻创新、协调、绿色、开放、共享的发展理念。这是关系我国发展全局的一场深刻变革。绿色发展理念是把马克思主义生态理论与当今时代发展特征相结合，又融汇了东方文明而形成的新的发展理念；是将生态文明建设融入经济、政治、文化、社会建设各方面和全过程的全新发展理念。其内容概括为以下几个方面：一是绿色经济理念；二是绿色环境发展理念；三是绿色政治生态理念；四是绿色文化发展理念；五是绿色社会发展理念。

农业嘉年华从摸索实践阶段逐步走向规范管理阶段，也印证了绿色发展理念在农业现代化进程中的实现。同样，农业嘉年华规划的指导思想也要从大局出发，遵循绿色发展理念，因地制宜，尊重自然禀赋，宣传当地农耕文化，使农业嘉年华和当地乡村有机地融合，这样既能保持原有的传统自然特色，又能延续地域传统农耕文化的内涵。农业嘉年华模式是现代都市农业发展到一定阶段呈现出的特殊形态，其规划指导思想应该符合城市中长期总体规划，与城市生态屏障建设有机的结合，发挥它的“城市之肺”功能。该模式应结合所在区域的土地利用情况、所有权等基础条件，使之与城市中点片化或圈层式的农业用地（如市区及近郊的果园、菜园、农田等）自然融合，充分利用当地已有的农业资源发展现代农业，并积极探索新型经营模式。在保证当地农民长期利益的前提下，引导嘉年华场馆所在地农民解放农业经营思想，适度规模化生产，引进先进设施设备、优良品种和先进技术，自愿积极地参与到项目建设及后续经营中。基于农业嘉年华这个大平台，发挥线上、线下多种新型经营模式的优势，可进一步提升当地农业产业化水平。

二、看齐意识

由于传统农业耕作方式具有高耗能、高污染、高成本的弊端。长期以来，人与自然环境间的矛盾日益突出，环境友好型农业发展方式是农业转型期人们的必然选择，其科学持续的发展依赖于科学的政策、法律体系以及相关规范标准体系的构建。由于地区自然禀赋差异，我国各地农业发展各具特色，这就需要嘉年华规划指导思想与当地农业政策法规有进一步的深化融合。因此，农业嘉年华规划的指导思想必须主动看齐当地相关政策、法规和标准。

农业嘉年华规划的指导思想是在反复调研、分析、规划的基础上形成的。农业嘉年华项目有着自身的科技性、文化性等特点，不同于传统的都市农业。在我国现有国情下，一方面，农业转化方式、调整结构需要现代科技支撑；另一方面，先进科技技术的引进要适应当地经济社会发展水平。规划指导思想的高度决定了农业嘉年华的水平，把农耕文化和现代科技有机融合起来的科学规划是农业嘉年华项目发展的必需。

三、可操作性

规划指导思想作为整个嘉年华项目运维的行动指南，必须具有实际指导意义，即可操作性。在一届成功的农业嘉年华的前期筹备中，准确的市场定位工作和可行性调研工作是必须的，这些工作的总体原则是根据本区域内国民经济和社会发展的总体规划目标，确立嘉年华项目的指导思想，从而指导嘉年华项目在当地的中长期发展。在其具体表述中应该明确规划工作的目标、导向、发展依托，以及形象定位，这些构成指导思想的内容是在区域定位、功能定位和形态定位的基础上确定的。

四、可持续性

农业嘉年华可作为区域内农业和二、三产业融合发展的一面旗帜，其指导思想应该具有前瞻性。换言之，要使嘉年华项目能够在区域内的中长期经济发展中保持活力，就要有前瞻性的可持续性的指导思想。

李克强总理在第十二届全国人民代表大会第三次会议开幕会上提出了制定“互联网 +”的行动计划。“互联网 +”战略就是利用互联网的平台，通过信息通信技术，把互联网和包括传统行业在内的各行各业结合起来，在新的领域创造一种新的形态，在这种社会潮流下，利用大数据技术指导农业嘉年华项目的中长期运行和维护十分必要。我国农业数据来源广泛，充分利用这一资源，结合线上线下的多种渠道，可创造一个“农业嘉年华 + 互联网”的新产业，只有这种符合知识经济时代要求的指导思想才能使嘉年华项目可持续地发展下去。

创意已经成为新常态经济发展的新高地。纵观全国各地的农业嘉年华及类似项目，内容的复制已经成为制约项目发展的瓶颈，人们需要更加富有创意的农业嘉年华。从艺术的高度对农业生产经营的过程、形式、工具、方法、产品进行设计，从而创造财富和增加就业机会，从规划到运行维护都要体现出不同于其他类似项目的亮点。从植被的栽培模式、体验活动主题等方面都要独具特色，从而赋予农业生产更多的文化内涵，提高农业产品的附加值，积极拓展嘉年华的衍生产品，高度融合二、三产业，使区域内的农业嘉年华项目新颖独特，具有不可复制性。在今天，地域和气候等自然条件已经逐渐限制不住人们的脚步了，富有创意、不断创新的农业嘉年华才是人们驻足的地方。

五、探索性

农业嘉年华的指导思想，顾名思义，重在“思想”，只有思想的解放，才会有规划思路的升华。我国作为传统的农业大国，“三农”问题不仅关乎每个人的衣食住行，在特殊的历史时期也影响着国家的前途和命运。中央对“三农”问题高度重视，近年来的“中央一号文件”几乎都在关注农业、农村、农民问题。我国的农业基础薄弱，地域发展不平衡，对于庞大的农业基数，世界范围内也没有现成的经验可循。李克强总理指出：“在尊重农民意愿的基础上，不拘一格地推进多种形式适度规模经营”“我们今天要给各地农民足够的自主权，对于农业改革，我们的态度是‘探索，探索，再探索’”。农业嘉年华作为新业态，以农业为基础，积极融合二、三产业，要始终引领农业发展方向，就要解放思想，科学规划。起着纲领性作用的规划指导思想也具有更多的探索价值。农业嘉年华是一项系统工程，涉及规划、景观、工程等多方面。作为管理者，应该统筹协调政府、企业、农民等多方面的资源，争取政府支持，扩大企业招商，鼓励农民以土地参股、托管等，最终实现农业生态、经济和社会效益的协调发展。

第二节　农业嘉年华的规划原则

在国家宏观农业经济快速发展的道路上，农业嘉年华项目的建设有很强的任务性和目标性。农业嘉年华项目的重点在于突出打造一个农业主题元素的都市型现代农业盛会，并通过不断探索和实践来持续拓展都市型现代农业的实现、发展和运行，同时将娱乐元素融入农业节庆活动中，使其成为具有鲜明特色和影响力的农业会展品牌。同时在发展路线上，坚持城乡融合发展，让都市农业炫亮市民生活，全面展示都市型现代农业成果，全面引导都市型现代农业走进市民生活。从以上两方面可体现农业嘉年华项目在农业生产、生态环保、旅游休闲、科普教育等多个领域的功能，展现农业嘉年华是整合优化各方面资源的都市型现代农业盛会。

农业嘉年华项目的任务性体现为集中展示都市型现代农业的新形象、凸显都市型现代农业的新亮点和创造都市型现代农业的新辉煌，目标性可以总结概括为“惠民、兴业、创品牌”。

一、服务农业原则

农业嘉年华的基础是农业，农业作为我国基础产业的地位在相当长的时期不会变，这就要求农业嘉年华规划以服务农业为最终目标。在经济社会转型期，各行业领域发展进入新常态，农业同样也面临着机遇和挑战。新常态需要新业态，农业嘉年华的规划只有突破传统农业的发展瓶颈，才能起到引领现代农业的作用。

我国农业面临着生态系统约束与环境成本的双重压力，发展生态循环农业是整个国民经济体系全面建设循环经济、建立循环型社会的关键性基础，也是绿色发展理念的具体体现。所以，农业嘉年华的规划要以建立完善的产业布局、高效资源利用、清洁安全生产、环境持续改善的现代生态循环农业发展体系为目标。现代农业依托的是现代规模化生产，农业嘉年华的规划应以工业理念结合我国农业经营主体现状，调动和发挥农业生产经营者的积极性、主观能动性整合农村资源，实现优化配置和资源利用的最大化，在农业新型经营主体和模式创新工作上做出积极的探索。农业嘉年华作为农业前沿科技的展示推广平台，应积极对接国外先进农业科技和国内科研院所，帮助科研成果转化为生产力。从这个角度来看，农业嘉年华的规划科学性还体现在科技兴农方面。农业嘉年华站在现代农业科技的前沿，应带给人们更为安全的农业。这种“安全”不仅仅是指产品本身的安全，还包括整个产业链条的安全及健全的制度。这就要求嘉年华在规划中建立健全农产品标准化生产体系、市场准入体系、农产品质量检测体系、质量追溯体系、农产品质量安全事故应急体系、农产品质量安全监管体系。

二、统筹兼顾原则

十八大提出我国到2020年的战略目标是全面建成小康社会。农业的现代化是实现这一宏伟目标的基础，而在工业化、信息化、城镇化、农业现代化这“四化”中，农村、农民、农业这“三农”发展基础最为薄弱。

农业嘉年华的规划工作既要统筹兼顾，又要突出重点，在多种问题和矛盾的互相交织中，应善于抓主要矛盾和次要矛盾两方面，不断提高认识，加强工作配合。根据项目区建设条件整理情况、资金、人才、技术等方面的因素，科学规划，分期实施，划出分步实施的区域和时间进度。根据区域发展要求和规划目标进行滚动开发，优先开发体现项目区特色和具有竞争力的项目，逐步实现农业嘉年华的最终规划目标。

三、区位优势原则

经济学中的区位优势是指某一地区在发展经济方面客观存在的有利条件或优越地位。其构成要素主要包括：自然资源，地理位置以及社会、经济、管理、政治、文化、教育、旅游等方面的情况，它是随时代的变迁而演变的，单一要素不会形成区位优势，需要协调各种要素条件共同发展才能形成区位优势。作为区域内农业产业孵化器的农业嘉年华，基于知识经济时代所依托的区位优势，第一要件就是具备前瞻性的农业科技以及灵活掌握技能的人才。

由美国开始发展迅速并向全球蔓延的世界金融危机，严重地影响了世界经济发展，对包括中国在内的各国实体经济给予了沉重的打击。在世界性金融危机影响形势下，各个国家、各个地区和企业面临的一个共同任务就是寻找新的经济发展方式和新的经济增长期。农业作为永不过时的产业，让产业资本纷纷注入，在这个时期农业嘉年华作为高科技农业的载体，发挥着农业风向标的作用。农业嘉年华对当地能够构成区位优势的各要素进行整合，了解市场，形成能够吸引人才、留住人才、经济活跃的局面。农业嘉年华规划不仅要对自然资源如路网、景观等客观条件进行合理布局，还应进行长远规划，营造具有活力的运营机制和管理机制。只有市场因素更活跃的地区才能吸引更多的智力资源和物质资源，产生核心竞争力，最终在区域内打造出竞争对手不可模仿的区位优势。

四、市场经济原则

市场经济在国民经济中所占比重是衡量一国是否为完全市场经济国家的重要指标。自 2001 年我国加入世贸组织以来，我国政府一直在努力争取国际贸易各国承认中国的完全市场经济地位，获得市场经济地位将有利于中国外贸进出口的发展。现阶段，我国农业产业化发展是在这个大背景下的，农业嘉年华规划应该在农业转型期深度融合农业产业化，起到市场孵化器作用，把区域内农业产业推向一个新高度。嘉年华项目区的科技展示和技术推广也要坚持以社会化、市场化协同运作的方式，将技术的引进与市场、企业的需求和农民的利益紧密结合，坚持科学服务社会和群众，实现科技成果及技术的高效率运作，体现农业科技的高价值。

五、返璞归真原则

农业嘉年华的本质是对丰收的礼赞，是西方式狂欢在古老东方的一种含蓄表达。在我国实现“两个一百年目标”的进程中，农业发挥了基础产业作用。现阶段的农业还应是以生产性为主的，并兼具观光旅游功能。

农业嘉年华的规划一方面体现未来农业向高科技方向发展，一方面要展现本土的人文风情。在中国的五千年灿烂文明中，农耕文化占有重要地位。我国的国土横跨寒温带到热带，并包括独具魅力的青藏高寒区，各地人民在长期的农耕历史中形成了各具特色的农耕文明，呈现异彩纷呈的民俗文化特征，在经历了历史长河中不断积淀继续至今。

党的十八大把生态文明建设纳入到了中国特色社会主义事业“五位一体”的总体布局中，明确提出大力推进生态文明建设，努力建设美丽中国，实现中华民族永续发展的方针。回归农业本质，摒弃浮华的作风，以务实的作风带动发展模式，为建设美丽中国做出积极探索。中央在城镇化工作会议上提出，农村城镇化要“让居民望得见山、看得见水、记得住乡愁”，农业嘉年华作为城市总体规划中重要的组成部分，在详细规划中要让“乡愁”贯穿其中。随着“二元结构”逐渐被打破，人们越来越向往儿时的田园风光，无论是点缀在黄土高原的窑洞，还是南国老院子门前的一方稻田，都会勾起许多人的思绪。农业嘉年华的规划应该深入了解当地的农耕文化和风土民俗及其历史演变，应详细考察当地具有本土特色的农业景观，对当地市民的审美观和生活习惯有基本的认识。运用朴素造园手法、整体规划法、局部分区规划法、景观细部控制法，利用当地丰富的资源，适宜当地气候的绿植，本着节约办园的原则营造出既富乡土气息又不失现代元素的质朴田园风情的嘉年华，当然二者应是有机结合的，使其不显突兀。

六、沉浸式体验原则

农业嘉年华作为一种新业态，要把它做大做强，规划时要区别常规公园和都市农业模式，在游客和环境之间建立更加良好的互动关系。在策划时就应该了解当地游客的构成以及他们的农产品消费习惯，让游客自然地参与到嘉年华的生产活动中来，形成开放包容式的运营模式，这样嘉年华项目的中长期运维才有意义。

在农业现代化的进程中，高度集约化的生产逐渐替代了传统劳动密集型生产。高效规模化生产不再有“面朝黄土背朝天”场景，但是，对于一些具活态性、适应性、复合性、战略性、多功能性和濒危性的农耕文明来说，沉浸式互动体验能够更好地满足人们的消费需求。沉浸就是让人专注在当前的目标（由设计者营造）情境下感到愉悦和满足，包括人的感官体验及认知体验。在农业嘉年华项目细节设置上，让人们对用户的交互行为有即时的反馈，同时是在可接受范围时间内的响应，利用情境、沉浸、角色、气氛、情节、节奏的设计让游客融入到嘉年华当中。这也是农业嘉年华规划中需要注重的细节之一。

第三节　农业嘉年华规划主题的定位

一、农业嘉年华规划主题的构成要素

农业嘉年华的规划主题是公众对农业嘉年华总体、抽象、概括的认识和评价，它是嘉年华项目的历史、现实与未来的一种理性再现。农业嘉年华规划主题的构成要素包括两方面。一是美学角度的农业嘉年华规划主题构成。可以用三个维度空间特征来概括，那就是，功能——心理维：从物质和精神性、可衡量和不容易衡量两个角度研究农业嘉年华的特征；实征——幻象维：从心理学和消费者行为学的领域研究农业嘉年华形象的本质；泛征——特征维：表明农业嘉年华规划主题具有一定的共性和特性。二是指标体系角度的农业嘉年华规划主题构成，由五个指标层次有机的构成，总指标是旅游主题形象；次指标是历史形象、现实形象、发展形象；再次指标是待发掘、已发掘、内在实力、外显活力；组类指标是政治、经济、文化、资源基础、区位条件、地区文化；基础指标是历史人物、历史事件、文化古迹、地理位置。通常情况下，对农业嘉年华规划主题进行分析得出的结果被称为本底形象，即嘉年华在自身的发展中所形成的最为根本的形象特征。

二、农业嘉年华规划主题形象的塑造

“形象力”的竞争将成为二十一世纪市场竞争的主导形式之一。常规性形象表述主要有音像制品（DVD 等）、印刷品（新闻夹、画册、农业嘉年华旅游指南、宣传海报等）、其他（建立网站、制作多媒体光盘、幻灯片等）几种途径。建立农业嘉年华规划主题形象识别系统，是指通过对农业嘉年华旅游形象的归纳与把握，将形象以一定的方式表现出来，成为旅游者识别农业嘉年华的标志。

在旅游资源的开发规划过程中，旅游形象（TIS，又称旅游地形象）的塑造具有举足轻重的作用。如果一个旅游地的形象模糊混乱，则很难对潜在的旅游客源群体造成吸引力，同时还会使已参加的旅游者感受平淡，降低嘉年华的回头率。而个性鲜明、亲切感人的旅游地形象是形成庞大旅游市场的源泉，并可以在旅游市场上形成较长时间的垄断。它是将运用于企业的企业标志（Corporate Identity，CI）理念嫁接于农业嘉年华的规划与设计中，形成一套完整的农业嘉年华规划主题形象理论系统，具有综合性、稳定性、可塑性的特征。结合 CI 理念，农业嘉年华形象的影响因素可归结为以下四类：农业嘉年华吸引物：嘉年华资源等级及其组合成的产品是游客最核心的需求与感知对象；地域与文化：农业嘉年华形象的理念基础和核心，是嘉年华地方性的集中表征；旅游者的旅游偏好：依目标市场选择定位农业嘉年华形象；嘉年华项目地各类主体的行为：包括农业嘉年华项目地政府，旅游企业及其员工，居民等主体的行为对游客所造成的影响与感受。

农业嘉年华也属于文化范畴，由农业嘉年华本身的综合性所决定，可以从多个层面和多种角度来认识。农业嘉年华规划主题形象是一项体现城市个性的城市品牌化系统工程，即通过提炼嘉年华文化、地域特征等农业嘉年华形象基因，揭示和升华农业嘉年华在项目地居民和外部公众（如游客）心目中的形象。通过举办节庆及公关活动来实现既定的目标：把农业嘉年华所在地宣传成一个充满各种吸引人的故事的地方，树立本地区友好、文化多样或激动人心的形象；通过大型焦点事件来吸引公众传播媒介，产生光环效应，把农业嘉年华所在地宣传成一个令人向往的目的地；配合以一系列小事件来吸引有各种志趣的游客。

三、农业嘉年华规划主题的阶段构成

基于形成过程的角度，农业嘉年华规划主题主要由以下三个阶段构成。第一阶段：原生形象阶段，指游客在未决定来农业嘉年华旅游之前，头脑中已经存在的农业嘉年华作为可选方案，并在心目中由平面媒体或网络而形成对农业嘉年华规划主题的形象认识。第二阶段：次生形象阶段，即游客有了旅游的动机并决定要去农业嘉年华旅游时，就会有意识地搜集有农业嘉年华目的地的信息，并对这些信息进行加工和比较选择。第三阶段：复合形象阶段，等到农业嘉年华实地旅游之后，再通过自己的旅游经历并结合以往的旅游知识，形成一个综合性更强的农业嘉年华复合形象。从规划体系角度来看，农业嘉年华主题形象构成简要概括为几个方面。一是主导形象，这是农业嘉年华对外推介时的总体形象，是对嘉年华资源、服务、项目等形象构成要素最为精炼准确的概括。二是支撑形象，这是农业嘉年华中最具有代表性的几个形象特征，通常通过具有较高知名度的项目或对其抽象的概括来获得的。三是辅助形象，这是从更为微观的角度来对农业嘉年华主题形象进行剖析，从其多样化的形象特征提炼出对应的局部形象。

四、现阶段农业嘉年华规划主题类型

综合近年来我国成功举办的几届农业嘉年华项目，嘉年华规划主题选择大概可以划分为以下几类：生态绿色主题、科技示范主题、休闲观光主题、互动体验主题、产业拓展主题、企业孵化主题、特色农业主题、养生文化主题等。不难看出，上世纪中后期涌现的“观光农业、乡村旅游”主题更具有时代特点，融合了产业结构调整后的人文元素，更注重从理念、角色、规模和产品方面的升级。从长远来看，一届农业嘉年华要持续保持其生命活力，长期运营下去，就要培养固定的客商群和游客群，这就需要我们去寻找每个人内心中最具共性的概念作为嘉年华项目的规划主题，在游客亲身体会感官愉悦和物质享受的同时，也能够在内心产生某种共鸣。规划主题是前提，细节工作作为主题的外延，也要事无巨细，只有充分了解每一个细节，才能更好地去诠释嘉年华的规划主题。一个好的主题是民族的，更是世界的，是打破文化和国界的。回归传统核心价值观，做具有人类情感中最具共性的价值观主题才可使农业嘉年华项目可持续发展。

五、紧扣时代脉搏的规划主题

规划主题是农业嘉年华项目的“灵魂”，是确立指导思想和规划原则的前提，主题贯穿于整个嘉年华项目的策划运维中。一届成功的农业嘉年华项目需要一个鲜明、具体的主题，将人们的核心价值观融入其中，要求具有既富有地域民族特色又具有国际认同性，反应整个时代的主题。

每个时代有着每个时代的主题，它不是一成不变的，而是随着时代的进步特别是世情及国情的变化而发展的，每个时代都有着自己的主要矛盾和需要解决的问题。当今，我国正处在全球经济一体化和价值多元的时代，和平、发展、合作依旧是当今时代的主题。从党的十八大以来，中共中央总书记、国家主席、中央军委主席习近平提出并深刻阐述了实现中华民族伟大复兴的中国梦，强调中国梦的基本内涵是国家富强、民族振兴、人民幸福；中国梦归根到底是人民的梦；中国梦是国家的、民族的，也是每一个中国人的。在走向生态文明新时代的今天，建设美丽中国，是实现中华民族伟大复兴的中国梦的重要内容。我国将按照尊重自然、顺应自然、保护自然的理念，把生态文明建设融入经济建设、政治建设、文化建设、社会建设的各方面和全过程。在当今世界复杂深刻变化中，合作共赢、互联互通成为时代最强音，随着我国共建“一带一路”战略构想的提出，我国农业发展也迎来了前所未有的契机，农业的发展也赋予了农业嘉年华规划更多的时代内涵。

农业嘉年华规划主题核心内容即生态农业，简称 ECO（Eco - agriculture），是按照生态学原理和经济学原理，运用现代科学技术成果和现代管理手段以及传统农业的有效经验建立起来的，能获得较高的经济效益、生态效益和社会效益的现代化高效农业。其本质含义可以简释为生态与经济协调发展的农业，是在 20 世纪 60 年代末期作为“石油农业”的对立面而出现的概念，被认为是继石油农业之后世界农业发展的一个重要阶段。民以食为天，农业是国民经济的基础，是自然再生产和经济再生产的过程。不可否认的是，“石油农业”为解决我国十几亿人的吃饭问题做出了巨大贡献，但也留下了很多后遗症。人们盲目地追求产量，致使化肥、农药、农膜等农业化学品的滥用情况惊人，土地不堪重负。渐渐地，人们发现化学品的投入越多，所得到的产量却越低，随之而来的食品安全、土壤盐渍化、水体富营养化、农药残留、病虫害猖獗等问题愈发严重。自 20 世纪 70 年代至今，全球各地接连出现异常天气现象，气候异常和全球变暖集中表现为厄尔尼诺现象不断发生（西班牙语：El Niño）。我国是世界范围内农业受自然灾害破坏最为严重的国家之一，在五千年农耕文化史中，其灾史之长、灾域之广、灾种之多、灾情之重也是世界罕见的。忽略自然再生产和经济再生产的协调发展，“牧童经济”式的农业发展已经不再适应经济社会的发展了，所以推进中国式生态农业经济势在必行。例如，具有上千年历史的“贵州从江侗乡稻田养鸭养鱼系统”在 2011 年成功入选联合国粮农组织全球重要农业文化遗产保护试点，大大提高了当地农民的文化认同感，融合了农业与旅游业的协和发展。合理利用自然资源，保护资源，保护和改善生态环境永远是生态农业需要注重的。

我国国民经济和社会经济发展中产业结构间的不平衡、不协调、不可持续问题依然突出，产业结构不合理，城乡区域发展不协调，我国的第一产业基础相对薄弱，第二产业所占比重过大，第三产业发展乏力。已完成的第十二个五年规划确立了“加强农业基础地位，提升制造业核心竞争力，发展战略性新兴产业，加快发展服务业，促进经济增长向依靠第一、第二、第三产业协同带动转变。统筹城乡发展，积极稳妥推进城镇化，加快推进社会主义新农村建设，促进区域良性互动、协调发展”的发展纲要。2016 年，“转变农业发展方式，构建现代农业产业体系、生产体系、经营体系，提高农业质量效益和竞争力，走产出高效、产品安全、资源节约、环境友好的农业现代化道路”已被列入十三五规划。

我国现在正处在大发展、大融合、多极化的时代。农业嘉年华的本质就是产业的融合，这也是嘉年华项目的时代特征。农业嘉年华作为区域内经济发展的生力军，在国民经济和社会发展的承上启下的阶段中迎来了发展的战略机遇期，积极融合区域内的二、三产业，发挥其平台作用，打造品牌优势，才能最终形成核心竞争力。

第四节　农业嘉年华的规划功能区

一、农业嘉年华规划功能区的必要性

20 世纪末，随着农业产业结构的调整和农业高新技术的广泛应用，各地城郊及乡镇结合当地的农业特点，相继建成了具有一定规模的农业高新科技园区。受西方现代观光农业的影响，一些园区逐渐发展成为集农业生产、观光、休闲娱乐、教育为一体的生态农业观光园区。进入 21 世纪，随着经济的飞速发展，人民生活水平的不断提高，人们的消费观念开始转变，旅游观光成为百姓生活的基本需求。越来越多的消费者开始追求田园式的生活，渴望原生态的乡村风貌与文化风俗。功能单一、人工雕琢痕迹浓重、人满为患的农业园区与农家乐已不再能满足他们的需求，这就为农业嘉年华模式的发展提供了更广阔的空间。

农业嘉年华内部功能比较齐全，设施档次比较高，技术高度集成，是现代都市化环境与现代农业化建设同步协调发展的新兴农业模式。农业嘉年华是一种休闲旅游产业，其主题是农业，以围绕农业观光和农业产业开发为重点，结合休闲旅游的经营策略，来提升农业的旅游价值和农产品自身附加值的。同时为城市居民和学生提供了一种全新的旅游环境和休闲方式，提高都市居民的休闲生活品位，改变学生认知社会和学习农业科技的方式，有利于社会的和谐与发展。

农业嘉年华起着一个平台的作用，展示着农业的历史和未来。由于人们旅游消费观念越来越趋向个性化，这就要求农业嘉年华不仅具有传统农业的生产功能来满足人们的生活物质需求，同时要具备对青少年的科普教育功能；

对农民的新技术、新品种的科技示范功能；对城市居民的休闲、农事体验、观光、购物等的生活服务功能；对本地区生态的维护和优化功能。所以说，功能区位完善的农业嘉年华才是对农业经营模式的创新，才能满足社会需求。

二、农业嘉年华功能区的规划原则

（一）景观错位原则

所谓“田园景观”指的是以田园为载体，以生产农业物质产品和农业审美产品为目标，通过农作物与田块、田埂、沟渠、林带、道路和机井、棚架、电网、房屋等生产设施的合理排列、美学组合形成的田园风光。它与城市景观的表现形式有差异，城市园林景观往往更加精巧，而田园景观则利用地域大的优势，往往表现形式是粗线条的，如麦浪和稻田景观以及大规模的劳作场景。都市人群利用闲暇时间，脱离城市环境来到农业嘉年华，可看到不同于城市园林的另一番景象。营造错位的田园景观在视觉上会首先吸引住游客的目光。

（二）文化美原则

来到农业嘉年华旅游的游客多来自城市，文化层次普遍较高，每逢节假日往往都是一家人前往，他们在得到身心娱乐的同时，也希望带给孩子们更多的文化熏陶。考虑到这种消费观，农业嘉年华在营造田园景观时就应更注重文化的体现。这也是代表着一个嘉年华项目运营企业的品位所在，换句话说，从中也能体现企业文化。

所谓文化美，指的则是通过对田园景观赋予相应的、恰如其分的文化内涵，使其具备文化韵味，从而展现自然美的一种表现形式，表现形式可多种多样。主题雕塑配以能够代表其主题的植物，貌似不经意的搭配，恰恰却起到了画龙点睛的作用；把植物修剪成亭台楼阁或小动物的模样并起上相应的名字，这些植物马上就会变得活灵活现；温室内景观建筑根据场馆主题来分别命名，同样也是表现文化美的一个手段。一棵茶树，可以引申出中国的茶文化以及相关文学作品，比如古典名著《红楼梦》中就有多次对茶艺的描写；一片竹林可以引用“胸有成竹”“岁寒三友”“斑竹一枝千滴泪”“竹林七贤”“青梅竹马”等故事和典故，蕴藏其中的中国传统哲学思想可提升景观本身的文化内涵。文化内涵是景观的灵魂，只有赋予景观文化内涵，才能让人观后流连忘返，创造良好的口碑。

（三）动静态结合原则

农业嘉年华的场馆主题多为农业生产相关产业，每个产业都有着不同的生产流程和工艺。场馆内展示的多为静态的田园景观。城市游客，特别是孩子们几乎对农业生产没有概念，在安全条件下，劳动场景的再现会使整个场景更加生动，寓教于乐。

（四）合理密度原则

传统农业生产追求的是产量，栽植密度往往较大，仅仅留下极少的空间供人们来进行农事操作。而在农业嘉年华项目中的农耕体验或采摘活动中，这种种植模式需要调整，应以安全、便利的合理密度为宜。

（五）因人而异原则

来到农业嘉年华游览的游客多以家庭为单位，年龄差距比较大，成年人和儿童对事物的认知程度肯定是不同的。游客中也不乏相关产业的专业人士。所以，农业嘉年华项目中赋予景观及建筑的文化内涵应该具有层次性，避免过分的幼稚，也要避免太于深奥，总之，要雅俗共赏、老少皆宜。如花卉主题展馆中，对花卉形态的展示应该是严谨的，避免常识性错误；蜜蜂形象的展示应该是拟人化的卡通形象。

（六）系统有序的科普原则

农业生产尽管不同于工业的流水作业，但农业也有一整套的农事操作流程。它是在上千年的农耕实践中形成的，本身就是一种宝贵的文化遗产。农业嘉年华担负着优秀农耕文化传承的使命。这种农事操作流程的展示应该是系统的，有序的。科普知识在内容设定上不应该孤立，而应该是连续的，这样能起到科普的作用。

（七）体能限度消耗原则

农业嘉年华项目中，最能吸引游客参与其中的是相关产业主题的互动活动。这里有果蔬的采摘、亲子游戏、手工艺制品制作等。嘉年华向人们展示的多是古老的农耕工艺，相对现代农业工艺比较耗费体力，比如传统造纸工艺、传统榨油工艺等。游客互动体验的目的是在体会传统工艺的同时，对先人的智慧有所认识。因此，这些环节的设置应该以体能有限消耗为原则，点到为止，不能对游客的旅游有所影响。

（八）体验个性化原则

随着 80 后渐渐成为社会中坚力量，90 后青年纷纷进入社会工作，年轻一代即将成为消费的主力军，追求个性化服务是这一代人的特点。其产生的大背景从理论上来看，企业之间的竞争大致经历了三个阶段，一是产品本身的竞争，二是品牌的竞争，而第三阶段就是服务的竞争，靠优质的售前、售中和售后服务吸引和保留住客户，最终取得优势。这样产品就更具适应性，更有竞争力，这样才能牢牢占据市场地位。

现代的市场竞争观念是以“顾客至上”为中心的。个性化服务就是与每一位顾客建立良好关系，开展个性化服务正是体现了现代市场竞争趋势。在市场处于过饱和状态的当下，新技术的普遍采用，使产品越来越丰富，市场产品供大于求，消费者可以在众多的同类产品中随意挑选。这就向供应方提出了新要求，而个性化服务是创造新的经济增长点的有力抓手。农业嘉年华所提供的服务包括其相关衍生产品应该是个性化的。以全国各知名景点出售的纪念品为例，从南海到北疆除了纪念品上的 logo 不同外，其余因素大同小异，其实产品生产于同一产地。为了避免这种情况的出现，嘉年华所提供的服务及衍生产品必须是个性化的。

（九）消费都市化原则

纵观全国各地农业嘉年华项目，相关商品的销售都异常火爆。游客们离开时总是满载而归，商家们也能收获不菲。撇开商业气息是否浓重的问题，单从游客们的携带的角度看，往往是位于游览路线后端的商品的销售额不如位于先端的。原因很简单，开始买的多，越到最后，物品携带就成了问题。互联网 + 农产品销售的模式或许能解决这个问题，我们不妨试想一下，每种商品都有自己的二维码标签，游客只需在手机上通过嘉年华 APP 扫码下单并付费，就可在靠近停车场的出口处领取心仪的商品或配送到家。这样做，既能减少售货人工的成本，又能减轻游客的体力消耗，增加游客在整个游览过程中的愉悦程度，也体现了农业嘉年华倡导的高科技带给人们生活的改变。

三、农业嘉年华规划功能区的特色定位

（一）主题鲜明

我们把利用动植物等生物的生长发育规律，通过人工培育来获得产品的生产活动，统称为农业。根据生产力的性质和状况，农业可分为原始农业、古代农业、近代农业和现代农业。农业是人类社会赖以生存的基本生活资料的来源，国民经济其他部门发展的规模和速度，都会受到农业生产力发展水平和农业劳动生产率高低的制约，农业是国民经济发展的基础和保障。狭义的农业仅指种植业或农作物栽培业；广义的农业包括种植业、林业、畜牧业、副业和渔业。

中国农业数千年来一直以种植业为主。随着科学技术的发展，农业已经不再是单一的生物产品生产行业了，而是从手工劳动到机械化操作，发展到信息技术驱动下的精准化、数字化，可控性越来越强的综合生产行业。农业人口越来越少，而农业与工业的结合越来越紧密，使农业逐渐走向研发、生产、推广、贸易一体化的道路，大大提高了农产品的附加值，推动了农业经济的综合性发展，加速了农业产业化进程。随着生态农业、观光农业、都市农业、生物质农业的兴起，农村与城市、农业与工业将逐渐走向相互融合、相互支撑、共同发展的道路。可见，农业的含义是随着时代演变而逐步丰富的。

农业嘉年华力求展示农业过去与未来的魅力和方向。嘉年华各个功能区

的主题定位应该鲜明，符合人们的普遍价值取向。在不同项目的举办地，应该针对不同阶层的游客去定位主题。在一二线城市，游客的文化层次都比较高，审美观已达到一定水平。功能区不妨定位在“博”和“雅”的思想层次上，“博”是要体现农业的新内涵和多样化，“雅”是要体现农业的文化、艺术和环境的优美，其建设标准要与现代化城市的环境和功能相匹配，并与田园景观营造的理念不产生冲突。在三线城市及区县举办的农业嘉年华，其功能区特色定位在“专”和“特”上，是指要体现农业特色和某方面的专业水平，以本地特产或特色品种为招牌，以自己的专业技艺为竞争砝码，形成专一性的主题功能区。

（二）内涵丰富

农业嘉年华在坚持以农业生产为属性的基础上，主要展示农产品特色。农业发展到今天，不管是作物品种还是栽培模式都已经极大丰富。农业嘉年华根据自身的规模和投资能力，不断引进与自身主题相匹配的新品种、新技术、新模式，让人们体验与农业相关的科技活动、农事活动、工艺制作及民俗礼仪等项目，并提供人们日常需求的项目。以番茄为主题的展馆，其种植区可以栽培各种性状和形状不同的番茄品种；栽培模式展示基质栽培、水培、雾培等无土栽培形式；根据具体方式不同，水培又可分为深液流、营养液膜、浮板毛管等不同形式。休闲功能区可以与竹艺支架配套造就环境幽雅的竹艺番茄架，形成亭、廊、居的番茄攀爬设施。通过水培、基质培等技术可以把番茄培养成树形，形成集生产性、观赏性于一体的番茄树，吸引游人参观。

（三）布局美观

农业嘉年华功能区在场馆内的布局应该符合大众审美观，是有机的组合，而不是机械的堆砌。例如对售卖区的设置，在偌大的嘉年华场馆中不宜过多、过散。一方面，过多的商业活动必然会影响到农业主题的诠释，降低农业嘉年华的文化品位；另一方面，设置过散，不利于游客的购买，增加了游客的体力消耗。一幅观光导览图如果做得新型别致，布置在园区的入口位置上，能指引游人沿着指定的路线和节点走完每个功能区。所以，农业嘉年华的规划设计者不仅需要相当的园林设计功底、文化素养，还需要一定的建筑美学、农业科技知识。只有把相关知识和专业技能有机地融入到农业嘉年华中来，才能创造出优美的农业观光展区。

（四）凸显艺术

农业嘉年华的观赏性能够吸引更多游客，因此农业可观赏性的艺术表达十分重要。奔放或恬静的田园景观成为整个农业嘉年华的参观主线。与此同时，功能区也要遵循整体艺术风格，凸显艺术性。这就要求赋予农业嘉年华的每一座建筑、路边设施、栽培设施、养殖设施、配套功能性设施艺术性，使嘉年华成为农业的艺术之园。

在不影响使用功能的前提下，要对嘉年华项目内的人居建筑和功能性建筑进行外形与内部结构的艺术化、主题化设计，避免呆板、规则化的模式。例如，可以采用蔬菜、水果和农作物种子的外形进行设计和建造展区；栽培设施、作物攀爬支架要艺术化、人性化；对于与主题相关的雕塑作品更应当精雕细琢，发挥艺术作品应有的光彩和意境。

在现有的嘉年华项目建设中，普遍存在假山、水系、雕塑作品滥用和不协调的现象，品位比较低，难以上升到艺术和观光作品的层面上来。投资建设方在正确选择策划设计者的前提下，更要重视建筑设施、艺术作品和视线所及范围的设施的施工质量，不忽略每一个细节，才能打造出一期完美的农业嘉年华展览。

（五）展示科技

现代农业不同于传统农业，其最大特点是利用有限的投入去获得更多的回报。农业嘉年华的定位是引领中国农业未来，所以科技元素的展示是不可或缺的。例如，静电效应在果蔬栽培中的除湿、防虫、防病作用；灌溉用水的电解处理；“四位一体”的循环生态型生产等。现在科研人员已经设计和生产出了一系列先进、规范化的栽培模式和设施，如组合式墙体栽培设施、三角立柱式栽培设施、多功能水培设施、移动式多功能管道栽培设施、立体多功能槽式栽培设施等多种可供无土栽培使用的新产品。这些产品可以实现就地组装，形成不同几何形状与平面布局的栽培区域，既方便操作，又有利于观光，可广泛应用于蔬菜、草莓和花卉的栽培。

（六）生态和谐

农业嘉年华虽然不是以纯生产为目的，但也避免不了自然和农作物季节性生长所形成的景观差别。为此，要尽可能地采取多种植物、多种栽培手段、多种有利于生态循环的技术进行种植和养殖设计，场馆内的道路、建筑和围墙等所有立体空间都要考虑绿化和美化，以绿色植物为基调，立体全方位美化园区环境，创造一个生物四季演替繁衍、平衡和谐的生态系统。

第五节　农业嘉年华投资主体和经济分析

一、农业嘉年华的投资主体

投资主体是指从事投资活动，具有一定资金来源，享有投资收益的权、责、利三权的统一体。目前，我国农业嘉年华配套设施投资主体包括农户、企业、集体和政府，农业投资主体已经呈多元化趋势，农业结构也随着社会变革和农业发展而不断演化。从党的十一届三中全会以来，我国实行了家庭联产承包责任制，“政府＋农户＋集体＋企业”的多元农业投资主体结构一直延续至今。未来的中国农业投资结构将会是以农户和企业为核心、以政府为后盾、以集体为补充的新型农业投资格局。

农户投资的资本量是有限的，但农户依然是我国农业投资结构中最直接、最重要的主体。随着国家对农业扶持力度的加大，农户投资主体能够最快、最灵活的把先进科学技术运用到实际生产中，但有限的资本基础还是决定了农户的投资选择，短平快的农业项目是多数农户的首要选择。企业是农业投资主体的重要组成部分，也是未来农业投资主体的主要投资力量。在对外开放和中国加入世界贸易组织（WTO）以后，外资农业企业给我国带来的科技、技术特别是理念的贡献不容忽视，我国上市的农业企业都是三效合一的佼佼者。农业上市公司使农业生产力水平和商品经济有了较大发展，是资本主义生产关系进入农村以后的产物，在我国农业产业化领域发挥了积极作用，但也存在诸如数量较少、营销观念滞后、技术水平不高、生产与管理方式落后等问题。截止到2011年8月30日，我国A股上市企业数量1354家，而其中农业A股上市企业数量为41家，勉强达到3%。由此可见，我国农业上市企业应根据农业结构调整和加入世贸组织后对农业的新要求，向现代管理模式转变。基于我国“人多地少”的基本国情，政府投资是农业嘉年华规划中配套设施的主要投资主体，但和发达国家相比，我国的政府农业投资所占的相对投资比例偏低。在我国农业向现代农业转型的关键时期，政府的农业投资比例还需加大。集体投资主体的水平处于农户投资和政府投资水平之间，目前，集体经济组织主要是承担一些不适于政府和农户投资的领域，弥补政府和农户的投资空白。

农业嘉年华为资金密集型产业，目前能解决配套设施投资瓶颈的有效途径是政府依法保证农业投资人的权益，积极引进社会资本。都市农业由于具有较高的经济利益和多种功能，投资主体多元化的特征日益明显，除农民外，城市居民和企业也可以将农业纳入其投资组合中。由于资源组合空间和规模的扩大，农业嘉年华规划中配套设施建设可逐步向资本化、技术化和企业化方向发展。有关部门可以在完善农业保险制度、健全农业生态补偿机制、促进农业科技创新推广、搞活农产品市场流通等方面，研究并出台有针对性的政策措施，形成支持农业嘉年华发展的政策体系。

二、农业嘉年华的投融资方式

农业嘉年华的配套设施建设是一项系统工程，涉及行业的方方面面，资金流庞大。一届嘉年华能否成功，投融资的支持是关键。目前，类似农业嘉年华项目的观光农业在我国已经发展到一定规模，投融资支撑方面主要存在的问题有以下几个方面：观光农业资源分布范围广、类型较多、规模小、内容单一；季节性明显，淡旺季反差大；水平低，效益不高，尚未引起政府和投资商的重视；观光旅游农业缺乏抵押担保物，相比传统农业对信贷额度大、期限长。现阶段，在欠发达地区，涉及农企业获得较大额度的信贷资金支持还需要抵押和担保。受资金的制约，寻求符合要求的担保难度很高；部分农业旅游企业缺乏承贷主体资格。

农业嘉年华配套设施建设的投融资还需要优化外部环境：建立政府旅游管理、农业部门和金融业的合作机制，整合税务、工商、水电、社保等部门的信息数据，为金融机构向农业嘉年华的融资提供信息平台支持；发挥财政资金的杠杆作用，对符合发展规划，具有龙头带动作用的农业观光旅游企业或农业嘉年华项目给予贷款贴息，对于新增农业观光旅游项目的贷款或担保代偿带来的损失给予补偿；鼓励引导金融机构和社会资本参与到农业嘉年华的运营活动中来，积极开发出适合农业嘉年华的保险险种，提高农业嘉年华的保险份额，增强和扩大保险业对农业嘉年华的渗透和覆盖。创新金融业对农业嘉年华的支持方式：制定适应观光农业特点的信贷政策，设定农业嘉年华有别于工商企业的信用评级模块。制定支持农业嘉年华发展的贷款指引，开展金融业务创新，设计出适合农业嘉年华发展的贷款品种，简化程序，针对不同层次的嘉年华项目应采取不同的贷款流程，推出个性化的金融产品，完善农业嘉年华的信用等级评定系统，及时满足不同环节的资金需求。

由于农业嘉年华承担了很大的教育、知识普及等社会功能，因此举办主体应是政府单位，涉及的资金筹措方式也有很大一部分为政府财政直接拨款，但是随着农业嘉年华的逐年发展，很多企业看到了这一盈利模式，政府也逐渐在减弱自身的地位，将农业嘉年华推向市场化。目前来看，农业嘉年华类项目的资金来源主要有：政府财政拨款、企业自筹资金以及 PPP 模式、BOT 模式以及近年来逐渐兴起的众筹模式，具体情况如下所述。

（一）政府财政拨款

财政拨款是政府无偿拨付给企业的资金，通常在拨款时明确规定了资金的用途。其资金来源一般为本级政府财政收入，一般用于公共事业（教育、卫生、交通、市政、科研、国家大中型建设项目等）的资金。

现阶段，政府往往是嘉年华项目的主导者，因此项目所涉及的基础设施及主体工程的建设资金基本来源于财政拨款，在项目整体资金投入中占 20% ~80% 。

（二）企业投资

在社会主义市场经济条件下，企业作为一级投资主体，无论是对内投资进行生产经营活动，还是对外投资，基本都是为了盈利。目前来看，单纯依靠企业资金来建设嘉年华项目的情况比较少，究其原因一方面是由于目前该类项目还处于起步阶段，市场不是很稳定，企业不敢贸然将资金投入该类型项目中；另一方面是纯农业企业一般规模都不是很大，无力承担前期大规模的基础建设投资，而其他行业企业因为对此类项目不熟悉，很难有魄力将大笔资金投入此领域。但是随着农业嘉年华市场化的逐步完善，相信会有更多有实力的企业参与到这一活动中来。

（三）BOT 模式

BOT 是英文 Build - Operate - Transfer 的缩写，实质上是基础设施投资、建设和经营的一种方式，以政府和私人机构达成协议为前提，由政府向私人机构颁布特许，允许其在一定时期内筹集资金来建设某一基础设施进行管理，经营该设施及其相应的产品与服务。

在中国基础设施领域，BOT 模式曾经在一些项目实施中获得成功，但随着基础设施融资规模和项目复杂性的日益显现，这种模式存在着出资人承担风险过大、项目融资前期工作周期过长及投资各方利益冲突大等缺点。而农业嘉年华类型的项目就存在着回报周期长的问题，因此此类型融资方式在农业嘉年华领域并不常用。

（四）PPP 模式

PPP 模式即 Public - Private - Partnership 的缩写，是指政府与私人组织之间，为了提供某种公共物品和服务，以特许权协议为基础，彼此之间形成一种伙伴式的合作关系，并通过签署合同来明确双方的权利和义务，以确保合作的顺利完成，最终使合作各方达到比预期单独行动更为有利的效果。

在 PPP 模式中，政府将部分责任以特许经营权的方式转移给了企业，以此形成“利益共享、风险共担、全程合作”的共同体关系，这样一来，既可以减轻政府的财政负担，又能够有效减小社会主体的投资风险。

PPP 模式的典型结构为：政府相关部门通过政府采购的形式进行招标，企业中标后，组建公司（这里指由中标企业、服务经营公司或对项目进行投资的第三方组成的股份有限公司），进而由特殊目的公司负责进行筹资、建设及经营等各项有针对性的活动。之后，政府就会与提供贷款的金融机构达成协议，促使这类公司能比较顺利地获得金融机构的贷款。

为贯彻落实《政府工作报告》关于“积极推广政府和社会资本合作模式”和“发挥好开发性金融、政策性金融在增加公共产品供给中的作用”的部署要求，根据国务院关于切实保障重点投入、运用融资机制放大效应的批示精神，2015 年 3 月 10 日国家发展改革委、国家开发银行联合印发《关于推进开发性金融支持政府和社会资本合作有关工作的通知》，对发挥开发性金融的积极作用、推进 PPP 项目顺利实施等工作提出具体要求。《通知》要求，各地发展改革部门要加强协调，积极引入外资企业、民营企业、中央企业、地方国企等各类市场主体，灵活运用基金投资、银行贷款、发行债券等各类金融工具，推进建立期限匹配、成本适当以及多元可持续的 PPP 项目资金保障机制。要加强与开发银行等金融机构的沟通合作，及时共享 PPP 项目信息，协调解决项目融资、建设中存在的问题和困难，为融资创造条件。

根据近几年各地农业嘉年华资金筹措的方式来看，PPP 模式占据了很大比例，这也跟此类项目的性质具有很大关系。专业性强、初期投资额较大、投资回收周期长、需要承担一定的农业风险等因素导致了政府难以抽调人手组建专门的部门进行细节工作，同时企业也不愿承担风险，独自牵头组织此类活动。因此双方利益结合较好的 PPP 模式就成为了最佳选择，这也是今后农业嘉年华项目资金筹措的主要方式。

（五）众筹模式

众筹来自 crowdfunding 一词，指大众筹资或群众筹资。在香港这个词被译作“群众集资”，在台湾这个词被译作“群众募资”，由发起人、跟投人与平台构成，一般而言是通过网络平台连接起赞助者与提案者。

众筹对风投很有吸引力，因为它要求发起人要充分展现其众筹项目的吸引力及自身所具备的实力，充分表现其所蕴含的市场价值。作为新兴的一种资金筹措方式，它对农业嘉年华类的资金贡献目前来看较低，但是嘉年华作为新型农业形式，随着人们生活水平的提高及社会认可度加大，会吸引民间资本参与进来，跟投人看到先期进入的投资者的实际收益情况之后，也必然会参与到农业嘉年华项目的众筹工作中。

近几年，随着各地嘉年华类项目的逐渐增多，地方政府也根据自身情况，在场地基建、财政资金、活动周期、建设规模、企业参与度、市民热情等方面，采取了不同的资金筹措方式，以保证农业嘉年华活动的顺利举办。目前来看，主要筹资方式有财政拨款和 PPP 模式两大形式。

2013 年，在北京市昌平区草莓博览园举办的北京农业嘉年华是此类型项目的尝试者，举办地为 2012 年世界草莓大会会场旧址，其成熟的基础设施，完整的玻璃连栋温室，完善的管理机构，丰富的周边配套资源吸引很多游客。因此昌平区政府秉承“资源有效利用、转变农业发展方式、服务北京市民”的理念，打造了首届北京农业嘉年华，并取得了巨大成功。此次农业嘉年华，由于时间较短，投资相对较少，资金来源主要是财政拨款、部分企业投资及市场众筹，活动面积为 1000 亩，投资总额为 0.8 亿元，其中综合保障费用为 1000 万元，宣传策划费用为 800 万元，场馆布展费用为 4300 万元，设施设备费用为 1700 万元，设计咨询费用为 200 万元。

第二届和第三届北京农业嘉年华也相继成功举办，与首届的资金筹措方式相同，也是以政府、企业及由市场众筹的社会途径共同出资。第二届总投资额为0.63亿元，其中场馆布展费用为4000万元，宣传造势费用为800万元，活动组织费用为300万元，设计策划费用为200万元，综合保障费用为1000万元。第三届总投资额为0.5亿元，其中综合保障费用为900万元，场馆布展费用为3200万元，宣传造势费用为600万元，活动组织费用为200万元，设计策划费用为100万元。

2013年，第八届和县蔬博会暨首届农业嘉年华举办成功，主办方为安徽省巢湖市和县政府，利用省级现代农业示范区台湾农民创业园的连栋温室作展览，会展时间为30天。此次农业嘉年华，因占地面价较小、时间较短、配套成熟、投资相对较少，所以资金来源主要为财政拨款，总投资约500万。

2014年，广西壮族自治区玉林市玉东新区管委会主办建设了广西玉林农业嘉年华项目，总建筑面积30067.2m^2，坐落于五彩田园核心区，建设内容全部为新建项目，项目总投资额达7497.55万元，资金来源为玉东新区财政拨款。

2015年，辽宁省辽阳市辽阳县现代农业园区项目，预计投资约4.6亿元，其中功能区建设投资约4.1亿元，园区公共基础建设投资约0.5亿元。投资主体由政府和招商企业组成，政府主要负责科技管理区、农业嘉年华项目及园区公共基础设施等公益性项目投资，采取PPP模式，投资额总计约2.2亿元，占总投资的47%；各盈利性项目和分区内的基础设施建设部分采取BOT模式，由招商企业投资，预计投资约2.4亿元，占总投资的53%。项目分三年建设完成，2015年—2017年投资额分别为1.6亿元、2.8亿元和0.2亿元。园区所包含的农业嘉年华部分投资总额约1.2亿元。

河北省邢台市南和县主办的南和农业嘉年华，资金筹措主要采用PPP模式，约1.6亿，企业自筹约0.3亿元，投资总额约1.9亿元。其中配套服务投资额1284万元，商贸会展投资744万元，嘉年华建设8237万元，配套设施1484万元，公共设施2196万元，活动体验1361万元。

通过以上投资的项目案例可以看出，项目资金来源与项目地点、主导对象、场地情况、运营周期、群众基础等都有非常重要的关系。若项目地气候适宜、场地条件完善、运营周期短、潜在客流量大、主导方为政府时，基本就会采取财政拨款的方式，如北京农业嘉年华、和县农业嘉年华；若项目地气候恶劣、全部为新建场地、采取周年运营时，会采用PPP模式，如辽阳农业嘉年华、南和农业嘉年华。相信随着时间的推移和农业嘉年华项目的逐步成熟，政府渐渐淡化了其主导地位，企业投资和自筹等方式会相应成为主导，成为建设农业嘉年华项目的主力军。

三、农业嘉年华项目的经济分析

项目经济分析的目的是促进资源的合理配置，进而提高投资收益。就有直接效益的投资项目而言，若其产品在相对自由的市场销售，投资决策的确立基于其能否达到所预期的社会效益，通常低于预期值的投资项目将不予立项。就没有直接受益的项目而言，其产品不能在自由竞争市场条件下出售，那么经济分析则为其选择能够实现预期目的最佳方法或途径。

从国民经济长远的发展目标和社会需要的角度看，农业嘉年华已经成为传统农业向现代农业转型的典型代表，其秉承的产业融合理念适应了转方式、调结构，推动产业结构由中低端向中高端迈进的经济发展方针的实施。经济的发展必然给人们带来生活方式的转变。多元化、个性化的需求成为了当下消费观念的主流，农业嘉年华所凸显的农业多功能恰恰迎合了这一点。农业嘉年华对国家社会经济发展战略目标和社会福利的实现作出了贡献。它是从宏观角度来分析评价农业嘉年华的实际经济效益和社会效益的。经济分析是农业嘉年华项目可行性研究的一个重要组成部分，也是对拟建项目投资取舍的主要依据。

农业嘉年华项目的经济分析是对项目进行的宏观经济效果的分析和评价，评价的目的是为了更有效、合理地分配和利用经济和自然资源，最大限度地促进国民经济的增长和人民物质文化水平的提高。因此，经济评价与分析的主要经济目标，就是国民经济的增长值，即该项目投资所能增加的国民收入最大净值。

一般对农业嘉年华项目的经济分析按照这五个步骤进行：一是从整个国民经济的角度划分和考察农业嘉年华项目的成本和效益。二是确定产品投入和产出物的经济价格。必须选择既能反映资源本身的实际价值，又能反映供求关系的经济价格。三是以嘉年华项目的各种投入物和产出物的经济价格取代财务价格，重新计算项目的成本和效益。利用各年成本和效益数据，编制项目经济现金流量表。四是根据国家统一规定的社会贴现率等参数，计算农业项目的主要经济指标和社会指标。五是对农业嘉年华项目进行综合评价及站在更全面的立场上，从国家总体利益出发，并考虑政治目标、经济目标和社会目标，全面分析和综合评价项目的可行性。

在整个分析流程中，投入和产出物经济价格的确定是关键。其通行的方法是以国际价格作为基础来调整的。因为国际价格不受个别国家所控制，比较接近完全竞争环境下的市场，所以在国际市场上形成的价格最接近于真实的影子价格。影子价格是社会对货物真实价值的度量，只有在完善的市场条件下才会出现的。然而这种完善的市场条件是不存在的，因此现成的影子价格也是不存在的，只有通过对现行价格的调整，才能求得它的近似值。国际上通行的方法是：以国内货币及外汇的影子价格来表示它们的经济价格或者按照官方汇率把外汇转换为国内货币，再用国内货币来表示国民收入实际变化的机会成本价值，并以国内货币表示的非外贸品相对于外贸品的价值下调，来反映外汇溢价。

农业嘉年华经济分析的成本计算应按区域经济为这个项目付出的真实价值来计算，它包括直接成本和间接成本两种。直接成本是指嘉年华项目本身的直接投资和生产投入以及其他直接投入，项目发生的负效益统一计为成本；间接成本是由项目引起的外部成本，如为嘉年华项目服务的配套和附属工程相关项目所需的投资支出和其他费用。财务分析中的成本需要进行某些调整，凡属于国民经济内部转移支付的款项都不能列为经济分析中的成本。例如税收和利息，都应列为项目的成本。

从宏观经济的角度来看，项目的收益不仅有经济方面的，而且有非经济方面的。只有属于该项目的经济方面且可以用货币尺度衡量的效益，才能与项目的成本进行比较。产品收益和劳务收益是最直观的直接效益，但是有些直接效益是无形的。比如，由于农业嘉年华项目的实施，农民的科学种田水平得到提高，管理能力的增强；区域内服务业因为农业嘉年华项目的实施而繁荣；项目带来的当地农民的就业和归属感等。不难看出，经济分析不同于财务分析，它除了考虑项目直接的、能以货币度量的效果外，还要考虑间接的社会经济效益，农业项目中通常劳动力是最重要的非外贸品之一。一般做法是直接使用影子价格的上限（通常是市场价格），确定净现值是否为负值。若不为负值，则无须再进一步分析，因为调整后的价格会使净现值更高，净现值不为负值已是项目可行的经济标准。项目财务分析与经济不同结果会给出许多重要信息。由于税收和补贴是导致这种不同结果的重要原因之一，这一分析可以揭示项目对政府财政收支的影响。总的来说，财务分析是经济分析的基础，即经济分析通常是在财务分析基础上进行的。而经济分析又是财务分析的前提，是决定项目投资抉择的先决条件和主要依据。当财务分析可行而经济分析结论不可行时，这种农业投资项目不能被批准；但当经济分析可行而财务分析不可行时，国家应该采用调整产品的市场价格、减免税收或者实行补贴等优惠措施，使项目单位有利可得，项目能够实施。

第六节　农业嘉年华举办模式的具体规划

一、几种举办模式

观光农业是农业和旅游业相结合的一项复合型产业，具有“农游合一”

的性质。农业嘉年华是观光农业在我国绿色发展理念下的发展新阶段、新形式，其充分体现了“农游合一”的性质，带有显著的产业融合特征。

早在19世纪30年代，观光农业在“二战”后的西方发达国家开始萌芽，欧洲的阿尔卑斯山区，美国和加拿大的落基山区成为世界上最早的观光农业旅游区。目前，在德国、奥地利、英国、法国、西班牙、日本、中国台湾等国家和地区，观光农业已具有相当规模，走上了规范化发展的道路。Inskeep在《旅游规划——一种可持续的综合方法》一书中，将农业旅游（Agri tourism）、农庄旅游（Farm tourism）、乡村旅游（Rural tourism）等提法不加区分，认为属于同一概念。Lane阐述了观光农业与农业旅游、农庄旅游的关系，认为农业旅游、农庄旅游是观光农业的重要组成形式之一。

欧洲联盟（EU）和世界经济合作与发展组织（OECD）将观光农业定义为发生在乡村的旅游活动。据德国、法国、美国、日本、荷兰等国的经验，休闲观光农业的形式主要有以下几种：一是观光农园，城镇居民面对生态环境的日益恶化，纷纷开始向往“回归大自然”的休闲、恬静生活。每逢周末和假期，他们都不约而同地去寻找绿色空间和清新的娱乐场所，以领略、感受、体验田园和乡村的朴实生活。成熟的果园、菜田、茶园等会对游人开放，人们可随意摘果、拔菜、赏花、采茶，从而获得紧张工作之后的休息和放松。另一方面，一些居民也渐渐厌倦了游历名山大川的劳累旅途，且常有“看景不如听景”的遗憾，于是就自然而然地选择了地理位置距自己比较近的观光农园。二是市民农园，是农民提供农地，市民参与耕作的模式。经营者一般将近郊农地集中规划为若干小区，出租给城市居民，以种植花草、蔬菜、果树或经营家庭农艺为主。经过一百多年的历史发展和演变，此模式在形态、组织和制度上日趋完善。近年来，随着城市的各种社会压力和问题的出现，欧洲、北美等国家争相效仿德国，掀起一股市民农园运动的热潮，在日本和我国台湾地区这种农园运动也开始广为流行。市民农园对我国城市郊区用地无序化的治理和城乡一体化过程中社会、文化教育、经济具有生态学意义。三是农业公园，按照公园的经营思路，将农业生产场所、农产品消费场所和休闲旅游场所结合于一体。目前除果品、水稻、花卉、茶叶等专业性农业公园外，大多为综合性公园，一般规划有服务区、景观区、草原区、森林区、水果区、花卉区及活动区等，占地面积大多在10万~15万m^2。我国农业部已于2008年制定了农业公园的相关标准，中国村社发展促进会、亚太环境保护协会等5家单位根据该标准联合制定了《中国农业公园创建指标体系》。该体系包括乡村风景美丽、农耕文化浓郁、民俗风情独特、历史遗产传承等十一类评价指标。四是教育农园，兼顾农业生产与教育功能的农业经营形式，利用园内植物、动物的种养过程，潜移默化地体现农业的教育功能。相比那些空洞的说教，更能让游人在体验农业生产的同时感受到农耕文明的魅力。五是森林旅游，森林旅游（Forest tourism）是指在林区内依托森林风景资源发生的以旅游为主要目的的多种形式的野游活动，这些活动不管是直接利用森林还是间接利用森林，都可称之为森林旅游（游憩）或森林生态旅游。它有广义和狭义之分，狭义的森林旅游是指人们在业余时间，以森林为背景所进行的野营、野餐、登山、赏雪等各种游憩活动；广义的森林旅游是指在森林中进行的各种活动。美国可以说是森林旅游行业发展的先驱。1872 年的黄石公园算是森林旅游基地的雏形，“二战”后，黄石公园依托森林来发展旅游业。到 1960 年，森林旅游的现实价值获得了各界人士的承认，并一跃成了森林资源开发的主要部分之一。在美国举行的第五届世界林业会议，是森林旅游发展过程中一个里程碑。从那以后，各国积极进行自然保护区及国家森林公园的规划，这不仅为本国国民提供了健身益智的活动场所，同时也吸引了外国的观光游客，成为一项新兴产业。我国张家界森林公园的建立，标志着中国森林旅游业作为一项产业开始形成。六是民宿农庄，利用自用住宅的空闲房间，结合当地人文、自然景观、生态、环境资源及农林渔牧生产活动，以家庭副业方式经营，提供旅客住宿。它相比传统的“农家乐”，在所提供的旅游产品的物质文化层次上水平更高，可以说是“农家乐”的升级版。七是民俗旅游，利用农村特有的文化或风俗作为农业观光休闲活动的内容，如农村民俗文物馆、乡土文化活动、地方人文历史、乡村博物馆等。这类设施不仅可向市民展示当地民俗文化，而且可使社区农民收益增加。据旅游研究者的说法，民俗旅游是一种高层次的文化旅游，因它能满足游客“求新、求异、求乐、求知”的心理需求，所以已经成为旅游行为和旅游开发的重要内容之一。国内一次抽样调查表明，美国来华游客的旅游目标为欣赏名胜古迹的只占 26%，而对中国人的生活方式、风土人情最感兴趣的却达 56.7%。如此看来，民俗风情旅游不仅可成为政府部门发展经济、吸引外资的重要文化资源，而且也已经成为满足西方人想像、了解中国人生活方式的一种途径。八是农村留学，为培养青少年坚忍、朴实、健康、有正义感的人格，在假期把孩子送到农村亲属家去寄宿，并参与农场作业、农村社区活动就是所谓“农村留学”。农村留学的目的在于教育，同时也具有一部分休闲度假的成分，和其他形式相比，农村留学基本没有经营成分。

二、规模时效模式

（一）短期集中投入型

现代农业的发展离不开金融的支持，农业嘉年华也同样如此。农业不同于二、三产业。一般农业项目的建设及受益通常是以几个月作为一个周期的，例如蔬菜瓜果的季节性种植，养殖业的出栏时间等。

短期投资在农业嘉年华的投资运作过程中占有一定比例。这里借用股市投资的短期投资概念，即短线操作。所谓短期投资或短线操作是指在几天内，甚至当天内买进卖出股票，获取差价收益的投资行为，从本质上来看属于投机行为。

一般来讲，从事短期投资，应视投资者所拥有的资金状况而定。如果投资者拥有资金的时间较短，且自身的财产较大，可应付短期的巨额亏损，这也是从事短期投资的条件。短期投资决策主要依据技术分析的结果来决定自己的买卖行为，而技术分析的理论基础是“空中楼阁”理论。“空中楼阁”理论是英国著名经济学家凯恩斯于1936年首先提出的，该理论的核心基本上抛弃了投资的内在价值，强调心理因素对供求关系的影响。以股市投资为例，该流派研究者认为，股价的变动是无常的，难以确定。而且，与所谓的基本因素的相关性较小，相反与供求关系的相关性较大。因此，一般很难把握股票的内在价值。因而，对于短期投资者来说，宏观经济环境的宽松与否、公司业绩的好坏以及市盈率高低是不重要的，重要的是股价是否有相当幅度的频繁涨跌，从中是否有利可图。技术分析者强调，短线操作者无须搜集决定股票内在价值的大量基本因素资料，只须观察收集股票价格运动走势。因为入市投资者所获得的全部信息均反映在股票价格的运动上，而价格的运动具有惯性，股价一旦沿着一定方向移动时，在一定时间内，还将继续按原有的趋势变动，直到这种趋势在支撑区或阻力区改变为止。这是牛顿第一定律在经济学领域中的实际运用。同理，在农业嘉年华的运营过程中，短期投资集中开发于农业嘉年华，开发形式上的优势具体体现在：观光农业领域内包含的风险种类和危害，除了自然界不可抗拒的外力破坏以外，相比其他行业是相对稳定的。如果运作得当，在科学规划、科学运维的前提下可以收取可观的效益，有限的风险中蕴含着巨额利润。在掌握旅游市场信息方面，由于市场价格的波动是受到内部市场供求不平衡，造成资金从某一种旅游资源流到另一种旅游资源的现象，技术分析数据能很快地将其反映出来。短期农业嘉年华旅游市场分析简单、方便、易懂、直观、形象，因而受到投资者的青睐。以北京农业嘉年华为例，在每年的3月～5月举行。据监测结果显示，2014年第二届营业额实现经济收入达3510.47万元，比第一届增长15.6%。其中：门票销售收入637.8万元，比第一届增长5%；园内各场馆销售收入2872.7万元，比第一届增长18.3%；接待98.4万人次，比第一届下降3.2%。同时，此活动有效带动了兴寿镇、小汤山镇、崔村镇等周边地区草莓采摘、销售和旅游休闲产业的发展，增加了农民的收入。由此可见，基于科学规划的短期投资行为在农业嘉年华的运作中是成功的。

（二）中长期投入型

我国农业正在走向集约化、现代化，在此过程中会涌现出很多有科技含量、高附加值的投资项目。其中一些项目值得投资者长期投资。另外，中国城市化的进程在加速，农业作为食品上游行业，将持续经历10年甚至20年的繁荣期。国际经验表明，当人均GDP达到1000美元之后，食品业将进入维持20～30年的快增期。我国1999年GDP接近1000美元，如今十余年过去了，农业和食品业一样还将享受10～20年的快增期。在过去的十余年里，中国食品业保持了20%的增速。随着城乡居民生活水平的提高，对环境生态、食品品质都有了更高的要求，异军突起的休闲观光旅游、有机生态食品是很大的投资亮点。

讨论现代农业投资的可行性，首先要看到传统农业的几大投资弊端：大多数农业项目靠天吃饭，受环境和气候因素制约；传统农业项目规模较小，绝大多数农业生产者分散且力量薄弱，市场准入门槛较低，并不具备产业链的议价能力；回报慢，不确定因素多；很多是原生态状况，科技含量不高；附加值不高，利润率低；农业项目难以组织化、规范化、标准化；农村的人际关系复杂，农村人惯于自由散漫，无视组织纪律，这些都给农业项目的实施增加了难度。所以，寻找可靠农业投资项目，必须以农业的自身特点作为参照，寻找能够抵抗行业弱势的项目；受环境和气候影响小的项目；规模大到一定程度，能形成产业化的项目；回报周期稳定，政策性风险小的项目；技术密集型或者资源密集型，附加值较高的项目；流通广泛具有产品品牌的项目；可以组织化、规范化、标准化的项目；尽量规避农村人际关系，政策扶持力度大，符合城市化发展方向的项目。从近几年多地成功举办的农业嘉年华看来，嘉年华项目恰恰符合以上七个投资特点，适合做长线投资。

从经济学的观点看，如果投资者拥有资金的时间较长，又处于经济不断上升的时期，则以长线投资为首。在经济稳定上升时，市场的主要趋势为盘旋上升，在短期内，市场升降的幅度一般不大，投资者不易在变化不大的股价中获取较高的利润。这里还是引用股市投资概念，所谓“中长期投资”一般是指投资者对上市公司的经营业绩及发展前景抱有充分信心，不为股价的一时涨跌所动摇，且准备享受较长期股东权益的投资行为。中长期投资者依据基础分析来选择优质股票，而基础分析的理论基础是“稳固基础”理论，该理论首先由约翰·威廉斯提出，后经欧文·费雪、埃利奥特、吉尔德等的发展，成为华尔街推崇的一种理论。“稳定基础”理论与“空中楼阁”理论相反，强调股票内在价值这个稳固基石，通过股票价格与内在价值的对比，如果市场价格低于内在价值就买入，反之，则卖出。

长期投资具有数额大、时间长、投资风险大的特点。投资者在进行长期投资决策以前，必须对投资方案进行可行性分析。进行分析时，应着重考虑以下几个因素：一是货币时间价值，货币投入到生产经营活动中，随着时间的推移，货币会增值，增值部分就是货币的时间价值。二是投资风险价值，因冒风险进行投资而取得的额外利润（高出货币时间价值的部分），称为投资的风险价值或风险报酬。一般说来，投资风险越大，风险报酬要求就越高。三是资金成本，企业长期投资取得的报酬，必须大于资金的成本，资金成本实际上是投资者应当取得的最低报酬水平。四是现金流量，衡量投资的优劣时，要对该项目的现金流量进行分析。一般来说，如果一项投资的现金流入量大于其现金流出量，则投资有收益，反之，则没有收益。

广西“五彩田园”农业嘉年华于2015年元旦开园，是广西中农富玉公司旗下第一个投入运营的核心项目。该农业观光项目由中国农业大学农业规划科技研究所规划，玉林市玉东新区承建落实，北京中农富通园艺有限公司设计施工，总建筑面积为30067.2m^2，是目前全国主体面积最大的农业嘉年华项目，其涉及品种之多，运用技术之广，在国内外农业嘉年华项目中前所未有。其举办形式符合了上述长期投资形式，且取得了良好的社会效益和经济效益。

现阶段，我国农业领域能够起大面积区域带动作用的农业组织结构有：

（1）龙头企业带动型　龙头企业与农户是农业产业化经营的行为主体，二者对利益最大化的追求是农业产业化发展的动力。因此，龙头企业与农户之间建立“风险共担、利益均沾、公平分配”的利益共同体，是农业产业化的核心。龙头企业带动型这种农业组织形式改变了农业只提供初级产品、比较利益低下的传统角色。这种组织结构在所有制、行业体制、行政区划等方面都做出突破性的尝试。但由于企业与农户间大都处于比较松散的关系状态，企业和农户之间信息不对称、力量不对等，导致缔约双方地位的不平等，加之农业经营活动的高度不确定性和风险性以及由此而带来的双方机会主义行为，公司与农户之间的契约存在着不完全性。在缔约过程中，公司有可能凭借其强势地位单方面规定契约条款，甚至可能产生对农户的欺诈和强制行为，分散的农户不具备有利的谈判地位，加上缺乏法律上的有效监督，极易出现农业产业化经营合同附合化现象。合同内容权利义务失衡是必然的结果，难以保护农户权益，并加大产业化组织的内部运行成本，从而降低了这一组织模式的运作效率。

（2）中介组织带动型　农民按照行业和产业链联合的专业组织，以企业或农户为服务对象，根据自愿原则组建，并通过组织内部的民主管理与协调，减少和避免组织成员之间的摩擦，通过扩大组织规模，降低外部交易成本，增强组织整体的对外竞争能力。在理想化的中介组织联动型模式中，中介组织作为农民利益的代言人。但是，在经济现实中，中介组织作为具有相对独立利益的理性人，而且又掌握了有关龙头企业和农户的较充分的信息，它们很可能在此过程中发生“寻租”行为。这使得它们同时与企业和农户进行复杂的博弈，并且可能采取“见机行事”的博弈策略。在中介组织联动型模式下，中介组织可能发生越位行为，有时会代替农户做出一些决定，特别是当中介组织是政府主导型或者由传统组织改造而成的机构时，这种倾向更为明显。

（3）专业市场带动型　围绕当地优势产业的发展，通过市场入手，以专业市场或专业交易中心为依托，拓宽商品流通渠道，积极参与国内、国际市场竞争，逐步形成区域性乃至全国性农产品批发交易中心、信息交流中心和价格形成中心，从而实现一体化经营的组织形式。由于市场信息的不对称和少数商家的炒作，经常出现某种农产品价格在特殊时间段内冰火两重天的现象，看似繁荣的市场有时只是昙花一现。大起大落的农产品市场价格并不会给农户带来长远的收益。农业生产资料的市场波动，也使农户的利益无法得到切实的保障。

（4）合作社一体化带动型　由农民成立合作社，在合作社发展壮大后成立企业实体来销售、加工合作社内部成员（和外部成员）生产的农产品，从而实现农业生产的产、加、销和贸、工、农一体化经营。由于我国农村各地经济发展水平和农业生产方式差异显著，农民专业合作社在不同地区呈现不同的运行模式。按合作社牵头主体划分，可分为企业、大户和政府带动型。目前，我国农民专业合作社模式还存在急需规范化的情况，按照《农民专业合作社法》的相关规定，规范运作的农民专业合作社应具备以下基本特征：设立理事会及监事会，理事会成员及合作社事务由成员大会选举和表决，实行一人一票制，农民有入社和退社的自由。在调查中发现，除入、退社自由外，合作社的其他“规范化”特征几乎全部缺失。

农业嘉年华是以农业为基础，结合第二、三产业的元素，全面展示农业所具有功能的业态。农业嘉年华集生产、生态、休闲、旅游、娱乐、文化教育等功能于一体，在城市化进程中依托于城市、服务于城市的同时，展现了城乡“二元结构”被逐渐打破后农业迎来的又一次发展。农业嘉年华的发展在城市发展的进程中起着区域带动作用，上述功能在区域内二、三产业中起着催化剂的作用。毋庸置疑，一个好的项目会成为区域内的新的经济增长点，农业嘉年华模式也正是如此。

李克强总理在几次国务院常务会议中多次提出“用工业的理念发展农业”，“在尊重农民意愿的基础上，不拘一格地推进多种形式适度规模经营”，可见中央对我国农业现代化进程指明了方向，并给予了大力政策支持。我国正处在工业化、城镇化、信息化和农业现代化同步发展的关键时期，为了解决传统农业小而散、城乡发展不平衡、农村劳动力流失等问题，在我国东南沿海，以浙江为首的经济较为发达的地区出现了以政府为主导、以农业龙头企业为管理经营主体、以农业科研单位为科技支撑的新型农业发展模式，业界称之为“现代农业综合体”。概括地说，现代农业综合体的概念是以发展现代农业为核心，以农业资源要素整合、农业产业链整合、城乡空间整合为目标，以创新培育现代农业产业综合经营体系和建设社会主义新农村为主要任务，集农业产业新园区、农业科技新城区、农民生活新社区和农村休闲新景区为一体的区域农业农村经济、文化、科技服务集聚新平台和发展新载体。“用工业化理念发展农业，借鉴城市综合体概念，通过一、二、三产业的相互融合，让第二、三产业附着在第一产业上，使原本为第一产业的农业拓展为综合产业”，“以农业为主导，以科技为支撑，融合食品加工、商贸物流、科普会展、教育培训、休闲观光、文化创意等多个相关产业，构建多功能、复合型、创新性的产业结合体；形成一、二、三产业各领域全面拓展，多种业态并存，有机交织，多元经营，共同发展，生产、生活、生态和谐的良好格局”中国科学院院士、中国工程院院士、浙江省农业科学院院长陈剑平在解释现代农业综合体的理念和内涵时，多次强调了产业结构调整和产业融合在现代农业综合体中的重要地位。

农业嘉年华的本质也正是产业的相互融合，定位现代农业的引领者。广西玉林农业嘉年华是现代农业综合体的代表。中国农业大学富通公司和玉林市玉东新区建设投资有限公司共同出资组建的现代农业高科技服务企业——广西中农富玉公司位于广西玉林“五彩田园”现代特色农业（核心）示范区，公司立足当地适宜的气候条件，充分发挥地理和自然资源优势，重点在农业新品种、新技术、新设施、新设备等方面开展相关的研发及服务工作，同时借助广西作为面向东盟合作的桥头堡及“一带一路”的重要战略支点，在农业“引进来，走出去”中发挥积极的作用，引领着广西乃至东南亚地区农业的发展。经过两年来的运营，收到了良好的经济效益和社会效益。北京蟹岛度假村位于北京市朝阳区金盏乡区域内，项目占地 2.2km^2，以生态农业为核心，集农业、旅游、商贸、娱乐、会议等相关产业于一体，形成产业间相互依存、相互转化、互为资源的循环经济产业系统，是环保、高效、和谐的经济生态农业综合体。

作为农业的新型产业业态和都市型农业转型升级的重要标志——农业嘉年华属于创意农业范畴。关于创意农业的内涵与类型分析，秦向阳等指出创意农业源自创意产业，在我国较早的创意农业是参照创意产业概念，结合农业特点，从创意农副产品角度研究提出的，其中包括了农副产品的科技、文化、服务以及生态创意，而厉无畏等则认为创意农业不应仅是农副产品的创新，而在于农业发展模式的创新。

谈到创意农业的投资问题，首先要讨论创意产业的价值创造机制。功能价值和观念价值构成商品价值系统的两个层次。其中，功能价值是依附在商品之上，由其物理属性和表征形成的价值，功能价值是商品基本的物理属性，它是商品价值系统形成的基础；观念价值突出强调了依附在商品之上的因社会评价所形成的价值，人们对于商品的认知程度将更多地取决于观念价值的高低。

随着时代的变迁，人们的消费结构和消费观念在不断衍变，对于商品的观念价值愈来愈注重。越来越多的人们开始强调消费品的个性化和文化内涵，也就是情愿为超出商品的功能价值的那部分内涵买单。在人们还未解决温饱的时代，穿得暖、吃得饱是人们对日常生活的基本需求，进入到知识经济时代，人们对个性化、品牌化消费的认同程度今非昔比。传统农业从提供最基本的日常供应已经转变到为生态功能的显现了。

美国著名未来学家约翰·奈斯比特曾说，在高科技为主导的现代社会中，人除了温饱和安全之外，迫切地寻找人生的意义，要追求更高、更深、更远的东西。总体来看，市场经济的发展，使国家在居民消费生活中的角色由前台退到了后台。因此，人们的消费生活方式已不再受政府的直接约束，而是逐渐向完全自主方向发展，具体表现在：消费者的行为由被动转向主动；消费类型由抑制性消费向个性化消费转变；居民消费的自主选择权和决策权的不断增强。同时，这一时期市场竞争愈来愈激烈，商品越来越丰富，于是，原来的卖方市场就逐渐变成了买方市场。知识经济时代与工业经济时代不同的是，信息、创意等抽象元素在经济生活中的作用越来越强，创意信息的生成、处理、加工、流通和利用变得越来越方便，快捷的顾客解决方案和即时的顾客化定制不但在技术上可行，在成本上也是可行的。

创意产业的核心特征是鼓励个人创造力的无穷释放，这种释放创造了新的产品和新的市场，冲破了传统资源的硬约束。个人创造力的无穷释放将大大缩短创新的过程，大幅提高知识流动和专业化分工的效率。

农业嘉年华具备创意农业的基本属性，它是以农业的生产功能为基础，结合区域内的人文文化，展示农业高科技和农耕文明，是观光都市农业的发展阶段。我国传统农业的投资相对第二、三产业而言，相对滞后。主要原因有以下几点：一是体制约束，在过去一个较长时期，我国缺少制度创新，体制性障碍对我国农业投资造成的影响不容忽视；二是软约束，中央政府与地方政府之间、政府与农民之间存在着博弈现象；三是主体约束，现代经济学的核心假设是“人的行为是理性的”。所谓理性，是指一个决策者在面临几个可供选择的方案时，会选择一个效用能得到最大满足的方案。各投资主体在缺乏有效约束的条件下，受利益驱动，会将资金投放到利润率较高的二、三产业。

现阶段，农业已经成为经济社会宏观调控的目标之一，调控手段也日趋完善。刘笑冰等人在运用灰色关联综合分析农业投资与北京市不同形式创意农业的关联度的研究结果表明：五种不同类型或方向的投资对创意农业发展具有不同的促进作用。提高水利、环境和公共设施管理业投资能促进创意农业的发展，与创意农业的消费特点有较大关系；投资方要针对其主导发展的创意农业形式，调整投资方向，以提高投资的针对性。前不久，现代农业发展与众筹论坛作为2015世界众筹大会分论坛在贵阳举行。本次论坛的主题是现代农业发展与众筹，深层次地探讨如何采用互联网及互联网金融改变现有的农业生产方式，借助网络手段，调动大众力量，推动投资创意农业的发展，让大众消费参与到现代农业发展之中。

综上所述，观光农业正面临着新的发展机遇和挑战。投资市场信息表明，中国私募股权投资市场仍选择偏重于传统行业，并且机构对于农业领域投资仍在持续升温。在后金融危机时代，我们欣喜地看到越来越多的企业投资于农业领域。发展观光农业的资金不能单一地依靠政府财政，一定要多元化筹措资金。个人资金、集体资金、资本市场资金均可成为投资主体。在资源配置由市场决定的时期，观光农业旅游市场是否能形成和发育，是开发商决定投入与否的根本依据，资本市场的资金和个人资金的投入是要有回报的，财政资金应该是引导性、支持性的投入。

三、季节假日模式

（一）季节型

农业嘉年华属于观光农业范畴，具有农业的普遍属性，旅游业的季节性十分明显，是产业融合的代表。观光农业的农业属性，决定投入与产出的比例及其带来的效益。传统农业具有低投入、低产出的特点，因此，以传统农业为主要内容的观光农业项目，应当严格控制投资规模，避免低回报率的形成。现代农业具有高投入、高产出的特征，但要注意市场的需求量，尤其是以农业嘉年华为代表的设施农业，要考虑本地客源市场大小及市民的观光率。这就需要嘉年华的建设者们充分了解旅游业的季节性。

苏勤主编的《旅游学概论》中，现代旅游的季节性是指游客流向、流量集中于一年中相对较短时段的趋势，它反映了现代旅游在时间上分布的不平衡性，导致旅游企业的市场经营具有明显淡旺季区别。关于旅游的季节性，一般认为是由于自然季节性和制度因素共同作用的结果。自然的季节性是指自然现象的有规律的变化，特别是那些与全年气候的周期性变化密切相关的自然现象，如气温、降雨（雪、冰雹）、风和白昼等。气象学领域对自然舒适度的测量指标主要有舒适指数（CI）和风效指数（WEI），温度—湿度指数（THI）和风寒指数，综合舒适度指标（CCI）等。制度因素反映在社会规范和社会习惯上，具有代表性的制度因素包括宗教、文化、种族、社交、经济利益、宗教现象、学校和带薪假期等。巴特勒（Butler）季节性是全球旅游的主要特征，国外第一位综合研究旅游季节性现象的学者是拜伦（BarOn），从那以后大量的文章、研究报告和案例涉及旅游季节性的各个方面，包括对这种现象概念、表现形式、影响因素、应对策略、衡量方法、体育旅游与季节性的关系、季节性旅游者类型等的讨论。这里就不再一一列数了。以北京市观光农业为例，有研究表明：在全年范围内形成旺季、平季和淡季等 3 个旅游季节，其中 4—5 月、7—8 月和 10 月是 3 个旅游旺季，11 月到来年 1 月是旅游淡季，其余月份为平季。

至于具体到农业嘉年华，如何规避季节性这个困扰观光农业的问题，关键还是在于要把农业嘉年华作为区域经济系统的一个子系统来看待，而不能够孤立地去看待，从而弱化季节变化对农业嘉年华的影响。大体上可以从以下几个方面着手：文化是无国界的，是人类共同的财富，与区域内可供利用的农耕文化、自然资源紧密有机的结合，使农业嘉年华没有季节性的限制；与区域内农业生产、加工企业合作，延长农业嘉年华的产业链，丰富农业嘉年华的品牌效应；融入城乡中长期规划，与农村新面貌、基础建设相结合，寻找新的经济增长点；农业嘉年华尽管属于农业范畴，但同时，作为一种旅游资源，应该和区域内其他旅游资源相协作，形成规模效益，可打造旅游经济圈。春华秋实，农业具有典型的季节性，也正是如此，才有了春耕、秋收的农耕文明，才有了四季变换的景观效果。摆脱旅游业季节性的桎梏，以大农业的思维在农业嘉年华的经营策划和景观设计等方面下工夫，相信农业旅游季节性问题会得到很好的解决。

（二）假日型

1999 年末颁布《全国年节及纪念日放假办法》后，全年包括双休日的所有法定节假日天数达 114 天，接近全年天数的 1/3。由此，“假日经济”的说法随之出笼。就“假日经济”的经济学含义来说，“假日经济”并不是一个经济学名词，但面对这一已客观存在于社会生活中的假日经济现象，不妨将假日经济定义为：人们利用假日集中购物、旅游等消费的行为，带动供给增加、市场繁荣、经济发展的一种综合性经济模式。正确理解这一概念，必须认识到“假日经济”不能单纯理解为“节日经济”，更不仅仅是“旅游经济”。它包括旅游、休闲、娱乐三种形式，涉及商品消费、旅游服务消费和文化消费三个领域。从更高的程度上讲，它作为一种休闲消费，既是劳动力价值的体现，又是劳动力价值的提升。

马克思主义政治经济学认为，生产、交换、分配、消费是社会再生产的四个环节。生活消费作为消费的重要组成部分，是指通过消费生活资料维持自身的生存，生产出活跃于其他三个环节的劳动力。杜马泽德（J·Dumuzcdier，1962）说："所谓闲暇，就是当个人从工作岗位、家庭、社会所赋予的义务中解放出来的时候，为了休息，为了散心，或者为了培养并无利害关系的知识和能力，自发地投身社会，发挥自由的创造力而完全随意的进行活动的总体。"随着经济的发展，生活水平的提高，生活消费也从单纯的物质层面的消费发展到精神层面的消费了。劳动者通过消费可以减缓压力，愉悦精神，拓宽视野，增长见识。

归根结底，假日经济的产生是人们对闲暇时间的消费，它是生产力发展、国民收入提高、休假制度调整、消费观念变化等诸多社会现象的综合体现。在人类与自然相互关系经历了蒙昧和征服两个阶段后，目前正朝着人与自然和谐发展的理想模式发展。随着人类文明的不断进步，人们迫切地希望重建与自然有机和谐的关系。在享受现代都市文明的同时，迫切需要一个风景秀丽、环境幽静的回归自然的休闲生活。而农业嘉年华作为一个人们理想的去处也应运而生。农业嘉年华是将农业与旅游结合的新形式，突出游、购、娱、食等综合服务功能于一体的"生态型"旅游新产品。农业嘉年华在展示农业高科技的同时，也良好地体现了项目地的民风民俗，如桑蚕主题馆展示了民族服饰以及文学作品中对蚕、蚕农的描述；葵花主题馆展示了买油翁的故事以及"唯手熟尔"的互动体验。我国是个多民族国家，各民族在小聚居大杂居的格局下长期和睦共处，多种文化水乳交融又各自保留各自的特色。各民族在服饰、建筑、歌舞、节庆、婚丧嫁娶等方面都具有鲜明的特征。各民族都自己的传统节日，蒙古族的那达慕、傣族的泼水节、傈僳族的刀杆节、白族的三月街、哈尼族的扎勒特、藏族的酥油花灯节、景颇族的目脑纵歌、拉祜族的月亮节，苗族有四月八节、姊妹节、杀鱼节、踩花山节、吃牯脏节，仡佬族有祭山节、吃新节，瑶族有祭盘王节，侗族有祭萨节，水族有过端节、过卯节，彝族有火把节，布依族有三月三、六月六等，节日活动中的历史文化内涵丰富，民族风情浓郁。在迥异于城市（镇）的自然环境中观赏或参与民风民俗活动，不仅使游客得以身心愉悦，更使各地别具特色的文化艺术得到有效的传承、发展和推介。

要使假日经济和农业嘉年华互融健康的发展，首要的任务就是要编制高起点、高标准、科学合理的规划。要在区域旅游规划的总体框架下，按照持续开发、合理利用、各具特色、定位发展的原则，科学编制发展规划，合理规划区域内假日消费和嘉年华旅游发展格局。规划编制要解决发展目标、发展战略、形象定位、市场营销、旅游产品、保障机制、项目建设和发展时序等关键性问题，并把这一规划纳入本区域的旅游整体规划甚至本区域发展的总体规划当中，以保证区域内各行业的协调发展。

（三）全年型

现阶段的农业嘉年华，如北京农业嘉年华、南京农业嘉年华都是在某一时间段集中展示农业及相关产业。短时间内人流、物流、经济流的交织尽管催生了区域经济的繁荣，但也带来了诸如交通拥挤、商业化特征明显的弊端。

农业有着春华秋实的季节性，这是自然规律。在尊重自然规律的前提下，作为农业嘉年华的管理者更要尊重旅游经济的规律。旅游经济规律同其他经济规律一样，具有客观的性质，它是在一定的经济条件下产生和发挥作用的，是不以人的意志为转移的。对于客观存在的旅游经济规律来说，人们能够发现、认识和利用它，但不能创造、改造或消灭它。

旅游经济规律存在于旅游经济现象之中。旅游经济现象，是旅游经济活动片面的，表面的，外部联系的表现，旅游经济规律，是旅游经济全体的、本质的、内部的联系。旅游业的任务，是从大量的旅游经济现象中，找出旅游经济运动的规律性，依靠它为发展旅游事业服务的。农业的基本属性是满足人们的日常需求的。经过人们的努力，每个季节都有时令果蔬的供给，农产品供应的季节型问题已经得到了解决。什么是农业旅游项目？其实，广义的来讲，农业生产的过程本身就是一种旅游资源。人们在体验整理土地时的艰辛、播种时的期待、收获时的满足时，又达成了人们回归田园的期望。农业嘉年华利用现代化生产设施设备，完全可以实现反季节作物的生产和展示。

毋庸置疑，全年型的农业嘉年华展示是可以实现的。位于广西壮族自治区玉林市的“五彩田园”已成为国内规模最大的可全年接待游客的农业嘉年华项目。

四、场所类型模式

（一）露地型

顾名思义，露地型农业嘉年华的特点是利用原有地形地貌，因地制宜的开发“农业＋旅游”的形式。

这种举办形式能够使游客更好的接近大自然，在人们体验农业本身的生产、教育、购物等功能的同时，又能切身体会自然的四季季相变化，从而得到感官和心理的享受。如以度假为主的露营农场、以美食品尝为主的农场饭店、以适应习俗为主的骑马农场、教学农场等都能带给人们身心的放松与愉悦。注重增加休闲农业的实际参与活动，如亲自种植、钓鱼、赛马等，把民俗、美食等当地特色融入旅游发展中非常有意义。比较成功的案例是欧洲的乡野农庄型，以英国和奥地利为代表；法国普罗旺斯薰衣草庄园利用具有景观欣赏价值的花卉，如薰衣草、向日葵等，配合各类型节庆、婚庆活动，可改变游客对农业旅游的传统看法，在以优美的环境吸引游客的同时，还带动花卉系列销售、美食、酿酒等项目的发展，还可根据时令举办节庆活动，营造浓厚的休闲氛围，体现了法国式的浪漫情怀；澳洲葡萄酒庄园已经成为世界旅游市场的热门度假项目之一，以葡萄酒种植园和庄园城堡为特色景观，并围绕葡萄酒酿造开展旅游活动，如葡萄采摘、葡萄酒品尝、参观葡萄酒制作过程等。花、果、蔬皆可成为休闲农业园区的开发主题，利用这些农业资源形成的独特景观，在条件允许的情况下可形成大片的地景系统，可围绕花果蔬菜等主题不定期举办活动，以吸引游客的关注，以威拿庄和福林湖庄园为代表；台湾，山多、地少、面积小，不适合大规模、机械化耕种，根据这一情况，台湾的休闲农业从业者推出了“精致农业”策略，乡村发展采取差异化的战略，也能取得一定的市场。如屏东县垦丁地处恒春半岛南端，是有名的风景区，春季又是黑鲔鱼回游垦丁外海的季节，结合渔业休闲项目，这里每年举行以黑鲔鱼文化观光为主的春游，展销黑鲔鱼、油鱼子等海鲜产品。屏东还结合农产品收获期，将农业特产如黑珍珠、香蕉、凤梨等，融入一年四季的观光计划中，以带动观光和休闲产业的发展。台东特产的旗鱼，能加工成多种食品，主办方将产业、观光、餐饮、民宿等从业者结合起来，举办旗鱼节，推动发展休闲渔业。北京市朝阳区金盏乡楼梓庄将文化创意与传统农业充分融合，以时尚的语言来讲述文化。通过特定的农业项目来表现，如薰衣草丛小憩、存爱田园耕作、香草产品设计等，使田园生活变得更生动，实现了创意文化产业与休闲旅游项目的跨越对接。位于成都市锦江区三圣乡东郊的“五朵金花”项目，以花乡农居（科技花卉产业和农家乐）、幸福梅林（梅花种植产业和科普教育旅游）、江家菜地（蔬菜种植产业和生态度假体验旅游）、荷塘月色（乡村艺术体验、国学观光旅游）、东篱菊园（菊花观光、养生养老和乡村休闲度假）为主题打造休闲旅游区。其成功之处是在乡村休闲的主题下，按照各个村不同的农业产业基础，配套不同特色的休闲产业和功能，使旅游与农业休闲观光、古镇旅游、节庆活动有机结合，形成以农家乐、乡村酒店、国家农业旅游示范区、旅游古镇等为主题的农村旅游发展项目。

发展农业旅游项目的初衷是展示农业的多功能性，根本原则是因地制宜开发，注重保护原有生态资源和民风民俗。从这个发展角度来看，露地型的农业嘉年华项目更好地诠释了回归田园的价值观。随着人们旅游消费观念的转变，近年来，长途旅游与短途旅游的需求同样旺盛，两种旅游形式形成了相互补充、平分秋色的格局。它的特点是利用较短的节假日专门出行，到地理位置近的异地进行观光游玩。在花费不多的条件下，人们通过短途旅游暂时走出城市，融入大自然，享受自然风光与人造景观，以获得身心愉悦。露地型农业嘉年华形式恰恰迎合了人们这一需求。

（二）设施型

近年来，中国许多地方出现严重雾霾天气，PM 2.5 大大超标，其中以北京及其周边地区最为严重。愈发严重的大范围雾霾切切实实地影响了人们的日常生活和旅游业的发展。Martin 认为气候是旅游的支撑因素、资源因素、区位因素和吸引因素。Day 等也指出天气是旅游目的地的一个组成成分天气影响着人们对旅游目的地需求、目的地服务的提供、目的地形象和目的地经济发展。天气是旅游目的地形象的组成成分和一种重要资产，是旅游目的地选择及旅游过程的重要影响因素。

农业嘉年华作为一种旅游资源，在现阶段基本作用是农业生产高科技的展示。生产设施设备是农业生产抵御自然破坏力的重要手段，也是向游客展示农业科技发展方向的重要工具。基于此，农业生产设施设备也应该属于观光资源。例如，温室内的灌溉系统、水的电解化处理系统、物联网系统等。在满足游客好奇心的同时，又富于科教意义。在雾霾等恶劣天气状况频发的今天，设施内的观光不得不说是一种无奈的选择。但换个角度看问题，现代农业的发展离不开高技术含量的设施设备的应用，同样，对于雾霾问题，世界各地的治理方法也离不开科技的发展，这其中最为著名的就是 1952 年 12 月份的伦敦雾霾事件。

（三）露地 + 设施型

农业嘉年华的举办形式多种多样，客观世界的多样性决定了农业嘉年华的多样性、多功能性。所以，要将农业嘉年华项目进行彻底分类，并找出固定的举办形式是可行的。多种举办形式之间有着这样或那样的交叉和重复。也正因如此，在规划和财力允许的前提下，农业嘉年华可以充分利用露地和设施的优点，形成互补，从而避免季节性淡旺季，达到四时有花开，处处有景致的效果。利用露地和保护设施，根据当地的气候特点，上述景致在理论上可以周年实现。

第七节　农业嘉年华规划中的提升点

本世纪前期，中国农业的投资重点应站在提高我国农业综合生产力、参与国际竞争、与国民经济发展相协调和我国食物安全的高度来考虑。跨世纪良种工程、优质农产品商品生产基地建设、农业信息工程体系建设、动植物重大病虫害测报和防治安全体系建设、农产品质量标准和检测体系建设、农业科技创新体系和科技成果转化体系基础设施建设、农产品加工及农业产业化工程、农业现代化建设示范工程、农业生态环境建设、种养业结构调整示范工程、农业沃土和秸秆综合利用工程等被关注程度越来越高。其中“农业现代化建设示范工程”，一是不同类型地区农业现代化建设模式示范工程，要加快效益农业、创汇农业、立体农业等农业现代化模式示范县建设；二是在大中城市和一些省会城市建设“都市农业”示范工程。随着城市居民生活水平的提高，通过都市农业进行观光、旅游、休闲、体验农耕文化，并提供新鲜无公害的农产品已成为城市居民的迫切需要。都市农业是城郊农业的高级形式，是现代农业的具体体现。政府财政主要支持都市农业中的生产技术设施和技术开发中心的建设。

农业项目建设在中国农业发展中的作用不可忽视。农业项目建设将农业发展规划具体化，是达到农业发展目标的重要步骤；农业项目建设能较好地保证投资决策的民主化、科学化，以减少农民投资的盲目性，提高农民投资的经济产出效益；农业项目建设对于改善中国农业的生产条件、增加农业后劲作出了较为突出的贡献。由此看出，进行农业项目建设是提高中国农业投资的有效措施。展望未来，中国在对传统农业改造的现代化进程中，需要大规模持续不断地增加农业投资，包括物质投资，以改善农业生产条件，也包括人力资本投资，从而提高农业劳动者的素质，所有这些方面都能给农业项目建设提供大有可为的空间。农业嘉年华作为农业项目建设的生力军，从诞生之初，就定位于国家高度，放眼长远，多地成功举办的农业嘉年华项目都成为了区域内的农业重点项目。

农业嘉年华发展到今天，已经积累了丰富的建设经验，但从外部大环境横向来看，还存在着以下几点制约因素：资源环境本底仍是制约农业嘉年华发展的关键瓶颈。自然资源在相当大的程度上还制约着农业嘉年华项目的建设和提升，显而易见，平原地区和山区的资源不平衡，如耕地资源支撑、农耕传统继承、劳动力保障、先进技术普及等资源，总是向着经济社会相对繁荣的区域流动；城镇化和工业化对农业嘉年华的发展影响具有两面性。长期以来，各领域学者关注着土地、人才、资金等农业优良资源向城市、非农产业的流失过程，强调城镇化和工业化对农业发展的负面影响。可以看到，在城镇化进程中，非农人口集聚为都市农业带来巨大且多样化的产品需求，基础设施条件改善有助于提高都市农业生产、流通、销售等各环节的效率。随着工业化生产水平的提升，现代农资产品的有效供给加强了都市农业的物质装备保障能力，先进的加工技术成为延伸农业产业链条的重要支撑，也促进了农业产业结构的优化。所以，城镇化和工业化的发展对以农业嘉年华为代表的都市农业起着积极的推动作用，宏观经济环境变化中农业嘉年华显现出突出的优势。我国的农业生产基础薄弱，极易受到自然因素和经济环境的影响，农业嘉年华项目要强化产业链的支撑延伸产业链长度，构筑环环相扣的链条体系。只有这样，才能最大程度地规避外部环境所带来的不利影响。

辩证唯物主义的否定之否定规律指明了事物发展的过程，新的事物替代旧事物是历史的必然，但我们对待旧事物要做到“取其精华，去其糟粕”，事物的发展不是一次性完成的，是一个螺旋上升的过程。农业嘉年华的可持续发展必须走创新提升的道路。提升路径可以概括为：一是依托资源环境优势，拓展都市农业发展空间。积极融合相关产业，引进民间资本，尽快转变农业嘉年华的发展方式，拓展农业的隐形功能，开创出一个多渠道融资管理、互惠互利的良好局面。二是瞄准城市发展需求，提升都市农业产品层次。随着经济社会的发展和居民生活水平的提高，农产品的市场需求必将趋于高端化。回归田园的情愫激发着人们的旅游动机。因此，未来农业嘉年华在种养、加工、流通、销售、管理等全产业链的各环节都需要适应中高端消费市场。景观设计营造必须提升水准，融入更多的人文艺术思想。三是顺应经济发展趋势，完善农业嘉年华服务体系。积极借鉴国外先进的经验，结合农业嘉年华运营实际，按照强化公益性职能、放活经营性服务的要求，加快构建以公共服务机构为依托、合作经济组织为基础、以龙头企业为骨干、其他社会力量为补充的高效率的社会化服务体系。四是发掘政策调控潜力，强化农业嘉年华的示范作用。我国将大城市郊区定位为率先实现农业现代化的发展先导区，因此必须坚持多予少取的方针，建立健全以工促农、以城带乡的长效机制，突出重点，加大投入，强化措施，综合施策，通过产业拉动、技术辐射和人员培训等模式，带动农业嘉年华加快发展。

第四章
农业嘉年华的建设

第一节　农业嘉年华的建设流程

一、农业嘉年华项目建设流程

农业嘉年华项目的周期包括项目的决策阶段、实施阶段和使用阶段（或称运营阶段）。项目的决策阶段，是从项目建设意图的酝酿开始，包括调查、研究、编写和报批项目建议书，编制和报批项目的可行性研究及项目前期的组织、管理、经济和技术方面的论证等多个方面。嘉年华项目立项（立项批准）是项目决策的标志。决策阶段主要工作任务包括：

（1）确定农业嘉年华项目实施的组织。

（2）确定和落实建设地点。

（3）确定嘉年华项目符合地方特色的建设任务和建设原则。

（4）确定和落实农业嘉年华项目建设的资金。

（5）确定整体建设项目的投资目标、进度目标和质量目标等。

农业嘉年华的实施阶段，在立项确定之后，从编制设计任务书及方案、施工图设计、工程施工和验收，到场馆投入使用前都属于实施阶段；而从场馆的投入使用、运营和维护，统归为使用阶段。

二、农业嘉年华建设时序安排

农业嘉年华的建设是一项长期、庞大的系统工程，在资金、人力、物力等客观条件一定的情况下，连栋温室建设不仅对嘉年华的景观种植起作用，而且直接影响到整体农业集群的运营效益。合理的建设时序有利于缓解建设资金压力、优化资金投入结构、提高资金的使用效益。综合考虑当地社会经济的发展、人口的增长、城市农业体验的需求、城市用地规划及投资约束等影响因素，可得出符合当地建设条件的建设时序计划安排。一般可总结如下：

（1）近期建设时序重点解决新建项目场地与外网主道路交通连接问题，

注重项目场地与主道路交通能力的提升。其次是轻钢结构温室和配套市政给水、热力管网、电力网线和室外基础设施及园林绿化的建设。

（2）中期建设时序重点是进一步巩固温室景观和互动体验的主导地位，注重室外空间娱乐发展的引导性。在近期建设的基础上建设服务盲区，加强园区配套人文服务、卫生间和园区垃圾处理等设施。

（3）远期建设时序重点是加强农业产业集群的建设和联结，强化以嘉年华为中心对周边辐射范围内的影响，不断提升嘉年华的促游转产能力。

第二节　项目决策阶段

嘉年华项目在项目初期需进行项目立项，并提供项目建议书和可行性研究报告，供决策层进行判断。从宏观上论述项目设立的可能性和必要性，建议书内容包括嘉年华项目的战略、市场销售、规模、选址、物料供应、工艺、组织和定员、投资、效益、风险等，把项目投资的设想变为实际的投资建议。

一、编制项目建议书

（1）嘉年华项目建议书通常使用在项目早期，早期项目条件还不够成熟，仅有农业规划意见书，对项目的具体建设方案还不明晰，市政、环保、交通等专业咨询意见尚未办理。

（2）项目建议书主要论证项目建设的必要性，建设方案和投资估算也比较粗略，投资误差为 ±30%。

（3）项目建议书是项目发展周期的初始阶段基本情况的汇总，可以减少项目选择的盲目性，是政府决策层选择和审批项目的依据，也是制作可行性研究报告的依据。涉及利用外资的项目，只有在项目建议书批准后，才可以开展对外工作。

二、编制可行性研究报告

一般地说，项目建议书的批复是可行性研究的依据之一。此外，在可行性研究阶段，项目至少有方案设计，可向市政、交通和环境等提供专业的嘉年华项目咨询意见。对于产业化规模很大的项目，一般还要有详细规划或修建性详细规划的批复。此阶段投资估算要求较细，原则上误差为 ±10%；相应地，融资方案也要详细，每年的建设投资要落到实处，有银行贷款的项目，要有银行出示的资信证明。

因农业嘉年华作为举行各类活动的场所和载体，需要耗费大量的人力、物力来实现其主体搭建和宣传策划工作，前期必须要投入一定规模的资金，用于综合保障、宣传策划、场馆布展、采购设施设备以及设计咨询等方面的准备。这其中，又以场馆建设布展耗费资金最多，占总投资的55%～65%；其次是采购设施设备占投资额的比例，占20%～30%；综合保障占15%～20%，但是如果举办地基础设施（指水电暖交通等方面）建设不够成熟，本项所占比例将会大大提高，具体比例视项目实际情况而定；宣传策划作为嘉年华得以长盛不衰、游客不断的保障，占总投资的10%～15%；设计咨询作为前期策划的过程阶段的投资，占2%～5%。整体看来，嘉年华项目资金投入规模宏大，所涉及专业种类众多，所以编制项目可行性研究报告，可作为项目建议书的主要补充内容。

很多农业嘉年华项目在报立项时，条件已比较成熟，土地、规划、环评、专业咨询意见等基本具备，特别是项目资金的来源，目前并没有完全是项目法人自筹的案例，更多的嘉年华是享受财政资金并且具有特殊政策的，这类项目的项目建议书和可行性研究报告，往往缺一不可。

随着我国投资体制改革的深入，特别是《国务院关于投资体制改革的决定》的出台和落实，除政府投资项目要延续上述审批要求外，非政府投资类项目一律取消审批制，改为核准制和备案制。非政府投资的城市农业旅游的经营类项目基本上都隶属于备案制，开发建设单位只需依法办理环境保护、土地使用、资源利用、安全生产、城市规划等许可手续和减免税确认手续即可。项目建议书和可行性研究报告可以合并办理，甚至不是必经流程。城市农业体验旅游开发商按照属地原则向地方政府投资主管部门进行项目备案即可。

第三节　设计准备阶段

农业嘉年华项目是以农业生产活动为背景，以农业科技为支撑，以农产品为道具，以农业文化为点缀的综合性农业项目，具有很强的科技性和文化性。因此农业嘉年华的策划者和实施者需要具备先进的农业科技手段和深厚的农业文化功底，才能够很好的把握当地农业的发展趋势。为了提升农业嘉年华的科技水平和综合竞争力，提高农业嘉年华的经济效益和社会效益，防止贪污腐败和暗箱操作的发生，农业嘉年华项目就必须走招投标的流程，以此来广泛的汇聚国内外先进的农业技术和卓越的设计思路。

农业嘉年华设计任务书的编写需要大量的专业人员分工完成，一般需要主管单位或建设单位提供相关资料和资质要求。设计任务书是确定嘉年华工程项目和建设方案的基本文件，是设计工作的指令性文件，也是编制设计文件的主要依据。

设计任务书需涵盖的内容，主要包含以下几个方面：

（1）介绍现场地理情况，包括地址、面积、界址、地形、地貌、需避让的建筑、构作物、河流、名贵树木等。

（2）介绍场外的环境情况，包括道路河流，周边建筑的体量和高度、用途、风貌、人文景观等。

（3）分阶段实施滚动开发的大致区域范围。

（4）规划和建筑风貌趋向（只宜粗分为传统日光温室和现代玻璃连栋温室）。

（5）市场定位包括农业嘉年华所服务的对象定位和客户类型的定向。

（6）规划设计控制指标，包括综合容积率、各种用途建筑的比例、园区内建筑覆盖率、是否有建筑限高、绿化率、集中绿化率等要求。

（7）设计深度要求：分概念性方案设计，温室建筑方案设计和初步方案（即扩初）设计三种。注明除符合规范规定的深度外有何特殊的设计深度要求。

（8）作品表达方式：明确各个阶段应该提交的成果，包括文本、模型、展板、电子文件等。

第四节　设计阶段

一、初步设计阶段

这个阶段主要是来通过对设计地区周边区位交通和环境资源条件的综合考察分析，结合农业嘉年华项目的特点，思考如何通过设计的手段，充分利用农业嘉年华的品牌优势，更直观地展示现代农业科学技术和科技装备的发展，让更多市民愿意参与到农业项目体验中，弘扬农耕文化、享受农事乐趣、培养青少年热爱自然、热爱农业的兴趣，充分发挥农业的多功能性。在农业嘉年华这个平台上使当地农业主导产业和传统农业文化得以彰显和发扬，提高当地农业的社会关注度，促进农业多功能性的拓展及农业衍生产业的开发，最终实现引领农业的发展，促进农民增收、建设生态美丽新农村的目的。

（一）综合条件分析

1. 交通条件分析

通过项目调研和资料查阅方式，分析了解嘉年华跟周边其他项目之间的交通关系。通过不同活动策划将周边农业园区的信息和资源与嘉年华平台联系在一起，形成区域的联动发展，既实现游客资源共享，又促进项目的立体发展。再者，通过项目周边不同交通方式的设置，例如电动小火车、自行车、牛马车等，将不同项目之间的联系变得更有意思、更生动。

2. 资源环境与农业文化分析

充分查阅当地农业相关资料文献，了解当地农业优势、特色产业及传统农业文化习俗等，通过挖掘以农业产业为背景的故事和特色，让市民能找到祖辈曾经的农业记忆，看到现代农业技术的发展，让农民通过农业嘉年华这个平台找到社会认同感，通过项目体验的形式让游客更深切的体会农业的乐趣。

3. 游线策划与功能结构分析

根据嘉年华不同场馆的主题功能、不同项目体量和场地尺度的特点以及场馆的游线方向等，充分了解不同游客在参观中的各种生理和心理需求，将嘉年华的不同功能项目有机组合在一起，比如场馆参观设计考虑动静项目结合，考虑家庭、团体、老人儿童等不同游客群体的游览需求以及景观性项目、参与性项目、商业售卖等的不同位置设计等，同时考虑场地景观视线影响因素，既做到生动有趣，又能保证游客有序的参观体验。

（二）场馆主题立意确定

1. 与当地主导产业结合

场馆主题策划确定，首先要充分考虑当地的农业优势产业基础、特色农业文化、区域发展特点以及当地农业发展的大背景等，选择能体现当地主导产业的场馆主题，在一定程度上深度融合并提升升华，为场馆长期发展和经营提供创新的方向和物质基础，并保持持续创新、开放、绿色的发展理念，依据建设品种资源库的模式去不断引进完善，跟踪世界品种发展的趋势，及时引进最新品种，带动当地产业的发展。

2. 与当地形成反差

为了充分发挥设施农业的景观特点，可选择跟当地气候形成反差的农业主题，例如南方果树等，可通过其农产品特点、农业文化、体验方式等跟当地农业发生联系。在设施温室环境下，为一些不适合露地展示或者反季节展示的农产品提供了很好的条件，比如桑蚕主题在场馆内通过技术手段实现了四季展示。

3. 园艺景观工程设计方向

农业嘉年华主要以活动参与的形式展现农业的科技文化特点，农业嘉年华项目高度集成世界最新实用科技，园艺景观不仅有丰富的新奇特优农业品种、立体科技栽培技术、农业科技发展的前沿技术、体现农业文化思路的景观节点设计的全面展示，还有综合创新项目来让游客体验农业科技带给人们的变化，呈现农业的多功能体验性，例如立体农业、阳台智能园艺、智慧农场等。

园艺景观工程设计方面要综合考虑农作物的生长周期，通过环境技术控制、合理安排出展时机使其尽量在重要的时间呈现最好的景观效果；同时因为展览温室品种栽培较为复杂多样，要考虑不同农作物对生长环境的需求，通过调整栽培方式、不同区域小环境的技术控制，尽量使各种作物能和谐地共处一室，良好地生长；同时引入国外立体绿化组合栽培模式，营造新奇特品种和文化创意空间，实现农业景观的频繁变化；充分挖掘农业传统文化体验项目，通过创意设计手段吸引游客参与，增加农业嘉年华游览的趣味性。品种来源上，一定要异于常规，以外来品种为主，能够体现新品种、新技术，充分考虑新奇的种类，挖掘常规种类的特异品种，或者常规品种的异型展示；展馆主题植物上，多为草本植物或者藤本植物种植为主，大型乔灌木比例较少，即便是点缀配置，也多以 1.5 ~ 2.5m 的中小乔灌木为主，且大多以盆栽的形式出现，作为配景使用（表 4 - 1）。

表 4 - 1　　主题植物分类

主题植物	种类	备注
观花	蝴蝶兰、牡丹、菊花、月季、玫瑰、郁金香、薰衣草、向日葵等花卉类为主	花色丰富、品种繁多，花期时效性强，很适合做短期运维的单品馆；如“梦幻花海”的薰衣草主题展馆，“向阳花海”的向日葵展馆等
观果	鸡蛋茄、五指茄、鸡蛋茄、非洲红茄、寿桃瓜、金天鹅瓜、天鹅葫芦、拇指西瓜、五彩观赏椒、巨型南瓜、草莓等	多事硕果累累或果实奇特观赏性强，多为一类一个主题；如“瓜彩世界”“玉蔬林风”等主题展馆
观叶	羽衣甘蓝、朝鲜蓟、彩叶草、紫甘蓝、紫罗勒、红梗芹菜、红梗甜菜、黄梗甜菜等草本植物	植物叶型、叶态、叶色的差异性，尤其是彩叶植物的多样性；如“紫蔬探秘”“农艺华章”“农艺高科”等主题展馆
营养价值高	穿心莲、养心菜、红花番杏、冰菜等养生蔬菜类	常常以一个类型为一个主题展馆，如“紫菜大观”“芳香植物”等
功能性独特	吸毒草、跳舞草、驱蚊草等具有独特功能形状的植物；板蓝根、丹参、射干等药用植物。迷迭香、碰碰香、罗勒等芳香植物	作为展馆内各个拐角、廊架等处的点缀；不同色泽品种进行搭配使用，如一药用植物为素材的“延庆珍珠泉乡人形图案”项目
大田作物	玉米、甘蔗、高粱、水稻、油菜等五谷杂粮及经济作物类植物	主要以农耕文化为主题，作物以大田作物为主要元素，如“金玉粮缘”“五谷丰登”等

4. 体验活动与配套设施设计

体验活动设计主要是针对游客的参与，近距离接触并亲身体验项目带来的一种愉悦感，进而增加游客对项目的深入理解。农业嘉年华的体验项目大多以农业科技、文化为中心，通过寓教于乐的方式，让人们在体验过程中了解农业科技的发展，培养游客对农业产业的兴趣。活动设计应结合场馆主题，并考虑不同年龄段人群的不同需求，此外，还应考虑游客在游览过程中休息、洗手、喝水、寄存等方面的需求。

5. 彩色景观概念方案

为实现农业嘉年华的视觉效果，从场馆整体设计上要考虑空间色彩的搭配，主要包括场馆铺装材质颜色的选择、主题景观结构的色彩搭配、活动体验的色彩协调以及场馆植物的乔灌木颜色搭配、科普展板、标识系统设计等，使场馆的整体色彩呈现出协调轻松的气氛。

初步设计方案阶段的图纸主要包括场馆区域功能分区图、总平面图、总游线布局图、分项平面图等。

二、技术设计阶段

农业嘉年华场馆技术方案设计的依据是在初步设计阶段确定的场馆主题和甲方反馈的要求。设计师应该在初步设计方案确定的主题与立意的基础上将其进一步深化，把设计手法和风格以比意向图更为明确的方式形象地表达在图纸上。方案设计阶段的成果主要是以图纸和说明文字相结合的形式来体现的，图纸常以彩色平面图、效果表现图、示意性图片等形式来表达，说明文字主要是对图纸内容进行文字解释。技术设计的主要原则如下：

（1）科学性原则　设计必须遵循科学原理，按照大自然的规律进行设计。

（2）时效性原则　必须在规定的截止日期前完成，要避免从项目开始阶段就拖沓项目的进度。

（3）创新性原则　对设计而言只有不断创新才会有新的生命力。

（4）需要性和实用性原则　要把解决存在的问题、满足游客的需要和场馆功能的展示作为设计的一个原则。

（5）安全性原则　所设计的景观必须保证其安全性和无毒性（或防护措施设计），在使用时和运作时，必须保证是安全的，不允许发生人身伤亡事故。

（6）经济性原则　在设计过程中，要考虑景观和种植后的运维和养护条件及成本问题。

（7）最优化原则　所设计的方案应该是当前条件下合理性最好的。

（8）可持续发展原则　技术设计必须满足可持续发展的原则。

以农业嘉年华场馆设计为例，内部景观是以种植为主，加上体现现代农业科技性的设施、具有互动参与性的活动空间和商业空间等部分组成，要把握好方案设计阶段的景观效果，首先应掌握与场馆主题相关的植物类型、特性、科技展示形式和文化内涵等要素，并能根据功能和景观需要进行软、硬质景观及地形的合理布置。整个场馆的景观形象和景观内涵应该在初步设计理念的统领下，达到布局均衡、构架紧凑、主题突出、主景鲜明的效果，以形成具有特色视觉性和参与性的系列景观空间。具体要求如下。

（一）资料搜集、掌握与理解

设计师只有充分了解并掌握与场馆主题相关的知识后，才能把握好农业嘉年华景观设计的方向。以蜂蜜为主题的场馆设计为例，方案阶段需要尽可能多的了解并掌握以下与蜜蜂相关的知识：蜜蜂与农业生产的关系、蜜蜂的生物学知识、蜜蜂文化、蜜源植物的生物学知识、观赏特性、文化内涵、蜂产品相关知识等。

（二）图纸要求

方案设计阶段的图纸是农业嘉年华场馆主题思想及理念的主要表现形式，图纸内容需宏观控制和定性描述，且应以图为主，图文结合。

1. 主要图纸及内容

彩色总平面图（含细化的技术经济指标）、功能分区平面图、景观分析图、景观建设要素及栽培设施平面布置图、竖向设计平面图、景观植物或农作物布置平面图、全景效果图、节点效果图、地形塑造、重要景观节点立面图、服务设施及标识系统参考选型、植物或作物组合意向图及目录表。

2. 图纸深度

不同阶段不同类别的规划设计图所要求的深度不同。在农业嘉年华场馆景观方案设计阶段，图纸内容需具备以下几点的深度，即在主题设计理念的统领下，明确场馆内部的空间布局、平面安排及主题景观与整体布局的关系，准确反映场馆主题相关植物的形态特征、科技点、观赏特性、文化内涵等。对于重要景观节点立面图，应结合构筑物及场地景观进行绘制，需明确反映景观与构筑物及周边的体量大小及竖向关系；对于标志性植物位置应有效果图和剖面图；重要景观场地硬景和软景要有效果图和立面图等。

（三）方案设计说明

农业嘉年华场馆景观方案设计阶段，设计说明书通常包括现状描述和设计内容说明两部分。

1. 现状

包括场馆设施设备可控制的温湿度范围、透光率、人文、水文、地质、土壤等，并分析对植物生产和景观形成有利和不利的因素。

2. 设计内容说明

需要对设计的依据、原则、指导思想、理念有定性的表述；对空间布局、功能分区、景观节点的构想进行说明；情景交融地描述各景观节点的特色，特别是主题景观和重要景点；对其他与周边环境有关联和需要说明的问题进行阐释；建议对本设计未纳入但是有必要提出的问题进行交代。

（四）方案设计工作流程

一个农业嘉年华场馆景观设计方案的完成，除了需要设计师进行主要的创作外，还需要一次或多次与甲方、相关专家、设计部门进行汇报沟通；或者需要提交方案设计成果给甲方，由评审机构独立评审。方案若是竞标胜出，需要公司内部多部门成员的参与，针对方案提出修改和完善的建议，最后满足甲方所有需求，才可以进入方案的扩初设计阶段。方案设计阶段工作的具体流程如图 4－1 所示。

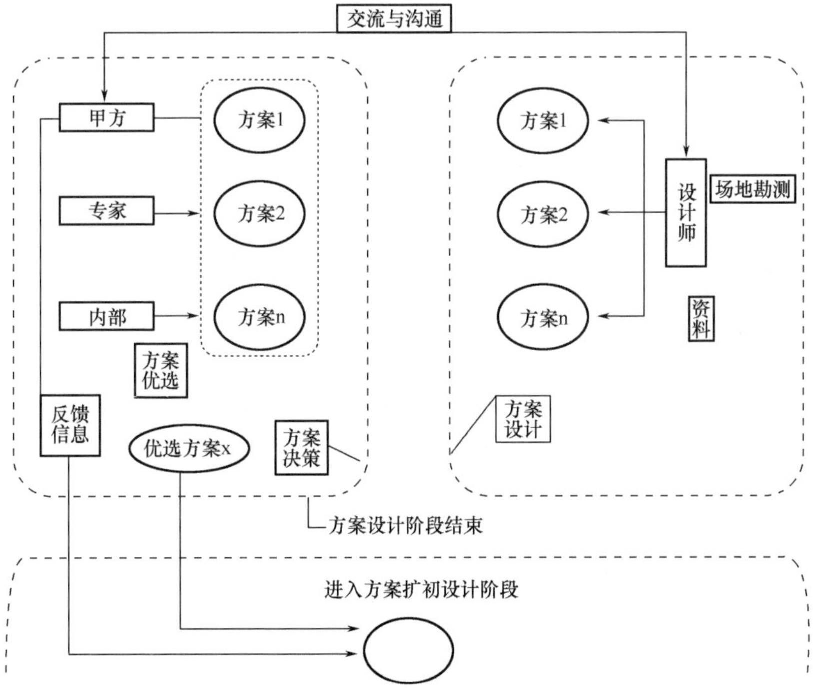

图 4－1　方案设计阶段的工作流程图

农业嘉年华场馆的深化设计，是根据方案设计阶段评选出的优秀方案和评选时的反馈信息，对方案进行修订和深化的过程。因此，设计师需要再次深入场地踏勘，收集资料，同客户沟通，把控优秀农业嘉年华场馆设计方案的总体布局、主次景观，将方案设计的平面示意性图案、效果图所表达的设计意向进一步深化和具体化，并进行具体植物种类的选择。

深化设计是设计方案的再创作，也是施工图设计的前期准备工作。在这一阶段设计师也应具备一定深度的与主题相关的知识，这样才能准确地把植物安排在扩初设计图中，确定好硬质景观的施工工艺及材料，从而使农业嘉年华主题场馆的景观整体协调，重点突出，搭配合理。

1. 进一步把握主题相关知识

在扩初设计阶段，应进一步了解与农业嘉年华场馆主题相关的知识。以蜜蜂馆为例，方案扩初阶段需要进一步了解蜜蜂个体的生态习性（即蜜蜂的生存环境、生活规律、特征等），蜜源植物个体的生态习性（即蜜源植物对光、水、温度、土壤等的不同要求）等。在对植物材料的布置、硬质材料的选择和水电等基础设施的布局时，需要充分考虑软硬质景观的可持续性。

2. 深化设计图纸要求

扩初设计阶段的图纸是通过个体植物的安排和硬质景观材料的选择来实现农业嘉年华场馆主题思想及理念的主要表现形式。为此，在深化设计图纸时，应做到宏观把握，个体控制，定性并定量，以图为主，做到图文与数据结合。

（1）主要图纸及内容　总平面布置图、局部放大平面布置图、分区平面设计图、竖向设计图、表达竖向变化的剖立面图、景观节点及栽培设施的剖立面图、地面铺装总平面图、分区铺装平面设计图、水景设计详图、景观小品（垃圾桶、座椅、花盆、洗手池等）选型图片及分供方推荐、景观细部构造（台阶、栏杆、道牙、挡墙等）详图及材料选择、物料选用表、样板图片、初步给排水、灌溉指示图、景观植物配置图及配置标准表、重要节点种植放大平面图及典型立面图、标志树参考图及效果控制要求、设计师认为能表达设计的其他图纸。

（2）图纸深度　在农业嘉年华场馆景观扩初设计阶段，图纸内容应将定性与定量相结合，对不同类别的图纸，其深度要求也略有区别。扩初阶段的图纸完成通常需要两个阶段，第一个阶段是以定性为主，第二个阶段是以定量为主。种植部分的深化设计涉及面较窄，可以分阶段进行，也可以一次到位。不管是分阶段进行还是一步到位，其深度都应达到项目的要求，为施工图设计做好充分的准备。具体而言，竖向设计图应包涵排水情况，铺装平面图应包含铺装材料图片及铺装方式索引，动态水景必须明确与效果相关的参数，景观植物配置图及配置标准表必须包涵植物冠幅、干径、高度、分支点、数量、树形控制图样、重要程度及替换条件、特殊植物种植要求等。

3. 深化设计说明

农业嘉年华场馆景观扩初设计介于方案设计与施工图设计之间，它是承上启下的作业阶段，是方案设计阶段的思想、理念和主题通过具体的软、硬质材料，由意向图到具体材料选配的过程。本阶段的设计说明书通常包括上轮方案设计意向和本阶段工作中景观节点再创作的阐述、软硬质景观材料选配的描述以及其他工程措施和技术指标等的说明。

4. 深化设计工作流程

农业嘉年华场馆景观扩初设计项目较多，但一般要求一次性深化到位，其具体流程如图 4－2 所示。

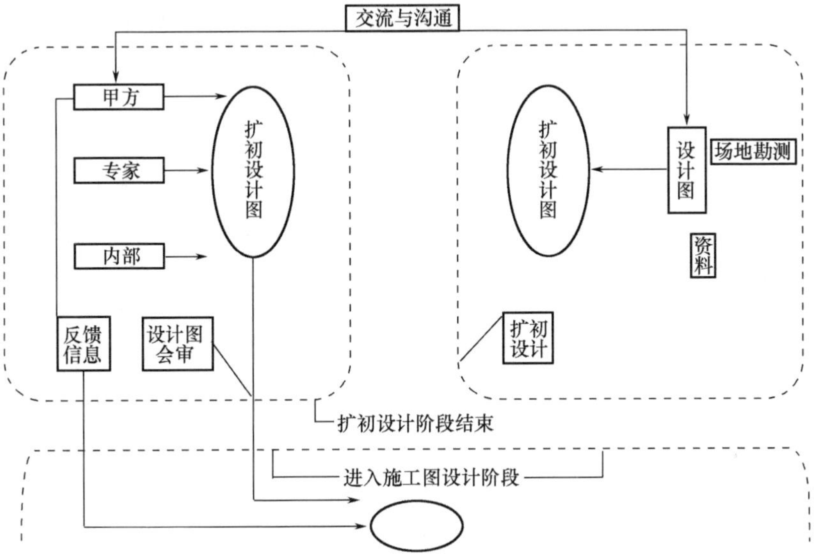

图 4－2　扩初设计阶段的工作流程图

（五）设计阶段成本的控制

1. 设计阶段成本控制的特点

设计阶段的成本控制是一种积极的进行成本降低的事前控制活动，可在很大程度上提高降低成本的可能性，具有以下两个方面的特点：一是技术性较强，由于设计本身已是一个技术性很强的活动，要为低成本设计提供决策支持，就需要在一定程度上懂得产品设计，如选择什么样的工艺和材料等。对产品设计的技术理解越透彻，越能为低成本设计提供决策支持。另一个特点是设计阶段的成本控制具有高影响力，在这一阶段进行有效的成本控制可以提升整个企业的成本管理水平。

2. 设计阶段成本控制的原则

（1）以价值为核心的原则　在进行农业嘉年华项目设计时，首先要考虑客户的需求，选择客户认可的价值与支付代价差值最大的方案；其次要结合功能和成本，综合考虑新产品、新技术的应用，在满足基本功能的前提下，尽可能地降低成本。

（2）优化设计原则　在各个阶段的设计和专项设计中，都应该持续地进行方案优化设计，同时还要考虑景观的维护成本及游客的使用成本，同时注意长期利益和短期利益的平衡。

（3）动态测算、及时反馈原则　在各阶段的设计过程中，应及时测算成本，根据项目成本水平及时调整设计，设计应满足功能和成本的协调。

（4）沟通落实原则　在设计过程中，对设计人员明确提出成本控制和技术经济指标要求，考虑设置奖惩措施，以鼓励成本控制在设计阶段的落实。

三、施工图设计阶段

施工图设计是将人由心而发的设想与美好的显示结合起来的综合设计。它包含了思想、理念、材料、技术、经济与环境等诸多因素的考虑，它体现了设计过程的最终思想与最终结果。施工图设计是全面思想的终局设计，体现了人与环境的和谐与统一。施工图设计是整个园林景观设计的有机整体，是景观设计的延伸和重要的组成部分，更是景观设计的二次和再次加工。

在园林工程景观实施过程中，施工图设计是一个非常关键的环节，施工图主要是通过对文字、图线和图形进行合理的组合，将各项要求合理得表达出来，进而达到指导施工的目的。景观设计施工图具有良好的可操作性、准确率高、比较详细的图纸文件，在工程项目建设过程中起着重要的衔接作用，是把规划设计转变成现实的重要环节，是景观工程预结算、施工监理、施工工程监督和验收的重要参考依据。施工图设计过程，对设计要求更加的严谨和准确，要求图纸清晰、简洁。在设计过程中，设计师要根据具体的景观，运用合理的设计手法进行设计。

施工图设计过程，主要包括以下几个阶段：施工图图纸前期准备、施工图绘制、图纸审核等。

（一）施工图图纸前期准备

景观施工图设计前期，设计师要对图纸进行全面的浏览，主要对前期方案，尤其是扩初方案图纸内容进行浏览，全面了解设计师的设计理念、设计意图及设计风格，对设计方案的认识和了解程度直接决定了施工图的内容。

（二）施工图绘制

一套完整标准的园林景观施工图包括封面、目录、设计说明、施工总图、景观植物配置图、施工详图（基础管线设计，道路、铺装设计，景观构筑物及小品，栽培设施等）和专业图纸等。

1. 封面目录及设计说明

图纸封面主要包括项目名称、编制单位名称、项目设计编号、设计阶段、编制单位资质、编制单位法定代表人、技术总负责人、项目总负责人姓名及签字或授权盖章、编制日期等。

景观施工图目录，主要起检索作用，读图者可以通过目录快速查找所需图纸的页码，在施工过程中查找更加便捷，同时，读图者可通过目录检查图纸的完整性。

施工图设计说明包括设计依据、工程概况、施工图的绘制依据、规范、适用范围、可能设计到的标准图集、标注方式等，对整套图纸起指导作用。

2. 施工总图

景观施工总图为一套平面图，主要包括总平面图、总平面索引图、总平面放线图、总铺装图、竖向标高图等。施工图绘制需符合《总图制图标准》（GB/T 50103—2001）。

总平面图又叫总平面规划图，它主要表现场馆内的总体功能分区、设计内容、景观节点，反映了场馆内的基本内容构成以及它们之间的平面关系等，总平面图绘制过程中注意标注分区名称，并注意点缀重点植物。

总平面索引图是在平面图纸上标注清楚各景观节点的名称及其详图的图纸位置，方便现场施工人员查找相应的详图图纸。

总平面放线图是沟通设计图纸与施工现场的桥梁，通过标注坐标、尺寸、设计网格等工具及仪器将方案中的形状投射到实际场地中的图纸。平面放线图绘制放线网格精度在2～5m，并标明坐标原点（一般选取温室轴网交点为坐标原点），同时注意在重要节点标注坐标以方便现场放线。

总铺装图是在平面图上标明场馆内所有硬质地面所用的材料形式、规格、颜色等，以便施工方采购施工原料。在铺装图图案填充时，尽量用实际铺装材料颜色填充图案。

竖向标高图也叫地形图，竖向设计图要标注场馆内各构筑物的标高等数值，同时有地形设计时，要绘制出该地形的等高线，为地形改造施工放线和土方调配预算提供依据。

通过施工总图的绘制，可让现场施工人员对场馆内的规划设计有非常全面的了解，对施工的开展起到很好的指导作用。

3. 景观植物配置图

景观观赏效果和艺术水平的高低，在很大程度上取决于对园林植物的选择和配置。如果不注意花色、花期、花叶、树形的搭配，随意种植，就会使场地内显得杂乱无章，景观也大为逊色。

植物配置图即种植设计，设计者在进行场馆植物配置之前要充分收集植物品种的咨询和信息，对植物的基本特性有较为全面的了解。景观植物配置总图要对总体平面按区块和功能设计，并要对重要景观节点进行相应的植物配置且标注植物名称。

同时，植物配置图还包括乔木配置详图，灌木配置详图，地被配置详图、关键植物种植设计说明等。因此，从不同的植物或作物特有的观赏性考虑植物或作物的配置，可创造优美、长效的花卉风景。配置植物时，总体上应注意以下几点：观叶和观花植物相结合，注意层次，花期搭配，草本花卉和木本花卉搭配，多品种搭配等。图纸绘制时，注意标明植物的名称、冠幅和胸径。

植物配置表是图纸的重要组成部分，表格内要写明植物配置的有关数据，其中乔木苗木表中应说明植株的规格、数量、单位、株高、冠幅、胸径等信息，在灌木和地被苗木表中应说明植物的种类、面积等内容。

4. 施工详图

景观设计施工详图主要包括道路铺装，基础做法，建筑详图，景观构筑物，栽培设施，水景，景观小品雕塑等内容。

园林铺装是指在园林环境中运用自然或人工的铺地材料，按照一定的方式铺设于地面形成的地表形式。作为园林景观的一个有机组成部分，园林铺装主要是通过对园路、空地、广场等进行不同形式的印象组合，在营造空间的整体形象上具有极为重要的作用。

铺装设计详图要绘制铺装道路的材质及颜色、铺装广场的材质及颜色、路牙收边的材质及颜色、铺装风格示意、对不再进行铺装详图设计的铺装部分，应标明铺装的风格、材料规格、铺装方式，并应对材料进行编号。同时，要明确每种铺装样式的具体做法，标明对应的尺寸和规格，绘制做法详图。要注意的是，场馆内的参观主路应考虑消防安全，一般为4m宽。

景观构筑物主要包括场馆内亭子、花架等相对独立的景观构筑物，需要对其单列进行细化设计。需要有平面图、立面图、剖面图，明确各部分的尺寸和材料，细部做法注意节点放大。同时，图纸无法画出的内容要用备注说明的方式予以表现，即要标明该构筑所用到的所有内容，方便预算人员对工程量的核算。

构筑物，栽培设施基础做法可放到对应的详图内，也可作为基础做法详图汇总到一张图纸内，要注意的是索引对应，方便现场施工人员快速查阅图纸。

施工详图内涉及水系、水景、假山、微地形等，需给出放样参考点位置，竖向高程图，明确细部做法。雕塑和景观小品可给出意向图片加平立剖详图，标明做法。

栽培设施施工图设计要依据栽培设施设计扩初图和设施元件组成部分绘制施工详图，即设施安装详图，需绘制栽培设施的平立剖详图，有集液池的栽培设施，需绘制集液池的做法详图，包括平面放线图，立面图和剖面图。其中涉及水培栽培设施的，还需绘制灌溉设计系统图和详图，标明所有灌溉资材的型号和尺寸，考虑美感和观赏效果，给排水管线设计时在不影响主管线布置的情况下，尽量把各灌溉立管放到相对隐蔽的地方，增强栽培设施的观赏性。

5. 专业详图

专业详图设计主要包括两部分，给排水系统图和电气系统图。

给排水施工图是给水排水工程施工的依据。施工时的管槽开挖、回填、各种管道的安装、防腐等要求应结合工程的具体情况，需符合《给水排水制图标准》（GB/T 50106—2001）。

给排水管路系统图需书写简要设计说明，包括用电负荷，设计原则，水泵扬程等参数，灌溉方式及微喷、滴箭或滴头的间距。需标明各管道规格、走向，还需标明各设备、管件位置和规格。系统图绘制时还需标明标高，表示出所有阀门的位置。需要注意的是图纸绘制时不能用线宽来表示管道的粗细，需用线型来进行区分。

电气施工图需绘制电气总平面图和系统图，包括各电气设备的平面布置图，线槽平面图，设备控制柜做法等。

（1）系统图或框图　是用符号或带注释的框，概略表示系统或分系统的基本组成、相互关系及其主要特征的一种简图。

（2）电路图　用图形符号并按工作顺序排列，详细表示电路、设备或成套装置的全部组成和连接关系，而不考虑其实际位置的一种简图。目的是便于详细理解作用原理、分析和计算电路特性。

（3）功能图　表示理论的或理想的电路而不涉及实现方法的一种图，其用途是为提供绘制电路图或其他有关图的依据。

（4）逻辑图　主要用二进制逻辑（与、或、异或等）单元图形符号绘制的一种简图，其中只表示功能而不涉及实现方法的逻辑图叫纯逻辑图。

（5）功能表图　表示控制系统的作用和状态的一种图。

（6）等效电路图　表示理论的或理想的元件（如 R、L、C）及其连接关系的一种功能图。

（7）程序图　详细表示程序单元和程序片及其互连关系的一种简图。

（8）设备元件表　把成套装置、设备和装置中各组成部分及相应数据列成的表格，其用途表示各组成部分的名称、型号、规格和数量等。

（9）数据单　对特定项目给出详细信息的资料，包括电器设备名称、品牌、规格型号、用电负荷、作用等内容。

（10）简图或位置图　表示成套装置、设备或装置中各个项目的位置的一种简图或一种图叫位置图。指用图形符号绘制的图，用来表示一个区域或一个建筑物内成套电气装置中的元件位置和连接布线。

（三）图纸会审

图纸会审是指工程各参建单位（建设单位、监理单位、施工单位、各种设备厂家）在收到设计院施工图、设计文件后，对图纸进行全面细致的熟悉，审查出施工图中存在的问题及不合理的情况并提交设计院进行处理的一项重要活动。图纸会审由建设单位负责组织并记录（也可请监理单位代为组织）。通过图纸会审可以使各参建单位特别是施工单位熟悉设计图纸、领会设计意图、掌握工程特点及难点，找出需要解决的技术难题并拟定解决方案，从而将因设计缺陷而存在的问题消灭在施工之前。

图纸会审的主要内容有以下几点。

（1）是否无证设计或越级设计；图纸是否经设计单位正式签署；是否是经过相关部图审合格。

（2）地质勘探资料是否齐全。

（3）设计图纸与说明是否齐全，有无分期供图的时间表。

（4）设计地震烈度是否符合当地要求。

（5）几个设计单位共同设计的图纸相互间有无矛盾；专业图纸之间、平立剖面图之间有无矛盾；标注有无遗漏。

（6）总平面与施工图的几何尺寸、平面位置、标高等是否一致。

（7）防火、消防是否满足要求。

（8）建筑结构与各专业图纸本身是否有差错及矛盾；结构图与建筑图的平面尺寸及标高是否一致；建筑图与结构图的表示方法是否清楚；是否符合制图标准；预埋件是否表示清楚；有无钢筋明细表；钢筋的构造要求在图中是否表示清楚。

（9）施工图中所列各种标准图册，施工单位是否具备。

（10）材料来源有无保证，能否代换；图中所要求的条件能否满足；新材料、新技术的应用有无问题。

（11）地基处理方法是否合理，建筑与结构构造是否存在不能施工、不便于施工的技术问题，或容易导致质量、安全、工程费用增加等方面的问题。

（12）工艺管道、电气线路、设备装置、运输道路与建筑物之间或相互间有无矛盾，布置是否合理，是否满足设计功能要求。

（13）施工安全、环境卫生有无保证。

（14）图纸是否符合监理大纲所提出的要求。

（四）施工图项目跟进阶段

农业嘉年华项目往往是工期紧、任务重。内部景观设计图纸量大，同时存在设计经验不足等问题。项目进入施工阶段时，设计部门有必要安排项目主要设计负责人到施工现场，配合项目经理和施工方进行技术核定、图纸问题解答，及时处理工程施工中遇到的异常情况，对保证工程顺利进行，是非常必要的。

1. 设计交底

设计交底是指在施工图完成并经审查合格后，设计单位在设计文件交付施工时，按法律规定的义务就施工图设计文件向施工单位和监理单位做出详细的说明。其目的是向施工单位和监理单位贯彻正确的设计意图，使其加深对设计文件特点、难点、疑点的理解，掌握关键工程部位的质量要求，确保工程质量。

设计交底一般是设计单位向施工和监理单位说明设计的技术思路、工程施工监理要点等。项目负责人介绍的内容包括：设计概况、项目组成、专业图纸组成及交付计划、主要实物工程量等；所采用工艺技术特点、设备、材料特点，施工要求和采用的技术规范；主要施工工序、关键施工部位的设计意图和技术要求，同类工程的经验教训和防止质量安全事故的措施；对不同专业，按不同特点分专业交底；在设备上，对于动设备，要重点做好关键设备特点、主要技术参数、安装调试要求的交底；在静设备上，要做好工作条件、材质选择、现场组对的技术要求（焊接、热处理、探伤、试压、气密技术要求）、大件设备尺寸、重量及吊装要求；在艺管道上，要主要做好支承、焊接、探伤、试压、清洗吹扫、气密、防腐、保温的施工验收规范及高温、高压部位的技术要求的交底工作；在电气、仪表设备上，要做好设备的选型、特点、布置、线路的布置、接线原理、调试等方面的交底工作。

2. 设计变更

工程开工初期，是整个工程施工过程中最困难的时期，也是图纸疏漏集中暴露的阶段，设计人员在到达现场后，应先与负责项目施工的项目经理沟通设计图纸中存在的问题，设计人员应逐一记录问题，在不影响景观效果的前提下，及时提出最佳的解决方案。设计人员应沉着冷静，能够果断的决策，存有疑惑的问题要积极与项目经理沟通联合解决问题，同时应寻求技术支持，避免做出错误决断，延误施工进度。同时应尊重施工方技术人员提出的问题，认真分析他们提出的对有关图纸的疑问，不能简单地将“按图施工”作为敷衍搪塞的借口。

设计变更是指因诸多原因造成的需对原有的设计内容进行调整、完善、修改、优化的过程。

设计变更无论是由哪方提出，均应由监理部门会同建设单位、设计单位、施工单位、业主协商，经过确认后由设计部门发出相应图纸或说明，并由监理工程师办理签发手续，下发到有关部门付诸实施。但在审查时应注意以下几点。

（1）确属原设计不能保证工程质量要求，设计遗漏、存有错误以及与现场情况不符导致无法施工的情况非改不可。

（2）一般情况下，即使变更要求可能在技术经济上是合理的，也应全面考虑，将变更以后所产生的成本（质量、工期、造价）与现场变更所引起施工单位的索赔等所产生的损失加以比较，权衡轻重后再做出决定。

（3）工程造价增减幅度是否控制在总概算的范围之内，若的确需要变更但有可能超概算时，变更更要慎重。

（4）设计变更应简要说明变更产生的背景，包括变更的提出单位、主要参与人员、时间等。

（5）设计变更必须说明变更的原因，如工艺改变、工艺要求、设备选型不当，设计者考虑需提高或降低的标准、设计漏项、设计失误或其他原因。

（6）建设单位对设计图纸的合理修改意见，应在施工之前提出。在施工试车或验收过程中，只要不影响生产，一般不再接受变更要求。

（7）施工中发生的材料代用，应办理材料代用单。

要坚决杜绝内容不明确的、没有详图或具体使用部位，而只是增加材料用量的变更。

3. 设计补充

设计人员在驻场的过程中，要时刻观察场馆的景观效果，同时注意硬质景观与软质景观的搭配，在硬质景观没有达到设计效果时，可利用软质景观达到设计效果。展牌、展板对提升场馆的亮点起到非常重要的作用，设计人员要总体把控展牌、展板的布局和摆放，对没有达到预期效果的，设计人员要及时进行补充和完善。

4. 景观呈现效果跟踪

施工结束后，对场馆内的景观节点、果蔬品种进行拍照测绘，从现场实践中加深对理论知识的再认识，并从他人的工程设计中汲取精华，提升自己的设计能力。通过现场学习，了解施工工艺，加深对设计的理解，改进不合理的设计思路。

第五节　施工阶段

一、进场前准备工作

（一）项目现场准备工作

首先要对施工场地进行“三通一平”，即通水、通电、通路和场地平整。通水，即施工现场给水，并编制临时供水详细方案，以满足施工用水、施工期间生活用水和施工消防用水的需求。通电，即指将施工用电接到施工现场，使施工现场具备施工条件，根据现场供电状况编制工程临时供电方案。通路，即指场外道路已铺到施工现场周围入口处，满足车辆出入条件。场地平整，即指拟建现场基本平整，无须机械平整，人工简单平整即可进入施工状态。

安排好施工人员的食宿问题，必要时租房或建造板房，做好后勤保障工作。做好人员的招聘工作和施工队的管理工作，确保施工时人员安排有条不紊，人员各尽其职。临时用房面积与实际施工场地的面积比约为1∶450，其中包括员工宿舍、饭堂、项目管理部和仓库等。

预留材料存放和现场加工场地，要求存放场地应平整坚实、无积水，并有一定的避雨措施。还应安排部分人员进入现场开展前期工作，要提前组织好施工人员和运输车辆，安排好材料运输线路，并协调好与交通、城管等相关部门的事宜，使施工工作尽快的全面开展起来。

（二）项目文件准备工作

1. 施工组织设计（方案）报审

为了合理规划施工程序，项目工程总体施工组织设计和总体开工报告在项目开工前必须报审，分项施工组织设计在分项工程开工前报审，一般应提前一周。施工组织设计一般在图纸会审后7天内报审，经审批的施工组织方案是组织施工的依据，不得随意修改，需变更时应提出申请，按程序重新审批。

2. 技术交底

项目开工前应有项目技术负责人向承担施工的负责人或分包人进行书面技术交底，技术交底资料应办理签字手续并归档保存。每一部分工程开工前均应进行作业技术交底。技术交底书应有施工技术人员编制，并经项目技术负责人批准实施。

技术交底的内容主要包括：任务范围、施工方法、质量标准和验收标准，施工中应注意的问题，可能出现意外的预防措施及应急方案，文明施工和安全防护措施及成品保护要求等。技术交底应围绕施工材料、机具、工艺、工法、施工环境和具体管理措施等方面进行，应明确具体的步骤、方法、要求和完成时间等。技术交底的形式有：书面、口头、会议、挂牌、样板、示范操作等。此外根据《建设工程安全生产管理条例》第二十七条规定，建设工程施工前，施工单位负责项目管理的技术人员应当对有关安全施工的技术要求向施工作业班组、作业人员做出详细说明，并由双方签字确认。安全技术交底包括两方面的内容：一是在施工方案的基础上按照施工的要求，对施工方案进行细化和补充；二是要将操作者的安全注意事项讲清楚，保证作业人员的人身安全。安全技术交底工作完毕后，所有参加交底的人员必须签字，班组、交底人、安全员三方各留执一份，并记录存档。

3. 进度计划表报审

施工单位按合同要求的时间编制好施工进度计划，并填报《施工进度计划报验申请表》报监理机构。通常要求施工单位对总进度计划、专项作业计划、月计划及其与之相应的调整计划进行报验存档。总监理工程师指定专业监理工程师对施工单位所报的《施工进度计划报审表》及有关资料进行审查，并向总监理工程师报告。总监理工程师按施工合同要求的时间，对承包单位所报《施工进度计划报审表》予以确认或提出修改意见。监理工程师验收合格后签收、盖章后返还施工单位。

二、施工文件

（一）原材料进场报告、各节点检验批报验

为保障项目所用材料满足技术标准和设计要求、严格控制不合格材料进场，施工单位需向监理单位提供《材料/构配件进场报验单》，说明原材料进场的日期、名称、规格、数量等信息，并附出厂合格证、检验报告和质量保证书。

检验批是工程验收的最小单位，是分项工程乃至整个建筑工程质量验收的基础。检验批是施工过程中条件相同并有一定数量的材料、构配件或安装项目，由于其质量基本均匀一致，因此可以作为检验的基础单位，并按批验收。各节点检验批报验，即在某节点工程施工完成后向监理单位报上该工程报验申请表，申请予以审查和验收，并附检验批质量验收记录。

（二）图纸会审记录

图纸会审记录是对已正式签署的设计文件进行交底、审查和会审，对提出的问题予以记录的文件。项目经理部收到工程图纸后，应组织有关人员进行审查，将设计疑问及图纸存在的问题，按专业整理、汇总后报建设单位，由建设单位提交设计单位，进行图纸会审和设计交底准备。图纸会审由建设单位组织设计、监理、施工单位负责人及有关人员参加。设计单位对设计疑

问及图纸存在的问题进行交底，施工单位负责将设计交底内容按专业汇总、整理，形成图纸会审记录。由建设、设计、监理、施工单位的项目相关负责人签认并加盖各参加单位的公章，形成正式图纸会审记录。图纸会审记录属于正式设计文件，不得擅自在会审记录上涂改其内容。

（三）工程开工报告相关资料

工程开工报告相关资料包括开工审批表和开工报告。开工报告是建设单位与施工单位共同履行基本建设程序的证明文件，是施工单位承建单位工程施工工期的证明文件。

开工报告是建设项目或单项工程开工的依据，总体开工报告由承包人在开工前按合同规定向监理工程师提交，主要内容应包括：施工机构的建立、质检体系、安全体系的建立和劳力安排，材料、机械及检测仪器设备进场情况，水电供应，临时设施的修建，施工方案的准备情况等。

（四）技术、安全交底记录文件

此文件是施工单位负责人把设计要求的施工措施、安全生产贯彻到基层乃至每个工人的一项技术管理方法。交底主要项目为图纸交底、施工组织设计交底、设计变更和洽商交底、分项工程技术交底、安全交底。技术、安全交底只有当签字齐全后方可生效，并发至施工班组。

（五）施工组织设计

施工组织设计是承包单位在开工前为工程所做的施工组织、施工工艺、施工计划等方面的设计，用来指导拟建工程全过程中各项活动的技术、经济和组织的综合性文件。参与编制的人员应在“会签表”上签字，交项目监理签署意见并在会签表上签字，经报审同意后执行并进行下发交底。

（六）施工日志记录文件

施工日志是项目经理部的有关人员对工程项目施工过程中的有关技术管理和质量管理活动以及效果进行逐日连续完整的记录。要求对工程从开工到竣工的整个施工阶段进行全面记录，要求内容完整，并能完整、全面地反映与工程相关的情况。

三、基础建设

农业设施工程的全部荷载都由它下面的土层来承担，受到工程结构影响的那部分土层称为地基，而工程结构向地基传递荷载，介于上部结构与地基之间的部分则称为基础。基础是温室上部荷载传向地基的承重结构，基础是否合理直接影响温室结构的安全和使用性能。基础设计时，除了满足强度的要求外，还应具有足够的稳定性和抵抗不均匀沉降的能力，与柱间支撑相连的基础还应具有足够的传递水平力的作用和空间稳定性。温室底部应在冻土层以下，采暖温室可根据气候和土壤情况考虑采暖对基础冻深的影响。一般基础底部应低于室外地面0.5m以上，基础顶面与室外地面距离应大于0.1m，以防止基础外露和栽培的不良影响。除特殊要求外，温室基础顶面与室内地面距离宜大于0.4m。

基础施工时工序如下：施工放线→土方开挖→砖基础砌筑→混凝土浇筑→预埋件→回填土→墙体砌筑。

（一）施工放线

施工放线是指在规划要求下将原有建筑物（构筑物）全部拆除且建设工程场地平整完毕后，根据规划定位图进行定位，最后在施工现场至少形成4个定位桩，从而确定墙体砌筑的位置或基础施工要求基槽开挖的位置。建筑物定位桩设定后，由施工单位的专业测量人员、施工现场负责人及监理人员共同对基础工程进行放线及测量复核（监理人员主要是旁站监督、验证），最后放出所有温室轴线的定位桩。基础定位放线完成后，由施工现场的测量员及施工员依据定位的轴线放出基础的边线，进行基础开挖。放线主要工具：全站仪（或经纬仪）、龙门板、线绳、线坠子、钢卷尺等。

根据规划设计指定的坐标点，引测定位控制点，定位放线必须复测检查，并绘制测量放线记录图，经建设单位、监理单位签字后方可施工。要先把控制桩设置好并用混凝土固定保护好，用白灰撒出开挖土方的灰线。现场负责人要随时进行观测，保证基底标高符合设计要求。

（二）土方开挖

土方开挖前，应根据施工方案的要求，将施工区域内的地下、地上障碍物清除和处理完毕。建筑物或构筑物的位置或场地的定位控制线（桩）、标准水平桩及开槽的灰线尺寸，必须经过检验合格。

开挖有地下水位的基坑槽、管沟时，应根据当地工程地质资料，采取措施降低地下水位。一般要降至开挖面以下0.5m，才能开挖。施工机械进入现场所经过的道路、桥梁和卸车设施等，应事先经过检查，必要时要进行加固或加宽等准备工作。应根据施工区域的地形与作业条件、土的类别与厚度、总工程量和工期综合考虑选择土方机械。在机械施工无法作业的部位和修整边坡坡度、清理槽底等，均应配备人工进行。

土方的开挖采用机械与人工相结合的方式进行。土方的开挖放坡均按基础垫层底边缘加0.3m为工作面，边坡四周禁止停放大型机械或设备，同时也禁止堆放土方和材料。开挖时要随时观察土方边坡的稳定情况，如有问题应及时采取措施，土方开挖前要注意四周排水沟的设置和天气情况，防止开挖后地表水和雨水流入基坑，影响基坑坑底的土质。

土方开挖结束后，须对土层进行夯实处理，以达到设计要求。要及时会同建设单位、监理单位、勘察单位、设计单位一起进行验槽，并做好验槽记录，经签字同意后，方可继续施工。

（三）砖基础砌筑

地基验槽完成后，清除表层浮土及扰动土，不得积水，立即进行垫层混凝土施工，混凝土垫层必须振捣密实，表面平整，严禁晾晒基土。

砖基础砌筑前，基础垫层表面应清扫干净、洒水湿润。先盘墙角，每次盘角高度不应超过5层砖，随盘随靠平、吊直。砌基础墙应挂线，24墙反手挂线，37以上墙应双面挂线。

基础标高不一致或有局部加深部位，应从最低处往上砌筑。应经常拉线检查，以保持砌体通顺、平直。基础大放脚砌至基础上部时，要拉线检查轴线及边线，保证基础墙身位置正确。同时还要对照皮数杆的砖层及标高，如有偏差时，应在水平灰缝中逐渐调整，使墙的层数与皮数杆一致。

各种预留洞、埋件、拉结筋按设计要求留置，避免后剔凿，影响砌体质量。变形缝的墙角应按直角要求砌筑，先砌的墙要把舌头灰刮尽；后砌的墙可采用缩口灰，掉入缝内的杂物随时清理。安装管沟和洞口过梁其型号、标高必须正确，底灰饱满，如坐灰超过20mm厚，用细石混凝土铺垫，两端搭墙长度应一致。

（四）混凝土浇筑

1. 水泥存放

混凝土工程水泥选用普通硅酸盐水泥。混凝土浇筑最大限度利用散装水泥。进场的水泥必须有出厂合格证，且按批进行抽检。入库的水泥应按品种、标号、出厂日期分别堆放，并做标识，做到先进先用，严禁使用过期水泥、受潮水泥及混入有害杂质的水泥。为防水泥受潮，现场仓库应尽量密闭，水泥存放时，应垫起离地10cm，离墙30cm，堆放高度不超过10包。露天暂存水泥要用防雨布盖严，底板要垫高，并用油布铺垫。

2. 混凝土浇筑

独立基础、构造柱、圈梁采用混凝土浇筑，混凝土浇筑宜连续进行，间歇时间不超过混凝土初凝时间，一般不超过2h，为保证钢筋位置正确，先浇一层5～10m厚混凝土固定钢筋。台阶型基础每一台阶高度整体浇捣，每浇完一台阶停顿0.5h待其下沉，再浇上一层。分层下料，每层厚度为振动棒的有效振动长度。防止由于下料过厚、振捣不实或漏振、吊帮、根部砂涌出等原因造成蜂窝、麻面或孔洞。浇筑混凝土时，经常观察模板、支架、钢筋、螺栓、预留孔洞和管有无走动的情况，一经发现有变形、走动或位移时，应立即停止浇筑，并及时修整和加固模板，然后再继续浇筑。

3. 混凝土振捣

采用插入振捣器，插入的间距不大于振捣器长度的 1.25 倍。上层振捣棒插入下层 3 ~5cm 深，尽量避免碰撞预埋件，导致预埋件发生移位。

4. 混凝土找平

混凝土浇筑后，表面比较大的混凝土，先使用平板振捣一遍，然后用刮杆刮平，再用木抹子搓平。收面前必须校核混凝土表面标高，不符合要求处立即整改。混凝土找平后插入预埋件。

5. 混凝土养护

已浇筑完的混凝土，应在 12h 左右覆盖和浇水。一般常温养护不得少于 7 天，特种混凝土养护不得少于 14 天。养护设专人检查落实，防止由于养护不及时，造成混凝土表面出现裂缝。

6. 模板拆除

侧面模板在混凝土强度保证其棱角不因拆模板而受损坏时方可拆模，拆模前设专人检查混凝土强度，拆除时采用撬棍从一侧按顺序拆除，不得采用大锤砸或撬棍乱撬，以免造成混凝土棱角的破坏。

（五）回填土

土方回填有人工回填和机械回填。人工回填的工艺流程包括基坑底清理、检验土质、分层铺土、耙平、夯打密实、找平验收。

基槽回填，必须清理到基础底面标高，将回落的松散土、砂浆、石子等清理干净。检验回填土的含水率是否在控制范围内，如含水率偏高，可采用翻松、晾晒或均匀掺入干土等措施；如遇回填土的含水率偏低，可采用先洒水润湿等措施。

回填土应分层铺摊和夯实。每层铺土厚度应根据土质、密实度要求和机具性能确定。一般蛙式打夯机每层铺土厚度为 200 ~250mm；人工打夯不超过 150mm。每层铺摊后，随之耙平。回填土每层至少夯打三遍。打夯应一夯压半夯，夯夯连接，纵横交叉。

回填房心及管沟时，为防止管道中心线位移或损坏管道，应人工先在管子两侧填土夯实，并应由管道两边同时进行，直至管顶 0.5m 以上时，在不损坏管道的情况下，方可采用蛙式打夯机夯实。在抹带接口处、防腐绝缘层或电缆周围，应回填细粒料。

机械回填采用碾压机械压实填方时，应控制行驶速度，一般不应超过下列规定：平碾 2km/h，羊足碾 32km/h，震动碾 22km/h。长宽比较大时，填土应分段进行。每层接缝处应制作成斜坡形，碾迹重叠 0.5 ~1.0m，上下层错缝距离不应小于 1m。机械施工碾压不到的填土，应配合人工推土，用蛙式或柴油打夯机分层打夯密实。

回填土每层夯实后，应按规范规定进行环刀取样，实测回填土的最大干密度，达到要求后再铺上一层的土。填土全部完成后，应进行表面拉线找平，凡高出允许偏差的地方，应及时依线铲平；凡低于规定高程的地方应补土夯实。

（六）墙体砌筑

墙体施工时，严格按照设计要求的砂浆配合比配制砌体浆，不得任意降低砖和砂浆的强度等级，特别是不能在使用混合砂浆的地方使用水泥砂浆。砂浆宜采用机械搅拌，搅拌时间不少于1.5min。

砌墙时应先立好皮数杆盘角，每次盘角不要超过五皮砖，新盘的大角及时进行吊靠，如有偏差要及时修正，盘角时要仔细对照皮数杆的砖层和标高，控制好灰缝大小，使水平缝均匀一致，大角盘好后，再复查一次，平整和垂直完全符合要求才可以挂线砌墙。

砌筑宜采用一铲灰、一块砖、一挤揉的“三一”砖砌法，即满铺、满挤操作法，砌砖时要放平，一定要“上跟线，下跟棱，左右相邻要对平”，水平灰缝厚度和竖向灰缝宽度一般为10mm，不得小于8mm，大于12mm。

砂浆应随拌随用，水泥砂浆必须在3h内用完，混合砂浆在4h内用完，不得使用过夜砂浆，按规范定做砂浆试块，按龄期规定送实验室做强度检验。

四、温室工程施工

（一）主体骨架

温室主体骨架安装前要逐一核对每一个柱底预埋件的位置和标高，将偏差调整到允许范围内。安装顺序为：主立柱→天沟（含外遮阳立柱）→桁架→辅立柱→横撑→屋架→檩条→外遮阳纵横撑→剪刀撑。

主体骨架的运输应根据钢构件的长度、重量选用合适的车辆；钢构件在运输上的支点、两端伸出的长度及绑扎方法均应保证钢构件不产生变形、不损伤涂层。运输到施工现场后，现场负责人应对绑扎的情况进行检查验收，看是否符合图纸的要求与质量要求，检查质量保证书或合格证，仔细核对实际到场数量与料单数量是否一致。钢构件应按种类、型号、安装顺序分区存放；钢构件底层应垫枕有足够的支承面，并应防止支点下沉。相同型号的钢构件叠放时，各层钢构件的支点应在同一垂直线上，并应防止钢构件被压坏和变形。

骨架安装施工要点：①所有构件都必须经热浸镀锌防腐处理，若现场焊接，应对焊接处进行处理并喷涂防锈漆并刷银粉。②各构件之间采用螺栓连接，除立柱脚底外其他位置禁止现场焊接。③安装过程中，结构件之间的连接应保持一定的调节余量，待主要受力结构安装完毕后，从中间几何不变体开始调整，使得立柱达到应有的垂直度，并紧固所有连接件。④施工时若安装的误差超出允许范围，应与设计人员联系及时调整，禁止有打、砸、撬等野蛮施工行为。在现场有变形的构件应现场整形。

1. 安装立柱

温室排水坡度一般为0.5%，找坡方式有立柱找坡和基础找坡两种。基础找坡即在土建施工过程中形成坡度，预埋螺栓用于连接立柱，该方法中主要立柱的长度都是一致的。而立柱找坡则是与基础高度一致，通过立柱高度的变化形成屋面坡度。安装前，要先将部分需要现场切割的立柱用电动切割机剪裁成需要的长度。立柱的安装顺序应是，先安装角立柱，其次安装南北两端面立柱，然后安装东西两侧面立柱和中间立柱，主要立柱安装完成后再安装辅立柱。

立柱定位是施工中的关键环节，其安装精度直接影响到整个安装效果。安装过程中应注意安装定位所用轴线控制点和测量标高使用的水准点，确保立柱定位准确，使各方向尺寸偏差在标准以内。安装立柱时要用水平尺测量，保证立柱与预埋件底板垂直后进行焊接，初次焊接不要满焊，等安装完桁架并且调直后，再将柱底焊牢。

安装完成后要求立柱中心与轴线位置误差不得超过5mm，立柱基准点标高误差不得超过5mm，立柱轴线垂直度误差不得超过10mm，相邻两立柱间距误差不得超过5mm，同一轴线上立柱同轴度误差不得超过5mm。

2. 安装桁架

立柱安装完成后便可依照结构施工图进行桁架安装了。首先将桁架分类摆放在施工场地上，把短立柱安装在9.6m桁架上，安装8m桁架时不要上下颠倒。然后进行桁架的安装，必要时可利用吊车进行安装。安装时从温室的中间向两边依次安装，若立柱间距有所偏差，可用垫板找齐尺寸。应注意两种桁架要结合起来安装。最后用桁架螺栓进行固定。

桁架吊装时，施工人员要各负其责，密切配合，明确统一指挥信号。吊装前要认真检查机械、电源、工具、设备、施工现场、交通道路必须合乎安全要求。吊装前试吊，构件离地200～300mm时，要检查一切索具、钢绳和所有吊具，没有问题后才能吊装，起重构件必须垂直提升，不准斜拉，起吊时间不得过长。臂杆旋转范围内不准有人和障碍物。当构件就位时，禁止用力手扶，应用撬杠拨正，拨正时必须物压撬杠，禁止人员骑在撬杠上。吊车同时进行两种动作时，必须平缓慢速。吊装过程中没有全部稳固时，不准中途停车或下班，稳固后滑车必须放置在地上，不得悬在空中。在每个桁架吊装时要稳起稳落，精致细密，反复检查。当构件较小时也可采用手动吊具吊装，吊具为自制定滑轮爬升架。

安装过程中应注意桁架是否有扭曲变形的情况，如有变形，应校正后再安装。每一排桁架应保证在同一平面内，固定桁架的高强螺栓应先进行初拧，桁架安装完毕后对整体钢架进行调直调平，符合要求后将高强螺栓进行终拧，并且使各螺栓紧固程度一致。最后将立柱柱底焊接牢固，焊接部位刷防锈漆做防腐处理。

安装完成后，要求主横梁跨中垂直度偏差不得超过 5mm，主横梁侧向弯曲矢高不得超过 10mm。

3. 安装天沟

立柱、桁架安装完成后便可依照结构施工图进行天沟的安装，安装天沟的同时进行外遮阳立柱的安装。安装时要注意区分天沟和外遮阳立柱的种类和安装位置。天沟安装前应按照施工组织设计的要求搭设脚手架和操作平台，天沟安装的操作人员必须系安全带。首先将天沟连接板打上密封胶，与天沟的一头相连并用螺栓固定，之后将天沟安装在立柱上（柱头上有密封胶），然后将天沟连接板的另一头与天沟用螺栓固定。注意将天沟安装在立柱上的同时安装外遮阳立柱，并调直外遮阳立柱。

天沟安装后，全长的直线度误差不得超过 10mm，天沟坡度必须保持均匀一致，局部凹陷误差不得超过 10mm。天沟接缝处上口高度错位不得大于 0.5mm，左右错位不大于 2mm。天沟连接处和螺栓处应有密封胶，不得漏水。

4. 安装集露槽

安装天沟的同时安装集露槽。首先区分集露槽的种类，将集露槽放置在施工现场的正确位置上。其次将集露槽吊钩和下水口用拉铆钉安装在集露槽上。最后再将集露槽挂钩安装在天沟上从而完成集露槽的安装。

5. 安装四周横撑

安装四周横撑时注意横撑的种类，与立柱上焊接的角钢间用螺栓固定。安装时注意每一排围梁要在一条直线上，如有弯曲变形的情况，应及时调整。处于同一平面内的横梁，其水平偏差不得大于 3mm。处于同一垂直平面内的横梁，其垂直偏差不得大于 3mm。

6. 安装屋架、檩条

PC 板屋面温室需要安装屋架和檩条，玻璃温室需安装相应铝型材。屋架分为端部屋架和中间屋架两种。端部屋架是由矩管焊接而成，装在温室的两端面。中间屋架在施工现场组装成形，在柱底打上密封胶，安装在天沟上。最后再把檩条装在屋架上。屋架垂直度偏差不得超过 5mm。

7. 安装外遮阳纵、横撑

安装外遮阳纵、横撑时注意区分两者长短不同。将纵、横撑安装在外遮阳立柱的连接片上，用螺栓固定，并保证外遮阳立柱垂直。若纵、横撑出现弯曲、变形要及时矫正。

8. 安装剪刀撑

安装剪刀撑时首先应对照施工图纸确定剪刀撑的位置，然后将剪刀撑通过连接件和花篮螺栓安装在立柱之间。紧固花篮螺栓时注意不要太紧，使剪刀撑吃力即可。剪刀撑对增强温室结构的稳定性有非常重要的作用，一般不可以随意改变位置。园艺景观在设计阶段应注意避让，如果确实发生冲突，应与温室工程技术人员联系，提出设计更改申请。

（二）系统及设备

1. 幕帘系统

连栋温室的幕帘系统包括外遮阳、内遮阳、内保温、侧卷膜，根据温室用途与所处地域气候条件选配。内外遮阳和保温系统一般采用钢索或齿轮的驱动方式。由于齿轮齿条驱动运行平稳，对温室的整体结构影响小，现在普遍使用，本节主要介绍齿轮齿条的安装。

齿轮齿条驱动系统的施工过程：安装支撑滚轮→安装推杆→安装驱动轴→安装齿轮齿条→安装托/压幕线→铺幕布→安装活动边型材→安装电机→安装轴承座→电机联轴固定→密封兜安装固定→系统调试。

幕帘系统安装应保证驱动机构运行平稳，步调一致，无异常噪声。驱动电机配置行程开关，限位准确。齿条不得有明显弯曲、扭曲变形，肉眼观察无挠度。幕布展开后，活动边型材前边与桁架之间没有明显缝隙（缝隙平均宽度≤20mm）。

使用的幕线与幕布均有型号、规格、类型及产地等明显标记。缀铝遮阳材料铝箔表面光滑无划痕，幕线不允许有接头及其他异物妨碍活动边型材往复运动。

有多套幕帘系统时，一般先安装外遮阳，再安装内遮阳和内保温。

2. 开窗通风系统

连栋温室机械开窗有直接传动型连续开窗、扭矩分配型连续开窗、推杆式间隔开窗三种。直接传动型连续开窗施工步骤：安装电机→安装轴承座→安装齿轮齿条→安装驱动轴→安装联轴器→驱动系统调试。

扭矩分配型连续开窗安装步骤：安装电机→安装轴承座→安装齿轮齿条→安装驱动轴→安装扭矩分配器→安装涡轮减速箱→安装涡轮减速箱输出端联轴器→安装电机联轴器→安装万向节接头→安装涡轮减速箱输入端联轴器→驱动系统调试。

推杆式间隔开窗安装步骤：安装电机→安装轴承座→安装开窗支撑滚轮→安装驱动轴→安装齿条推杆→安装齿轮齿条→安装天窗支撑臂→焊接焊合接头→安装电机联轴器→驱动机构调试。

玻璃温室侧窗、天窗窗体安装要求较高，将主构件连接完毕时，应进行方正度校验，以钢尺测量对角长度，调至均等时打好转角处连接筋板或固定角铁。窗体安装后，应打好周边包件并做到平整线直。侧窗与墙体搭接处和周边注意装好密封胶条，其位置应视窗沿刚好压满胶条方可固定。其后是传动位置的安装，传动装置安装时应尽量做到传动轴水平同线，保证传动均匀稳定，传动轴固定好应拉线，安装后校验。最后安装齿条，齿条应安装在竖直平面内，保证传动方向与窗体的垂直。

开窗系统安装应满足下列要求：窗户开启角度满足设计要求，机构运行平稳、步调一致、无异常噪声；窗户开启状态时，驱动轴全长范围内窗户最大开启差不超过20mm，任何地方开启差测量值不得超过10mm，窗户开启差为同一驱动轴的窗户上最前和最后差值；窗户关闭时窗户各处密封胶条与窗户不得有缝隙，也不得出现窗边与窗口压迫过紧（密封橡胶条受压变形过大）的现象；开窗连接件连接牢固、可靠，无相对位置滑动，所有传动部件均采用润滑和防锈措施。

3. 湿帘－风机降温系统

湿帘－风机降温系统由风机、湿帘、水循环系统组成。风机安装在南侧，避免大面积遮阳，湿帘安装在北侧内侧。

（1）湿帘的安装　先将湿帘水槽接头涂抹密封胶，用拉铆钉连接上，安装好下水口，确保水槽接头处、下水口四周不漏水后，将水槽与骨架固定。将湿帘纸或加工好的湿帘箱体依次装入水槽，上部与温室骨架固定，并用海绵条密封缝隙处。

（2）水循环系统的安装　水循环系统采用U～PVC材料，其优点是质量轻，安装方便。在距湿帘顶部约300mm处布置供水横管，水管固定在温室骨架上，为保证供水均匀，湿帘水池布置在整个湿帘中间。在分水处安装三通与湿帘喷淋管相连，为保证供水均匀及便于检修，应在连接处加装阀门并利用软管连接。湿帘回水从下水口引出，连接到回水管线上。回水管两头高，中间低，以便水能及时顺利地回到水池中。在水池内安装浮球阀，可以及时为水池补水。

（3）风机的安装　用自攻钉将风机固定在温室骨架框内，安装时要注意风机的水平及重心，安装后的风机在开启时不能出现抖动现象。为了冬季保温，风机外口处安装保温被插槽或卡膜用卡槽。

（三）温室顶部覆盖

采用不同的覆盖材料，会有不同的安装过程和注意事项。PC板与玻璃均采用铝合金型材固定，并采用抗老化橡胶条密封。要求板材表面平整、玻璃牢固无松动。施工完毕后，透光覆盖材料表面干净无污迹，中空板板内无水汽、污点。

1. 玻璃的安装与维护

玻璃安装过程：窗框制作→屋面铝合金固定及对应橡胶条固定→固定玻璃块的安装→屋面窗户安装→山墙与侧墙铝合金及相应橡胶条固定→玻璃安装。

（1）玻璃的安装　温室顶部覆盖一般选用4mm、5mm浮法平板玻璃或钢化玻璃，四周为提高保温性能也可采用中空玻璃，使用专用铝合金型材将玻璃镶嵌在温室骨架上。玻璃安装于骨架上，由于其独特的强度特性，当应力超过其弹性极限后，会发生破裂。为了保证整个安装结构的安全性、可靠性和耐久性，安装时应遵循以下原则。

①玻璃的板面、厚度尺寸应根据玻璃可承受的有效荷载强度确定，玻璃受荷载作用最大弯曲变形挠度一般不应大于跨度的1/70。

②固定玻璃的框架应有足够的强度，防止因框架变形使玻璃破碎。框架变形一般采用不超过跨度的1/180进行设计。

③玻璃周边应与框架留有合适的间隙，局部用弹性材料填充，应避免安装应力。

（2）玻璃的维护与保养　为了降低破损率，保证玻璃的使用寿命和在使用期间正常发挥其功用，在整个施工过程中和安装完成后应对玻璃进行适当的维护与保养。玻璃应储放在干燥、隐蔽的场所，远离水和阳光。尽量采用立放方式，放在木制或橡胶垫的架子上。叠放时，应在玻璃之间垫上一层纸，以防再次搬运时两块玻璃相互吸附在一起。绝对禁止玻璃之间进水，因为玻璃之间的水膜几乎不会蒸发，会吸收玻璃中的碱成分。应保证搬运道路畅平，高、宽要留有余地。

在搬运玻璃之前，必须查明玻璃边缘有无容易造成破裂的伤痕、裂纹。在施工过程中，不要让玻璃碰上坚硬的物体。要避免焊接火花落在玻璃上，并防止涂料、砂浆的污染。在一天内一部分玻璃安装未完时，应在已经安装的玻璃上做明显的警示标记，防止玻璃被意外撞击。

2. PC板的安装

PC板的安装与玻璃安装类似，安装时主要是要注意朝向并防止板材夹层内受到污染。

（1）PC板的安装准备　PC板一般宽度为2.1m，长度可根据客户要求定尺加工。在订货时，可要求生产厂家按照所需长度、宽度生产，减少施工现场切割板材的工作量。PC板的切割可采用手提电动切割锯、钢锯、壁纸刀等，切割时不要撕掉保护膜，切割后应清除板内的锯屑。PC板的双面均有保护膜，一般印有标志的一面应具有防紫外线功能，安装时此面应朝外。

PC 板安装前需对两端进行密封处理，先将保护膜四周掀开 50mm，撕掉开口两端原有的密封条，将顶部更换为密封防水胶带（如铝箔密封胶带），底部更换为透气胶带。

（2）PC 板的安装方 PC 板的安装方式可分为平面安装和弯曲安装两种，连栋温室以平面安装为主。平面安装方式又可分为倾斜式安装（如屋面）和自立式安装（如墙面）。不论哪种安装方式，PC 板都应顺着加强筋方向安装，以方便冷凝水滴下滑，避免 PC 板发霉而影响透光率。

将 PC 板用自攻螺钉固定在骨架上，PC 板与骨架间垫橡胶块，钉帽与板之间垫大垫圈。自攻钉固定间距 0.5m。密封胶选用 PC 板专用的硅酮密封胶，密封条采用三元乙丙橡胶，安装完毕后撕掉保护膜。

（3）注意事项 PC 板在运输时应小心轻放，妥善加衬垫后再包装。注意保持运输车厢内的清洁，防止对板边和保护膜产生擦伤和损害。安装时，为防止产生弯曲和内应力，应给板材预留一定的热膨胀间隙。应将板边缘伸入支撑固定框架中至少 20mm。

（四）电气工程

1. 电气柜的验收与安装

电气柜送到施工现场后，应尽快进行检验。检查其电器元件型号与设计方提供的电器图是否相符，电路是否与设计方提供的电路图相符，线号、元件代号标示是否正确齐全。要求电气柜的导线联结中间不允许有接头，电路联结要牢固可靠，芯线无损伤且表皮绝缘性能良好。各回路电器元件功能正常。主要电器元件有合格证，说明书齐全，电器附件、出厂文件齐全。

电气柜按照要求基础型钢宜高出地面 10mm，基础型钢应有明显的可靠接地。电器柜固定牢靠，接地可靠，四周有可靠的安全措施。盘、柜安装的允许偏差：垂直度（每米）<1.5mm，盘面偏差：相邻两盘边 <1mm，成列盘面 <5mm，盘间接缝 <2mm。

2. 布线槽

温室内电线和电缆的安装工作不能影响温室内人员的活动和农艺或园艺机械的正常工作。电线和电缆不应在温室内单独走线，避免其成为攀附类植物的支撑。温室内 2.6m 高以下的布线应有线路保护套管，以防止对人体造成机械损伤。

温室采用明装线槽布线，用穿线管引至用电设备。将线槽支架固定在温室骨架上，用螺栓将线槽与支架固定。电缆线槽在每个支吊架上的固定应牢固，连接板的螺栓应紧固，螺母应位于梯架（托盘）的外侧。电缆线槽全长均应有良好的接地。

3. 铺设线路

电缆铺设前应检查电缆型号、规格、长度是否符合图纸要求，电缆外观不应受损。电源线平铺在线槽内，并将每根电源线做好标记，以便分清用途，同时要预留出一定的长度，以便于连接，线的接头缠绕防水胶布。

线槽内电缆填充率：电力电缆不超过线槽截面面积的 40%，控制电缆不超过线槽截面面积的 50%。

由于弱电线路易受强电线路电磁场的干扰，因此强电线路与弱电线路不应敷设在同一电缆槽内。如必须设在一个线槽内时，线槽内应加隔板将强弱电分开。

柜内的电缆芯线，应按垂直或水平方向有规律地配置，不得任意歪斜交叉连接，备用芯的长度应留有适当的余量。

在管内穿线前，先检查护口是否整齐，穿线时人员应配合协调。同一交流回路的导线穿于同一管内，不同回路和电压的交流与直流导线穿入各自管内。导线连接、焊接、包扎完成后，检查是否符合设计要求及有关施工规范、质量验收标准。

4. 电器设备安装

控制柜安装在温室的缓冲间内，对温室的用电设备做到集中控制。风机、减速电机、水泵、照明灯等均可采用 RVV 护套线。控制系统面板布线应采用维修方便的板前安装和布线设计。电源控制柜不在温室内放置时，电缆或电线可以从空中或地下进入温室。从空中进入温室时，架线高度应以不影响其他作业活动为原则。从地下进入温室时，电缆电线埋深大于 0.8m 并超过冻土层深度。电线应用 PVC 塑料管保护。

5. 设备调试

按电气原理图和安装接线图进行电气及操作控制系统的检查、调试，确保设备内部接线和外部接线正确无误。保护接地应有明显标志，并不得与电源中线直接相接。

电气系统的过电压、过电流、欠电压保护和保护熔断器的规格、容量等应符合设计规定，并应将其调整至规定的保护范围之内。电机的旋转方向、制动功能应与操控方向和制动要求相符合。电机第一次上电前应测试绝缘电阻在 5MΩ 以上。由电动传动及手动传动两部分组成的转换调节装置，应在电动及手动两种操作方式下分别进行试验。各电机单机调试运行正常后，可联机进行 2h 试运行，在试运行无异常后，可加长联机运行时间。所有仪表装置、限位开关、定时装置、过载断路器、急停开关等应动作正常。温室配备电箱及电气装置应有醒目的安全警示标志，其安全警示标志应符合国家标准的有关规定。所有电器的布线完毕投入运行前均应进行检查和测试，以验证所完成的工程是否符合标准。

（五）供暖系统工程

供暖系统视温室建设区域的气候条件选配，温室供暖普遍采用热水供暖方式，散热器采用钢质圆翼型热镀锌散热器或焊接镀锌钢管光管散热器。

1. 散热器的布置

散热器的布置要能使温室内温度均匀，同时还要尽量避免遮挡阳光，尽量不妨碍温室的使用。钢质圆翼型热镀锌散热器抗腐蚀性强、散热量大、安装简便，通常靠墙布置在温室四周和抱柱上，育苗温室可布置于苗床下方。光管散热器体积较小、对温室的遮光和美观度的影响也较小，在布置上较为灵活。高效栽培温室可布置在栽培槽间兼作为采摘车轨道，也可布置在作物生长层、温室四周的门以上位置，亦可布置在天沟下方作为融雪管使用。

2. 散热器的安装

散热器安装在支架上，间距应该大于25mm，以减少散热器间的互相影响，也便于施工。暖气之间间距不大于3m，固定在温室四周及中间立柱处，以避免产生气阻，支架在安装时要注意留有回水坡，即进水口低，远端高，坡度控制在0.3%左右。

散热器采用法兰盘螺栓连接，连接时先在法兰盘上涂一点黄油，以便将石棉垫圈临时固定，避免安装错位导致漏水。法兰连接应对密封面及密封垫片进行外观检查，不得有影响密封性能的缺陷存在，连接时法兰保持平行，偏差不大于法兰外径的0.15%，且不大于2mm，不得强拧螺栓来消除歪斜的情况。相连接的螺栓孔中心相差一般不应超过孔径的5%，保证螺栓自由穿入。四周散热器若排数较少，支架可直接用膨胀螺栓打在墙上；若散热器排数较多，支架需固定在地面上，此时地面固定支架的位置还须根据地基状况和需提供的承载力打垫层并浇筑混凝土柱墩。中间抱柱散热器支架则通过螺栓固定在中间立柱上。暖气托架的安装应牢固。

3. 供回水管线的安装

供暖系统设计一般采用同程式，主管道可采用直埋式地下敷设也可以用支架固定在地上。支管从主管道引出呈并联方式，供水支管道布置在上方，回水管道布置在下方，形成上供下回水的形式，一供一回，以减少供热动力的消耗。暖气管线的安装应有一定的坡度，便于管线充分排气，管道安装的坡向、坡度偏差等应符合设计要求。供回水管道上安装阀门及活接头，以便调节温度及检修供暖设备，远端应安装排气阀。

管道、阀门和附件必须具有制造厂的合格证明书，否则应补全所缺项目的检验。阀门必须按GB 242—1982的规定，进行100%水压试验，经质检检查后方可安装，使用前应按设计要求核对管件的规格、材质、型号，并进行外观检查，要求其表面应无裂纹、缩孔、夹渣、折叠、重皮等缺陷，没有超过壁厚负偏差的锈蚀或凹陷，螺纹密封面良好，精度及光洁度应达到设计要求或制造标准，合金钢应有材质标记。

管道焊接完毕后，进行试压实验，应符合以下要求：管道内的压力升至1.5倍工作压力后，稳压后10min内无渗漏；管道内的压力降至工作压力时，用1kg的小锤在焊缝周围对焊缝进行敲打检查，30min内无渗漏且压力下降不超过0.2×98.1kPa即为合格。

安装在±0.00标高线以下的隐蔽管道时，在地坪施工前必须进行水压试验，并与甲方共同检查验收，并做好隐蔽记录。

4. 节能保温技术手段

在北方寒冷地区，冬季为了降低温室供暖耗能，在温室设计上会采取相应的节能保温技术手段。如安装侧卷膜系统，应增加两层内保温。

五、景观工程施工

内部工程建设环节包括：进场前的准备工作，景观苗木培育、施工，景观植物养护等内容。

进场前的准备工作包括：食宿准备、施工组织设计（方案）报审、图纸会审记录、安全技术交底、进度计划表报审、开工报告等内容。

1. 前期准备

（1）住宿准备　项目实施前要有专人安排食宿问题，根据项目地点、项目持续时间、参与人员提前制定计划。一年以内的短期项目，若项目靠近村庄或城市的一般采取租房的形式；若项目在方圆10km以内没有村庄或城市的则应采用搭建临建房的形式安置施工人员。一年以上的长期项目，可以选择租房或是有建筑指标的可以在园区内自建住房。合理组织住宿就要先剖析项目参与者的性别、年龄、职务、职称、专业以及生活习惯、相互关系等。通常状况下，应当恰当考虑女人、年长者和职务较高者的情况。假如安排两人一间房间，可把专业相近的或工作内容相近的参与者组织在一起有利于交流。

（2）餐饮准备　餐饮方面要准备桌、椅子、餐饮用品、厨房用品、各种食物原料等准备齐全，根据就餐人员的多少确定准备餐饮的厨师。了解项目人员饮食习惯，是否有特殊要求，如是否为少数民族等。

（3）办公准备　首先是网络准备，这是办公必不可少的，可以根据现场情况来决定采用有线网络还是采用无线网络，项目周期长且有条件的情况下可以接通网线，若不具备接通网线的条件，可以采用无线网络的形式。

必备的办公用品：办公桌椅、办公文具、电话、电脑、传真、影印器械及空调、饮水机、接待台（有条件的可以将会议室设接待）除外，还应准备资料柜用于存放与甲方、施工方及监理方的往来文件。在会议室或办公室墙上贴上施工进度表及施工设计总图以方便管理人员察看，数码相机保留原始影像用于存档。安全帽、劳保用品、简单的急救药箱是必不可少的，另外，可以根据需要在办公室内外做相应的企业宣传标志或企业文化展示。

2. 施工组织设计（方案）报审

施工组织设计是用来指导施工项目全过程各项活动的技术、经济和组织的综合性文件，是施工技术与施工项目管理有机结合的产物，它能保证工程开工后施工活动有序、高效、科学合理地进行。

施工组织设计一般包括五项基本内容：

（1）工程概况　工程的基本情况，工程性质和作用，主要说明工程类型、使用功能、建设目的、建成后的地位和作用。

（2）施工部署及施工方案　施工安排及施工前的准备工作，各个分部分项工程的施工方法及工艺。

（3）施工进度计划　编制控制性网络计划。工期采用四级网络计划控制，一级为总进度，二级为三个月滚动计划，三级为月进度计划，四级为周进度计划。

（4）施工平面图　根据场区情况设计绘制施工平面平置图，大体包括各类起重机械的数量，位置及其开行路线；搅拌站、材料堆放仓库和加工场的位置，运输道路的位置；行政、办公、文化活动等设施的位置；水电管网的位置等内容。

（5）主要技术经济指标　施工组织设计的主要技术经济指标包括：施工工期、施工质量、施工成本、施工安全、施工环境和施工效率以及其他技术经济指标。

施工组织设计的繁简，一般要根据工程规模的大小、结构特点、技术复杂程度和施工条件的不同而定，以满足不同的需要。复杂和特殊工程的施工组织设计需较为详尽，小型建设项目或施工经验成熟的工程则可较为简略。施工组织总设计是为解决整个建设项目施工的全局问题的，要求简明扼要，重点突出，要安排好主体工程、辅助工程和公用工程的相互衔接和配套。单位工程的施工组织设计是为具体指导施工服务的，要具体明确，要解决好各工序、各工种之间的衔接配合，合理组织平行流水和交叉作业，以提高施工效率。在施工条件发生变化时，对施工的设计须及时修改和补充，以便能继续施工。

3. 图纸会审记录

图纸会审是指工程各参建单位（建设单位、监理单位、施工单位、各种设备厂家）在收到设计院施工图设计文件后，对图纸进行全面细致的阅读，审查施工图中存在的问题及不合理的情况并提交设计院进行再处理的一项重要活动。图纸会审由建设单位负责组织并做记录（也可请监理单位代为组织）。通过图纸会审可以使各参建单位特别是施工单位熟悉设计图纸、领会设计意图、掌握工程特点及难点，找出需要解决的技术难题并拟定解决方案，从而将因设计缺陷而存在的问题解决在动工之前。

（1）主要内容

①是否无证设计或越级设计；图纸是否经设计单位正式签署。

②地质勘探资料是否齐全。

③设计图纸与说明是否齐全，有无分期供图的时间表。

④设计地震烈度是否符合当地要求。

⑤几个设计单位共同设计的图纸相互间有无矛盾；专业图纸之间、平立剖面图之间有无矛盾；标注有无遗漏。

⑥总平面与施工图的几何尺寸、平面位置、标高等是否一致。

⑦防火、消防是否满足要求。

⑧建筑结构与各专业图纸本身是否有差错及矛盾；结构图与建筑图的平面尺寸及标高是否一致；建筑图与结构图的表示方法是否清楚，是否符合制图标准；预埋件是否表示清楚；有无钢筋明细表；钢筋的构造要求在图中是否表示清楚。

⑨施工图中所列各种标准图册，施工单位是否具备。

⑩材料来源有无保证，能否代换；图中所要求的条件能否满足；新材料、新技术的应用有无问题。

⑪地基处理方法是否合理，建筑与结构构造是否存在不能施工、不便于施工的技术问题，或容易导致质量、安全、工程费用增加等方面的问题。

⑫工艺管道、电气线路、设备装置、运输道路与建筑物之间或相互间有无矛盾，布置是否合理，是否满足设计功能要求。

⑬施工安全、环境卫生有无保证。

⑭图纸是否符合监理大纲所提出的要求。

（2）会审程序

①图纸会审的一般程序：业主或监理方主持人发言→设计方图纸交底→施工方、监理方代表提问题→逐条研究→形成会审记录文件→签字、盖章后生效。

②图纸会审前必须组织预审。阅图中发现的问题应归纳汇总，会上派一代表为主发言，其他人可视情况适当解释、补充。

③施工方及设计方专人对提出和解答的问题作好记录，以便查核。

④整理成为图纸会审记录，由各方代表签字盖章认可。

⑤参加图纸会审的单位：图纸会审由监理单位负责组织，施工单位、建设单位、设计单位等参加。

（3）监理工程师施工图审核的主要原则（监理机构的）

①是否符合有关部门对初步设计的审批要求。

②是否对初步设计进行了全面、合理的优化。

③安全可靠性、经济合理性是否有保证，是否符合工程总造价的要求。

④设计深度是否符合设计阶段的要求。

⑤是否满足使用功能和施工工艺要求。

（4）监理工程师进行施工图审核的重点

图纸的规范性；建筑功能设计；建筑造型与立面设计；结构安全性；材料替换的可能性；各专业协调一致情况；施工可行性。

（5）会审记录

图纸会检后应有施工图会检记录。其中应标明：

①工程名称：所在工程名称，图纸中应注明。

②工程编号：所在工程名称，图纸中应注明。

③表号：图纸会检表的表号，登记所用。

④图纸卷册名称：所审图纸的卷册名称，图纸中应注明。

⑤图纸卷册编号：所审图纸的卷册编号，图纸中应注明。

⑥主持人：此处为监理人员签名，主持。

⑦时间：图纸会审时间，应注明年月日。

⑧地点：图纸会审场所。

⑨参加人员：所有参与人员，包括工程各参建单位（建设单位、监理单位、施工单位）的与会人员。

⑩提出意见包括：

图号：有问题的图纸编号

提出单位：提出的问题的单位（一般填写施工单位）

提出意见：提出的问题（一般由施工单位提出）

处理意见：对提出的问题做出的回复（由设计院作出回复）

⑪签字、盖章：表底应有设计单位代表、建设单位代表、施工单位代表、监理单位代表的签字以及各单位盖章。

4. 安全技术交底

工程项目施工前，由相关专业技术人员向参与施工的人员进行的技术细节的交待，其目的是使施工人员对工程特点、技术质量要求、施工方法与措施和安全等方面有一个较详细的了解，以便于科学地组织施工，避免出现技术质量问题。各项技术交底记录也是工程技术档案资料中不可缺少的部分。

技术交底一般包括下列几种：

(1) 设计交底，即设计图纸交底　这是在建设单位主持下，由设计单位向各施工单位（土建施工单位与各专业施工单位）进行的交底，主要交待建筑物的功能与特点、设计意图与要求和建筑物在施工过程中应注意的事项等。

(2) 施工设计交底　一般由施工单位组织，在管理单位专业工程师的指导下，主要介绍施工中遇到的问题，和经常出现错误的部位，要使施工人员明白该怎么做，规范上是如何规定的。

(3) 专项方案交底、分部分项工程交底、质量（安全）技术交底、作业等。

安全技术交底的主要内容：

①工地交底的主要内容：如是否具备施工条件、与其他工种之间的配合与矛盾等细节，甲方提出要求及协调事宜等。

②施工范围、工程量、工作量和施工进度要求：主要根据自己的实际情况，实事求是的向甲方进行说明。

③施工图纸的解说：设计者的大体思路以及乙方在施工中会遇到的问题等。

④施工方案措施：根据工程的实况，编制出合理、有效的施工组织设计以及安全文明施工方案等。

⑤操作工艺和保证质量安全的措施：先进的机械设备和高素质的工人等。

⑥工艺质量标准和评定办法：参照现行的行业标准以及相应的设计、验收规范。

⑦技术检验和检查验收要求：包括自检以及监理的抽检标准。

⑧增产节约指标和措施。

⑨技术记录内容和要求。

⑩其他施工注意事项。

安全技术交底主要形式：

①施工组织设计交底可通过召集会议形式进行技术交底，并应形成会议纪要归档。

②通过施工组织设计编制、审批，将技术交底内容纳入施工组织设计中。

③施工方案可通过召集会议的形式或现场授课的形式进行技术交底，交底的内容可纳入施工方案中，也可单独形成交底方案。

④各专业技术管理人员应通过书面形式配以现场口头讲授的方式进行技术交底，技术交底的内容应单独形成交底文件。交底内容应有交底的日期，有交底人、接收人签字，并经项目总工程师审批。

5. 进度计划表报审

施工进度计划分为施工总进度计划、单位工程施工进度计划、分部分项工程进度计划和季度（月、旬、周）进度计划四个层次。施工进度计划是施工组织设计的中心内容，以保证建设工程按合同规定的期限交付使用。施工中的其他工作必须围绕并适应施工进度计划的要求进行安排。

被广为使用的施工进度记录形式是每日施工报告，它由项目经理逐日填写。这种报告通常会被制成多份复印件或者直接在复写纸上打印以生成必须的多份复印件。

作为工程进度记录，每日报告很有必要。它应与工程监理人员的日志记录内容相吻合，但是是两种类型的独立文档记录。在这种方式下，在日志中加以记录的专有信息越多，在每日施工进度报告中的施工进度就越真实，因为它反映的信息更广泛、更完整。

施工进度计划的编制原则是：从实际出发，注意施工的连续性和均衡性；按合同规定的工期要求，做到好中求快，提高竣工率；讲求综合经济效果。

施工进度计划的编制是按流水作业原理的网络计划方法进行的。流水作业是在分工协作和大批量生产的基础上形成的一种科学的生产组织方法。它的特点体现了生产的连续性、节奏性和均衡性。把工程分成若干施工段，当第一个专业施工队组完成了第一个施工段前的一道工序而腾出工作面并转入第二个施工段时，第二个专业施工队组即可进入第一施工段去完成后一道工序，然后再转入第二施工段连续作业。这样既保证了各施工队组工作的连续性，又使后一道工序能提前进入施工进程，这样既充分利用了空间，又争取了时间，缩短了工期，使施工能快速而稳定地进行。利用网络计划方法编制施工进度计划则可将整个施工进程联系起来，形成一个有机的整体，反映出各项工作（工程或工序）的工艺联系和组织联系，能为管理人员提供各种有用的管理信息。

工程进度计划编制步骤：划分施工过程、计算工作量、确定劳动量和机械台班数量、确定各施工过程的持续施工时间（天或周）、编制施工进度计划的初始方案、检查和调整施工进度计划初始方案。

6. 开工报告

开工报告是建设项目工程开工的依据，承包人在开工前应按合同规定向监理工程师提交开工报告。报告的主要内容应包括：施工机构的建立，质检体系、安全体系的建立和劳动力的安排，材料、机械及检测仪器设备进场情况，水电供应，临时设施的修建，施工方案的准备情况等。开工报告的内容不妨碍监理工程师根据实际情况及时下达开工指令。

六、施工准备

施工准备包括整地放线、电路铺设、地下管路铺设（给排水）、回填土、道路施工、进行分区、地上部分景观设施铺设等内容。

（一）整地放线

施工前必须对施工现场进行有关的准备工作，清理施工场地上的障碍物，凡对施工有障碍的一切障碍物如堆放的杂物、坟头、砖石块等都要清除干净，做到有备无患。土地平整应采用推土机推土，人工配合修正的方法进行处理。灌水沉陷：分割灌水两次进行沉陷，要求水深不小于30cm，地表积水存留时间不应小于12h，待第一次灌水沉陷稳定后进行复平，再灌水进行第二次水沉降，再进行复平。

进行工程定位放线时，施工人员进场后首先对甲方提供的施工图进行复核，以确保设计图纸的正确。其次，与甲方一道对现场的坐标点和水准点进行交接验收，发现误差过大时应与甲方或设计方共同商议处理方法，经各方人员确认后方可正式定位。工程定位后要经建设单位和规划部门验收合格后方可开始施工。

（二）电路铺设

按照电路铺设设计图纸确定或者公司指定品牌材料进行施工，按照设计图纸及实际使用情况，在侧面、顶面、地面上标出电路走向线并用切割机开槽，线槽应（相对）横平竖直，线槽深度和宽度为PVC管直径加3mm。采用阻燃的PVC管作护管，不得将普通绝缘电线裸露敷设，护管全部用管卡固定，护管进线盒处必须用锁扣连接，粉线槽时泥浆、泥浆颗粒不得进入线管内。除特殊情况或者甲方签字认可，否则线路不能沿地铺设；承重墙等不允许开深槽时可以采用直接套线的方式，但必须经甲方签字认可。保护管的弯曲处，应该用配套弯管工具或配套弯头，不应有折皱，禁止使用直角弯头。内导线必须连接紧固，接头不应承受拉力；包扎严密，不伤线芯，导线不得有扭绞、曲结、死弯、绝缘层破损等缺陷。连接系用绞结法时绞结长度不得小于五圈；绑扎法时绑扎长度不应小于10倍线径；用胶布绑扎接头时，内部应先包绝缘胶带。线管内不应有中间接头，应将导线直接埋入抹灰层内，分支接头应在接线盒、灯头盒、开关盒、分支盒内处理。采用短路保护，过载保护及接地保护措施，对于功率较大的应单独设一个回路。应使用分色线，禁止使用花线（双色线）做火线。弱电严禁同穿在一根线管内，改造时必须画出电路走向施工图，以作检查、维修和改造时做依据。其中应标明电线和暗管的标高、数量、规格、走向以及拉线盒的位置等。工程施工后必须画出整体电路图方可进行总体验收。

（三）地下管路铺设（给排水）

给排水管道系统是针对给水排水工程中给水的输送与分配、废水的收集与排放等管网系统的工程设计。按照水量的大小设计给排水管的直径，给排水一般埋设在地下，属于隐蔽工程，给排水管线的铺设要严格按照施工图进行施工，如有变动一定要做好图纸更正，为管道出现问题后的维修提供依据。

管道沟槽开挖前应充分了解开挖地段的土质及地下水、管道直径、埋设深度、地面构筑物等情况，根据这些情况来确定沟槽的形式。一般情况下，基槽底宽应比管道外径多出 5m 操作宽度。管道沟槽开挖时，若是土方用机械开挖，挖土方时槽底需留 2m 厚的土层。在铺管（当不需要管基时）或铺筑管基前，应由人工清除整平。严禁扰动槽底土壤，如发生超挖，严禁用土回填，可采用天然级配的砂石或卵石回填。槽底不得受水浸泡，当沟槽位于地下水位以下时，要做好排水工作。

给排水管采用 PVC 材质，用胶粘进行连接，按照施工图纸进行施工铺设。给排水管道铺设完毕后，所有给排水管都要进行闭水试验，各路管线在闭水试验合格后回填，回填应在保证管道表面的设计要求、闭水试验合格后进行。

（四）回填土

回填土是指工程施工中，完成地面以下工程后，再返还填实的土，是基础、垫层等隐蔽工程完工后，在 5m 以内的取土回填的施工过程。回填土根据场地和工程量分人工回填土和机械回填土。回填土施工流程：基坑底地坪上清理→检验土质→分层铺土→分层碾压密实→检验密实度→修整找平验收。填土前，应将基底表面上的垃圾或树根等杂物、洞穴都清理干净，并检验各种土料的含水率是否在控制范围内。如含水率偏高可采用翻松、晾晒等措施；如含水率偏低，可采用预先浇水润湿等措施。填土应分层铺摊。每层铺土的厚度应根据土质、密实度要求和机具性能确定。碾压时，轮（夯）迹应相互搭接，防止漏压或漏夯。长宽比较大时，填土应分段进行。每层接缝处应作成斜坡形，碾迹重叠。重叠 0.5～1.0m，上下层错缝距离不应小于 1m。填方超出基底表面时，应保证边缘部位的压实质量。填土后，如设计不要求边坡修整，宜将填方边缘宽填 0.5m；如设计要求边坡修平拍实，宽填可为 0.2m。机械施工碾压不到的填土部位，应配合人工推土填充，用蛙式打夯机或柴油打夯机分层夯打密实。回填土方每层压实后，应按规范规定进行环刀取样，测出干土的质量密度，在达到要求后，再进行上一层的铺土。填方全部完成后，表面应进行拉线测水平，凡超过标准高程的地方，应及时依线铲平；凡低于标准高程的地方，应补土找平夯实。

雨期施工的填方工程，应连续进行且尽快完成；工作面不宜过大，应分层分段逐片进行。重要或特殊的土方回填，应尽量在雨期前完成。在雨期施工时，应有防雨措施或方案，要防止地面水流入基坑和地坪内，以免边坡塌方或基土遭到破坏。

填方工程不宜在冬期施工，如遇到必须在冬期施工的情况，其施工方法需经过技术经济比较后予以确定。冬期填方前，应清除基底上的冰雪和保温材料；距离边坡表层1m以内不得用冻土填筑；填方上层应用未冻、不冻胀或透水性好的土料填筑，其厚度应符合设计要求。冬期施工室外平均气温在-5℃以上时，填方高度可不受限制。冬期回填土方，每层铺筑厚度应比常温施工时减少20%～25%，其中冻土块体积不得超过填方总体积的15%，其粒径不得大于150mm。铺冻土块要均匀分布，逐层压（夯）实。回填土方的工作应连续进行，防止基础或已填方土层受冻，应及时采取防冻措施。

（五）道路施工

园区的内部园路是其骨架和脉络，是联系各景点的纽带．也是构成园景的重要因素。园区的园路设置包括主要道路、次要道路及游憩小路。

主要道路：以连接园区中主要区域及景点，在平面上构成园路系统的骨架。在园路规划时应尽量避免让游客走回头路，路面宽度一般为4～7m，道路纵坡一般要小于8%。

次要道路：要伸进各景区，路面宽度为2～4m，地形起伏可较主要道路大些，坡度大时可作平台、踏步等处理形式。

游憩小路：为各景区内游玩、散步的小路，布置比较自由，形式较为多样，对于丰富园区内的景观起着很大的作用。

各活动区域之间的距离较长时，应适当采用交通工具，提供各游览区间的快捷联系方式。交通工具还可以起到增加游园趣味、渲染游乐气氛的作用，这样可以无形中把交通时间转化为旅游时间。

地面交通：可采用马车、牛车、电瓶车等。马车、牛车是有农村特色的游览交通工具，对游客有较强吸引力，应大力提倡采用。电瓶车的特点是安静、低速、尺度小、无污染、趣味性强，也是适合农园采用的交通工具。

水上交通：主要由各式木筏、皮筏、竹排、游船等构成，并设置相应的游船码头。由于人们对水有天生的趋向性，水上旅行是颇受欢迎的一种游览方式。坐在船上可以欣赏田园风光、观荷采莲、参与垂钓、参与打捞等，更增加了游览的乐趣。

（六）进行分区

观光园区的功能分区对于明确资源用地发展方向、合理组织景区建设和观光活动具有重要意义。农业观光园区的功能分区是突出主体、协调分区的重要手段，因而注意规划动态游览与静态游览路线，可保护农业环境。观光园区一般具有三大功能区：外围区即农业生产区，相当于基本农田保护区，该区域主要是农民自己从事农事的区域；中心区即观光娱乐区，把生产与参观、采摘、野营等活动相结合，设立服务设施；核心区即商业服务区，为游客提供各种服务，如饭店、餐厅、商店或娱乐设施等。

（七）地上部分景观设施铺设

景观施工就是景观工程的建设营造。景观设计是建设单位和设计者的意图、理念、风格及智慧在图纸上的表现，而景观施工就是把这一切实地展现出来，这是景观工程的建设中非常重要的一个环节。

七、育苗准备工作

农业嘉年华项目的施工周期较短，为了在短时间内完成施工和苗木的储备工作，在规定的开园时间内使植株呈现好的效果，所以要求育苗准备工作与基础设施建设同步进行。农业嘉年华项目以农业观光为主，所以植物品种主要以新、奇、特、稀为选择原则。以观赏蔬菜选择为例，观赏蔬菜是近几年发展起来的，主要指既有食用价值又有观赏价值的一、二年生或多年生的、适用于室内外布置、美化环境并丰富人们生活的植物总称，在这里主要指能够点缀温室内部作为观赏景观的蔬菜，我们统称为观赏蔬菜，人们不常见到或植物本身某些方面有异于常规植物的蔬菜都可以归为此类，此类产品更具观赏价值，往往给游人留下深刻的印象。

根据观赏部位不同，我们把观赏蔬菜分为观赏果实、观赏叶片或茎、观赏根部几个部分。其中种类比较多的是观赏果实、叶、茎，由于生物技术的发展，很多果实发生了变异，表现出不同的形状，其中有一部分就是专门作为观赏的品种，可以储藏一段时间，甚至留作纪念，最为典型的就是观赏性南瓜，颜色、形状都很丰富，深受广大游客的喜爱。

（一）制定育苗方案

提前做好育苗方案计划，确定种子的品种、数量、育苗方式、占地面积、容器、基质、肥料、农药以及育苗程序步骤和用工量等。根据工期和计划做好育苗的倒排时间表，包括各种植物的种类、品种、批次、用苗时间、育苗时间、购种时间等。其中育苗时间原则应按以下时间进行。

首先，第一批种苗，从时间上进度来看，短期运维的开园时间多定为春季或秋季。春季开园，育苗则在秋冬季节，即便在设施环境内，若种苗生长速度相对较慢，时间则应适当加长；秋季开园，育苗时间则在夏季，高温季节，既使在降温措施下，种苗的生长速度也相对过快，时间会相应缩短。后续运维种苗更换，则按照植物的最佳观赏期限和大苗成苗时间倒退一定时间来育苗。

其次，从栽培模式上来讲，不同的栽培模式要求不一样。水培模式的种苗，相对于一般基质培需要增加20天左右水培驯化的育苗时间；树式栽培、一树多果、茄薯共生类栽培则应该比一般的栽培模式增加30天以上。

第三，从主题植物的生物学特性上看，不同种类苗龄时间差异较大。一般茄果类、十字花科类、草花类、地被类、中草药类等最迟在定植前110天播种育苗；部分叶菜类最迟在定植前25天播种育苗。

最后，从育苗数量上来看，以植物配置图为依据，结合嘉年华景观的需要和技术显性表达形式的需求，备苗量各有取舍。较贵的种子备苗量较少，一般按照5%～10%的富裕苗量备苗；较便宜的种子备苗量较大，油麦菜、空心菜等则用一备五，即按照5倍以上的量备苗；生育期较长，单株面积较大，而且病虫害等风险较大的瓜类，如鹤首葫芦、天鹅葫芦、砍瓜等，则务必催芽且用一备三，即按照3倍以上的量备苗。

（二）水电准备

在育苗场地配备育苗需求的水、电设施设备，灌溉用水应符合植物灌溉用水的要求，使用无毒、无污染的中性水，满足育苗场地的用电需求。

（三）物资采购及物资进场

根据育苗计划，按采购手续，在限定日期前将种子、育苗容器（穴盘、营养钵、花盆等）、育苗基质（草炭、珍珠岩等）、肥料、农药、地膜、遮阳网等与育苗相关的物资购买到位。

育苗场地经过平整，设施设备就位后，划出物资存放区域，将购买的育苗物资安放在指定区域，物资材料进入场地后，应派有责任心的人员进行管理，做好入库、出库记录。

（四）人员配备

根据育苗程序的用工量，招聘相应数量的实操工人，经技术人员培训且经过考核达到要求后正式入职工作，育苗要派有责任心的技术人员专职管理。

（五）试播

辨别种子质量很关键，因为种子质量的好坏，直接影响到种子的出芽率。因项目用苗复杂、用种量较大，取少量种子提前试播，检测种子的出苗率、纯度，并摸索育苗方式等，确定后再进行大面积播种育苗，以避免种子不符合要求而造成损失的情况。

（六）按计划生产、购买

育苗物资准备到位，种子经过试播在出苗率、纯度、抗性等方面没有问题后，按照育苗方案分阶段有计划地展开育苗工作。

八、育苗管理过程

育苗管理过程包括水前处理、基质准备、种前处理、播种期管理、苗期管理、定植后管理等。

（一）水前处理

准备水源。确定使用水来自河流、地下水或自来水，接通水泵管道等灌溉设施设备，做好育苗用水前准备。

水质监测及水处理。育苗用水前对水质进行检测，水的酸碱度、各离子浓度、盐类成分、悬浮物等是否符合育苗使用标准。一方面针对水质原有离子浓度，给予相应的营养配方或肥料，满足植物的需求。另一方面安装水处理设备，能够有效的去除水中的杂质、细菌、悬浮物等物质，调试保持出水稳定，如采用自来水作为溶剂进行配制营养液或溶解肥料，配出的营养液会受到自来水中其他无机盐的影响，进而会影响实际的效果；而采用经过水处理的纯水作为溶剂，可以大大降低无关离子的干扰，最大程度地满足园艺上的要求，保证植物的健康生长。

（二）肥料准备

根据不同种类的植物选用各种植物的育苗专用肥，还需配备通用型尿素和磷酸二氢钾等肥料作辅助。

（三）基质准备

瓜果类植物育苗基质配比，瓜果类主要指以其果实具有使用价值和观赏价值的品种类型，苗龄相对较长，需水、肥量大的植物，如西瓜、甜瓜、南瓜、冬瓜、葫芦、茄子、辣椒、番茄等。正常情况下育苗基质配比为（体积比）草炭∶蛭石∶珍珠岩 =2∶1∶1，每方基质加 10kg 膨化鸡粪和 2kg 复合肥，每方基质加百菌清或代森锰锌 100g 喷淋或撒施；异常天气下育苗基质配比为（体积比）草炭∶蛭石∶珍珠岩 =1∶1∶1，每方基质加百菌清、代森锰锌或多菌灵 100g 喷淋或撒施。备注：正常情况下是播种后指连续一周晴天，光照好、湿度低的情况下；异常天气是指连续一周阴天，光照弱、湿度大的情况（容易长根蛆）。

叶菜类及其他育苗基质配比，主要指乌塌菜、油麦菜、生菜、苦菊、结球茴香、孢子甘蓝、宝塔花菜等。选用育苗基质配比为（体积比）草炭∶蛭石∶珍珠岩 =1∶1∶1，每方基质加百菌清或代森锰锌 100g 喷淋或撒施。备注：芹菜苗龄较长，但属于浅根系，也适用于此基质配方。

基质准备时的操作要点：①基质配比均以体积比来定量。一般 2 代草炭相当于 1 代蛭石或 1 代珍珠岩；具体体积大小以实际采购情况而定；考虑采购后袋子的大小不一或破损情况，先将草炭、蛭石、珍珠岩分开堆放置，这样便于估算体积及后续拌匀。②基质搅拌。先用铁锹将草炭、蛭石、珍珠岩混之一块，同时撒施百菌清或代森锰锌、相应的腐熟鸡粪和复合肥等配料；然后均匀喷淋清水，至少来回拌 2 遍，使每部分基质充分接触清水，达到手握成团，松手即散的程度，即基质含水量约为60%即可。③旧基质处理。已经用过的基质，根据需求调节基质比例，务必加100g杀菌剂+甲维盐/毒死蜱（三壶水用量），拌匀，基质含水量调到60%～70%，用农膜覆盖，巴氏杀菌，调整温度达60～80℃，持续3～5天，方可使用。备注：基质配制前要铺设园艺地布，基质搅拌在园艺地布上进行。一可避免弄脏地面；二也可避免地面杂物混进基质。

（四）种前处理

1. 种子消毒

种子消毒有三种常见的方式分别为：磷酸三钠浸种、高锰酸钾浸种、温汤浸种。

磷酸三钠浸种：番茄浸种后，将种子再浸入10%的磷酸三钠药液中，浸15min后把种子捞出，用清水冲洗干净，进行催芽，可防病毒病。

高锰酸钾浸种：将浸过种的番茄种子浸入500倍的高锰酸钾药液中20min，再用清水淘洗干净后，进行催芽，可防治番茄病毒病。

温汤浸种：将种子放入50～55℃温水中并向一个方向不断搅拌，至30℃左右后继续浸种一段时间，具体浸种时间根据蔬菜品种而定。

2. 催芽

催芽是通过温烫烫种、破壳、浸种等手段，起到软化种皮的作用，种子吸水膨胀，促使发芽，提高出芽率和生长势的一种农艺措施。

瓜果类浸种催芽。前处理，温烫烫种。主要用于喜热类型的瓜果类蔬菜，目的为杀菌消毒，软化种皮，利于吸涨。方法是：①选好的浸种容器，烧杯、纸杯、小碗、小盆等均可，根据种子的多少和大小而定；②取水，一般两杯开水，一杯凉水，即体积比为开水：凉水=2：1，混合感觉水温微烫手，用温度计测试，温度为55～60℃；③将筛选籽粒饱满的种子，除去杂质放入加过热水（热水量以种子体积三倍以上为宜）的容器中，不断搅拌，3min后，停止搅拌，静置30min后浸种。将温烫烫种后的种子，搓洗后更换至清水中，清水量以种子体积的三倍以上为宜，温度在26～28℃为宜。催芽并静置6～12h后将其取出，用纱布包裹；用清水搓洗后，放置到铺好湿润纱布漏盘上平摊，种子厚度要小于0.3cm；保证纱布湿润，种子上部由湿润纱布覆盖；放置在催芽箱内，温度调整在26～28℃，每天搓洗一遍至种子露白为止。一般西甜瓜、黄瓜类种子36～48h开始露白；茄子、辣椒、番茄的种子多为4～8天露白；苦瓜、葫芦、南瓜等种子多为3～10天露白；蛇瓜、老鼠瓜种子多为10～15天露白；种子露白率达到60%以上时即可取出播种。备注：蛇瓜、老鼠瓜、苦瓜种壳过硬，浸种前务必破壳；葫芦类种子务必浸种后破壳；西瓜若着急种植亦可浸种前催芽。

叶菜类浸种催芽。由于叶菜类种子相对便宜，且十字花科等大部分种子较小，即便直播，经2～5天亦可出土，因此大多数叶菜类种子采用直播。当外界环境不适宜时，采用浸种催芽。

①浸种：采用18～20℃的清水浸种，一般浸种时间为4～6h。

②将浸种后的种子，放置到铺好的湿润纱布漏盘上平摊，种子厚度小于3cm，保证纱布湿润，或者将浸种后的种子放入丝袜内亦可。

③将浸过的种子包好安置在18～20℃下催芽。一般生菜、茼蒿、白菜、甘蓝、花菜在18～36h后露白；芹菜、韭菜、茴香等在3～7天露白。种子露白达到30%以上是即可取出播种。

3. 播种

瓜果类播种。①育苗容器选择。番茄、茄子、辣椒等种子相对不大，生长势相对不是很强势的品种，生产上多采用72孔穴盘育苗；秋葵、黄瓜、甜瓜、冬瓜等种子大小合适，生长势相对强的品种，生产上多采用50孔穴盘；蛇瓜、老鼠瓜、巨型南瓜、苦瓜、葫芦等种子较大，生长势极强的品种，生产上多采用32孔穴盘或者12×12营养钵育苗。农业嘉年华为了保证展馆内的观赏价值，育苗多为育大苗，育苗采用72孔穴盘或12×12营养钵育苗。②播种。穴盘装满拌好基质，压盘；先播露白的种子，再集中播未露白部分。③播种深度。番茄、茄子、辣椒等小型种子的播种深度在0.5～0.8cm；黄瓜、甜瓜、西瓜、秋葵等播种深度为1～1.5cm；蛇瓜、老鼠瓜、苦瓜、南瓜、葫芦等播种深度为1.5～2cm。④播后覆土。正常天气，覆盖拌好的基质即可，亦可以覆盖蛭石；异常天气覆土采用珍珠岩，以利于透气。⑤覆膜。正常天气，为了保温保湿，多覆盖地膜；高温季节和异常天气均不再加覆盖物。

叶菜类及其他播种。①育苗方式的选择。结球生菜、结球茴香、紫甘蓝、孢子甘蓝、宝塔花菜、羽衣甘蓝、苤蓝等相对中高档品种，苗龄相对较短，生产上多采用128孔或105孔穴盘育苗，而农业嘉年华此类蔬菜多为二号展馆盆栽使用，故此采用72孔穴盘或12×12营养钵育大苗。油麦菜、苦菊、韭菜、芹菜、散叶生菜、乌塌菜、婆婆丁、紫苏、空心菜等种子较小，种子价格相对便宜的品种，生产上多采用苗床育苗，而农业嘉年华此类多为水培或基质培景观使用，故前期使用苗床，后根据需要种苗再行转移。②播种。穴盘播种叶菜类种子尽量不要做前处理（浸种催芽，否则不利于取出），装满拌好基质即可，压盘，播种深度以0.2～0.5cm为宜，覆盖蛭石；苗床育苗，浇足底水，行距5～10cm，条播，覆土深度为0.2～0.5cm。

4. 其他育苗方式

根茎类育苗主要是指番薯、马铃薯等块茎类植物。

番薯育苗。①品种选择。应选用熟期早、单株结薯多、薯块大小均匀、薯形美观、表皮光滑、食味好的品种；嘉年华水培番薯选用紫叶红薯品种，用薯块在苗床繁殖，苗床畦宽150cm，畦高16~25cm，用腐熟有机肥做基肥，平整床面；排种时要求薯块斜放，头尾方向一致，顶部向上，尾部向下，薯块之间间隔3~5cm，排好后浇透水，再覆土3cm；②出苗前保持床土湿润、床温28℃~30℃；出苗后控制苗床温在25℃左右。种薯萌发后喷施千分之五的尿素；苗高10~13cm时用复合肥加水（千分之五浓度）第二次浇施；薯苗长15cm以上，有5~7片大叶时，可以剪苗栽种，每剪一次苗，浇水施肥一次。

马铃薯育苗。主要用于茄薯共生盆栽展示或者水培马铃薯等。①选种。选择无伤口，无病斑，无擦伤，三无马铃薯种块。用木板做垫层，采用中小型切菜刀，首先，从生物学上端向下竖切，尽量避开芽口；第二刀和第三刀则以芽口位置为依据，横切，保证每块上至少有一个完整的芽口；一般每个马铃薯可以切3~4个种块；②前处理。种块切好以后，伤口朝上挨个平铺，随后喷施百菌清杀菌消毒，将伤口自然晾干，但是切忌阳光暴晒；③苗床育苗。生产上，选择通风向阳、肥力较好、管理方便、疏松透气的地块（以沙土地为宜）；农业嘉年华项目需求量不大，可以采用叶菜类基质配方的基质做苗床，播种前浇透水；排种时要求薯块伤口向下，芽口尽量向上，挨个平铺即可；覆土选择基质或沙土，覆土深度2~3cm，喷淋覆土湿润即可；④育苗管理。空气温度保持在18~22℃，保持苗床湿润，土壤含水量为40%~50%；播种后15天左右，种块芽口开始发芽，底部长出根系；播种后约20天，70%以上种块发芽长根，即可取块定植。备注：马铃薯脱毒苗的实生苗，适宜水培或雾培，根部会生长小土豆，大块马铃薯种薯成株后，侧枝的扦插水培则只长根，无小马铃薯出现，具体原因，有待再行持续观察。

5. 扦插育苗

适宜扦插的品种类型。主要是扦插简单易活、成本较低，相对于实生苗生长势更为强盛的品种类型，大体可分为花会类和蔬菜类。花卉类的主要是草花，如四季海棠、长寿花、凤仙花、矮牵牛、碧玉、网纹草、彩叶草、鸭跖草、绿萝、冷水花、金鱼草、金丝雀、锦屏藤及多肉植物等；蔬菜类的主要是迷迭香、碰碰香、薄荷、台湾枸杞、番茄、人参果、蒌蒿、紫/白背天葵等。

扦插要点。扦插基质采用叶菜类育苗基质配方，使用12×12营养钵；根据产品说明配制生根剂加水至小盆内；茎长以6~10cm为宜；修剪插穗，去掉大叶片和所有花蕾，斜向下45度刀口；随后立即沾入生根剂中2cm深，立即插入12×12的营养钵插孔中（用小拇指粗的细竹棍插孔洞，同时进行）2~3cm深，轻轻压实；顶部喷水至湿润状态使基质含水量在65%左右。

（五）播种期管理

每穴一粒，种子一定要放平，播种后的穴盘上覆盖一层蛭石，小心刮去多余的基质，以防把种子刮出。插上标签，注明品种、播种日期、数量，并在专用记录纸上做详细记录，然后用清水淋透。当温室湿度低于40%时，为减少水分蒸发，可以在穴盘上覆盖一层无纺布或塑料薄膜，确保种子出苗一致。

（六）苗期管理

温光管理：夏秋育苗需要配套遮阳网和湿帘、风扇等遮光、降温设施，防止幼苗高温徒长；冬春育苗需要棉帘保温和增光加温设施，促进幼苗生长。

水肥管理：播种至出苗保持基质含水量85%～90%，子叶展开至2叶1心保持基质含水量65%～80%，3叶1心至成苗基质含水量降到60%～65%。期间可根据实际情况补充一定养分，一般种苗出苗1周后，子叶完全展开，第一片真叶开始出现时，结合灌水给肥，使用专用育苗肥，EC值控制在0.8左右（一般肥料1500～2000倍）。随着幼苗的生长，浓度逐渐增加，不同蔬菜种类给予相应养分浓度，茄果类EC增至2.0左右。

病虫害防治：春季育苗防猝倒病，用进口普立克400～600倍液，7天喷1次，连喷2～3次。秋季需防病毒病，用植病灵或病毒A，7天喷1次，连喷2～3次。防治白粉虱、潜叶蝇，用阿维菌素4～5天喷1次，连喷6～7次。

间苗、补苗、炼苗：幼苗二叶一心时，将穴盘中的双苗间去一株，补齐没有出齐的苗，保证每穴一株健壮苗。种苗在移出育苗温室前要提前3～5天炼苗；定植在露地的，要在定植前7～10天逐渐降温，使温室内的温度逐渐与露地相近，防止幼苗因不适应环境而产生冷害等。另外，幼苗移出育苗温室前2～3天应施肥1次，并喷洒杀虫、杀菌剂，做到带肥、带药出育苗室。

（七）定植后管理

1. 定植

根据植物配置单计划，提前做好苗木的统计和准备工作，按照不同的栽培形式对苗木进行处理。若基质栽培或定植于土壤中的植株可以直接定植，定植后要立即浇足水；若水耕栽培的植株需要提前对苗木进行水培驯化处理，使菌术提前从基质育苗的环境适应水耕栽培的环境。定植的原则是“深不埋心，浅不露根”。

2. 定植后管理

换苗1周后，结合浇水，喷施0.1%～0.2%的速溶肥水，叶菜类生长快，需肥量大，以后每隔7天左右喷施一次薄肥；果菜类生长周期长，前期需肥少，后期需肥量大，根部施肥与叶片喷肥结合进行；农作物、中草药等总体来说对肥水的需求量不大，施足基肥，不干不浇水即可满足其生长；果树类按不同的生长期供应其肥水，总体来说要施足基肥，营养生长阶段追肥 1 ~ 2 次，生殖生长期按结果时间长短可以追施 2 ~ 3 次肥；花卉类主要以追肥为主。温室度要根据不同作物进行调节，控制在 25℃左右。

做好病虫害的预防工作，可以 10 ~ 15 天喷一次广谱性杀菌剂，以起到预防作用；虫害要注意观察，发现某种害虫要对症下药，避免浪费；也可以在场馆内悬挂黄板、蓝板，不仅能诱杀昆虫，还能起到病虫预测的作用。

以景观栽培为主的景观植物要时刻保持良好的景观效果，每天要对植物进行检查，及时调整植株的长势、去除病残枝叶，使之能给人一种欣欣向荣的感觉。

第六节　竣工验收

农业嘉年华项目因其建设时序的特殊性要求和建设完成即开园的效果。所以在工程完工阶段，施工单位应配合监理单位和建设单位做好同步竣工验收工作。通常可分为三个阶段，即竣工验收的准备、初步验收（预验收）和正式验收。

一、竣工验收的准备

参与工程建设的各方均应做好竣工验收的准备工作。其中建设单位应完成组织竣工验收班子、审查竣工验收条件、准备验收资料、做好建立建设项目档案、清理工程款项、办理工程结算手续等方面的准备工作；监理单位应协助建设单位做好竣工验收的准备工作，督促施工单位做好竣工验收的准备；施工单位应及时完成工程的收尾工作，做好竣工验收资料的准备（包括整理各项交工文件、技术资料并提出交工报告），组织准备工程预验收；设计单位应做好资料整理和工程项目清理等工作。

二、初步验收

当工程项目达到竣工验收条件后，施工单位在自检合格的基础上，填写工程竣工报验单，并将全部资料报送监理单位，申请竣工验收。监理单位根据施工单位报送的工程竣工报验申请，由总监理工程师组织专业监理工程师，对竣工资料进行审查，并对工程质量进行全面的检查，对检查中发现的问题要督促施工单位及时整改。经监理单位检查验收合格后，由总监理工程师签署工程竣工报验单，并向建设单位提出质量评估报告。

三、正式验收

项目主管部门或建设单位在接到监理单位的质量评估和竣工报验单后，经审查，确认符合竣工验收条件和标准，即可组织正式验收。

竣工验收由建设单位组织，验收组由建设、勘察、设计、施工、监理和其他有关方面的专家组成。验收组可下设若干个专业组。建设单位应当在工程竣工验收7个工作日前将验收的时间、地点及验收组名单书面通知当地工程质量监督站。

召开的竣工验收会议的程序如下文所述。

（1）建设、勘察、设计、施工、监理单位分别汇报工程合同履行情况和在工程建设各个环节执行法律、法规和工程建设强制性标准的情况。

（2）审阅建设、勘察、设计、施工、监理单位的工程档案资料。

（3）实地查验工程质量。

（4）对工程勘察、设计、施工、设备安装质量和各管理环节等方面做出全面评价，形成经验收组人员签署的工程竣工验收意见。参与工程竣工验收的建设、勘察、设计、施工、监理等各方不能形成一致意见时，应共同协商提出解决方法，待意见一致后，应重新组织工程竣工验收，必要时可以提请建设行政主管部门或质量监督站进行调解。正式验收完成后，验收委员会应形成《竣工验收鉴定证书》，对验收情况做出结论，并确定交工日期及办理承发包双方工程价款的结算手续等。

四、工程竣工文件

工程竣工文件包括竣工报告、竣工验收证明书、竣工验收鉴定证书和工程质量保修书。竣工报告是指工程项目具备竣工条件后，施工单位向建设单位报告，提请建设单位组织竣工验收文件。提交竣工报告的前提是施工单位在合同规定的承包项目内容全部完工，自行组织有关人员进行检查验收，全部符合设计要求和质量标准。由施工单位生产部门填写竣工报告，经施工单位工程管理部门组织有关人员进行复查，确认具备竣工条件后，由法人代表签字、法人单位盖章后，报请监理、建设单位审批。

竣工验收证明书是指工程项目按设计和施工合同规定的内容全部完工，达到验收规范及合同要求，满足生产、使用并通过竣工验收的证明文件。建设单位在接到竣工报告后，由建设单位项目负责人组织设计单位、监理单位、勘察单位、施工单位及有关部门，以国家颁发的施工质量验收规范为依据，按设计和施工合同的内容对工程进行全面检查和验收，通过后办理《竣工验收证明书》。由施工单位填写，报建设、监理、设计等单位负责人签认。

《竣工验收鉴定证书》的内容主要包括：验收的时间、验收工作概况、工程概况、项目建设情况、生产工艺及水平和生产设备试生产情况、竣工决算情况、工程质量的总体评价、经济效果评价、遗留问题及处理意见、验收委员会对项目（工程）验收结论。

温室工程实行质量保修制度，工程承包单位在向建设单位提交工程竣工验收报告时，应当向建设单位出具质量保修书。质量保修书应当明确建设工程的保修范围、保修期限和保修责任等。

第五章 农业嘉年华运维

综合各个嘉年华的特点，从运维时间和运行周期上进行了分类，分为长期运维和短期运维。短期运维的季节性比较强，大多是春季或者秋季开展的1～3个月的农业关联性比较强的农业嘉年华或者类似农业嘉年华的活动；长期运维重点在于整体运维，属于长期独立体，除了嘉年华展馆还涉及很多相对应的扩展业务，在管理体系上类似于公司形式的独立运作，其既区别于独立的嘉年华展馆运维体系，又不同于一般的农业公司。

整体来看，长期运维和短期运维在后续运维体系上存在很大的差异性，但在苗木养护、环境设施设备管理、管理制度、营销策划和盈利机制等方面存在很多共性，本章对其进行了详细的分析和总结，希望能对农业嘉年华的运维提供可借鉴的材料。

第一节 运维体系

一、短期运维

（一）组织框架及职责权限

短期运维，一般指成立项目管委会独立运作，其岗位职责独立于原有岗位职责。下属主要设立专家委员会和四个管理运维部门（图5－1）。

项目管委会。组建场馆运行团队和外围保障团队，领导和督促各职能部门建立、健全各项管理制度和岗位职责；进行决策，组织、审批重大管理事项，经营管理的全局开创性工作；指挥体系的运行，协调工作，确保实现场馆运行与外围保障工作的全面融合、无缝衔接，将活动办出水平、办出特色、办出效果。

专家委员会。项目管委会的智囊团，不干预项目具体事务，主要履行咨询职责，如关键技术问题的论证，商业运作模式研讨，推荐引进现代农业新品种、新技术、新设备等。

综合管理部。负责项目的行政管理和日常事务，当好领导的参谋，协助

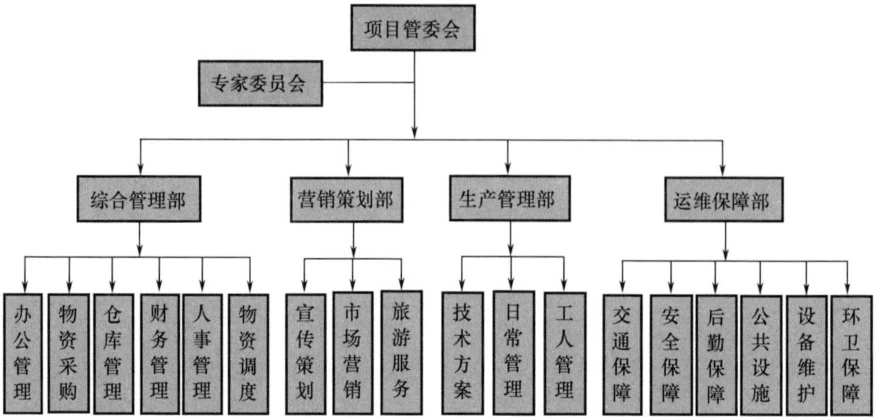

图 5－1　短期运维组织框架图

领导搞好各部门之间的综合协调，加强对各项工作的督促和检查，建立并完善各项规章制度。①办公管理。负责项目会议、公文、资料、信息工作，来往文电的处理和文书档案的管理，做好内外联系工作，保证上情下达和下情上报，负责对会议、文件决定的事项进行催办、查办和落实。②物资采购及仓库管理。负责项目车辆、物资的采购及物资出入库等仓库管理工作。③财务管理。预算管理、财务报表，资金审核等财务管理。④人事管理。全项目组织系统及工作职责权限，制定与岗位相适应的员工标准，通过多种渠道为项目寻求合适的解说员、志愿者等人员管理工作。⑤物资调度。掌握进货、储运、发货和使用的情况，如项目车辆等物资供应临时性调度，定期或不定期调度，以尽快消除供应中的脱节现象。⑥交通保障。负责主要交通路口的交通引导及应急预案，车辆停放出入的安排，团体车、摆渡车的使用等。⑦安全保障。对水、电、气、热、通信、火等进行全面的消防、搜爆检查，强化安全检查；协调城管、工商等部门，维护活动现场周边秩序。⑧环卫保障。园区周边环境整治与维护、景观布置与维护等工作；展牌、标牌等清洁卫生工作。⑨后勤保障。服装、对讲机、工作人员餐饮、饮用水等生活工作用品的供给及保存。

营销策划部。主要负责项目的宣传策划，展位展牌招商等方面的市场营销，团队解说、游客引导等方面的旅游服务三部分内容。

（1）宣传策划。整体对外宣传和媒体邀请接待；制定开幕式、青少年农嘉行等活动方案，协调组织各参与单位开展好活动的准备与执行工作，全面落实好每项活动的总体管控及其他相关工作；做好农业嘉年华官方网站、微信的信息维护与更新；活动的整体宣传实施，包括活动宣传、广告宣传和日常宣传；争取各级新闻宣传资源的支持，并做好媒体邀请、证件发放、采访安排等工作；建立新闻发言人制度，组织召开农业嘉年华新闻发布会；做好网络舆情监督，妥善应对新闻宣传危机事件；收集、整理、保存农业嘉年华活动相关新闻资料、图片和音像资料。

（2）市场营销。票务营销，票务公司呼叫中心电话购票，24h 人工服务热线，提供专业的咨询服务，利用网站、微信号公布售票信息，旅行社等多渠道票务营销；展馆内展台招商，根据各场馆主题，对应的为各个场馆进行招商，如蔬菜类、五谷加工类、花卉类等企业；展位招商，设置民间艺术跳蚤市场，在现场将大家喜闻乐见的民间手工产品制作并售卖；餐饮招商，农业嘉年华项目配套餐饮区域场地招商；广告招商，门票专页广告、展位站牌广告等位置的招商。

（3）旅游服务。负责导视播音系统，售票系统，餐饮系统，售卖系统，休憩系统的服务。导视系统服务包括人员解说和智能解说，游客咨询，游客引导，视频导引等。售票系统包括售票车，导游人员，电子导游租赁，问询处，充电站，网络取票点，照相服务点，检票系统，广播室、寄存处；餐饮系统包括售卖车，美食街，农产品；售卖系统包括纪念品、工艺品的售卖，园区自产蔬果售卖，自动售卖机以及销售点配备的 POS 机；休憩系统包括长椅，太阳伞，无线网络，触摸导视屏，游乐设施等。

生产管理部。主要负责展馆内外植物的生产方案的制定、日常生产管理、从种植的角度维护并提升产品质量。①生产方案的制定。运维期间生产方案的制定，包括育苗计划，部分品种更新，节假日阶段性的主题打造等。②日常生产管理。黄板诱杀、熏棚等植物保护方面；整枝打杈、清理老叶、整形修剪等农艺措施管理；温光水肥气植物生长环境调控。③工人管理。工人考勤、工作分配及管理，并跟踪监督生产技术指标的落实情况。

运维保障部。负责交通保障，安全保障，后勤保障，公共设施，设备维护，环卫保障等六大保障，做好园区内突发事件的联动应急处置；做好相关活动安全管理手续的报批等工作。①交通保障。主要交通路口的交通引导及应急预案的准备；车辆的停放出入；团体车、摆渡车的使用等。②安全保障。对水、电、气、热、讯、火等进行全面的消防、搜爆检查，强化安全检查；协调城管、工商等部门维护活动现场及周边秩序。③后勤保障。服装、对讲机、工作人员餐饮、饮用水等生活工作用品的供给及保存。④公共设施保障。作好园区水、电、气、暖、监控、通讯、网络、广播、LED 显示屏、照明、电梯、厕所、保洁桶、内保等的保障与运维工作。⑤设备维护。温室电柜、湿帘、风机、物联网等水电线路及机器设备的维护与维修。⑥环卫保障。园区周边环境整治与维护、景观布置与维护等工作；保证展牌、标牌等设施的清洁卫生。

（二）劳动定员及定岗定位

劳动定员总人数与农业嘉年华展馆面积成正相关。如表5－1所示。

表5－1　劳动定员

展馆面积/m^2	高层	中层	一线	小计	备注
10000～30000	1～3人 整体协调，人员调动	3～5人 一线人员分块管理	8～18人 一线检票、农艺措施管理、解说员等工作人员	12～26人	10000m^2展馆内工人需要7～8人
30000～50000	2～3人 整体协调，人员调动	5～7人 一线人员分块管理	35～50人 育苗、检票、农艺措施管理、解说员、安保、环卫等一线工作人员	42～60人	每个展馆一个中层管理的馆长，工人6～8人；含策划、宣传活动人员
50000～100000	3～4人 整体协调，人员调动	6～8人 一线人员分块管理	70～110人 育苗、检票、农艺措施管理、解说员、安保、环卫等一线工作人员	80～122人	含营销、策划、宣传、医护应急救助、安保、专家外联、财务、人事等人员
＞100000	4～6人 整体协调，人员调动	8～10人 一线人员分块管理	＞112人 检票、农艺措施管理、解说员、安保、环卫等一线工作人员	＞128人	战略部、票务、专家外联、财务、人事、招商等

二、长期运维

（一）组织框架及职责权限

长期运维一般成立项目运营公司。下属主要设立董事委员会和3个管理运维部门，如图5－2所示。

总经理。对董事会负责，积极协调景区与县政府以及建设、旅游、公安、公路、交警、工商、环保、交通、卫生、文化等相关管理部门的关系；全面负责景区的管理工作，实现景区制定的经营目标，并通过组建必要的职能部门，组聘管理人员，形成一个以总经理为中心的组织、管理、领导体系，实施对公司的有效管理。定期向董事会报告经营管理情况，向董事会提交年度报告及各项报表、计划、方案，包括经营计划、利润分配方案、弥补亏损方案等。

董事委员会。组建场馆运行团队和外围保障团队，领导和督促各职能部门建立、健全各项管理制度和岗位职责；进行决策、组织、审批重大管理事项，经营管理全局的开创性工作。

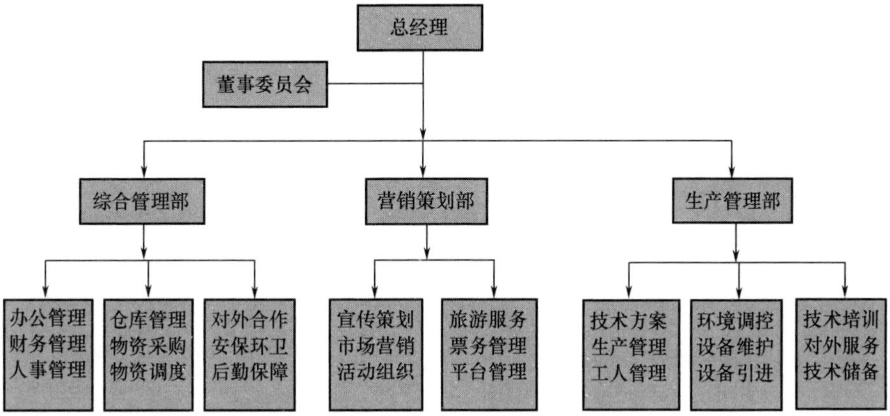

图 5－2　长期运维组织框架图

综合管理部、营销策划部、生产管理部职责与短期运维相同。

（二）劳动定员及定岗定位

劳动定员总人数与农业嘉年华展馆面积成正相关。如表 5－2 所示。

表 5－2　　劳动定员总人数与农业嘉年华展馆面积关系

项目	岗位	人数/人	备注
综合管理部（36 人）	办公室主任	1	协调综合管理部及各部门之间的关系，并负责综合管理部的工作
	人事管理	2	全项目组织系统及工作职责权限，制定与岗位相适应的员工标准及人员考核标准等
	财务人员	2	预算管理、财务报表，资金审核等财务管理等
	仓库管理员	1	物资分类管理进出库情况，进行月度统计，及时提醒相关部门补充物资
	采购专员	2	生产、办公、展馆活动等相关物资的采购
	安保人员	20	负责秩序维护，应急处理及交通，以 80000m^2 的嘉年华为例，每个展馆 2 人，交通管理指引 4 人
	环卫人员	8	以 80000m^2 的嘉年华为例，主要负责展馆外围广场及绿化地带的卫生保洁，负责嘉年华所有垃圾的统一清理工作
	后勤服务	4	员工餐饮、住宿、交通及生活区水电等相关生活管理

续表

项目	岗位	人数/人	备注
营销策划部（11人）	宣传策划	2	负责整体对外宣传包括纸质宣传资料、媒体、展板、活动策划等
	市场营销	2	负责嘉年华门票销售及渠道推广，商务展位、附加广告招商等
	游客服务中心	3	负责活动组织，旅游服务，游客解说等
	票务人员	3	负责检票、验票等票务管理工作
	平台管理员	1	负责素材搜集，微信、网页等平台的维护与管理
生产管理部（86人）	生产人员	80	负责展馆种植区及绿化部分的一线工作（含产前、产中、产后）
	农用机械手	2	负责三轮车、农用自卸车、植保车等的使用和维护
	水电工	1	负责园区水、电线路的使用和维护
	技术人员	3	生产部经理1人，嘉年华展馆内、育苗区各一人
合计		133	

注：以80000m^2的农业嘉年华展馆为例。

第二节　苗木养护管理

短期运维，由于其在较短的时间内集中展示、整个运维期间很少存在更换苗木现象，苗木管理者需要在前期的景观苗木配置的基础上进行正常的浇水、施肥、苗木管理及病虫害防治等。长期运维，由于苗木的生长周期及最佳观赏时期的局限性，对苗木的管理养护要求更高，需要提前做好茬口安排、物资采购备案、长期维护人员安排及管理等。

一、茬口安排及更换

了解不同品种的特性，掌握其各个生长阶段的生长特性，做好茬口安排，在育苗温室提前备份该茬次的下一茬植物，按茬次培育壮苗，使定植后的植株一直保持较好的观赏效果。

（一）差异性原则和活动吻合原则

采用差异性原则，每一季度的品种及景观更新率达到30%以上；与活动吻合原则，每月举办的嘉年华活动，如1月的草莓节、2月的情人节（玫瑰）等设定部分活动性强可以改变设施模式类型、转换局部景观特征的设施，每一季度着重推出一款种植品种或嘉年华活动主题。以某一地区长期运维的农业嘉年华为例，如表5－3所示。

表5－3　　农业嘉年华场馆不同月份主题植物

时间	主题植物	露天活动项目安排
1月	金橘、凤梨、向日葵等喜庆火热植物	元旦：新迎春节
2月	薰衣草、玫瑰、紫罗兰等	春节：情人节——相亲大会
3月	草莓、樱桃等	三月三：踏青界
4月	西瓜、甜瓜、番茄、黄瓜等鲜食果蔬为主	清明节（寒食节）：全民欢乐农嘉行
5月	四季海棠、凤仙花等打造花海效果	五一劳动节：婚纱摄影季
6月	顽皮小孩、鸳鸯梨南瓜、绘画葫芦等瓜类	儿童节：欢乐童年
7月	使君子等植物	亲子活动月——城堡大冒险
8月	荆芥、罗勒、薄荷等芳香植物为主	特色美食文化节
9月	金银花、马兰头、人参等中草药植物打造健康长寿	重阳节
10月	花生、玉米等五谷杂粮打造五谷丰登的场景	国庆节：庆丰收——农事运动会
11月	光棍树、观音莲等沙生植物为主	光棍节
12月	人心果、蛋黄果、神秘果、嘉宝果等	平安夜

（二）时间段契合原则

要求在植物观赏期欠佳时，一定要储备种苗的大苗进行更新替换，一般藤本类、瓜类品种最佳观赏期为2个月，叶菜类观赏期为2个月，果菜类观赏期为5个月。依据其生物学特性，做好茬次和品种安排，以下面几个品种为例，如表5－4、表5－5所示。

表5－4　　叶菜类茬口安排

种类	育苗时间	定植时间	最佳观赏期	备注
十字花科	10月下旬/12月初	12月初/2月初	来年1月～3月/3～5月	苤蓝、甘蓝、花菜等
乌塌菜类	10月/11月/12月/1月	10月底/12月/1月/2月	11月～4月初	生菜、油麦菜、木耳菜、黄心菜等
芹菜	9月初/11月中下旬	11月底/2月初	12月～2月/2月～4月	芹菜生育期长
周年蔬菜	排开播期或排开扦插，此类品种再生能力极强，对环境要求不严			叶甜菜、空心菜、台湾枸杞、韭菜、薄荷、龙蒿、碰碰香、迷迭香等

注：根据种植环境条件和现场情况稍有变动。

表 5 –5　　瓜类蔬菜茬口安排

茬次安排	育苗时间	定植时间	最佳观赏期	备注
第一茬	10 月上中旬	11 月上旬	12 月初—来年 2 月	瓜类植物
第二茬	12 月上中旬	来年 1 月中下旬	3 月初—5 月中旬	
第三茬	2 月中下旬	3 月中下旬	4 月下旬—5 月下旬	
第四茬	4 月下旬	5 月上中旬	6 月上中旬—8 月下旬	
第五茬	6 月初	7 月初	8 月中上旬—10 月初	
第六茬	8 月中旬	9 月上中旬	10 月初—12 月上中旬	

注：根据种植环境条件和现场情况稍有变动。

二、育苗物资备购

苗木维护期间，要对育苗所需的常规物资提前安排，同期到货，主要是常规的植保物资，育苗基质，穴盘等如表 5 –6 所示。

表 5 –6　　育苗标配物资清单

物资	名称	数量	备注（具体种类）
植保物资	杀菌剂		百菌清、代森锰锌等常规杀菌剂
	杀虫剂		阿维菌素、苏云肠杆菌、甲维盐等杀虫剂
	烟剂		育苗设施内熏棚，环境消毒
	诱杀板		黄板、蓝板、粘虫带
	电动喷雾器		喷药植保用
育苗物资	种子		育苗种子
	基质		草炭、蛭石、珍珠岩、椰糠等
	穴盘		五谷杂粮或叶菜类育苗
	营养钵		用于倒苗，育大苗
	平盘		叶菜类等种子较多蔬菜育苗
	花盆		盆栽蔬菜用
	用肥		有机肥，复合肥，有机肥发酵 EM 菌剂
其他配套	软水管		临时浇水
	园艺喷头		喷淋浇水
	维修工具		钳子、锥子等水电日常维修工具

注：具体数量根据项目规模和具体内容而定。

三、育苗及运维管理

（一）育苗

运维过程中育苗技术参考本书第四章内容。

（二）运维苗木生产管理技术

瓜果类管理。①水肥管理。灌溉系统采用滴箭或滴灌，水肥一体化，瓜菜专用营养液肥，根据环境条件调节 EC 值为 1.6～2.8。一周喷施一次华孚/氨基酸/叶绿素铁等叶面肥；定植 2 周后，用发酵腐熟的饼肥（稀释 200 倍浓度）上清液，开始追膨苗肥，距离植株根茎 30cm 开外穴施，一月两次；挂果初期，再同等比例追施一次饼肥上清液。同时，定植后一周开始使用尿素/复合肥随水追施或穴施（距离植株根茎 10cm 开外，且尽量散开），一周一次（与饼肥错开使用）。②瓜类农艺措施管理。在瓜蔓 30cm 时开始引蔓，高空管道种植及盆栽瓜及时打掉老叶即可，12 片叶以后开始留瓜；伞塔种植和廊架燕尾箱栽培，2m 以下侧枝腋芽全部去掉，只留主枝，及时打掉老叶，修剪病叶。③人工授粉。南瓜的果实是由花托和子房发育而成的。南瓜花在夜间开始开放，早晨四五点钟盛开，是午后萎蔫的半日花。一般南瓜花在凌晨开放，早晨 4～6 时授粉最好。所以人工授粉要选择晴天上午 8 时前进行，即越早越好，可采摘几朵开放旺盛的雄花，用蓬松的毛笔轻轻地将花粉刷入干燥的小碟子内，然后再蘸取混合花粉轻轻涂满开放雌花的柱头上，授粉以后，顺手摘张瓜叶覆盖，勿使雨水侵入，以提高授粉效果。一枝雄花的花粉可连续授 2～3 个雌花。采用混合花粉授粉，有利于提高坐果率和果实质量。（注：在异常天气花粉活力弱时，采用氯吡脲溶液，涂于正开的雌花瓜胎上，可防止果柄脱落，提高结果率。）④整枝打杈。采用不拘形式的整枝方法，就是对生长过旺或徒长的植株，适当地摘除一部分侧枝、弱枝，叶片过密处适当打叶，这样有利于防止植株徒长，改善植株通风透光条件。

水培生产管理。①水培驯化。从穴盘营养钵内取出种苗，先将根部在清水中浸泡 2～3min，随后用手在水中轻轻拍打根部基质，然后拿起在水中轻轻来回涮动两个来回，尽量避免伤根尤其是长根；取出后再放入另一清水中，持续上一次动作；最后再另一清水中轻轻涮洗一遍即可；将 3cm×5cm 海绵在长三分之二处开 1.5cm 合包口，将洗根种苗根部放入海绵合包口中，以不埋生长点为准；将其放入苗棚水培驯化的定植孔中。②营养液配制。景观肥由 A、B、C 组成，其使用为 A∶B∶C＝1∶1∶1（单位代），即 1 代 A 同时配置 1 代 B 和 1 代 C 肥；三种分别在容器内溶解后随水冲入营养液池，根据测试 EC 值来调试营养液的肥用量；水培 EC 值为 2.0～2.8，具体与水温、气温呈负相关，与根部溶氧量呈正相关。③水肥管理。DFT 上层水培一般 10min 一次，一次开启 20min，来补充根部需肥量和供应氧气量，尽大限度开启水肥供应时间，以调节上回水平衡为准。A 字形雾培则为 10min 一次，一次 2min，主要考虑水肥供应，根据季节和温度，每周观察植物根系情况，适时调整。管道式水培则全天候水肥供应，以调节营养供应和溶氧量。④日常管理。每天检查水肥供应系统，以保证水肥供应；随机抽取植物根系检查根系情况，尤其注意根部变褐和烂根情况的发生；及时修剪老叶病叶和过旺枝条。

第三节 环境设施设备

一、适用范围

该温室设施生产操作规程适用于展馆外连廊控制柜内涉及到的所有控制和加热风机。该温室环境基础设施设备涵盖展馆内外涉及到的所有控制和加热风机。通风系统主要有顶开窗、侧翻窗、环流风机；保温加温系统主要是内遮阳、加热风机及配套的柴油供给；降温系统主要有外遮阳、内遮阳、湿帘、风机、湿帘水泵、侧开窗；给排水系统主要有供水系统、回水系统、营养液供给系统、水肥一体机、水处理系统；其他主要有电声功能水系统、温室娃娃、智能自动化控制系统、鱼菜共生系统等。

二、操作原则

人员定位管理原则。每个展馆设备管理均有馆长和馆长助理直接负责，馆长和馆长助理不在现场时，可以委托生产总监或其他同级别专业人员进行管理。

安全原则。要求在非操作期间外栏必须关门落锁；控制柜门锁非检修养护需要严禁打开；操作人员通过操控控制柜外表面开关，来调控设备，严禁打开控制柜门锁，如果控制柜外表面控制开关失灵，立即通知水电工作人员检修。

养护原则。每月的 14 日和 29 日对给供水系统、回水系统、营养液供给系统、水肥一体机、水处理系统、电声功能水系统、温室娃娃、智能自动化控制系统、鱼菜共生系统进行日常养护。

检修原则。要求水电工人每月 1 日开始一周之内必须对所有设备进行一次详细的大检修，主要检验线路老化程度，控制的灵敏性，管道的堵塞等。

生产操作原则。植物所需的温、光、水、肥、气五大要素，是设备控制的要点。操作的过程中主要考虑短板原理寻找平衡点。

游客舒心原则。作为旅游参观景点，环境尤其是光照和温度要照顾到游客人身环境感受，尤其是老人和孩子。

三、操作技术标准参数

其具体环境参数设定以展馆内种植的主打作物作为依据，下面以瓜果类蔬菜、叶菜类蔬菜、五谷杂粮和花卉为主题展馆为例进行说明。

（一）通风系统操作规程

温室展馆内的通风系统主要是顶开窗和湿帘侧翻窗。

顶开窗主要作用为通风透气，它依据的主要参数是温度，同时与其他参数关联，如表5－7所示。

表5－7　顶开窗及湿帘轴流风机与环境条件关系

项目	展馆	温度	雨	风	湿帘轴流风机	备注
顶开窗	瓜果菜	开：昼大于26℃ 夜大于15℃	关闭	关闭：大于10m/s	关闭：开	每天至少开启30min
	叶菜类	开：昼大于23℃ 夜大于10℃	关闭	关闭：大于10m/s	关闭：开	
	五谷杂粮	开：昼大于23℃ 夜大于10℃	关闭	关闭：大于10m/s	关闭：开	
	花卉类	开：昼大于25℃ 夜大于13℃	关闭	关闭：大于10m/s	关闭：开	

湿帘外侧窗既属于通风系统又属于降温配套系统，湿帘外侧窗及湿帘风机与温度关系如表5－8所示。

表5－8　湿帘外侧窗及湿帘风机与温度关系

项目	展馆	温度	湿帘风机	备注
湿帘外侧窗	瓜果菜	开：昼大于26℃，夜大于15℃	开：开	一般冬季保温时关闭
	叶菜类	开：昼大于23℃，夜大于10℃	开：开	
	五谷杂粮	开：昼大于23℃，夜大于10℃	开：开	
	花卉类	开：昼大于25℃，夜大于13℃	开：开	

注：夏季向前提一度，秋冬季向后推一度。

湿帘外侧窗即属于通风系统又属于降温的配套系统

（二）内循环系统操作规程。

内循环系统主要是指环流风机，目的在于内部环境循环，减少边际效应，减少病害发生率（减少孢子病菌积累发病）。环流风机开闭，如表5－9所示。

表5－9　　环流风机开闭

项目	展馆	湿帘、风机、顶开窗	备注
环流风机	瓜果菜	关闭：开	理论上讲，只要风机、湿帘、顶开窗关闭，环流风机均为开启状态，夜间也不例外
	叶菜类	关闭：开	
	五谷杂粮	关闭：开	
	花卉类	关闭：开	

（三）保温加温系统操作规程

冬季保温加温主要集中在12月、1月、2月的低温寡照灾害性天气，使用内遮阳和加热风机达到保温加温目的。其具体参数如表5－10所示。

表5－10　　内遮阳与加热风机与环境关系

项目	展馆	温度	备注
内遮阳	瓜果菜	展开：夜小于15℃	内遮阳作为内保温使用时仅跟温度有关
	叶菜类	展开：夜小于10℃	
	五谷杂粮	展开：夜小于10℃	
	花卉类	展开：夜小于13℃	
加热风机	瓜果菜	打开：夜小于15℃	仅与温度有关
	叶菜类	打开：夜小于10℃	
	五谷杂粮	打开：夜小于10℃	
	花卉类	打开：夜小于13℃	

（四）降温系统操作规程

降温系统——外遮阳、内遮阳、湿帘、轴流风机、湿帘水泵、侧开窗。其具体参数和先后顺序如表5－11所示。

表5－11　　湿帘、轴流风机、湿帘水泵、侧开窗与室内环境关系

项目	展馆	室内光照强度	室内温度	备注
湿帘、轴流风机、湿帘水泵、侧开窗	瓜果菜	<40klx	25～28℃	西瓜为例：光饱和80klx，光补偿4klx
		>60klx	27～30℃	
	叶菜类	<10klx	15～20℃	芹菜为例：光饱和45klx，光补偿2klx
		>40klx	20～25℃	

续表

项目	展馆	室内光照强度	室内温度	备注
外遮阳	五谷杂粮	<10klx	15~20℃	豆类为例：光饱和 25klx，光补偿 1.5klx
		>20klx	20~25℃	
	花卉类	<30klx	20~25℃	番茄类为例：光饱和 70klx，光补偿 4klx
		>50klx	25~30℃	
	瓜果菜	<60klx	20~25℃	以以上四个展馆各自作物为例。实际检测玻璃透光率为 70% 左右；外遮阳透光率 50% 左右
		>80klx	25~30℃	
	叶菜类	<15klx	15~20℃	
		>25klx	20~22℃	
内遮阳	五谷杂粮	<20klx	15~20℃	以以上四个展馆各自作物为例。内遮阳透光率在 40% 左右
		>30klx	20~22℃	
	花卉类	<50klx	20~25℃	
		>70klx	25~30℃	
	瓜果菜	<60klx	20~25℃	
		>80klx	25~30℃	
	叶菜类	<15klx	15~20℃	
		>25klx	20~22℃	
	五谷杂粮	<20klx	15~20℃	
		>30klx	20~22℃	
	花卉类	<50klx	20~25℃	
		>70klx	25~30℃	

注：湿帘、轴流风机、湿帘水泵、侧开窗以温度为依据，光照强度为参照数据。

四、温室设备系统操作规程及日常维护

（一）温室使用原则

1. 基本配置

现代化温室主要用于高效种植，基本配置的系统有：外遮阳、内遮阳、内保温、顶开窗自然通风系统、风机—湿帘通风降温系统、补光灯、环流风机、给排水、电动控制系统等。

2. 使用养护原则

温室建成后，为延长温室的使用寿命，更好地为生产服务，温室设备需要定期保养和维护。应该设置具有专门的温室知识和经过维护保养培训的人

员进行温室管理，管理人员应该能够熟悉温室各个系统的工作状况，理解温室环境控制的机理与过程，能迅速、准确地判断出现故障的原因。

3. 主体结构

温室钢骨架主要构件及其材料均热浸镀锌处理，工厂化生产，现场组装。主体结构柱焊装在地基预埋铁件上，其他上部结构零部件的连接均采用标准件铰接紧固。

主体结构的保养项目和注意事项。主体结构日常无须保养，但要注意以下事项。

（1）基础的沉降监测与规避，避免灌水过程中对基础的浸泡，防止沉陷或不均匀沉降。

（2）温室结构件不得受强烈碰撞和冲击，不得随便改变温室结构，为避免破坏钢结构镀锌层，不得在所有镀锌构件上使用氧焊、电焊焊接的任何吊挂物。

（3）若需把作物吊挂到温室骨架上，需与建造者协商吊挂方案，并且任何时候由作物造成的荷载不得大于0.15kN/m^2。

（4）遇大雪时，要及时清除屋面积雪。

（5）骨架连接紧固件检查　由于风、雪等影响，骨架紧固件可能松动，发现松动要及时紧固。

（6）遇大风（五级风以上，包括五级）时应关闭顶窗和侧窗，并收拢外遮阳，防止结构损坏。

（7）温室维护过程中屋面结构承受的临时荷载不许超过0.72kN/m^2，必要时可加临时支撑承担人和维修设备的重量。温室内桁架弦杆增加集中荷载不能超过0.5kN/m^2。

4. 温室围护结构

温室顶部采用4mm厚钢化玻璃覆盖，四周用普通玻璃建造。安全、透光性能优异、耐久性好、有利于室内环境控制等优点。专用铝型材固定，密封性能好。

围护结构保养项目和注意事项如下。

（1）顶部维护　一般为钢化玻璃。钢化玻璃覆盖材料定期用清水清洗除尘，灰尘会影响透光率；钢化玻璃在生产过程中有硫化镍等杂质带入玻璃中，有自爆现象；板面上不许站人或放其他重物；定期检查密封性，定期维修。

（2）四周维护　透光率受到影响时应及时对玻璃进行冲洗。使用自来水冲洗；使用中性溶液或洗涤剂，不得使用对玻璃有侵蚀作用的洗涤剂；用清水把清洗下来的污垢彻底冲净后，用干净软布或海绵把玻璃面擦干擦亮，不可留有明显水迹；需要密封时可用中性玻璃胶；严禁重物、硬物产生对玻璃的撞击。

5. 开窗遮阳系统

（1）温室顶部开窗　屋面采用双面开窗方式，天窗沿屋脊方向双面布置。开窗机构的驱动系统采用减速电机和轨道推杆专用齿轮齿条。轴及推杆等连接件为热镀锌件。

（2）遮阳系统

①温室外遮阳系统。外遮阳系统可以通过调节光照来改善温室内的生态环境。炎热夏季，遮阳幕根据不同遮阳率能阻挡部分阳光，并使阳光漫射进入室内，均匀照射作物，以保护作物免受强光灼伤，同时使温室温度下降。遮阳幕布采用抗老化外遮阳幕。遇大雪、大风天气时，将幕布收起，防止幕布承受不了重力，而损坏外遮阳系统。在遇冰雹时打开幕布，防止冰雹划伤顶部玻璃，影响采光、防紫外线等性能，此行为可能存在对幕布造成损伤。

②温室内遮阳系统。内遮阳保温系统可以通过调节光照来改善温室内的生态环境。内遮阳保温幕为铝铂遮阳保温幕，幕线采用黑色聚酯线，通过高质量的产品，炎热夏季，遮阳幕能反射部分阳光，并使阳光漫射进入室内，均匀照射作物，以保护作物免受强光灼伤；驱动机构为A型齿轮齿条机构。

（3）开窗遮阳机构的保养项目与使用注意事项　电机和齿轮齿条定期保养：每年更换一次电机减速箱中的润滑油（牌号：85W－140）；每3个月用锂基润滑脂润滑一次齿轮齿条；每6个月检查一次电机限位开关工作状况，校正偏差。系统运行中发现异常声音或其他情况时，要马上停止运行，检查修复；定期检查顶窗的密封性，发现密封不严的地方如密封橡胶条脱落老化，要及时更换；关注每日天气预报，遇大雪、大风时要收拢外遮阳，避免外遮阳系统受损。

（4）常见故障解决方法　幕布驱动边弯曲，运行不平稳：应重新调整推杆－导杆连接卡在推杆上的位置，使之恢复平直；遮阳幕局部下垂：应检查托幕线是否松弛，一般张紧托幕线即可解决；遮阳幕收起时面积过大，应检查幕布是否有撕裂现象或活动导杆上固定幕布的定位导向卡是否松动或脱落，并及时修复。注意，应首先检修驱动构件，并进行平稳调试，确认无误后再修复幕布，并使之连接到驱动系统中。

6. 风机－湿帘降温系统

系统原理和组成：水均匀地淋湿整个降温湿帘纸，空气穿透湿帘介质时，与湿润介质表面进行水气交换，空气显热转化为汽化潜热，实现对空气的加湿与降温。

（1）湿帘保养　风机－湿帘系统运行时应关闭所有种植区通风窗口，使室内外隔绝，打开湿帘窗进风；在水泵停止30min后再关停风机，保证每天晾干湿帘，否则湿帘长期潮湿，容易滋生藻类，影响降温效果及使用寿命；保持所供水质良好，水的 pH 为 6～9，电导率小于 1000S/m。定期清洗水池、循环水系统等，保证供水系统清洁。水质不好会滋生藻类并在湿帘表面形成水垢；鼠害控制，采取措施避免鼠类啃咬湿帘纸；湿帘表面水垢和藻类物的清除。在彻底晾干湿帘后，用软毛刷上下轻刷，不能横刷。然后只启动供水系统，冲洗湿帘表面的水垢和藻类物，避免用蒸汽或高压水冲洗湿帘。

（2）风机日常保养　使用前，应对所有风机座全面检修、保养，主要是保证皮带传动风机润滑及电机的完好，必要时应更新皮带和准备备用电机。注意控制柜电流、电压。电源必须符合风机铭牌规定，电压上下偏差不得超过额定电压的 10%。

先将窗户打开，再启动风机。因风机是采用负压方式换气的，所以在开启风机前一定要先将窗户打开，使空气能够实现对流；风机在运行过程中，应经常查看风机的振动，电机的电流、电压、功率是否正常。如果发现风机有剧烈的振动、撞击、电流过大或偏小等反常现象，应立即停机检查，排除隐患后才可重新启动运行；风机停机时严禁通过外力开启百叶窗，以避免破坏百叶窗的密合性；每年给轴承加润滑脂（锂基润滑脂）一次；为了不影响叶轮的平衡精度，应定期清除叶轮及风机内外表面的积灰、污垢等杂质，防止风机锈蚀；为确保人身安全，风机的维护必须在停机之后进行；长期停用的风机重新使用时，应进行全面的检查，看风叶是否变形，连接部件是否松动，转动部件是否灵活，电线表皮是否损坏或老化等，并且测试其绝缘电阻不得低于 2 兆欧，若低于 2 兆欧必须进行干燥处理。高温季节，风机动作频繁，注意检查传动带的张紧度，以保证降温效果及节能、低耗；冬季，为避免温室内部能量散失，应将风机密封（一般用薄膜密封）。

（3）风机－湿帘系统常见故障排除　湿帘纸垫干湿不均时，调节各组湿帘阀门，使各组湿帘水流量均匀。湿帘纸湿润情况不均时，检查上水管或湿帘内的喷水孔是否堵塞。及时冲洗水池、水泵进水口、过滤器、供水管等，清除供水循环系统中的脏物；湿帘系统漏水处理，水滴溅离湿帘。检查供水量是否过大，用调节阀门调节阀门过水量，检查是否有损坏的湿帘，边缘是否出现破损或“飞边”；下框架溢水，检查供水量是否过大，排水管路是否堵塞等；接缝处漏水，在停止供水后，加抹硅胶。风机若出现剧烈振动，可以从以下几方面检查排除：

基础刚度不够或牢固不够应进行加固；若叶片失去原平衡精度要重新进行校正平衡；若风机支撑部件连接松动可拧紧有关连接件或更换新的；电机电流过大或温升过高并确定是电机本身的原因时，应检修或更换电机；电机的输入电压过低时，要调整电压。

7. 电控系统

每个温室均安装一套控制系统，分别控制温室内的风机、遮阳系统、补光、照明、临时用电插座等用电设备。控制箱内备有保护装置，对用电设备的过载、缺相、短路实行保护。

（1）系统介绍

电控系统手动控制：温室内设置控制柜（手动控制），集中控制温室内外的用电设备，通过面板上的按钮，可以方便地控制顶窗、遮阳、风机、湿帘等系统的运行。

1 个总控制柜：包括电源、照明、风机、补光灯等控制。

在内遮阳、外遮阳、顶开窗系统开启或关闭的动作执行中，管理人员不得离开，发现异常情况应马上停机或者断开电源，并请有关技术人员进行处理。

补光灯用于温室的补光，控制箱面板上有开关按钮。补光灯为专用品，如有损坏不可随意代换。另外，该光源有预热启动的特性，所以不允许在短时间内频繁地开启关闭，否则容易导致设备损坏。

（2）使用注意事项　日常操作人员必须经过培训；控制柜注意防潮，避免水滴溅到控制柜上；控制柜和用电设备的调试、维修必须由电工操作；注意保护电缆、接地装置等。

特别注意：风机电机、内遮阳电机、外遮阳电机、顶开窗电机均属于三相电机，电机转向与电源三相相序有关。如电网停电检修或使用备用发电机组供电时，启动机组前，先把某一台风机打开，观察转向是否正确。反转应调整控制柜进线电源相序。转向无误后，各系统机组方可使用。电控系统要有专门的电工（低压电工即可）来操作。

8. 重要提示

（1）顶窗的开启、合拢需有专人看管，避免电机限位失去作用时造成意外的事故，冬天下大雪或顶部结冰时不要擅自开窗，否则容易损坏顶窗。

（2）遇大雪时，若室内停暖，导致屋面积雪时，要及时清除屋面积雪，保证温室采光。

（3）关注每日天气预报，遇大雪或大风天气要收拢外遮阳、关闭顶窗。

（4）不适用的清洗剂是碱性溶液、溶剂及其他能侵蚀板面的物质。禁用酯类、酮类、卤代烃类及一切可使用的聚碳酸酯溶解或溶胀物质。

（5）风机电机、内遮阳电机、外遮阳电机、顶开窗电机及外翻窗电机都是三相电机，电机转向与电源三相相序有关。在使用过程中电源接线变化时，必须重新调试相序，否则电机可能反转，从而破坏系统结构。

（6）电气控制柜注意防水，避免水滴溅到控制柜上。

（7）禁止强制吸合接触器让遮阳、开窗等系统强行运行。

切记要定期清理温室顶部树叶及其他垃圾，避免堵塞排水管道。

9. 维护管理建议

（1）设置经过专业的温室知识和维护保养培训的温室技术人员进行温室管理，因为他们能够熟悉温室各个系统的工作状况，理解温室环境控制的机理与过程，能迅速、准确地判断出现故障的原因。

（2）根据生产实际制定温室维护制度　定期检查各系统、制定故障解决办法等。

五、配套生产设施设备操作规程及日常维护

（一）灌溉水肥系统

各场馆均配备营养液池，池内装配水泵用于营养液的供给和回流。营养液经供水主管、供水支管输送到各种植区域，除基质栽培外，各水培区域及复合栽培区域营养液在经回水管道回流到营养液池中。

1. 溶肥桶溶肥流程

检查溶肥桶供水水泵，确保供水水泵处于开启状态，然后打开溶肥桶排水阀，调节进水阀大小开始注水并使桶内液位处于动态平衡状态，添加 A 肥料进行溶肥，溶解完毕后继续注水 2min，添加第二种肥料依次进行溶解。

注意：若 A 肥没有完全溶解便添加 B 肥时，溶肥桶中会有沉淀生成。

2. 灌溉流程

检查营养液池液位，保证浮球处于漂浮状态；打开拟灌溉区域对应水泵；打开拟灌溉区域总阀及分阀进行灌溉。灌溉结束时关闭该区域对应水泵及灌溉总阀。附加自动控制的灌溉区域，可在开启对应区域的水泵及定时控制器后进行自动灌溉。

3. 施肥机

施肥机由原水水泵、母液灌、施肥机主机、电脑控制系统、区域电磁阀组成。“强行控制”是对各个灌溉区域电磁阀的控制，自动灌溉状态下选择“UTO”，电磁阀将根据灌溉程序随施肥机水泵顺序开关，以达到各个灌溉区域轮流灌溉的目的；手动灌溉结束后若模式未自动转变为“OFF”，需要将其手动调整为“ON”。若需要灌溉清水，需要更改营养液配方中的 EC 值、pH，再进行手动灌溉或自动灌溉。

（二）水处理系统

首先，查看原水池是否有足够水量，水量充足时开启阀门，再检查石英砂、活性炭过滤器顶部自动控制阀是否通电（出彩条为正常供电），并查看阻垢剂箱内是否有阻垢剂，要随时检查添加，计量泵调节；设备在正常运行状

态如需关机可以把功能水转换开关调至中间位置，设备自动关闭，所有阀门不需要调整；石英砂、活性炭过滤器顶部安装自动清洗阀，自动状态下过滤器可自行清洗，安装后各项参数已调整到位，使用过程中不需要再调整，建议设备出水量不足10L/min时进行一次清洗，每次清洗时先进行酸洗再进行碱洗。为降低成本，首次清洗可只进行酸洗，下次清洗可进行碱洗，如此交替清洗。

（三）温室娃娃

温室娃娃的主要功能是对温室的空气温度、空气湿度、露点温度、土壤湿度、光照强度等环境参数进行实时监测。测量结果可在中文液晶显示屏上直观显示出来，并可存入机带存储器中，通过与计算机连接，将数据传入计算机中，便于整理分析。

温室娃娃主要物理构成为主机一台，空气温湿度、露点传感器一个，土温传感器一个，光照强度传感器一个，充电电源一个，数据线一条和系统盘一张。

第四节　管理制度

一、生产种植管理制度

（一）生产管理职责

负责种植区全面管理工作，根据总公司规划制定的相关规章制度、操作流程、工艺标准，并监督检查实施情况及时掌握蔬菜种植新技术、新标准，引进具有高效、优质的农作物，并对实验品种的技术进行研究和指导；负责种植生产计划的制订，结合领导指示编写嘉年华展馆内的中长期种植规划，并达到种植区域布局科学合理、实用、美观的效果；负责计划实施，监督执行进度与质量，确保种植计划按时完成；生产中若发现在岗人员中有多次违规行为，可责令其重新参加岗位职责和基本操作知识等有关方面的培训，考核仍不合格的给予辞退；负责园区质量监管的工作，根据基地作物的生长情况，研发、引进高效的生物植保技术，并做好病虫害的防治工作；负责处理与质量有关的问题，对产品最终质量负责；负责对员工的技术培训，培训以现场示范为主，辅以技术资料。

（二）生产人员管理原则

各个展馆馆长要向生产总监及时汇报作物水肥及病虫害的情况，根据生产总监下达的生产指标，安排操作日常种植管理；温室内的突发事件（种植作物生长状况，物资丢失或损坏，水电问题等），各处负责人必须第一时间向上级汇报，必要时可越级上报，严禁欺蒙瞒报；各处负责人要严格按照种植技术员下达的工作任务强化生产管理，本着节约增效的方针强化用工管理制度及农业投入品的管理制度；严格按照技术标准执行，及时掌握蔬菜种植新技术、新标准，及时引进具有高抗、优质、营养的园艺作物；严禁使用违规农业投入品，严禁私自使用任何农业投入品（种子、农药、化肥等），农药、化肥及化学杀虫剂等有机标准禁用物品严禁带入园区；固定资产的检修、盘点及日常维护与保养，对种植区门窗、水井、用电等涉及公共安全的设施、设备进行巡查，发现设备设施缺失、损坏或不能正常使用等情况应及时报告并记录；及时请教关于新栽培技术的相关问题，不能在不明白的情况下擅自处理相关问题；工作安排如有变动，及时通知相关工作人员，重新安排任务；发现有人在园区内有破坏行为时，要予以劝阻、制止，劝阻、制止无效的，要及时报告园区负责人。

（三）用工人员管理

从节约成本和当地的结合度上，主要以当地或周边村民为主要工作人员。

（1）临时人员的硬性要求　年龄要求女50岁以下，男60岁以下（工作突出者，可以酌情放宽年龄限制），身体健康，无酗酒斗殴等不良嗜好。

（2）工作要求　能够使用喷雾器、植保车等简单工作器械；工作人员常用物品及个人所带物品、衣服必须统一放置，禁止随意摆放；上班期间不得大声喧哗影响工作；不得成群结队闲聊，不得吵架、打架；上班期间禁止吃东西，屡教不改者，予以辞退。

（3）农用物资使用过程要按照技术管理人员所交代的使用标准使用，严禁自行使用违规农用物资，严禁违规使用农用物资。用过后需将包装袋（瓶）交回管理人员，统一收回处理。

（4）员工同时请假人员总数不得高于基础用工工人总数的20%。员工若有特殊情况不能按约定时间上班时，需提前30min打电话告知管理人员。迟到30min内向管理人员请假，超过1h将作为累计记录，管理人员可安排其调班或加班。

（5）设施设备管理　下班前，所有工具归位，摆放整齐；工作后，检查应当关闭的水电是否正常及温室相应设备状态是否正常；确保正常无误后，正常下班。

（四）生产管理标准

每个嘉年华都要根据展馆主题和种植内容来建设生产操作规程，严格按照生产操作规程进行建设。嘉年华整体生产管理标准遵循几个共同原则。

1. 水肥管理，适度原则

根据季节和植物长势不同稍有差异，正常环境条件下的水肥管理却又有很多共性。雾培植物，营养液浓度 EC 值为 1.8～2.5，少量多次使用，喷雾频率越高越好，时间间隔越短越好；水培植物，营养液一次配置使用 3～5 天的量，浓度 EC 值为 2.0～2.8，植物根系环境溶氧量大于 4μg/mL，根部温度保持在 16～22℃；基质培或土培，基质含水量小于 30% 即需浇水，浇水方式为微喷、滴灌或滴箭，采用水肥一体化，营养液溶度 EC 值在 4 左右为宜，少量多次应用，见干见湿的状态为宜。

2. 农艺措施管理，以达到优美震撼的即视感

农业嘉年华不单单是生产性的科技农业会展，还有另外一个重要意义就是以别样的艺术手法展示农业的科技性和观赏性，无论从种植的角度还是从艺术的角度，视觉效果都很重要。保持地面清洁，及时清理种植区域垃圾，适时修剪老叶病叶及枯枝败叶，以保持植物整个生长面旺盛的生长势和生命力；爬蔓植物生长量每达 15cm，引蔓一次，引蔓方向及疏密应适当；根据不同植物的需求，对植物进行适时地修剪，确保源和库、地上和地下、生殖生长和营养生长三种关系的协调。

3. 植物保护，以防为主，防治结合

以物理防治、生物防治和农业防治为主，合理密植、注意卫生。种植密度决定着通风透光种植环境的差异性，合理密植将有效地规避部分病菌的发病条件，同时可充分进行小型机械除草、整枝等农艺操作，为植物创造更适宜的生长环境，同时也大大优化了生产操作的工序；生产区域周边 500m 内不得有杂草、植物残体、病株等病虫初次侵染源。黄板和蓝板诱杀，根据害虫趋黄色性、趋蓝色性的原理，用于防治白粉虱、蚜虫、蓟马等小型飞行虫类对植物侵袭；选择 50 目防虫网为宜，防止小菜蛾、甜菜夜蛾、豆荚螟等害虫进入棚内；植物诱控和驱避，可种植迷迭香、驱蚊草、蓖麻子、薄荷等对于部分病虫害起到趋避以杜绝部分病虫害对植物的侵袭，降低植物发病率；植物源农药和生物防治，以虫治虫、以螨治螨、以菌治虫、以菌治菌等进行生物防治，也可使用香菇素、苏云金杆菌（BT）、蜡质芽孢杆菌、枯草芽孢杆菌、赤眼蜂、捕食螨等成熟的产品和技术。

4. 生产物资管理原则

一般短期运维的农业嘉年华周转物资不多，没有专用仓库，一般会将物资就近放置在每个展馆的操作间内。操作间内有泵房、水处理系统、营养液池等，物资存放的环境复杂，所以简易货架就成为了必备品，物资一定要放整齐，分门别类地摆放；建立严格的生产物资台账，认真记录商品的货主、进出库时间、凭证号码、品种、数量、等级、质量、包装和生产日期等，要按垛挂牌，定期核对账目，出一批货清理一批账，做到账、货相符；易燃、易爆等危险物品，严禁放置在操作间内，要在室外寻求合适的环境隔离存放；

领取物资必须有项目负责人或是生产负责人的通知或批条，方可领取相应物资；若领料人员所需物资无库存，库管员应及时通知使用者，使用者按要求填写请购单，经领导批准后交给采购人员及时采购所需物资；任何人不办理领料手续不得以任何名义拿走物资，不得在货架或货位中乱翻乱动；以旧换新的物资一律实行交旧领新的制度；领用的各种工具均要标上工具卡，并由领用人签字；由于生产计划更改使领取的物资有剩余时，应及时退库并办理退库手续；按照规定的时间，操作间实行锁库保管，水电工在下班前要认真检查水电、物资情况，检查没有问题后方可离岗。

二、安全卫生管理制度

（一）卫生管理原则

物资应整洁一致。温室工作人员的工作车辆统一放置在员工停车位置，摩托车/电动车/自行车各自分区域停放，头尾一致，摆放整齐；员工进入温室必须佩戴工作证和穿统一的工装，从员工通道进入各自工作展馆；工作人员常用工具及个人所带物品、衣服必须统一放置在工作人员的专用柜子中，禁止随意摆放；用完的物资及时放回原处，以便统一管理；所有物资的包装等废弃物要及时清理；采摘车必须在每天下班时清理；温室各工作通道的门都应关闭，工作人员出入要随手关门，防止温室外虫害传入温室，同时也禁止游客随意进出；未经允许，禁止带领非温室工作人员入内；严禁在温室内抽烟、吃东西。

室外的卫生包括路面干净卫生，无积水、纸屑及瓜果皮等杂物，道路通畅无阻；公共垃圾桶等设施要干净整齐，无异物如灰尘、蜘蛛网和虫类等；桌椅摆放整齐；地面干净，无污渍；游客咨询处桌面整齐无异物，用具摆放整齐有序。室外绿化无枯朽树枝，无杂草，无垃圾等杂物；卫生间指示牌、男女标志牌完好，并确保无纸屑，无堵塞，无污垢，无蛆蝇、臭味，无积尘、蜘蛛网等；公厕水电设备完好，墙壁、门窗净，间隔净、无损坏，便槽净，公厕挡板、挡墙完好；室外路标、路引、展板、指示牌、门头等清洁完好；温室周围200m内严禁存放、倾倒垃圾，定期清理温室周围的杂草，抑制病虫害的传播。

室内环境清洁卫生包括温室应该随时保持干净整洁；垃圾物品丢入温室内的垃圾箱内；打掉的黄瓜、西红柿的病叶、老叶在温室不得存放超过12h，应及时清理出温室，严禁在温室内长时间存放，每天下午下班前0.5h进行清理，丢弃至远离温室200m以外的区域；生长势不良，已经衰败的景观或观赏价值不高的植物，要及时清理出馆并作植物更新；每天打扫清洗温室里的道路，保持路面干净、整洁；定期擦洗温室正门两侧的展板，保持展板干净、明亮；严禁在景区内抽烟，景区工作人员见到抽烟等不文明行为时应予以制止，并将垃圾或熄灭的烟头后放到垃圾箱内；垃圾箱要布局合理，分类设置，标识明显，数量满足需要，造型美观，与环境协调。垃圾要及时清理，日产日清。

（二）安全管理原则

以确保员工生命安全和公司财产安全为根本。所有设施设备入场安装后要进行技术安全交底，对相关操作人员进行技术培训，要严格按照操作规程，对使用机械作业的，应由有资历的熟练工人进行操作，对经过反复培训不能掌握生产技术的工人不予使用，以确保工人能够安全使用机械进行作业；安全员每日巡查相应区域的安全生产情况，定期检查维护生产设备、消防器材、电路，以确保设备器材的正常使用及安全完好，及时处理、解决安全隐患，落实整改措施；操作电气装置的工人应熟悉其性能和使用方法，不得随意开动电源装置，严禁在电源装置上放置物件；电气操作人员要保证电器设备的整洁、完好，防止设备受朝，禁止用脚踢开关或用湿手扳开关，更不能用金属器物触及带电的电器；打扫卫生、擦拭设备时，严禁用水冲洗或用湿布擦拭电气设施，以防发生短路和人员触电事故；电器在使用过程中，出现打火、异味、高热、怪声等异常情况时，必须立即停止操作，关闭电源，并及时请电工来检查、修理，确认能安全运行时，才能继续使用；接触电源必须有可靠的绝缘措施，并按规定进行严格检查，防止人员触电事故的发生。在高电压的场所、电线裸露的地方，应设立醒目的危险警示标志，并采取有效的隔离措施，防止出现电击事故。对于室外的电气设施，必须定期清理其周围的杂草树林，防止引发事故。

植物保护要优先使用农业技术防治和生物技术防治，药剂防治要严格控制农药种类、剂量、时间和方法，使用要科学合理，同时采取防护措施；使用后的肥料和农药包装袋、瓶、箱应集中回收，统一处理，避免造成环境的二次污染。

三、考勤考评制度

对于中层管理人员，采用指纹打卡考勤制度；针对一线员工采用定点定时上下班考勤点名制度，随时随机查岗；展馆工作时间根据需要由管理者统一随机安排，一天 8h 工作制，临时需要延长工作时间的情况则按照加班时间计算加班费；一线工人上班多采用错时上班制，分为早班和晚班，避免在参观时间段展馆内无工作人员；原则上每天工作植保工作和卫生清洁工作被安排在展馆游客清场之后；一线考勤必须按月备有详实的考勤原始记录单；临时用工记录必须备有详实的务工原始记录单。

第五节　资金管理

一、运维费用支出管理

该部分主要涉及劳务费、运营期物资及策划宣传费用三部分内容。

（一）运营劳务费

运营劳务费安保、环卫、展馆内生产操作的一线工人和管理人员的工资，临时聘请专家指导的费用等，其费用标准要与项目地的区域位置市场物价相吻合。安保环卫在短期运维时一般外包安保公司和环卫公司，与安保公司和环卫公司签订合同，统一付费，不用负责食宿及保险，既能够减低运营成本，又能够确保安保环卫的专业性；生产操作的一线工人、管理人员工资应按照正常月度发放，可以是发放现金的形式，也可以银行转账的形式；嘉年华突发病虫害及应急情况时聘请的专家临时指导费用及评审会等支付的咨询费用或专家费，主要按天结算。

（二）运营物资费用

运营物质费的费用主要是由以下的物品消耗产生的费用，主要包括农药、黄板等植保物资，营养液肥、叶面肥、酸碱及迷雾植保车用柴油，加热风机用油等生产极易消耗品，拖把、抹布、洗洁精、清洁剂等展馆内生产工作人员的清洁用具，推车、电子秤、种苗转移车、桌椅、凳子相关小型设施设备等物资及玉米棒（脱粒互动）、五谷杂粮（酿酒，五谷贴画等）等互动体验区消耗品。

（三）策划宣传费用

策划宣传费主要是用于可视媒体、平面媒体和网络等新媒体方面的媒体交通费、版面费等。

二、运维期间收入管理

嘉年华长期运维主要有门票收入、商务收入（展位、广告等）和社会附加值三个方面的盈利机制。

（一）门票收入

借助网络平台，游客可以更快、更直接地通过票务网站和手机订购嘉年华的门票，并可了解更多农业嘉年华的信息。

游客可通过票务公司呼叫中心电话购票，可拨打400电话服务热线进行购票或咨询农业嘉年华的活动信息等。

旅行社作为农业嘉年华活动最为对口的受众群体单位，可以为嘉年华活动带来巨大的客流量。

（二）招商引资

门票上面的广告版面。门票版面可以印刷相关涉农企业的广告版面来进行招商。

每个展馆内互动售卖区的农产品展位要根据展位的位置及大小进行涉农产品企业的商务招商；所有展馆内外的展板、展牌、指引牌及条幅在不影响整体设计经管的基础上，预留广告招商空间，用于当地涉农企业的招商宣传。此外还包括嘉年华配合场馆自有商品进行售卖；代理品牌销售，协助知名产品推广；与科研院所进行项目合作，如品种区域试验、推广或产品展示等。

（三）社会附加值

通过嘉年华聚人气、创平台，打造当地在大区域内的知名度。首先可以带动当地餐饮、住宿行业的发展和政府税收的增加；农业嘉年华本身就是科技和产业的展示和推广平台，有利于打造当地部分农产品的知名度和影响力，提高当地农产品的经济价值并推动当地农副产业的发展。

第六节　营销与宣传

农业嘉年华作为传统农业与现代农业相结合的农业文化盛会，是一个聚集资源、表达主题、扩延思想的平台，并有展览、娱乐、购物、展示、宣传、招商等多种功能，如何有效地把这场盛会推广出去，为众人所知显得尤为重要。根据农业嘉年华的特殊性，应注意四项营销原则，即政府牵头，社会参与，走市场化运作之路。嘉年华的营销应树立现代营销观念；突出特色，完善农业旅游产品开发与创新体系；加强活动内容宣传攻势。农业嘉年华的营销手段一般分为网络营销、广告营销和节假日营销。

一、网络营销

网络营销产生于20世纪90年代，发展至今已有百多年历史。90年代的互联网媒体，以新的方式、方法和理念，通过各种网络营销策划，制定和实施了一系列营销活动，形成了一种新型的营销模式——网络营销。

网络营销其实就是把网络当作一个营销平台，亦称做线上营销或者电子营销，指的是利用互联网进行的营销。

农业嘉年华项目通过网络营销的方式进行传播是再合适不过的，由于农业项目存在地域性、时空性等特点，传统的营销模式无法及时和最大限度的对营销内容做跟踪和报道，因此传统的营销模式无法把项目信息进行最广泛的传播，所以应运而生的网络营销是农业嘉年华项目必不可少的传播手段。

网络营销活动指商家为发现、满足和创造顾客的需求，基于互联网、移动互联网平台，进行市场开拓、产品推广、定价促销、品牌宣传等活动的总称。

农业嘉年华项目采用网络营销手段进行宣传推广的工作是一个比较系统的工程，它涉及很多方面，需要结合当地农业嘉年华自身的实际情况，对市场需求进行分析，细致地做好网络营销计划，最终才能够实现网络营销对农业嘉年华项目的宣传推广。具体实施步骤包括农业嘉年华网站的建设，发布项目信息，营销预算，选择网络营销方式和推广服务及产品，安排网络营销专业销售人员、客户服务等，所有工作安排到位，周密的计划能够使企业在网络营销过程中的经销平稳地进行，从而达到理想的网络营销效果。

农业嘉年华网络营销是为了借助互联网使得农业嘉年华这个品牌在网络中迅速有效地传播，提高嘉年华的知名度，并提升品牌效应。

构建农业嘉年华网站是网络营销过程中非常重要的一环。但事实上，大多数农业嘉年华网站并没有发挥其宣传推广的作用，起不到网络营销最初设定的效果。这是因为项目运作方在建设网站时忽略了网站的实用性，而一味地着重于网络的外观设计。

因此，项目运作方要明确网站主要是为了配合网络营销而建设的，网站设计应主要以方便用户，满足用户需求为原则，华丽的网站虽然可以吸引用户，但是对于没有实用性的、满足不了用户需求的网站，用户只会在“欣赏”完网站之后将之遗忘。在网站设计时，除了要清晰地显示农业嘉年华现场图像，还应完善网站营销服务功能，注重产品和客户服务功能，以及用户交流、信息检索、客户体验等功能，使网站更实用，能够满足用户的需求。

网络只是一个渠道，渠道为王，市场已经过了“渠道为王”的时代，如果要想打开市场，占据市场的前沿阵地，没有精心的策划、缜密的规划显然是行不通的。网络营销不单单是一种营销手段，更是一种文化，是信息化社会的新文化，农业嘉年华应在网络这一渠道下进入一个新的发展阶段。

二、广告营销

广告是一种宣传，也是一种让大众了解企业的方式。广告创意的主要用途就是让人们注意到广告，并且对其留下深刻的印象。但是广告创意也有注意很多事项。

广告营销是指企业通过广告对产品展开宣传推广，并通过动态图像来吸引消费者，加大其购买欲望，促成消费者的直接购买，扩大产品的销售，提高企业的知名度、美誉度和影响力的活动。随着经济全球化和市场经济的迅速发展，在企业营销战略中广告营销活动发挥着越来越重要的作用，是企业营销组合中的一个重要部分。

广告营销主要以户外广告和媒体广告为主，户外广告包括在大型的商场、地铁站、电影院等人口密集、人流量较大的场所投放的广告，媒体广告主要指在报纸、广播、电视、网络等媒介上投放广告，企业主要借助以上两种方式来宣传农业嘉年华品牌形象，从而在激烈的竞争中占据市场优势。

同时，有营销背景的广告人才越来越成为以艺术和新闻人为主的广告界内的稀缺人才。

三、节假日营销

随着生活节奏的加快，人们的消费趋向正在向节假日集中，节假日喜庆的气氛和宽松的时间又使假日购物、旅游具有更多的兴奋点。生活水平的提高更使部分城市居民的消费模式向以文化、服务为主的“享受型”转变。农业嘉年华项目本身具有聚集人气、娱乐狂欢的性质，因此可占领节假日市场。

节假日营销在企业的日常营销中起了一个至关重要的作用，是企业营销不可忽视的一部分。节日营销必须要有针对性，分清主次，重点解决终端。通过对销售商和消费者这两个终端的刺激，形成一条直线以拉动整个销售链。

农业嘉年华作为一种农业庆典活动，其节假日营销手段有着特殊性。

1. 竞争条件、费用分配

这包括活动组办方在竞争中所具有的实力、条件、优劣势及竞争品牌的条件、环境等。由此制定活动组办方需提供的奖励幅度、数量、品种、折扣率和奖项设计与兑奖率、产品销售费用、附加利益费用（指投入的奖励及回收率）。

2. 销售促进媒介的选择

比如，我们选用嘉年华门票赠券这种促销工具，必须对媒介进行组合安排，多少直接送给顾客，多少与宣传单一起发放，多少附带于其他产品等，此例应量化、细化、合理化。

3. 销售促进时机的选择

销售促进时机的选择是成功的开始，时机的起止是节日营销的生命钟，必须予以重视。时机的过长过短，都会制约节日营销的顺利开展。按照国外惯用的做法，节日营销促销期间以半月为宜，节前 4d 为推动期，节日期间为重点期，节后 3d 为修补期，每期持续时间以平均购买周期的长度为宜。

4. 销售促进目标对象的选择

农业嘉年华的对象是多种多样的，既可以是面对消费者的营销促进，又可以是面对社会团体的销售促进。分清主次，正确选择销售促进对象是开展节日营销应首要考虑的因素。一般而言，只有把正确的销售信息送到消费者手中，企业营运才算最终完成宣传，因此节日销售应以拉动消费为主，并激励零售商的销售。

第七节　应急机制

一、停电事故应急预案

各区域内的电工发现区域停电后，应立即到所管辖配电室查明情况并留守现场。停电原因查清后，配电室电工应立即通知电气负责人，由电气负责人负责全面的工作协调。确认某电路短路后，由电气负责人向项目部领导汇报，并申请操作指令。得到指令后，由电气负责人通知配电室电工进行倒闸操作。

二、设备事故应急预案

活动期间相关人员应对配电室设备进行重点巡视，发现异常声响或过热现象时要立即上报，并安排专人留守现场，并采取相应措施调整设备以保证活动正常进行，待闭馆后再进行维修。

三、人身事故应急预案

在工作当中，工人或者管理人员发生一般磕伤、碰伤，可以自行包扎或到项目部医务室予以处理。若发生严重人身伤害事故，应拨打 120 急救电话，并且马上通知总负责人和主管。

四、触电事故应急预案

发生人员触电事故时，要及时切断电源使触电人员安全脱离带电体，在救援时救援者要使用正确的方法施救，防止二次伤害，严重者拨打 120 急救电话，有必要时要进行人工呼吸，在急救人员到来之前急救工作不能停止，并且通知值班电工，检查漏电原因，同时通知总负责人和电气主管。

五、消防应急预案

为了防止火灾发生，每个配电室至少配备两个灭火器。一切消防用具不得挪作他用。每个班的值班人员都是义务消防员，全部值班人员要参加灭火及消防器材使用的训练，一旦发生火灾要及时报警，先拨打内部消防电话，当班人员灭火时一定要坚持“先断电后灭火”的原则进行扑救，同时疏散无关人员，切断电器电源进行灭火，只能用专用灭火器，并且通知防火办公室及项目部，同时通知总负责人和主管。如有必要须由防火办公室及项目部联系消防队。

六、重大事故应急预案

发生重大事故应及时通知工程经理和安全主任并保护现场，及时抢救伤员，拨打120或999急救电话，将伤者送到医院，并报告上级有关部门。查明原因并做好相应的故障记录及故障排除记录，杜绝此类事件再次发生。

七、漏水应急预案

接到报修后，维修人员立即赶到漏水现场，根据现场情况及时关闭相应阀门，当无法关闭漏水管道的控制阀门或没有控制阀门时，维修人员应采取其他紧急措施尽量减少漏水量。当漏水无法控制时需系统泄水的，应通知工程部，对相应区域的积水进行泄水，并通知可能影响到的部门。

当漏水事故危及用电安全时，维修人员应立即通知强电组采取相应措施，避免继而发生电力事故。

漏水被控制后，维修人员应及时修复漏水管道，尽快恢复供水。

通知保洁人员及时清理积水，确保水不流进电梯、配电室、电缆井等用电设备。维修小组应及时进行维修，并做好维修指示，将损失降至最低。

八、停水应急预案

外网停水后，供水保障组应及时与自来水公司取得联系，询问原因和恢复时间，并将答复上报组长，提出并实施限量、限区域供水方案。当外网供水正常后，应及时检查水箱水位。

内网发生停水后，应检查哪些区域停水，根据停水部位，检查停水原因。若是管道、设备损坏，应先关闭管道、设备损坏的前端阀门。维修小组应及时进行抢修，并通知各用水单位，发出停水时间及停水部位的通知。当供水系统正常后，同样要通知有关单位。

九、停暖应急预案

发生停暖后，供暖组锅炉员应严格按照应急措施规程进行处理，并迅速通知各单位停暖的原因和大致恢复正常的时间。

供暖组迅速组成有各工种的抢修组，重点检查供暖设备及管路的故障点。

后勤组长应保持与现场抢修组的联系，随时了解抢修的最新动态，将处理情况和发生时间进行记录备案。

十、扫雪应急预案

保洁部门应提前做好预案，并由专人负责管理扫雪工具；下雪时在各个出入口摆放“小心路滑”的警示牌，由专人在出入口及时清洁地垫；协调各部门及时清扫积雪，做到分工明确、协调统一；路边、交通主路禁止堆雪；可提前组织相关扫雪演练。

十一、安全保卫应急预案

刑事案件处理流程：案件发生后应立即通知保安及相关负责人。保安部经理应调集保安人员到达现场，保护现场及周边安全并实行警戒。保安部监控室应使用现有设备对案件区域进行监控布控。相关负责人应及时将现场情况向上级汇报，提出处理建议并听从指示对现场进行处理。如有人员伤亡应拨打急救电话，如现场发现可疑人员，保安员应当及时布控，待公安机关人员到达现场后协助进行处理。保护好现场，防止他人进行蓄意破坏。对事件进行详细记录，上报并存档备查。

打架斗殴事件的处理流程。人们发现有打架斗殴情况时应立即通知保安部人员，保安部接报人员应详细询问具体情况，并第一时间将信息上报给保安部经理，保安部经理应立即赶往现场。保安部经理同时应调集人员赶往现场，做好各项应急准备工作。到达现场后保安经理安排保安人员及时制止打架斗殴者，控制现场以防止事态进一步扩大。如有人员受伤应帮助拨打 120 救护电话。安排保安员封锁现场，禁止无关人员进入，避免现场遭到人为破坏或引发其他事件的发生。保安经理详细了解情况后上报上级领导，请示处理建议。双方如自行调解的可协助双方进行调解，不能进行调解的请示上级获准后电话通知公安机关到现场处理。协助处理完后将事件做好详细记录，存档备查。

交通事故、爆炸事故、重大案件的处理流程。发生交通事故、爆炸事故、重大案件后应第一时间通知保安部人员，接报人员应立即通知保安部经理赶赴现场。保安部经理应第一时间调集保安员迅速到场，并通知相关负责人到场。安排保安人员对现场进行封锁防止无关人员破坏现场，如有人员受伤应及时救护或拨打 120 紧急求助。将现场情况详细上报，提出处理意见并请示处理。在上报获准后，联系公安机关到场处理情况。处理完成后将情况详细做好记录留档备查。

第六章
农业嘉年华模式案例

第一节 北京昌平模式

一、模式地域概况

（一）自然条件

昌平区位于北京市西北部，地处温榆河冲积平原和太行山、燕山支脉的结合地带。区域地理坐标为东经115°50′17″～116°29′49″、北纬40°2′18″～40°23′13″，区域面积1343.5km^2，其中平原面积占40%，山区、半山区面积占60%。边界线总长261.46km，地势西北高、东南低，北倚军都山，南俯北京城，主要河流属温榆河水系。平原高度海拔30～100m，山地海拔800～1000m。全区属于暖温带大陆性季风气候，处在温带季风区。年平均气温为11.8℃，平均日照时数2684h，平均降水量550.3mm。昌平资源禀赋独特，生态环境良好。昌平40%是平原，60%的面积是山区，有长达百里的山前暖带，2个国家级森林公园，森林覆盖率、林木绿化率、分别达到40.3%和61.8%。被誉为北京母亲河的温榆河发源于昌平，目前温榆河谷地区已经成为北京最重要的绿色生态走廊之一。近年来，昌平先后获得“国家生态示范区”“国家卫生区”等荣誉称号。

（二）区位条件

昌平区位置条件优越，北与怀柔区、延庆县接壤，西与门头沟区、河北省怀来县相连，南与朝阳区、海淀区相通，东与顺义区毗邻，是北京的北大门，素有“甲视诸州”“京师之枕”之称。城区距首都国际机场约30km，最南端与天安门直线距离约10km，距中国北方最大的集装箱码头天津塘沽港不足200km。具有承东启西、联结南北的区位优势，既是生产要素由南向北转移的承接地，也是生产要素继续向北部地区辐射的起点。昌平是首都北部高新技术产业带上的重要节点，区内已建成以4条高速公路、5条轨道交通和众多国道、省道为框架的立体化交通路网体系。昌平区距首都国际机场和北京城市中心区最少只需要20min左右的车程。目前，按照北京发展的总体部署，还有一大批重点路网和新的轨道交通线路正在规划建设之中，这将进一步提升昌平地区交通出行的通达性和便捷度。

（三）人文条件

昌平区人文景观荟萃，自西汉设县，到明代升为州，自古被誉为“甲视诸州”“京师之枕”，拥有深厚的文化底蕴和丰富的旅游资源。区内现有36处景区景点、80多处文物古迹，其中辖区内的小汤山镇是久负盛名的“中国温泉之乡”，明十三陵、居庸关长城已被列入世界文化遗产名录。近年来，昌平地区从4月初至11月初处于旅游旺季，另半年为旅游淡季，每年接待中外游客突破千万人次，已成为享誉中外的旅游和历史文化名城。昌平区科教资源富集，昌平聚集了中国石油大学、华北电力大学、中国政法大学等一批知名高等学府以及30多所高校的新校区、分校区。入驻了12个国家重点实验室、28个市级以上企业技术中心、113家科研机构，是北京科教和智力资源最密集的地区之一。目前，昌平已跻身“全国科普示范区”和“国家科技进步示范区”行列。常住人口达到173.8万人，农业人口26.3万人，占区内居住人口的63%。

（四）农业条件

近年来，昌平区紧紧围绕北京市委、市政府关于大力发展都市型现代农业的总体要求，确定了“依托昌平独特的资源优势、区位优势和产品优势，培育有较强市场竞争力的主导产业和优势产品，发展具有昌平特色的区域经济，推进农业产业化进程，实现农业高效，农民增收”的指导思想，瞄准首都中高端消费市场，打造突出农业品种、品质、品牌。目前已初步形成了以“一花三果”为主导的都市型现代农业发展格局。“一花”即以百合花为代表的花卉产业。2007年，昌平区利用循环农业技术，启动了覆盖辖区西部地区的百合花生产基地项目。目前，已建成日光温室338栋，项目配套的百合种球繁育基地也已基本竣工，第一批百合鲜花已经上市销售，预计年产量可达1400万支。“三果”即以苹果为代表的精品林果业、以草莓为代表的设施农业和以柿子为代表的传统林果业。2007年，昌平苹果标准化生产基地已达22666.7km^2，优质果率达到80%以上，年产值突破1亿元，于2001年被评为北京市唯一的国家级苹果标准化示范区，并先后获得“中华名果”“奥运推荐果品”“国家地理标志性产品保护”等荣誉。全区拥有高标准草莓温室1600余栋，草莓种植面积已达3000000m^2，占到了全市总量的2/3左右，并成功举办了2012年第七届世界草莓大会。柿子产业目前正在实施以标准化管理技术和树形改造为核心的“提质增效工程”及配套产后深加工项目建设，并在2009年取得了初步效果。

根据《北京城市总体规划（2004 年—2020 年）》，昌平区作为北京 11 个新城之一，是首都北部发展带上的重要节点，其承担着疏解中心城产业和人口转移的重任，是北京重要的高新技术研发产业基地，起着发展高科技研发与生产、旅游服务和教育的功能。

二、模式内容

2012 年 2 月北京成功举办了第七届世界草莓大会，实现了“拉动一个产业，富裕一方农民”的预期目标，同时，这次盛会对北京市发展都市型现代农业的形式、发展方式和运行模式进行了一次全新的尝试。市委市政府领导对草莓大会给予了高度评价，并十分关注会后草莓博览园设施的利用及产业融合发展问题。在大会总结表彰会上，北京市市委常委牛有成同志提出“昌平在场馆后续利用中要与企业加强合作，把娱乐方式和农业结合起来，更好地开发农业功能，让更多消费者了解参与农业实践，享受其中的文化成果，将农业嘉年华打造成集一、二、三产业融合发展第一品牌”。按照市领导的指示要求，昌平区立足根本，着眼未来，深入研究，细致规划，以草莓博览园为基础场地，设计规划农业嘉年华项目，将嘉年华的这种形式融入到农业节庆活动中，使广大市民共享农业多功能的丰硕成果。

（一）第一届北京农业嘉年华

1. 项目概况

第一届北京农业嘉年华于 2013 年 3 月 23 日（周六）—5 月 12 日（周日）举办，持续 51 天。园区面积共 666666m^2，规划布局为“三馆两园”结构。其中“三馆”包括创意农业体验馆、精品农业展销馆、草莓科技展示馆；“两园”包括主题狂欢乐园、采摘体验乐园。创意农业体验馆分为蔬菜森林、番茄迷宫、欢乐农庄、梦幻花乡、芽菜世界和创意集市。草莓科技展示馆分为草莓公社、草莓天瀑、草莓大观、农科博览、城市农业、综合服务。

2. 场馆布置

（1）蔬菜森林馆　该馆占地面积为 6912m^2，分为四个板块一个媒体中心，农业新、奇、特种植，精准农业及物联网农业。蔬菜森林景观以科技为依托，展示蔬菜的新奇特栽培，通过蔬菜的艺术化种植让游客体验以蔬菜打造的环境中呼吸新鲜空气、赏玩四季果蔬的乐趣。场馆内汇聚了叶菜、根茎蔬菜、甘蓝类蔬菜、茄果类蔬菜、瓜类等国内外名、优、稀、特蔬菜共一百三十多个品种，应用了二十多项高新栽培技术，还有精准农业、物联网农业及蔬菜拼画、雕刻、栽培体验等，向人们充分展现了现代农业的魅力。蔬菜森林馆效果图、平面图如图 6－1、图 6－2 所示。

图 6－1　蔬菜森林馆效果图

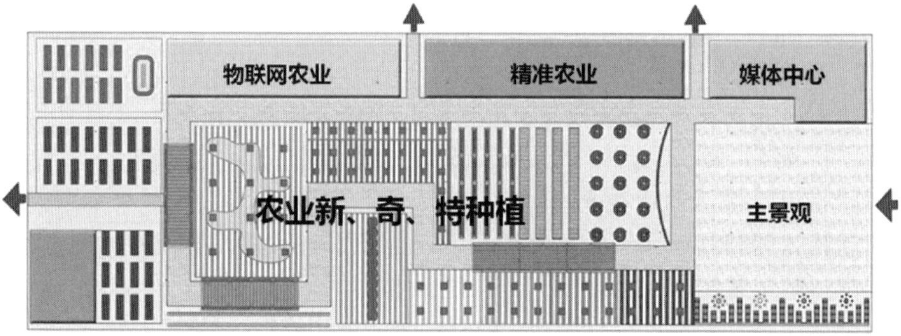

图 6－2　蔬菜森林馆平面图

（2）番茄迷宫　该馆占地面积为 5760m^2，分为三个板块：番茄采摘区、番茄迷宫、互动体验区。番茄迷宫的活动创意结合嘉年华整体活动的欢乐气氛，注重“知识性”“娱乐性”和“参与性”。将番茄形象、生动、有趣地融入馆内整体视觉系统中，给市民“进入番茄的奇妙世界”的感受，将最常见的蔬菜重新演绎，为市民带来不同凡响的新鲜体验。番茄迷宫效果图、平面图如图 6－3、图 6－4 所示。

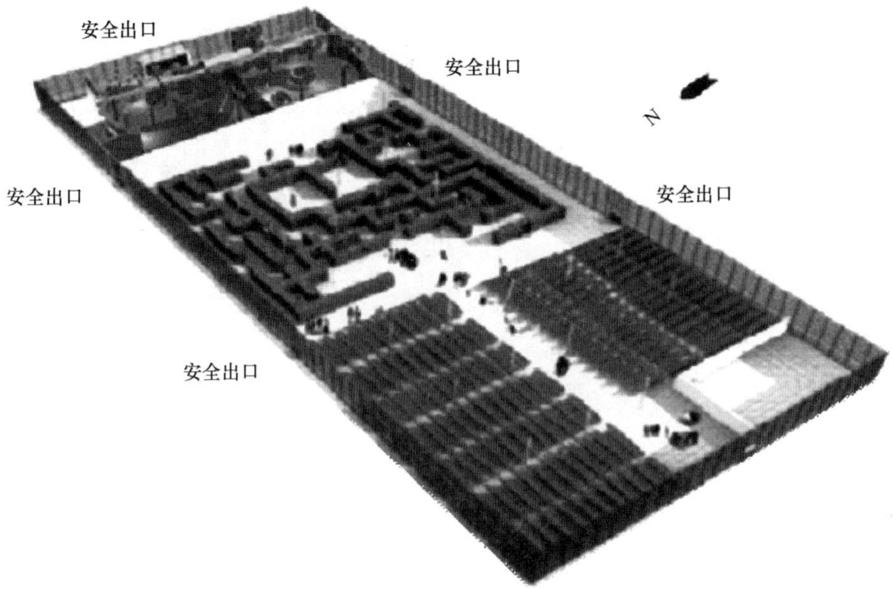

图6－3　番茄迷宫效果图

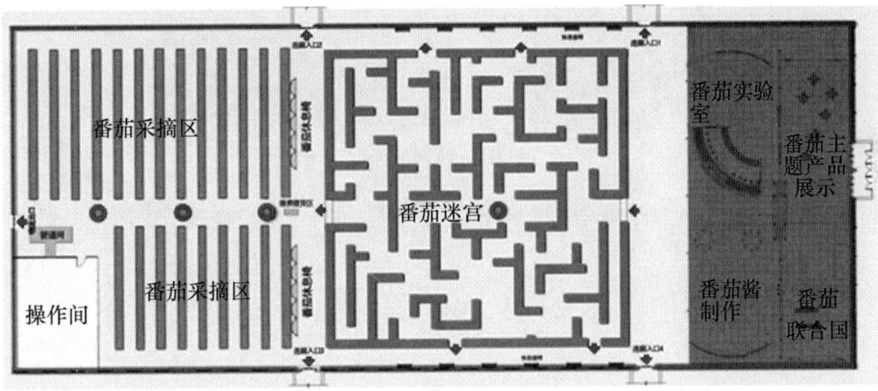

图6－4　番茄迷宫平面图

（3）果果乐园　该馆占地面积为4608m^2，围绕红酒、水果等元素，分为两个板块：红酒庄园，水果串吧。这两个内容作为市民互动参与的主题，充分体现场馆的体验性和参与性，让市民自己动手，参与其中，乐在其中。果果乐园效果图、平面图如图6－5、图6－6所示。

图 6－5　果果乐园效果图

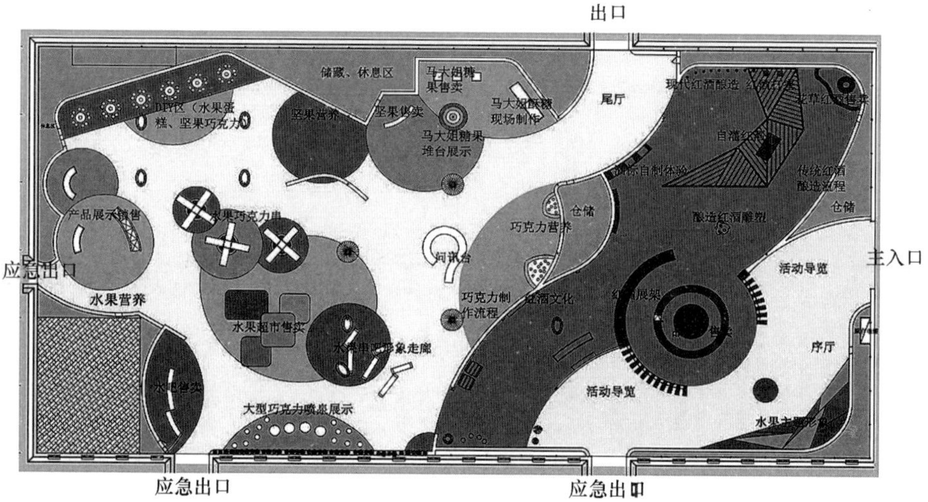

图 6－6　果果乐园平面图

（4）梦幻花乡　该馆占地面积为 3456mm^2，分为两个板块：薰衣草花海（薰衣草种植区）、花卉相关制品展卖区。精选国内外芳香植物 50 余种进行种植展示、布景，以薰衣草为主材料，利用花田的概念布景，将各种与香味花卉有关的附属品以参与体验的形式融入到展览中，市民可以在花香中感受各种香味的独特之处。在现场可通过新鲜的芳香植物进行手工皂的制作体验，还可体验画蝴蝶，了解与芳香花卉有关的知识和常识。梦幻花乡效果图、平面图如图 6－7、图 6－8 所示。

图 6 -7　梦幻花乡效果图

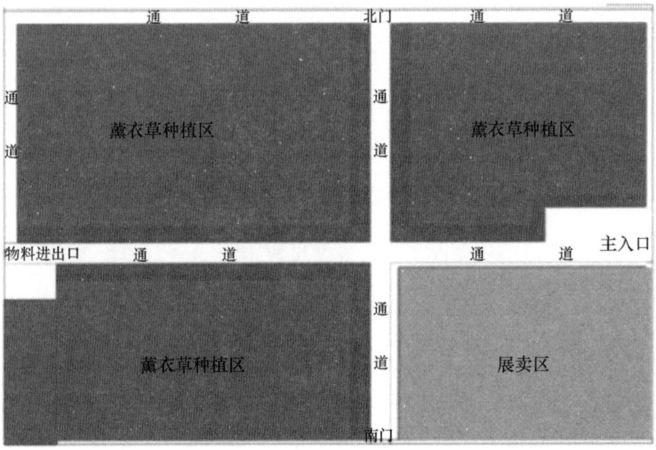

图 6 -8　梦幻花乡平面图

（5）芽苗世界　该馆占地面积为 2304mm^2，分为四个板块：模拟芽菜工厂、芽菜历史及营养介绍、互动体验区、芽菜创意产品售卖，如图 6 -9、图 6 -10 所示。

图 6 -9　芽苗世界效果图

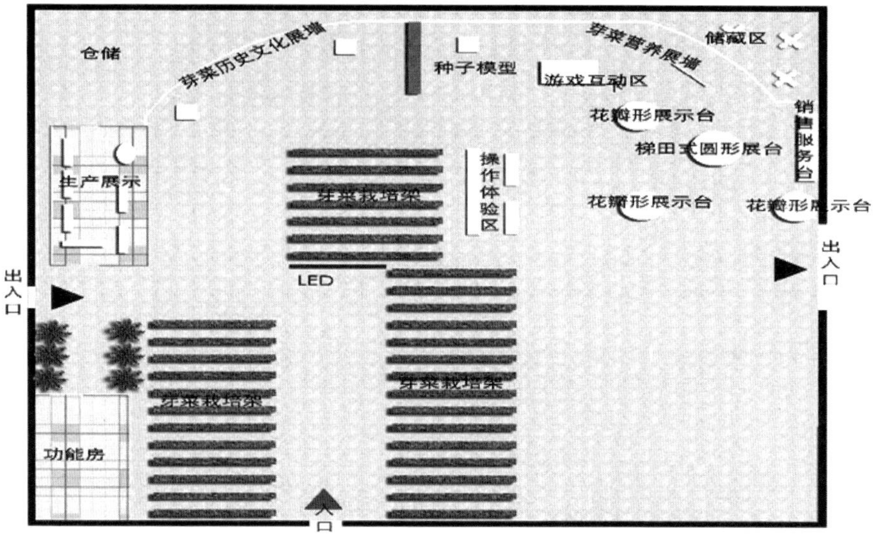

图6－10　芽苗世界平面图

（6）创意集市　创意集市分为四个板块：北京民俗制品、纸本类创意制品、编织类创意制品、工艺器具类创意制品。每个展位宽2.5m，长4.8m。展览的作品全部来自民间传统工艺，是具有鲜明地方文化特色的制品，如图6－11、图6－12所示。

图6－11　创意集市效果图

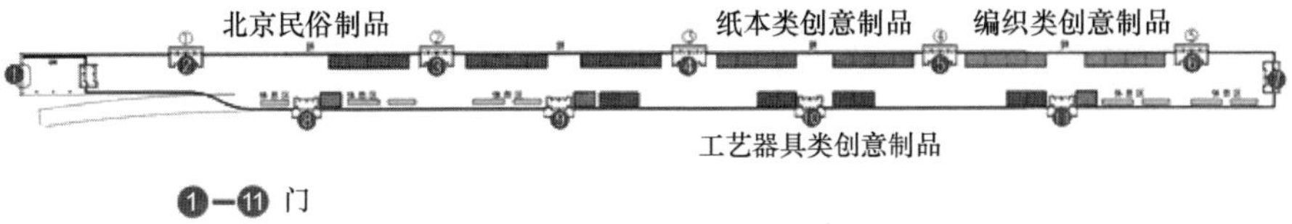

图 6－12 创意集市平面图

（7）草莓公社 该馆占地面积为 11000m²，分为三个板块：野生草莓和红花草莓种植展示、国内外品种的种植展示、立体栽培草莓采摘。草莓公社共 22 栋标准日光温室，其中野生草莓、红花草莓各 1 栋，小品种展示 2 栋，立体栽培 18 栋，总共种植植株 60130 株，备份苗 5600 株。品种主要有红颜、天香、燕香、冬香、坎东嘎、叙利亚、阿尔比等国内外新优品种 23 个。草莓公社效果图如图 6－13 所示。

图 6－13 草莓公社效果图

（8）草莓天瀑 该馆占地面积为 5952m²，分为两个板块：草莓立体栽培展示和互动游戏。草莓天瀑展区在本展区的两侧位置，分别布置“草莓天瀑”及“百变天瀑”两个景观。“草莓天瀑”由八条草莓种植带组成，草莓种植的平均高度为 2. 3m，每条种植带的长度为 120m。“百变天瀑”由 300 组可升降的种植槽组成，可在 0. 8m 与 2. 3m 间自由调节高度，通过这些可调节的草莓槽在 25m 宽 120m 长的范围内可形成一个九曲十八弯的游览通道，营造了“人在画中游，莓深不知处”意境。草莓天瀑实景图、平面图如图 6－14、图 6－15 所示。

图 6 – 14　草莓天瀑实景图

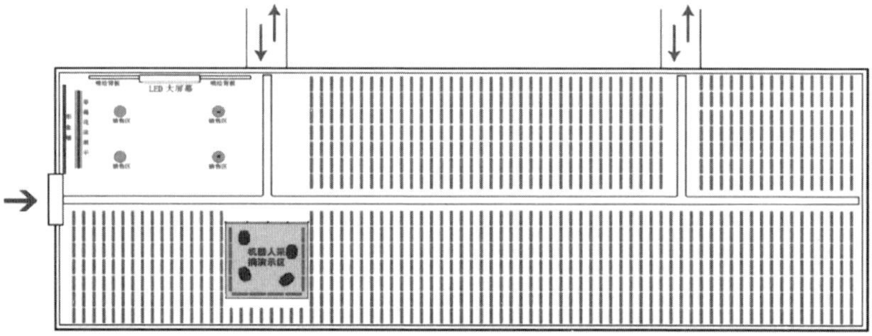

图 6 – 15　草莓天瀑平面图

（9）草莓大观　该馆占地面积为 4640m^2，分为三个板块：草莓相关产品售卖，机器人采摘表演，草莓国际、国内品种栽培。市民可在此展馆看到 40 多种草莓实物，了解草莓知识，如图 6 – 16、图 6 – 17 所示。

图 6 – 16　草莓大观实景图

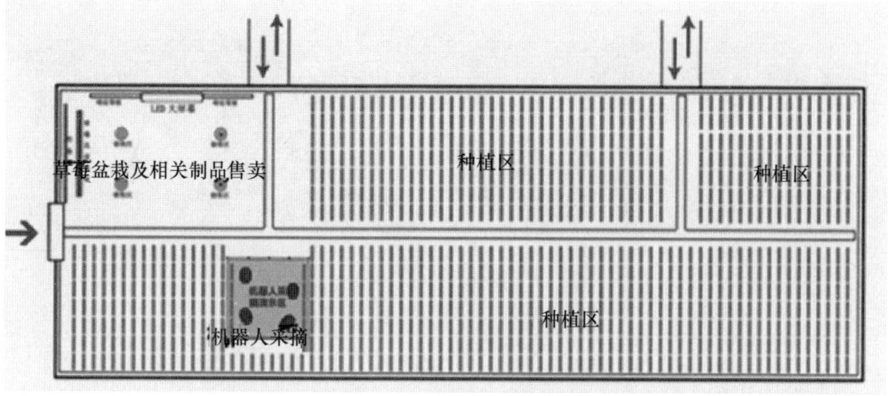

图 6 – 17　草莓大观平面图

（10）农科博览　该馆占地面积为 2400m²，分为三个板块：节气与养生、光影农业、互动活动。节气与养生板块利用电子设备展示二十四节气的视频动画、二十四节气的科普文化知识及与生活相关的信息。光影农业板块可通过照片、展板、数字沙盘等方式展示摄影作品，展示都市农业规划，从而体现农业与城市发展有机结合的成果。互动活动板块将二十四节气知识问答与相关制品相融合并售卖。农科博览效果图、平面图如图 6 – 18、图 6 – 19 所示。

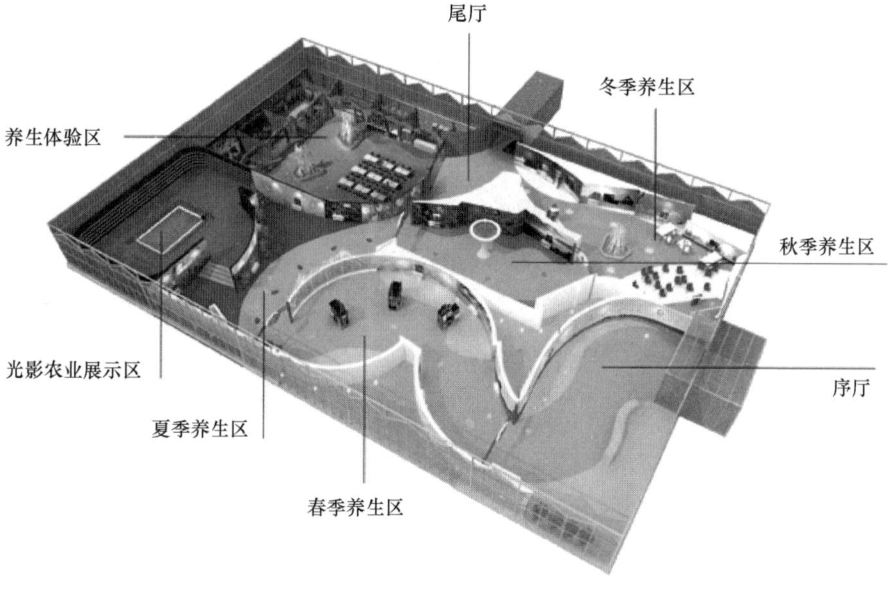

图 6 – 18　农科博览效果图

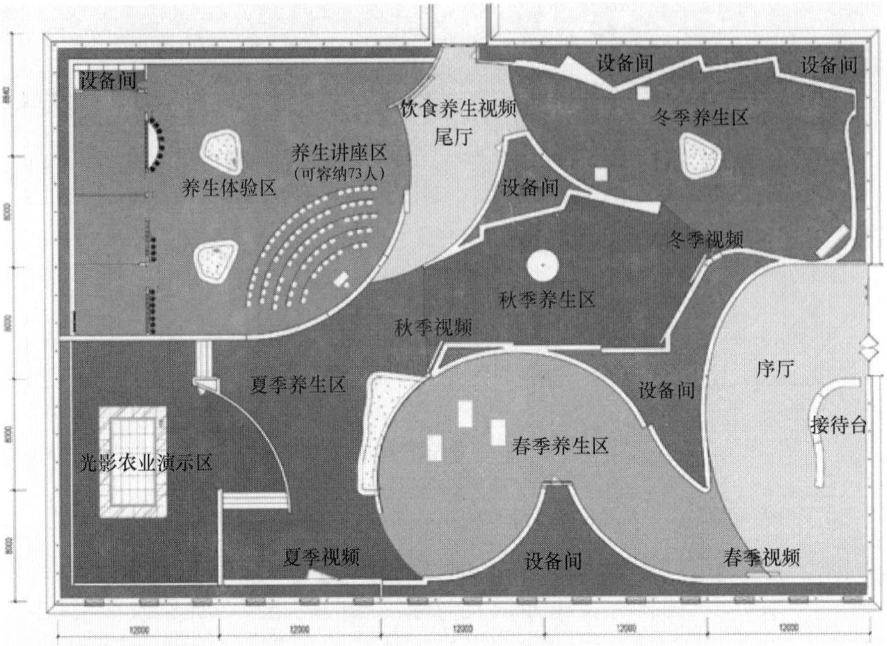

图 6－19　农科博览平面图

（11）城市农业　场馆占地面积为 3640m^2，分为四个板块：欢乐家庭、创意乐园、空中菜园、绿色中央商务区（CBD）。以“农业在我身边”为主题背景，将都市农业理念与多种多样的园艺景观联系起来，让城市农业走进市民的生活，让市民近距离的体验并感受其中的乐趣，如图 6－20、图 6－21 所示。

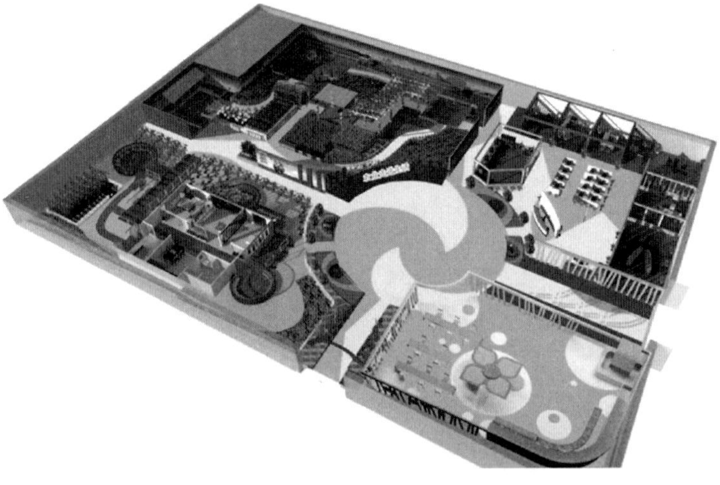

图 6－20　城市农业效果图

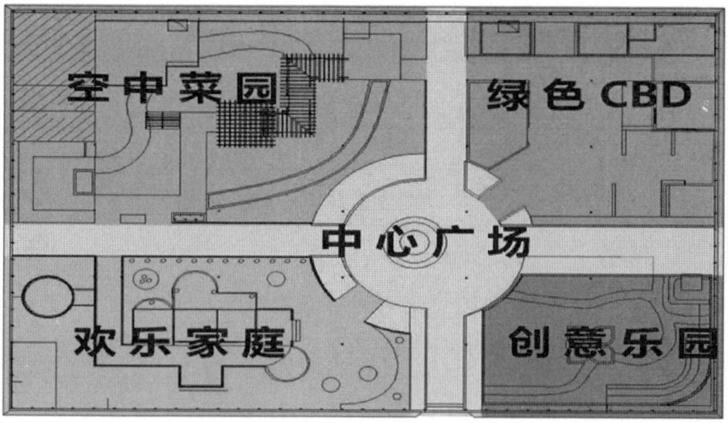

图 6－21　城市农业平面图

（12）精品农业展销　分为两部分：优质农产品展销、食品加工展示。

①优质农产品展销："展销中心"占地 4010m^2。展区内分为国内的知名企业产品展卖、各地名优特产品展卖、世界各地代表性的农产品销售等几个区域。此外，展厅内还设有客户服务中心、快递物流中心，能够充分满足商家和消费者的需求。使农业嘉年华不仅能够让市民了解农业，体验农业，还能够买到相关的名特优产品，以满足市民的购物心理，同时，这也是对优质农产品的推介和宣传。在展会期间，可针对特定产品企业举行相应的主题专场和购物节活动。精品农业展销效果图、平面图如图 6－22、图 6－23 所示。

图 6－22　精品农业展销效果图

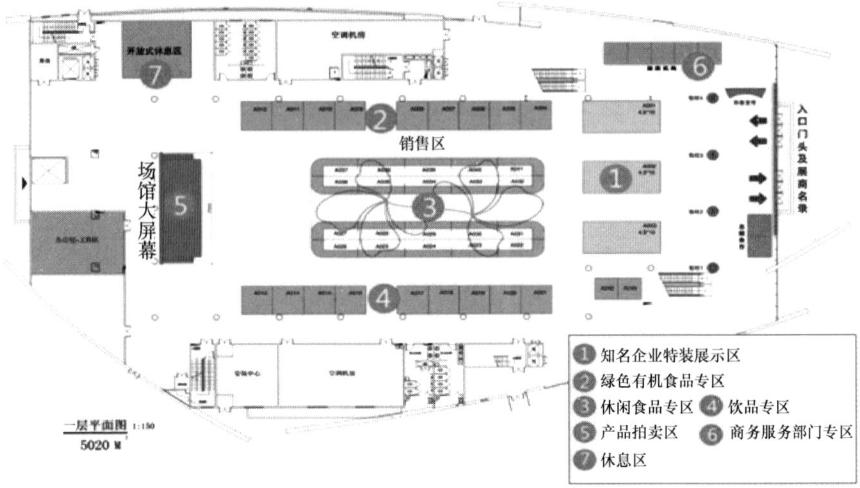

图 6－23　精品农业展销平面图

②食品加工展示：在 60m 的参观路线中，透过玻璃橱窗可看到车间实景，配合大型展板、大型液晶电视视频、实物样品等介绍食品加工厂的工作内容。主要展示内容包括：全谷物超细粉体车间实景、工艺流程与关键装备介绍、了解食品安全控制与质量指标、了解产品在食品工业中的应用、超过 20 种以上的全谷物制品与草莓超细粉样品展示。以现有的食品加工中心为平台，让市民通过参观和聆听讲解来了解食品的加工过程，了解农产品深加工的流程、食品检验的标准和食品安全知识。

（13）采摘体验乐园　包含 153 栋农民日光温室，在嘉年华活动期间，可组织市民进行采摘比赛等一系列参与活动。

（14）主题狂欢乐园　主题狂欢乐园利用草莓博览园室外场地设计的娱乐，美食，购物项目，由花海扬波，激情互动广场，卡酷乐园，美食坊，购物街五部分组成，如图 6－24 所示。

①花海扬波：以花海扬波为中心，以惊险刺激为主题，以各种大型游乐设备为主。刺激程度高，眩晕程度中等；针对 15 至 35 岁的市民主要项目有小火车、碰碰车、美羊羊攀岩、恐龙滑梯、旋转木马、手摇船、滑行龙、四柱蹦极、激光海战船。此处接近园区的两处停车场，市民进入园区后，可以通过花海周边乐园的刺激氛围，迅速感受到农业嘉年华带来的愉悦激情。

花海扬波以球根花卉作为整体布置，种植有几千亩的郁金香花卉植物。

图6-24　主题狂欢乐园

②激情互动广场：草莓博览园东区中心广场为激情互动广场，以农业元素为主题，凸显本届北京农业嘉年华的氛围。广场的重大活动安排如表6-1所示。

表6-1　重大活动安排

活动名称	包含项目	举办时间	举办地点
开幕式暨文艺表演		2013年3月23日（周六）	东区中心广场
主题摄影大赛征集展示活动	征集：2013年3月23日—4月20日 评选：2013年4月21日—4月29日 展出：2013年5月1日—5月12日	2013年3月23日—5月12日	东区场馆、创意集市等
优质农产品展销暨北京区县特色农产品展销活动	优质农产品展销 北京区县特色农产品展销活动 鲜食农品品赏会	2013年3月23日—5月12日 2013年3月23日—3月31日	展示中心 P6停车场
首届北京农业嘉年华中国精品草莓擂台赛		2013年3月29日—30日	东区中心广场
北京农业嘉年华草莓炫舞音乐节		2013年3月24—26日（周日、周一、周二）	东区P7停车场

续表

活动名称	包含项目	举办时间	举办地点
万名青少年农业嘉年华欢乐行		2013 年 4 月 1 日—5 月 10 日	三馆两园
草莓科技展示活动		2013 年 3 月 23 日—5 月 12 日	草莓科技展示馆
创意农业体验活动		2013 年 3 月 23 日—5 月 12 日	创意农业体验馆
休闲采摘体验活动		2013 年 3 月 23 日—5 月 12 日	全区万栋草莓日光温室

(二) 第二届嘉年华

2013 年 3 月，北京市昌平区成功举办了首届北京农业嘉年华，成功打造了一个突出农业主题元素的都市型现代农业盛会，受到了广大市民的一致好评。嘉年华将娱乐方式融入农业节庆活动中，是拓展都市现代农业实际形式、发展方式、运行模式的一种新探索、新实践。首届北京农业嘉年华充分展现了昌平区转型发展的新形象，大幅提升了城市知名度、美誉度和影响力，为昌平区增添了又一张独具特色的“城市名片”。

在总结上一届北京农业嘉年华的经验，在消化和吸收各方反馈意见的基础上，第二届北京农业嘉年华秉承“自然、和谐、创新、精品”的理念，于 2014 年 3 月 15 日（周六）—5 月 4 日（周日）举办了新一届农业嘉年华，展会持续 51 天，打造了又一轮新颖的农业盛世景观。

1. 场馆概况

按照“一展、两区、三乐园”的筹办模式，分为六大功能板块，赋予每个区域不同的主题。

“一展”：全国休闲农业创意精品展。为创意、精品农业提供评选的平台，同时展销各种精品优质农产品，以供市民方便购买。

“两区”：农业艺术体验区、草莓科技博览区。以创意、科技、休闲、互动、文化等内容与形式展示现代都市农业的独特魅力。

“三乐园”：主题狂欢乐园、拓展休闲乐园、采摘互动乐园。打造娱乐、互动的大舞台，让游客能深入地参与到活动之中，体会农业带来的乐趣。

2. 场馆布置

（1）全国休闲农业创意精品展　该馆占地面积为 5000m^2，包括国内的知名企业产品展卖、各地名优特产品展卖、各地代表性的农产品展卖等，不仅能够让市民了解农业，体验农业，还能够买到相关的名特优产品，从而满足市民的购物心理。同时，这也是对优质农产品的推介和宣传。优质农产品展俯视图、平面图如图 6－25、图 6－26 所示。

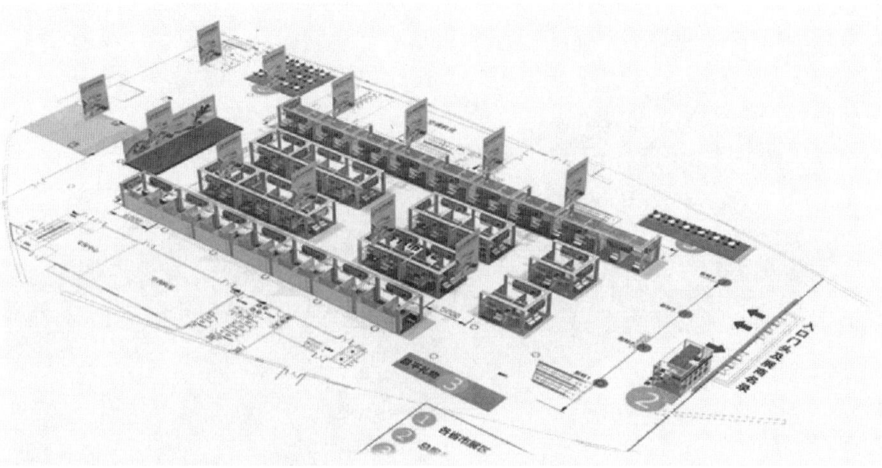

图 6－25　优质农产品展俯视图

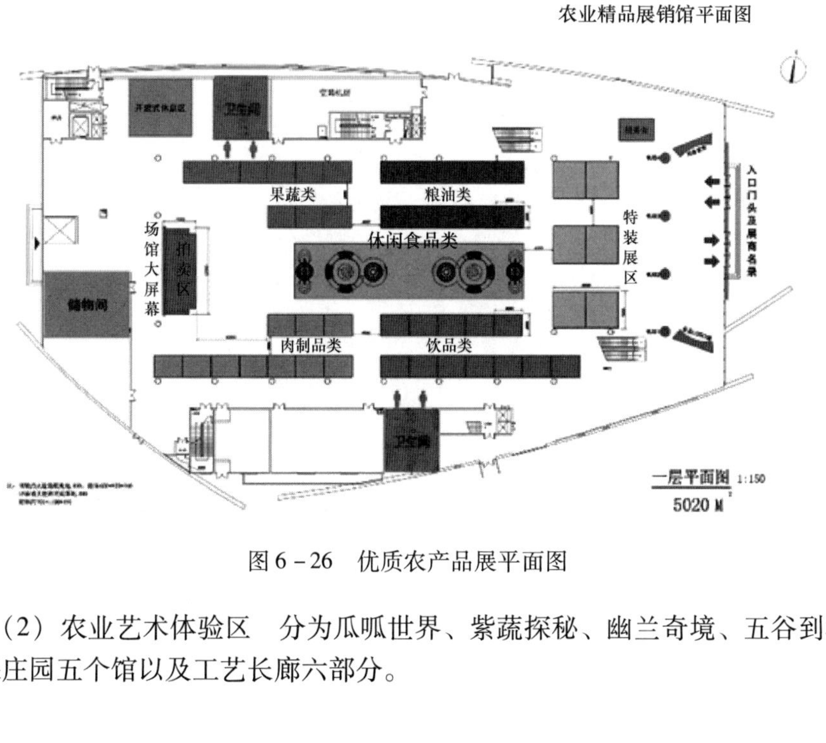

图 6－26　优质农产品展平面图

（2）农业艺术体验区　分为瓜呱世界、紫蔬探秘、幽兰奇境、五谷到场、环保庄园五个馆以及工艺长廊六部分。

①瓜呱世界：该馆占地面积为6912m^2，以形态奇特、颜色多样的观赏瓜为主题，汇聚国内外的各种奇、特、怪的瓜类品种50余种，通过丰富的DIY体验及互动类游戏，可使游客增进与农业嘉年华的感情，打造一个可食、可赏、可玩、可收藏的瓜的世界。瓜呱世界效果图、平面图如图6-27、图6-28所示。

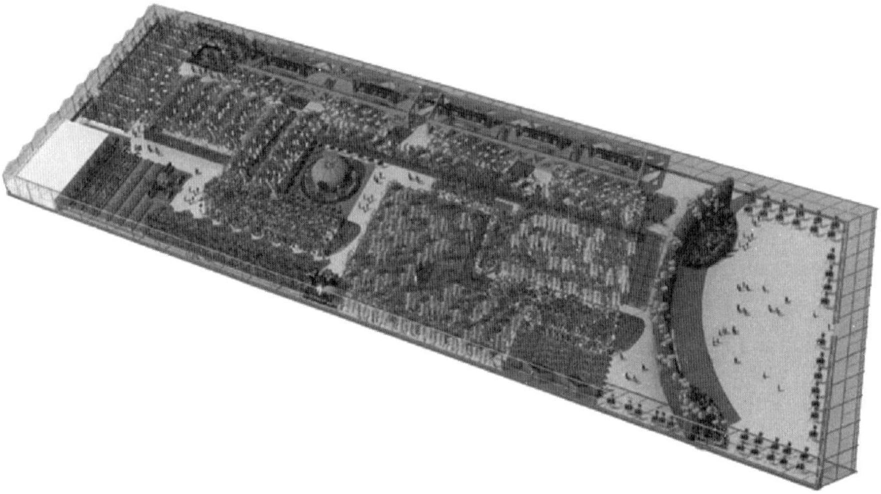

图6-27　瓜呱世界效果图

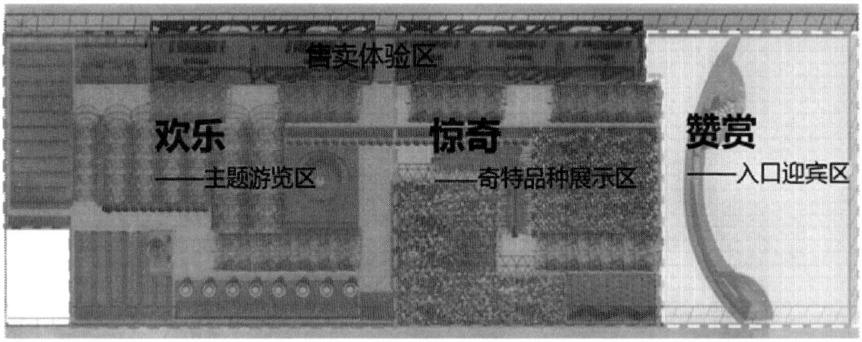

图6-28　瓜呱世界平面图

②紫蔬探秘：以紫色蔬菜作为主线，以新奇特优蔬菜栽培为展示主体，以创新科技种植方式为依托，彰显都市农业发展的科技性和前瞻性，引导市民关于蔬菜健康与保健知识，共同探索紫色蔬菜的神秘世界。本馆共计包含紫色蔬菜46种，养生蔬菜20种。紫蔬探秘效果图、平面图如图6-29、图6-30所示。

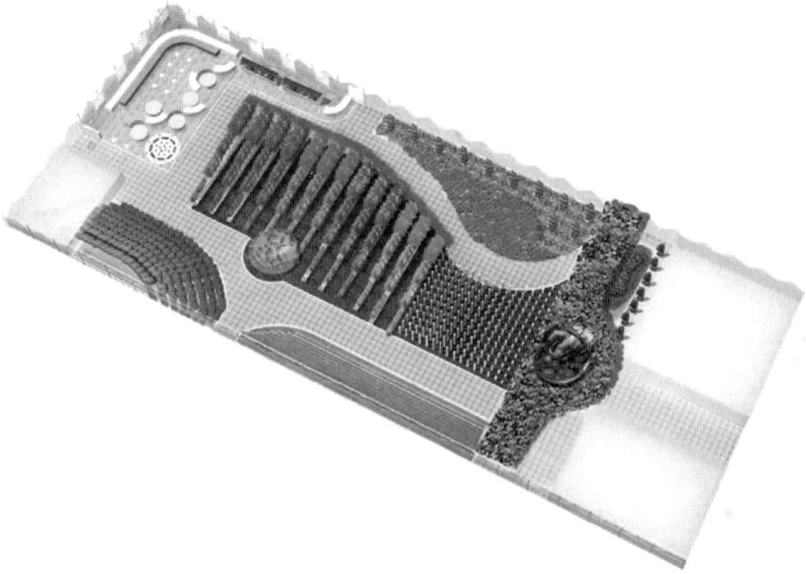

图 6－29　紫蔬探秘效果图

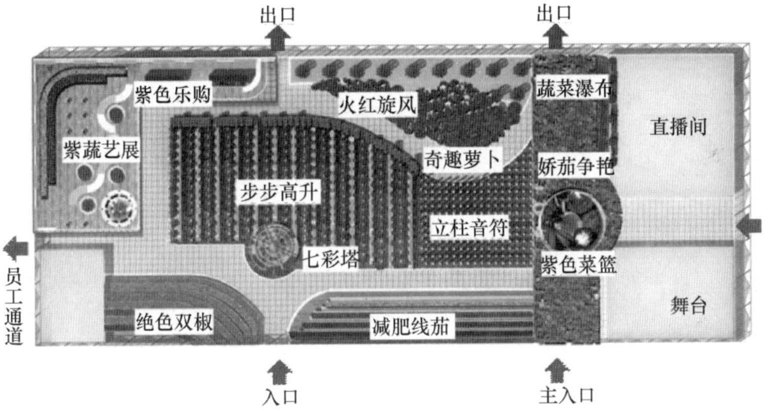

图 6－30　紫蔬探秘平面图

③幽兰奇境：该馆占地面积为 4608m²，以兰花为主题，表现国兰与洋兰的观赏性、娱乐性。以“回味历史，感悟现在”为理念，结合中国传统的兰花文化，构造春色满园、山野觅兰等景观，令游客体验浓郁的中国文化情韵；回到现在社会，科技、公益、互动等现代元素更倾向于将兰花融入人们的当今生活，赋予它时尚的意义。幽兰奇境效果图、平面图如图 6－31、图 6－32 所示。

图 6－31　幽兰奇境效果图

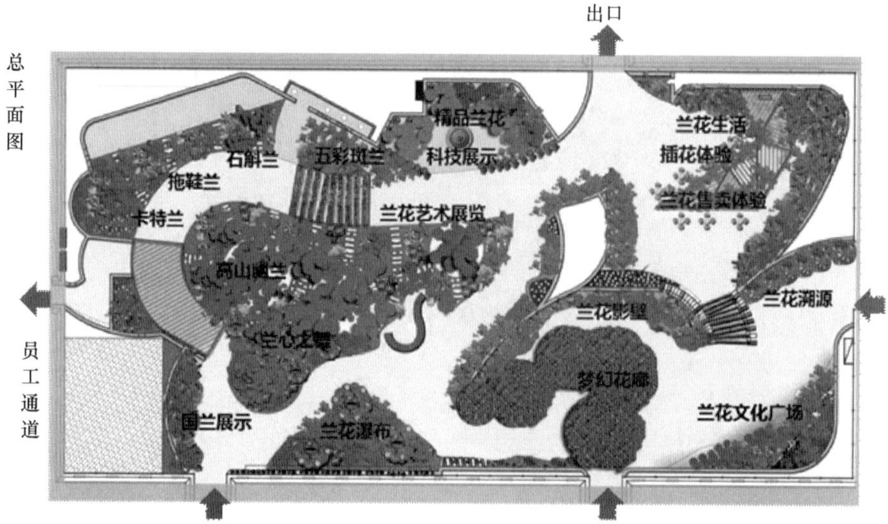

图 6－32　幽兰奇境平面图

④五谷道场：该馆占地面积为 3456m^2，以五谷杂粮为主题，展示豆类、谷类、薯类的新奇景观。在这里不但能看到各种粮食作物的生长过程，还能

亲手用五谷制作饼干、五粮酒、磨豆腐、粮油等，让游客在参与的过程中体验、感受收获的喜悦。五谷道场效果图、平面图如图6－33、图6－34所示。

图6－33　五谷道场效果图

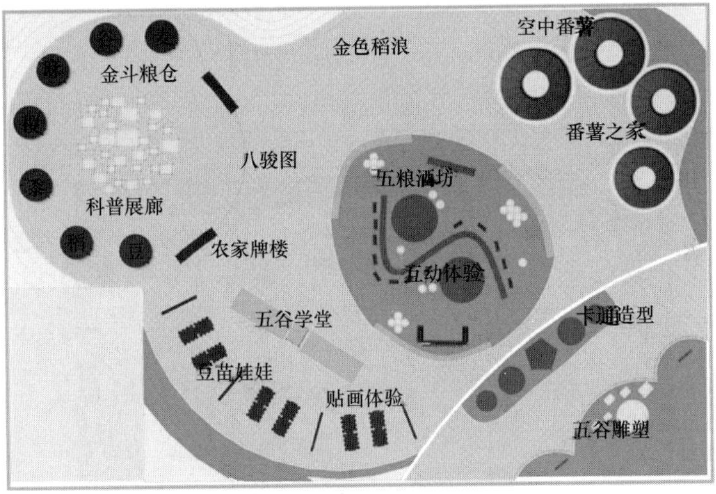

图6－34　五谷道场平面图

⑤特植奇能：该场馆面积2304m^2，选取与生活环境联系密切的功能性植物作为设计内容，采用园林式的造景方式，呈现功能性植物的用途。游客畅游在场馆中，可感受到功能植物带来的清新空气和宜人的芬芳。游客在观赏的同时，还能学习、了解功能性植物的特点和功能，在这过程中，传递着一种生态、健康、绿色的都市生活理念。特植奇能效果图、平面图如图6－35、图6－36所示。

图 6-35 特植奇能效果图

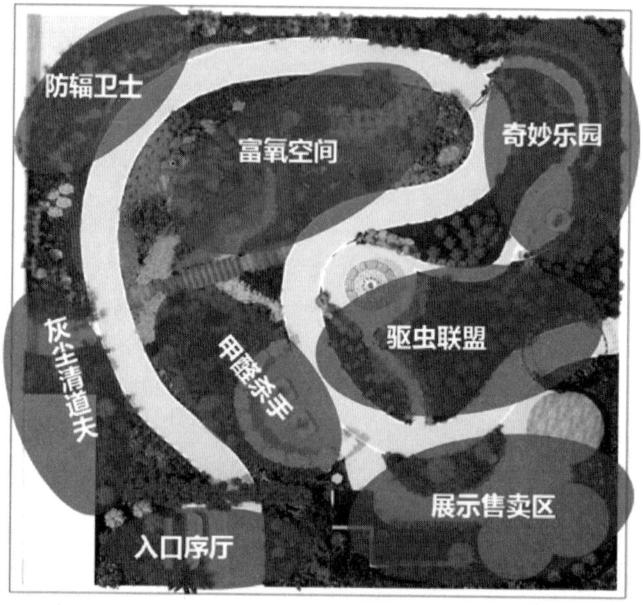

图 6-36 特植奇能平面图

⑥工艺长廊：位于农业艺术馆的连廊，共分为西侧艺术展销区、东侧“农业部—全国美丽田园图片展”两大区域，同时设有游客服务中心。精选各地与农业相关特色手工艺产品及非物质文化遗产艺术品进行集中展示，旨在展现昌平区的文化魅力，实现集“游—购—娱”于一体的展出效果，让游人感受民俗文化，了解民俗文化与新型农业发展。工艺长廊效果图、平面图如图6－37、图6－38所示。

图6－37　工艺长廊效果图

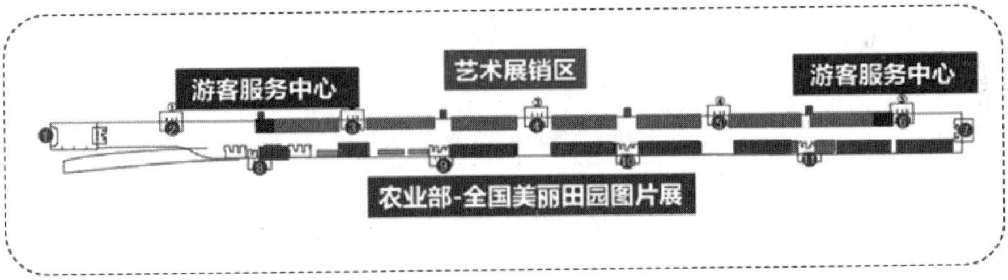

图6－38　工艺长廊平面图

（3）草莓科技博览区　草莓科技博览区位于园区的东部，共由草莓隧道、草莓星空、蜂彩世界、蘑幻王国4个场馆组成。草莓科技博览区主要以草莓科技农业展示为主题，展示当今草莓科技种植的发展、草莓产业、草莓相关产品及草莓文化等。另外两个馆则集中展示了当代农业中的营养价值和保健价值极高的蜂产品和蘑菇产品，从另一个角度诠释了当代农业。在设计形式上也与主题相互呼应，采用抽象、类比等设计手法来烘托主题景观，使其更具科技性和观赏性。

①草莓隧道：通过不同形式的栽培方式，如立柱栽培、双层栽培、墙体栽培等展示新型草莓栽培方式，向游客展示不同的草莓品种，另设立如草莓隧道、草莓创意盆栽等奇异景观以及多种互动活动，让游客在观赏的同时还能体验到参与草莓活动的愉悦，如图6－39、图6－40所示。

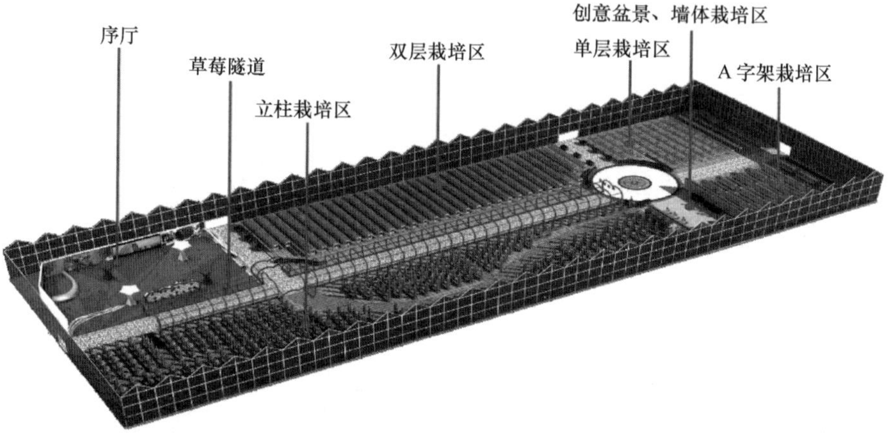

图6－39　草莓隧道效果图

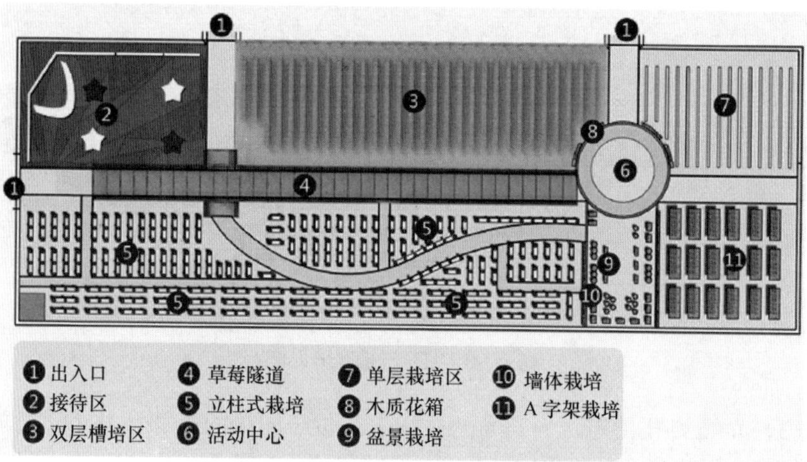

图6－40　草莓隧道平面图

②草莓星空：展示国内外优新特品种的草莓的种植，通过改变廊架的排列高度，形成一道靓丽的草莓景观，通过现代无土立体栽培模式营造了一个奇异多彩、视觉震撼的草莓世界，如图6－41所示。

图6－41　草莓星空实景图

③蜂彩世界：蜜蜂从古至今都与人类的生活息息相关，为我们人类做出了巨大的贡献。民间就有“蜜蜂全身皆宝”的说法。蜜蜂是一种可爱的小精灵，它能酿造出营养丰富的蜂蜜、蜂王浆、蜂花粉、蜂胶、蜂毒等多种名贵蜂产品。

本馆通过对蜜蜂世界的探索，展示自然界中的蜜蜂生活，并设置精彩的场景体验和互动体验，也进行蜂产品的售卖。同时，邀请专家进行实地讲解，寓教于乐，让人们从中受益，如图6－42、图6－43所示。

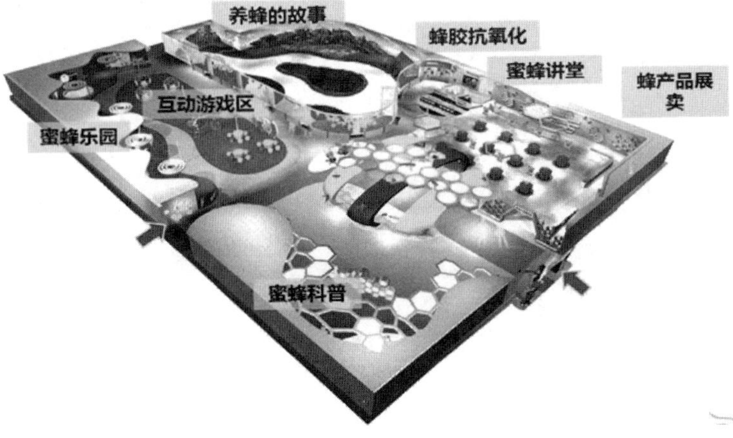

图6－42　蜂彩世界效果图

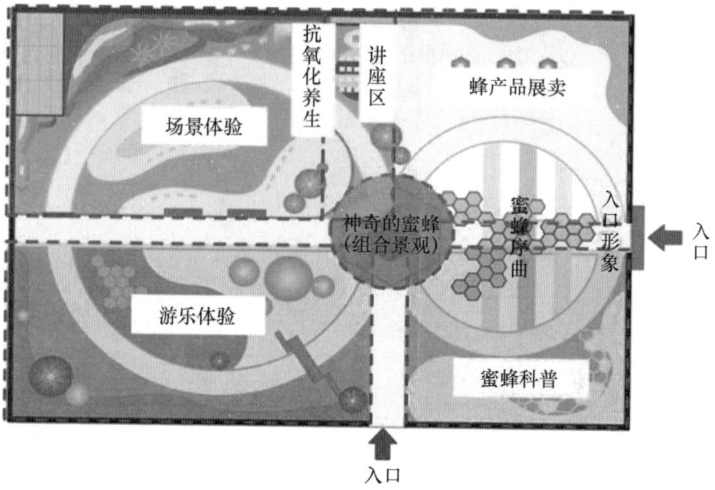

图6－43　蜂彩世界平面图

④蘑幻王国：本馆以食用菌为主题，通过实物、图片、声光电技术等，多角度地阐述了食用菌的营养价值、药用价值及保健作用。着重介绍常见品种的食用方法，吸引多家企业，形成现场采摘的互动新模式，提供丰富多彩的场馆体验活动。蘑幻王国效果图、平面图如图6－44、图6－45 所示。

图6－44　蘑幻王国效果图

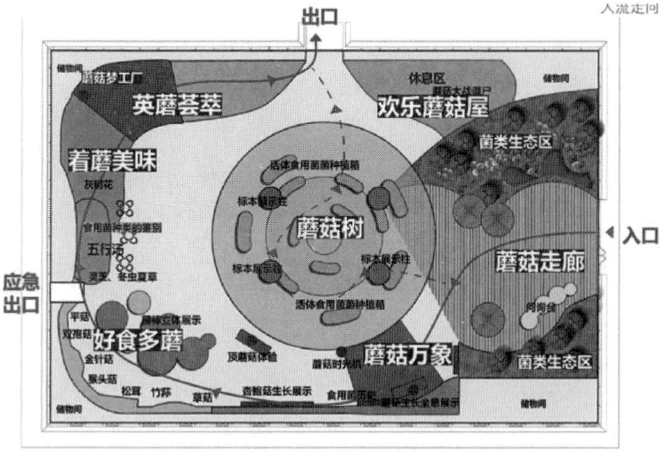

图 6 - 45　蘑幻王国平面图

（4）农事体验乐园　展示了 10 余种草莓栽培新技术、新设备，还为游客提供采花授粉等农事体验活动。农事体验乐园除了有 22 栋日光温室（包括草莓种植温室 10 栋、草莓体验温室 10 栋和蔬菜种植温室 2 栋）以外，还联合了周边农户的 10000 栋草莓种植大棚，于嘉年华活动期间进行“草莓飘香”活动，引导游客到园外采摘，促进周边农户的草莓采摘和销售。农事体验乐园如图 6 - 46、图 6 - 47 所示。

图 6 - 46　农事体验乐园——草莓采摘

图 6－47　农事体验乐园——果蔬采摘

（5）拓展休闲乐园　园区北门的集雨湖两侧增加了农事主题拓展活动和雕塑项目，设置了户外生存训练、野外拓展等有趣味、有挑战的相关设施，可提高青少年动手能力和团队协作能力，如图 6－48 所示。

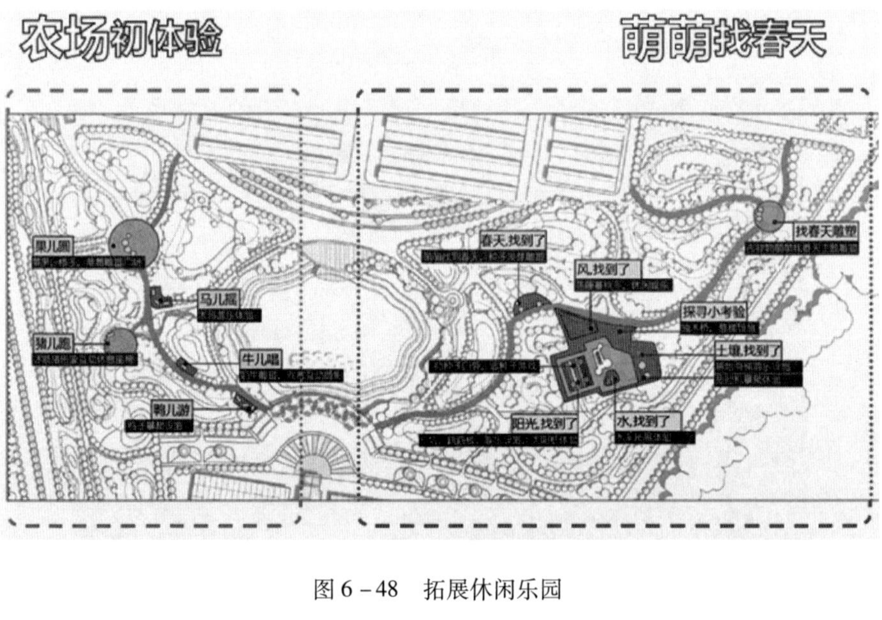

图 6－48　拓展休闲乐园

（6）主题狂欢乐园 位于草莓博览园西区楼区广场，活动以“农味农趣”和“童年记忆”为设计思路，突出强调参与性、趣味性、体验性、互动性和娱乐性，不仅为本次农业嘉年华增添了欢乐氛围，也起到了传播农业文化的积极作用，丰富了北京农业嘉年华露天场馆的活动内容，从而打造出一个市民狂欢的乐园。主题狂欢乐园平面效果图如图6-49所示。

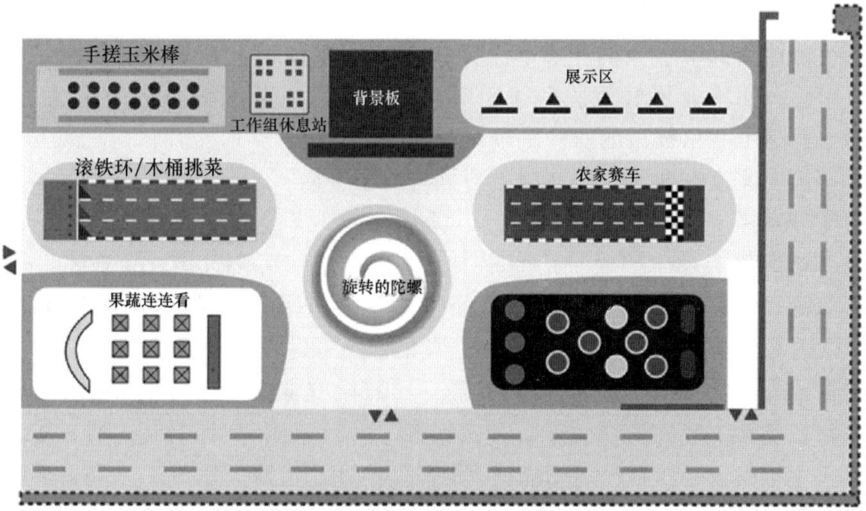

图6-49 主题狂欢乐园平面效果图

（三）第三届北京农业嘉年华

昌平区在成功举办了第七届世界草莓大会的基础上，利用大会现有场馆又成功举办两届北京农业嘉年华。北京农业嘉年华受到了广大首都城市居民的高度好评，已经成为北京都市农业的一张绚丽“名片”，引起了国内外社会的广泛关注和效仿。北京农业嘉年华对推动我国都市农业的创新发展、丰富城乡居民的休闲文化生活、促进农业科技进步、打造美丽中国起到了很好的示范和带动作用。

北京农业嘉年华活动在不断探索和拓展都市型现代农业的实现形式、发展方式、运行模式上做了大量卓有成效的探索和创新，办出了代表首都形象的特色农业会展品牌。

昌平区政府坚持走群众路线，坚持节俭办会，坚持以科学的方式进行运作，以强烈的社会责任感和服务城市居民的信念，为都市居民打造出一年又一年的农业炫彩风景，为昌平区农业主导产业不断注入活力，显著提升了北京及昌平区的知名度与影响力。2015年3月14日（星期六）—5月3日（星期日）开展的第三届北京农业嘉年华，又为都市居民献出了一道都市农业盛宴。本届北京农业嘉年华以实现中国梦为理念，以践行群众路线为宗旨，与首都功能定位相结合，以市场为导向，遵循现代化国际化的农业发展方向，秉承城乡融合发展理念，以现代农业科技装备和科学技术为支撑，以农业创意为手段，以互动体验为抓手，以“惠民、兴业、创品牌”为办会目标，诠释了“农业用生态方式传递文化、农业用生活方式诠释乡愁、农业用生产方式满足消费”的深刻内涵，丰富了城市居民的观光休闲活动内容，大力推动了资源节约型都市农业的进步，全面协调了京津冀的农业共同发展，促进了农民增收，使农业更好地服务于首都、更好地满足广大消费者的生活需求，同时也打造了北京都市的农业品牌。

第三届北京农业嘉年华在以下方面进行了突破：

充分发挥市场调节作用，通过市场开发，广泛吸收企业和社会力量参与到嘉年华活动中来。加大了招商招展、票务推广、广告宣传、企业赞助等多种形式的经济运作，减少了政府投资数额。促进了京津冀农业的协同发展，第三届北京农业嘉年华设有天津市、河北省的专题馆展示及主题日活动、文化民俗推介、优质农产品展示等。第三届北京农业嘉年华结合了首都定位，利用科技创新中心的资源优势，更充分地展示了科技创新成果。第三届北京农业嘉年华的创意文化更突出，互动体验活动更充分，参与性更高，趣味性更强。为贯彻落实节俭办会的精神，充分利用原有设施设备，主办方在活动运营上实行精细化管理，比上届减少投资20%左右。

活动亮点：京津冀协同发展。为贯彻国家发展战略，落实多省多地区协同发展的重要思想，推动京津冀三地农业特色发展，将西区4号馆、5号馆作为河北省、天津市两地的展示专馆，通过三地区联合展览，体现嘉年华互利共赢的办会思路。

昌平区的草莓联动推广：以嘉年华为推广平台，突出“三馆、两园、一带”模式，草莓休闲观光采摘带推广活动，创建新都市名片形象，促进区域经济发展，带动农民增收。开展“游客走进草莓园”——微博达人与草莓的约会、“挖掘草莓产业文化内涵”之草莓主题摄影展以及草莓票香等活动。

以政府为主导，以企业运作为主体，着重增强市场开发，吸引社会资金的注入，优化市场体系，并建立长久的运营配套设施，包括游客服务接待中心、售票服务设施、餐饮服务设施、游客休息设施等，将北京农业嘉年华打造成为昌平特色的旅游景区。

1. 活动模式

活动按照“三馆、两园、一带”的筹办模式，分为五大功能板块。“三馆”即农业精品馆、农业创意馆、农业体验馆；“两园”即激情狂欢乐园、农事体验乐园；“一带”即草莓休闲观光采摘带。

2. 活动布置

（1）农业精品馆　位于草莓博览园西区展示中心，展览面积为5000m^2。国际展区展示包括美国、俄罗斯、土耳其、韩国、马来西亚等10余个国家和地区（含港澳台）的特色农产品。国内展区展示来自吉林、内蒙古、新疆、山东、云南、西藏、四川、重庆、广东等20余个省市自治区的300余种特色名优农产品，如图6－50、图6－51所示。

图6－50　农业精品馆实景图

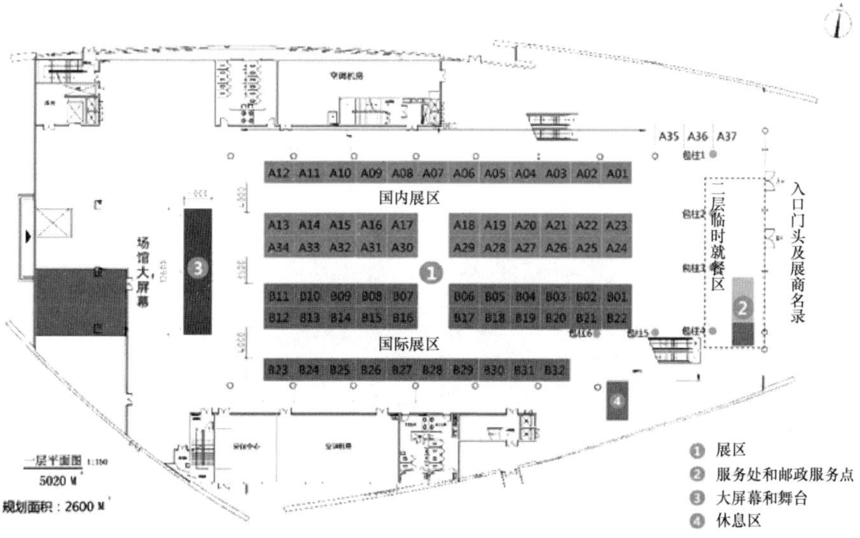

图6－51　农业精品馆平面图

（2）农业创意馆　位于草莓博览园的西区连栋温室，占地面积为 $26000m^2$。以展示蔬菜、玉米等农作物与台湾、河北及天津等地区特色农业为主要内容，利用艺术创意表现形式，打造诸多新奇特景观，展现我国源远流长的农业传统文化和现代都市农业发展的前景。农业创意馆具有科技创新点多、参与互动性强、文化内涵深厚、景观效果优美、展示形式新颖、商业氛围浓厚的特点。结合场馆主题开展极富创意的农业体验、互动、游乐项目，让市民可亲身体验农趣，享受生活。农业创意馆共分为蔬情画意、金玉粮缘、台湾浓情、燕赵葡园（河北专馆）、山海情缘（天津专馆）以及创意长廊六大部分。

①蔬情画意：本馆位于草莓博览园西区一号馆，场馆面积为 $6912m^2$，长 144m、宽 48m，展示奇、特、新、优、怪的叶菜、果菜、瓜类、薯类、药用蔬菜、食用花卉、芳香蔬菜等 200 余个品种，如图 6－52、图 6－53 所示。通过空中栽培新奇特蔬菜品种的方式，体现蔬菜健康安全，开展园艺互动体验，将文化、科技、景观、体验、科普、互动融为一体，展示宏观大气、春意盎然的场景，来到这里犹如走入一幅精彩的蔬菜画卷，让市民在繁忙的都市生活中减轻压力，享受生活。

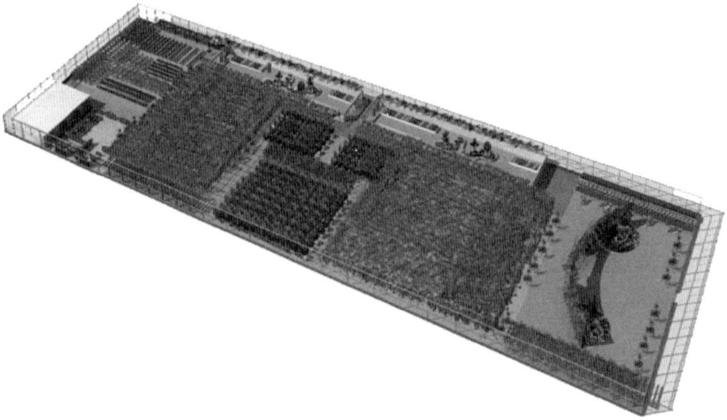

图 6－52　蔬情画意效果图

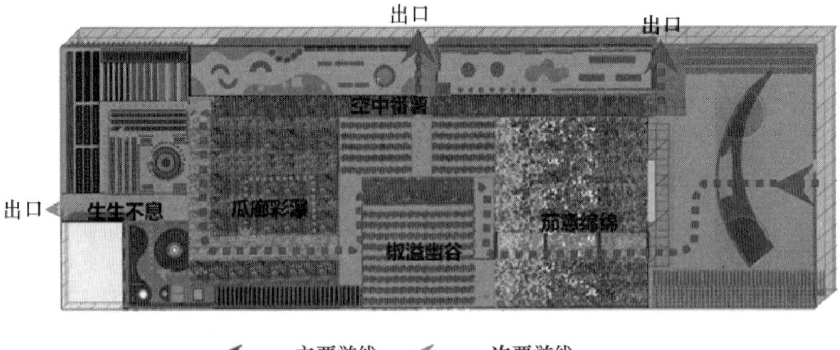

图 6－53　蔬情画意平面图

②金玉粮缘：该馆占地面积为5760m²，长120m、宽48m。本馆展示的是世界重要的粮食作物，也是全世界总产量最高、应用最广的作物——玉米。将玉米在中国历史进程和在不同地域中所扮演的重要角色进行整理，从品种、种植、生产、应用及生活方式等方面，全方位多角度来展示玉米在中国农业发展进程中的重要地位。用场景再现和互动体验的方式，使游客在参观游览和互动参与过程中了解、认知玉米。金玉粮缘馆以农业生活方式来诠释乡愁。以玉米背后的故事和文化唤起每个人对故乡、对岁月的追忆。金玉粮缘效果图、平面图如图6－54、图6－55所示。

图6－54　金玉粮缘效果图

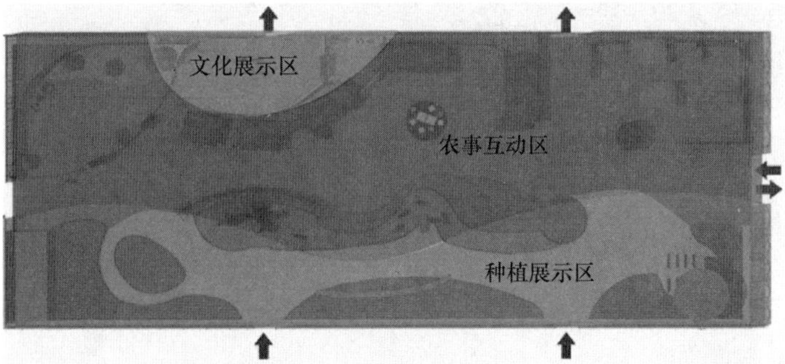

图6－55　金玉粮缘平面图

③台湾浓情：本场馆位于草莓博览园西区，场馆面积为4608m²，长96m、宽48m。场馆以精致农业及台湾人文特色为主题。“台湾浓情”意在打造出以“台湾农业经营方式的细腻化、生产技术的科学化以及产品质量的高级化”为特征的农业生产及农业风情。本馆从种植、民俗文化、农业产品及农事体验活动四个方面展示宝岛台湾的农业。农业在台湾的经济发展中占有重要地位，我们以茶树、水果、兰花等农作物来展现台湾的农业文化，以科技示范模型

来展现台湾的精致农业，请原住民来展示台湾民俗，用产品展示和售卖来展现台湾的特色产品。台湾各界希望能通过宝岛浓情场馆，营造一个向大陆同胞展示台湾农业发展的窗口，增进海峡两岸的农业文化交流，携手促进祖国农业建设和农业经济发展。台湾浓情效果图、平面图如图 6－56、图 6－57 所示。

图 6－56　台湾浓情效果图

图 6－57　台湾浓情平面图

④燕赵葡园（河北专馆）：该馆占地面积为 3456m^2，长 72m、宽 48m，通过葡萄的种植、葡萄文化、葡萄园景观、种植科技以及葡萄酒互动体验等环节，打造一个满眼绿野、葡萄飘香、快乐体验的场所，展示河北果园飘香的美丽景象，如图 6－58、图 6－59 所示。

现在的北京、天津、河北等地区的周边部分地区，古时被称为“燕赵”之地，有着悠久的历史与文化底蕴。今日的京津冀地区仍旧传承着悠久的历史文化，并形成京津冀一体化发展体系，实现京津冀协同发展。

燕赵葡园以葡萄为主题，从葡萄的品种、种植、生产、应用等方面，多角度地展示葡萄在河北农业发展中的重要地位。在现场打造了一个令人震撼的美丽葡萄景观。在阳春三月葡萄成熟的时节，游客能在参观游园和互动参与的过程中更加深入地了解河北、认识河北。

本馆以科学性、知识性、通俗性、趣味性、互动性为特点，以创造性的视角展示河北的特色农业与经济发展，使参观者从其中能了解一个真实的河北。

图 6－58 燕赵葡园效果图

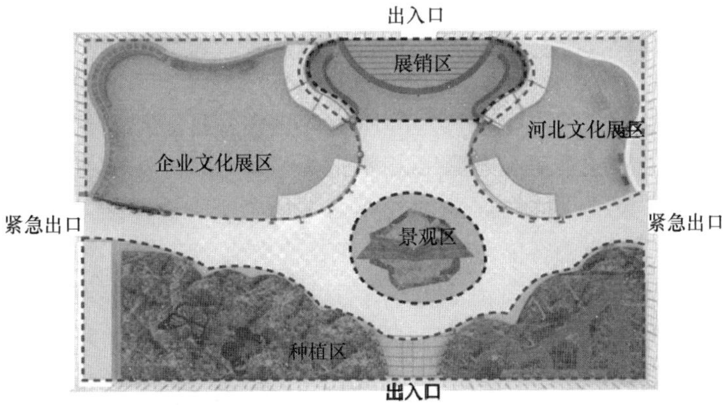

图 6－59 燕赵葡园平面图

⑤山海情缘（天津专馆）：位于西区 5 号馆，占地面积为 $2304m^2$，长 48m，宽 48m。本馆围绕农业嘉年华的主题，突出海滨天津的特色优势资源，让游客了解天津的盘山文化，从海洋产业、海洋科技、海洋文化、海洋旅游等方面，向游客充分展示海上丝绸之路的构建，如图 6－60 所示。

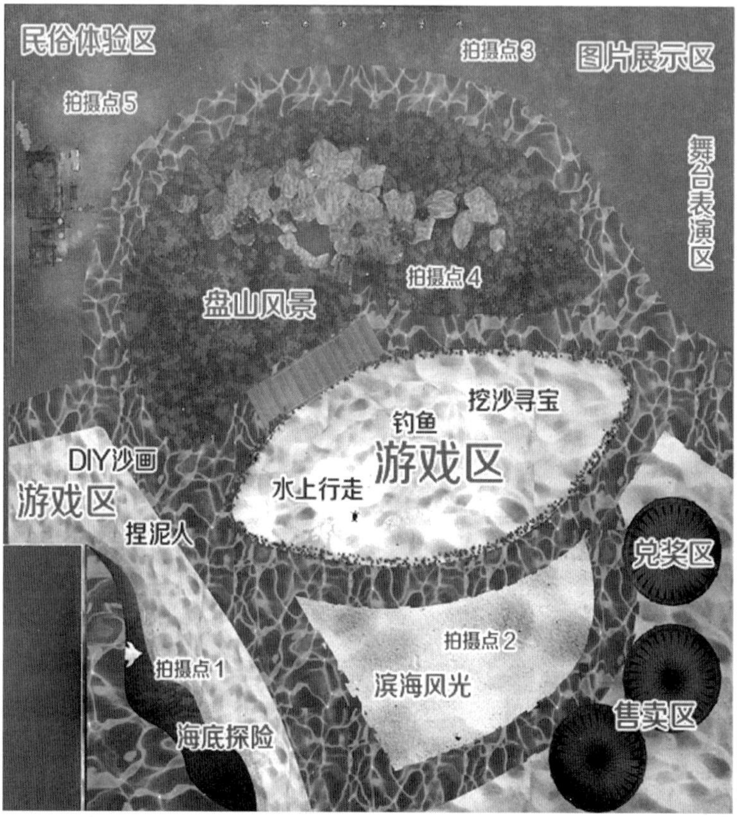

图 6－60　山海情缘平面效果图

⑥创意长廊：位于农业创意馆的连廊，共分为西侧“农趣购物街”和东侧“我眼中的北京农业嘉年华”摄影展两个区域。精选带有地域特色的手工艺产品进行集中展卖，同时将北京农业嘉年华的优秀休闲农业摄影作品展示出来，寓教于乐，使游客能享受到嘉年华独特文化。

农趣购物街邀请知名食品企业、手工艺品企业、农产品企业等参加，打造大型特色主题的展卖一条街——农趣购物街。它有别于展示中心的展销活动，更加突出了“京味”特色，使观众在展区参观之余，还能体会到购物的乐趣！创意长廊效果图、平面图如图 6－61、图 6－62 所示。

图 6－61　创意长廊效果图

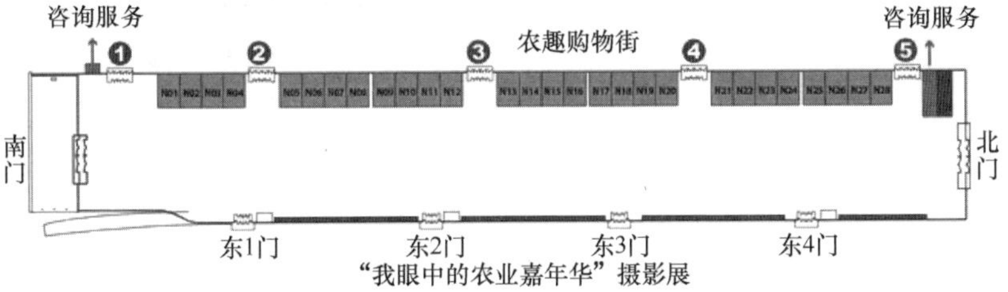

图 6－62　创意长廊平面图

（3）农业体验馆　本区位于草莓博览园东区，占地面积为 18652m²，由桑蚕织梦、蜜境先蜂、草莓奇境、向阳花海四大特色主题展馆组成。桑蚕织梦、蜜境先蜂以互动体验为主，让游客在娱乐、游玩的同时获得知识体验；草莓奇境展示了现代化草莓栽培生产模式及草莓特色品种等；向阳花海则向游客展示了美丽的田园景观。在农业体验馆里，游客既能了解相关科普知识，又可以参与有趣的农业互动娱乐项目。

场馆温室面积为 16256m²、连廊占地面积为 2180m²、桑蚕织梦场馆的占地面积为 2400m²、蜜境先蜂场馆的占地面积为 3460m²、草莓奇境场馆的占地面积为 4640m²、向阳花海场馆的占地面积为 5952m²、综合服务部占地面积为 2180m²。

①桑蚕织梦：该馆占地面积为 2280m²。本馆展示源于中国的文化珍品、人类文明史中的明珠——桑蚕文化。本馆对中国桑蚕文化进行深度展示，以蚕为主线展现中国的桑蚕历史，以实际的桑树种植及蚕的养殖为主体，对桑蚕农业生产进行场景再现。主办方通过场馆中的一系列相关体验活动，向游客诠释蚕的知识和精神以及中国博大的农耕文化。

桑蚕织梦场馆内容分为三个区域：桑树种植区、养蚕展示区、互动体验区，如图6－63、图6－64所示。

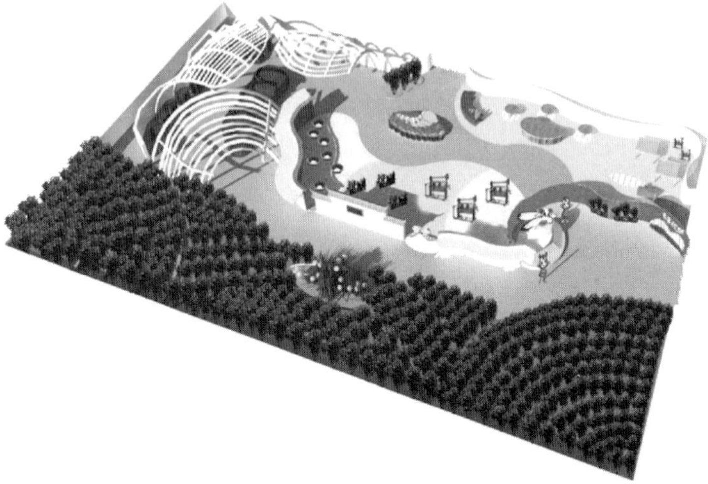

图6－63　桑蚕织梦效果图

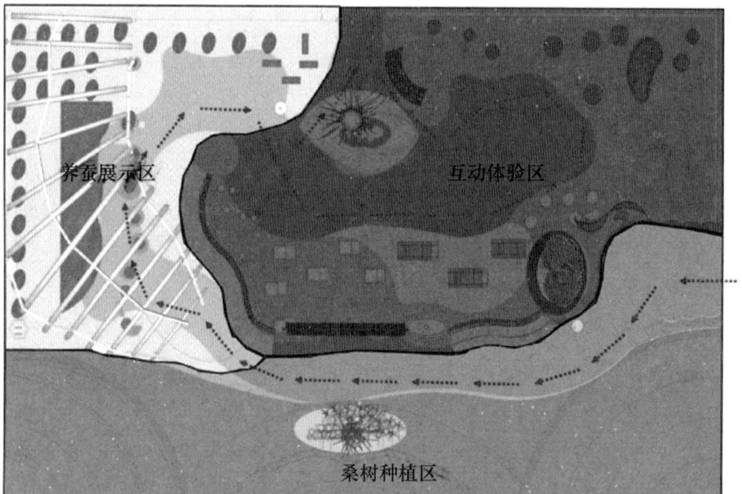

图6－64　桑蚕织梦平面图

②蜜境先蜂：蜜境先蜂展区占地面积为3460m^2，将展览的科学性、知识性、通俗性、趣味性、互动性有机结合，立体展示蜜蜂及蜂展品在人们生活

中的重要地位，重点展示蜜蜂生命奥秘知识和蜂产品制作过程互动体验，结合蜜蜂对农业的主题，提倡“关爱蜜蜂，保护地球”，为公众提供了一个以蜜蜂为主题的综合性科普互动、寓教于乐的体验场所，如图 6 – 65 所示。

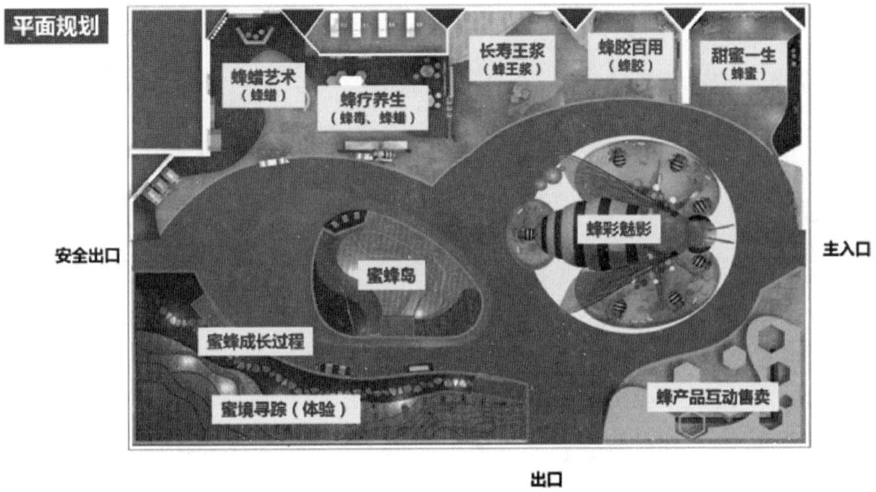

图 6 – 65　蜜境先蜂平面图

③向阳花海：向阳花海展区位于草莓博览园东区连栋温室中，场馆面积为 5952m^2。本馆以向日葵为主题，以浪漫的田园风光为设计理念，结合摄影创意景观，营造出一个金灿灿的花海景象，展现出一幅无比美丽动人的田园风景，让游客沉浸在向日葵的花海里享受美好生活，如图 6 – 66、图 6 – 67 所示。

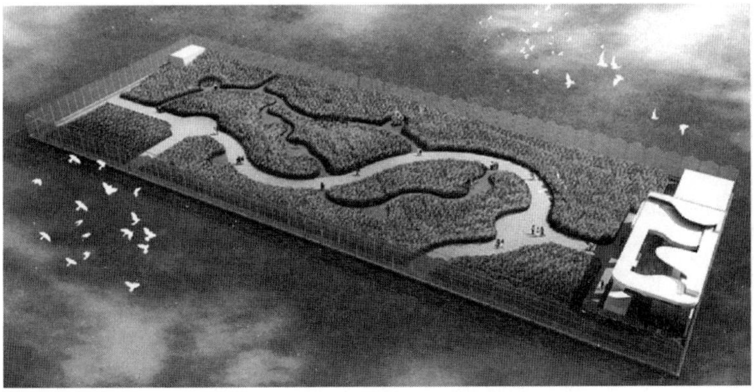

图 6 – 66　向阳花海效果图

图 6－67　向阳花海平面图

④草莓奇境：草莓奇境展区占地面积为 4640m^2，本馆种植了 40 余种优秀主栽草莓品种，形成无土立体栽培规模，采用了 13 种特色无土立体栽培模式，以高科技种植方式为特点，应用了节水灌溉、生物防治、物联网调控、带电种植等一批现代农业前沿科技，并将文化与景观、体验与互动融合为一体，营造出一个娇艳欲滴的可供客人畅游的精彩草莓世界，如图 6－68、图 6－69 所示。

图 6－68　草莓奇境实景图

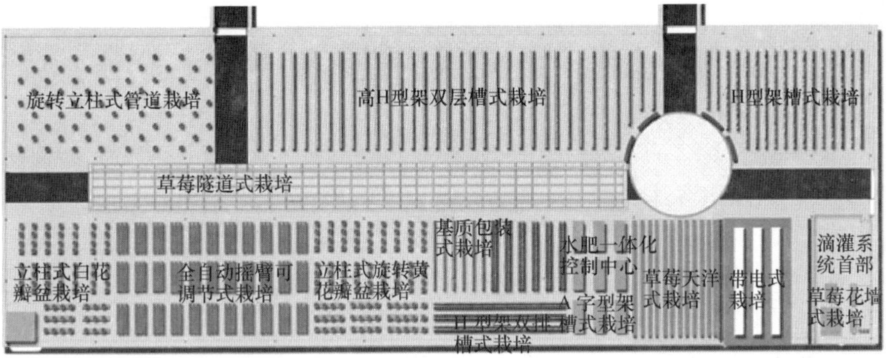

图 6－69　草莓奇境平面图

（4）“两园”——激情狂欢乐园与农事体验乐园

①激情狂欢乐园：位于草莓博览园东区中心广场，占地面积约 30000m^2，将在同期举办开（闭）幕式、农业嘉年华主题日活动、农事运动会、魔幻魔术秀等 10 项特色主题活动。丰富市民的观赏性与参与度，打造真正的全民参与的狂欢乐园。

②农事体验乐园：为充分调动游客的积极性和参与性，以草莓博览园东区占地面积 10000m^2的日光温室区为主体，草莓博览园东区集雨湖北侧 22 栋日光温室为主要建筑物的农事体验乐园，以栽培草莓、果蔬等农作物为主要活动形式，开创出“市民农园”，给以家庭为单位的游客，提供田园认养、农事体验、采摘互动、创意制作等多项互动性强的活动，吸引游客前来参与农事活动。

集雨湖北侧的日光温室采用实物的形式展示 10 余种草莓及蔬菜栽培新技术、新设备，包括栽培模式展示、现代农业机械展示以及节水灌溉、水肥一体化等新技术展示。在提供展示观赏草莓、蔬菜及机械设施的同时，展区内还将提供游客参与的活动，包括草莓采摘、蔬菜采摘、挖野菜、挖百合等农事体验活动。

（5）“一带”——草莓休闲观光采摘带

借助农业嘉年华的展示平台，发挥昌平草莓的品牌效应，可促进周边草莓产业的推广，增加当地草莓销量，让广大农户得到切实的利益，实现城乡的统筹规划和和谐发展。

通过活动策划、挖掘草莓产业文化内涵，实现会展与草莓产业的联动，从而更加全面地宣传昌平草莓，让游客了解、认识昌平草莓的特点。

三、综合效益

在政府领导的高度重视下，农业嘉年华的新体验模式使北京农业嘉年华连续四届均取得了巨大的成功。

2013 年 3 月 23 日（周六）—5 月 12 日（周日），首届北京农业嘉年华运行 51 天，入园游客达到了 101.7 万人次，实现园区直接经济收入超过 3300 万元，带动周边各采摘园实现草莓销售收入 1.8 亿元，提供就业岗位 2000 余个。嘉年华活动吸引了境内外 180 多家媒体的参与和报道。中央电视台《新闻联播》节目还专门报道了农业嘉年华的开幕式，北京电视台也进行了直播并在 6 档栏目实时新闻对播；中央人民广播电台、北京人民广播电台每日循环播放活动新闻；中国科技网、人民网、搜狐网、腾讯、新浪、阿里巴巴、国际在线等三十多家网络媒体持续报道，各类门户网站刊登转载相关新闻近 4600 条，图片 20000 余幅；官方微博“粉丝”达到 16 万人次，转发评论 70 余万条，发布微博客 125 万多条；《人民日报》《北京日报》《光明日报》《香港文汇报》等平面媒体均在头版或重要版面，连续刊登专版 40 多个、稿件 1200 多条、图片 2400 多幅。游客调查问卷显示，87% 的游客对农业嘉年华的评分达到 90 分以上；95% 的游客表示会继续关注和参与农业嘉年华活动。

2014 年 3 月 15 日（周六）—5 月 4 日（周日），第二届北京农业嘉年华共运营 51 天，吸引了 98.5 万人次游客前来参观，平均每天接待游客接近 2 万人，“清明”“五一”等小长假期间，日均客流量达 5 万人次。旺盛的人气带火了周边的草莓采摘及销售。据初步统计，活动期间，嘉年华场馆周边的草莓采摘园共接待游客 256 万人次，实现草莓销售收入 1.63 亿元。被吸引的不仅有北京市民，还有来自 30 多个国家的 300 余名国外游客，走进北京昌平，感受农业与科技、娱乐的高度融合。

2015 年 3 月 14 日（周六）—5 月 3 日（周日），第三届北京农业嘉年华 51 天活动期，共接待游客 118.8 万人次，较第二届增加 20.61%。园区实现总收入 5195.7 万元，较上届增加 48%。带动周边草莓观光采摘收入 1.58 亿元、民俗旅游收入 0.93 亿元，总计实现产值 3.03 亿元。第三届北京农业嘉年华体现“京津冀一体化”的协调发展和“海峡两岸”的互动交流。此外，还引入了大量的动物元素，市民可以欣喜地见到勤劳的蜜蜂、甘愿奉献的春蚕、美丽的蝴蝶、可爱的兔子、机灵的松鼠等活动，为活动注入了新元素。

2016 年 3 月 12 日（周六）—5 月 8 日（周日），第四届北京农业嘉年华 58d 活动期，举办期间共接待中外游客 133.6 万人次，园区累计实现销售收入 6070.03 万元，创历届新高。园区设置“三馆两园一带一谷”汇集了 610 余个农业新奇特品种、120 余项农业科技成果展示以及 100 余个以蔬菜、水果、花卉等农业元素装点的创意景观，让游客充分感受到了现代农业技术的先进与高效。此外在58天的展会期间，20项特色主题活动、200项互动体验活动贯穿始终，为市民呈现一场全新的都市现代农业盛会。据主办方统计，农业嘉年华日均客流量达到了近2.3万人次；带动兴寿、崔村等周边镇实现民俗旅游收入9491.63万元；带动草莓采摘实现收入1.625亿元，有效促进了农民增收，成为昌平旅游产业的新亮点。

第五届北京农业嘉年华在积极的策划、设计、筹备中，2017年3月11日会如期与市民见面。

北京农业嘉年华的成功举办，得到了市区各级领导的高度重视和肯定及北京市民的广泛认可与好评，现已成为北京市民在春季里的一份热切期待！嘉年华活动开幕时间选定在初春三月，以现代农业科技为技术支持，将瓜果飘香、百花竞艳的美丽景致，在初春呈现给首都市民，这是时代与科技进步的产物，是都市农业发展的崭新模式，是首都人民齐心协力发展农业的成果。

第二节　安徽和县模式

一、模式地域概况

（一）自然条件

和县位于安徽省东部、长江下游西北岸，地处东经118°04′~118°29′，北31°22′~32°03′，东与马鞍山市、南京市、芜湖市三大城市隔江相望，南临芜湖市鸠江区，西与含山县接壤，西北与全椒县毗邻，东北与南京市浦口区一桥相隔，全县东西距离约36.4km（窄处约17.5km）、南北距离约75km，总面积为1194km^2，总人口为54.3万。和县地势由西北向东南倾斜。南部及沿江一带地势较为平坦，为长江冲积平原，沟河港汊纵横交错，坑塘、水库星罗棋布。西北部多为波状起伏的丘陵、岗地，最高山地海拔315m（如方山）。境内有姥下河、牛屯河、得胜河、太阳河、石跋河等五条河流，滁河为和县的北界河。和县地处北亚热带湿润型季风气候区，气候条件优越，四季分明、气候温和湿润、光照充足、雨量适中、无霜期长，气候资源丰富，适宜农作物生长。年平均气温15.8℃，月平均气温28.1℃。最热月为7月；月平均温度2.6℃，最冷月为1月。历年极端最高气温为40.0℃，极端最低气温为-13.2℃，南北各地温度差异不大，冬夏温度变化小，春秋两季温度升降快。日平均气温稳定通过10℃以上农作物活动积温5021℃、生长期为230天、全年日照时数2126h、年平均日照百分率49%、全年无霜期259天、太阳辐射总量为119kcal/cm^2。

（二）区位条件

和县有区位优势。铁路、公路、水路纵贯其中，合巢芜、合宁、宁马芜三条高速公路构成金三角框架穿境或沿边缘而过。乘车自县城至南京禄口机场、芜湖湾里机场、合肥骆岗机场均不到120min。已建成的马鞍山长江大桥、芜湖长江大桥和南京国际机场增进了和县与世界的联系。南京长江大桥至和县北端仅有40km，南京长江三桥至和县北端也只有20km。“黄金水道”——长江流经和县境内65km，有三处18km的长江深水岸线资源。和县全方位、多层次的立体交通网已形成，使人们的旅游、投资方便快捷。电话程控化、传输光缆化、特快专递、移动电话、公众传真、无线寻呼，一应俱全。电网合理，电力充足，是华东电网接力中枢。三星级的陋室宾馆设备一流，服务周到，可接待中外宾客。

（三）人文条件

和县是“中国最佳休闲旅游县”“安徽省历史文化名城”“安徽省旅游工作优秀县”，总面积为1319km^2，2010年总人口达54万人。有煤、磷、石灰石、白云石、黄沙等矿产资源；有李白驻足吟唱的天门山、西楚霸王项羽拔剑自刎的乌江、刘禹锡贬谪和州的居所“陋室”，明太祖登临点兵的镇淮楼，南梁昭明太子沐浴疗疾的香泉等20余处自然和人文景观。出自和县名人有唐朝诗人张籍、宋朝杜默、爱国诗人张孝祥、清朝文学家陈廷桂、当代草圣林散之、中国奥运史上第一枚金牌获得者许海峰、中国科学研究院学部委员著名生态学家侯学煜等。

（四）农业发展

和县素有“蔬菜之乡”“温泉之都”“养鸭之乡”的美誉，农业资源丰富，区位优势独特，是盛家口麻油产业的集中区，是国家商品粮、商品油基地县和无公害蔬菜生产示范基地县。香泉湖禽业肉鸭加工基地分别被确定为国家级农产品加工业创业基地和示范基地，农产品质量安全追溯体系建设试点县（蔬菜、水稻）、国家级无公害蔬菜标准化示范区。创建工作先后通过农业部验收，连续多年被评为安徽省农业蔬菜产业化十强县、产业化示范县、农机十强县。2009年5月，国家还批准在和县设立台湾农民创业园。

二、模式内容

（一）模式概况

和县农业嘉年华由中农富通策划、设计、施工并提供技术支持，是继北京农业嘉年华项目之后又一个农业节庆盛典的经典样本。此次农业嘉年华2014年11月15日开幕，持续至2014年12月15日，历时30天，和县依托良好的蔬菜产业基础，与第八届蔬菜博览会有机结合，在长江三角洲地区形成了集行业交流与市民游、购、娱为一体的合作开放平台，不仅推动了当地农业基础建设，更带动了地方产业、周边旅游行业的发展。和县嘉年华以“绿色健康合作发展”为主题，整个活动共分为三大板块八项内容：

第一大板块为休闲观光板块。休闲观光板块分为创意农业体验区和采摘互动区 2 个区，创意农业体验区包括休闲农业 3 个主题场馆（总面积达 $11000m^2$）、周边露地（$8000m^2$）和果园（$25000m^2$），以露地景观和温室科技景观栽培展示为主，是集中展现和县现代农业和创意农业结合的会展农业区。采摘互动区设置露地瓜果采摘、特色农产品展销和标准农业生产基地参观等互动活动，是游客集中了解农业科技、体验农业乐趣的区域。

第二大板块为推介招商板块。推介招商板块包括全国蔬菜产业发展与机械化论坛、安徽省蔬菜学术研讨及现场观摩、和县投资环境说明暨食品工业项目推介、和县（善厚）种子推介暨新品种发布 4 项主题会议。

第三大板块为展览展示板块。此板块集中对蔬菜生产加工企业、蔬菜种子种苗企业、蔬菜设施、高端农资和优质农产品 5 大类进行展示，同时和县名特优农副产品也在会议期间进行展览展销，展销区面积更是突破 4500 平方米，展位达到 120 个，现场展示展销来全国的农资、农副产品数千个，近百家企业进驻会展，99% 以上为农业企业，其中不乏农业相关领域的顶尖企业。

（二）场馆布置

1. 农艺华章

本馆以各类特色叶菜和多种科技栽培方式为主体元素，打造“万山红遍，层林尽染；漫江碧透，百舸争流”的景象，寓意着和县的蔬菜产业发展能乘风破浪勇往直前，如图 6 – 70、图 6 – 71 所示。

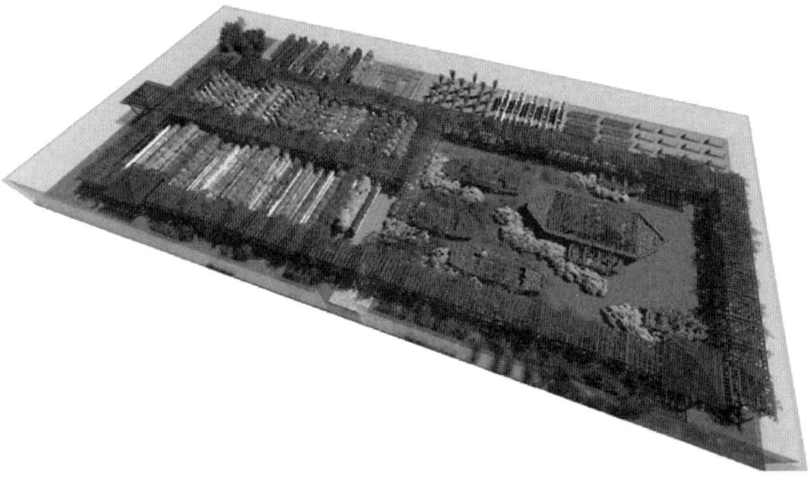

图 6 – 70 农艺华章效果图

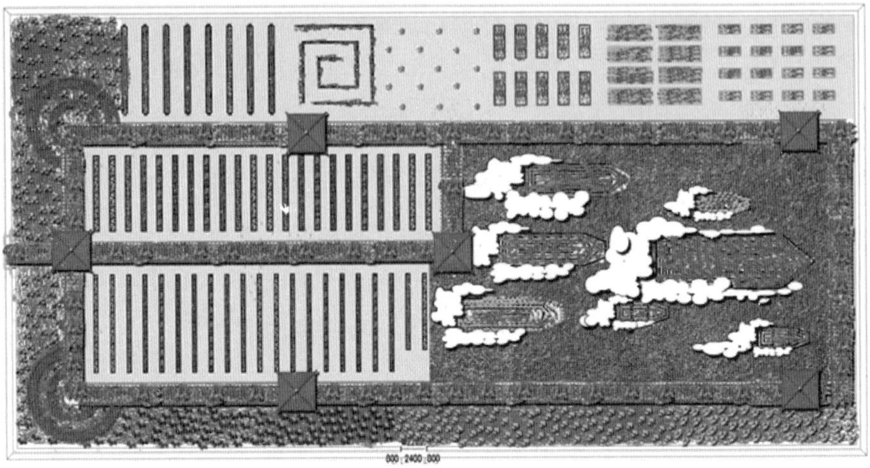

图 6－71　农艺华章平面图

2. 蔬艺华苑

本馆以家庭园艺样板间的形式，展示出不同园艺器材和技术在改善人们居室和办公环境、生产中的不同用途和作用，以满足市民物质和精神的需求。同时，场馆中设置展销平台让游客在大饱眼福的同时可以把喜欢的园艺资源带回家。蔬艺华苑效果图、平面图如图 6－72、图 6－73 所示。

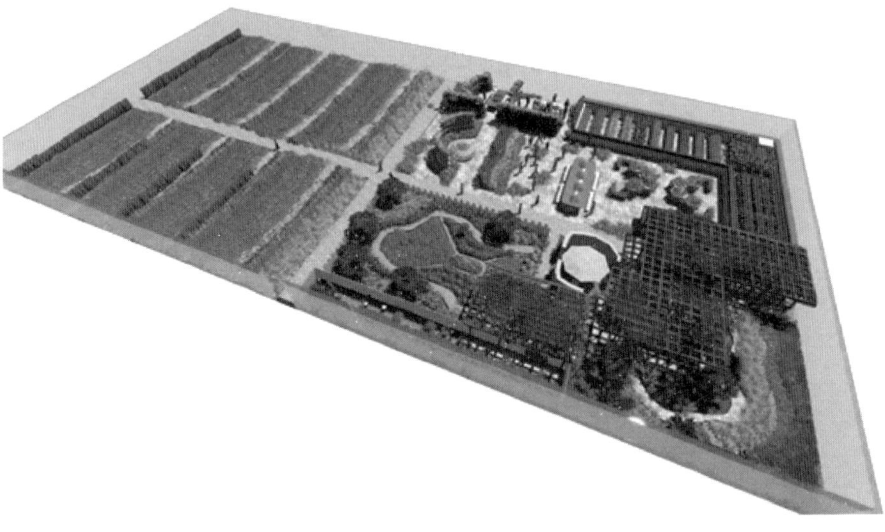

图 6－72　蔬艺花苑效果图

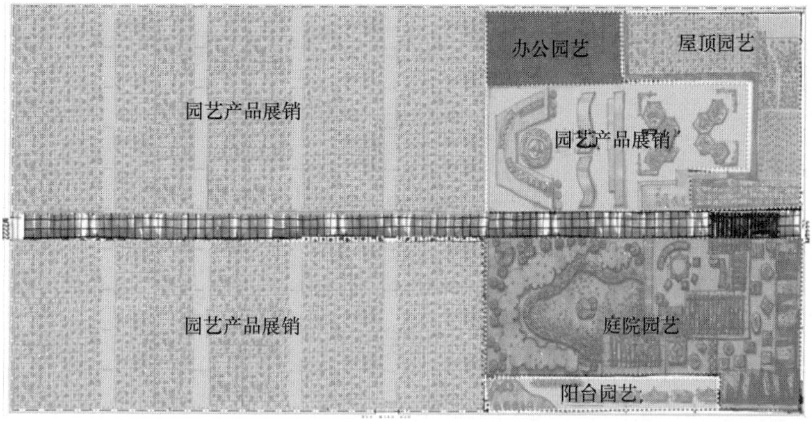

图 6－73　蔬艺花苑平面图

3. 和美田园

本馆以特色农作物和当地特色果蔬为主体元素，辅以展现和县特有历史文化风情的主要景观，打造如诗如画的田园风光，让游客在游玩中认识更多有趣的农作物和果蔬并了解和县的历史文化，如图 6－74、图 6－75 所示。

图 6－74　和美田园效果图

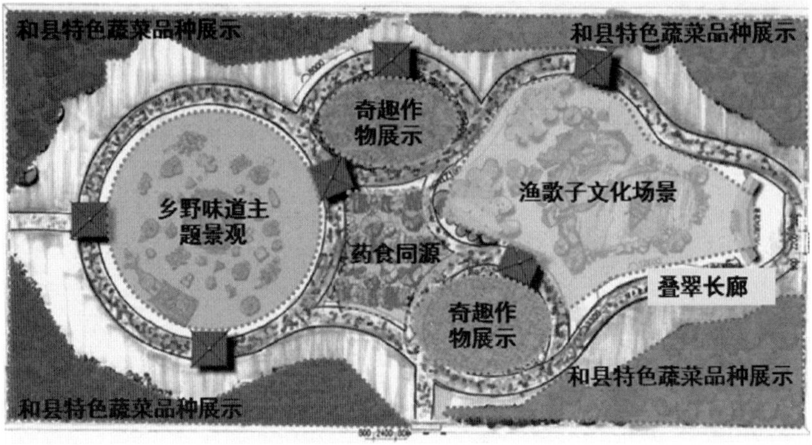

图 6－75　和美田园平面图

三、综合效益

嘉年华活动的亮点主要有以下几方面。

1. 突出群众参与性

嘉年华主会场重点打造了创意农业体验区和采摘互动区 2 个展区，其中创意农业体验集中汇集农艺华章、蔬艺花苑、和美田园 3 个主题场馆和周边的露地景观。馆内新奇特蔬果品种琳琅满目，各种农业新科技汇聚一堂。在瓜果采摘活动区，游客还可以一边欣赏一边采摘品尝。活动凸显“亲民乐民”特色，让游客有得看，有得玩，因此吸引了不少周边城市的游客组团前来游园观光。

2. 更加注重农业专业性

嘉年华举办期间分期举办了全国蔬菜产业发展与机械化论坛、安徽省蔬菜产业学术研讨等高规格的农业专业性会议，共同描绘了全省乃至全国蔬菜产业的未来远景。同时，还有不少农业相关领域的企业进驻会展，使蔬博会更具农业专业性。

安徽和县第八届蔬菜博览会暨首届农业嘉年华以“政府推动，市场运作，社会参与”的方式成功举办，使农业科技展示农产品、农副产品展示展销、食品产业招商和现代农业休闲观光完美结合，取得了良好的经济效益和社会效益。首届和县农业嘉年华共接待省内外游客 18 万人次，实现旅游总收入 390 万元，销售农业机械及农副产品 1200 多万元。

第三节　广西玉林模式

一、模式地域概况

（一）自然条件

广西玉林地处东南地区桂东南丘陵境内，山地、谷地、台地、丘陵、平原相交错尤以台地丘陵分布较为广泛，区域地理坐标东经110°14′北纬22°64′，山地占全市面积33%，平原盆地17.4%，丘陵49.4%，其中有林面积68.2万hm^2，耕地面积19.02万hm^2。玉林地处北回归线以南，属典型的亚热带季风气候，气候温和，年平均温度22℃，光照充足，年平均日照时数1795h，雨量充沛，年平均降雨量为1650mm，无霜期长，年平均无霜天数为346天。

（二）区位条件

玉林市区位优势明显，位于粤桂两省区交界处，东与广西梧州市、广东茂名市相邻，南与北海市、广东湛江市毗连，西与钦州市交界，北与贵港市接壤。交通便利快捷，毗邻广东，背靠大西南，处于泛珠三角经济区和中国—东盟自由贸易区的结合部，是我国东部西进西部东进最便捷的通道。承接京广线的黎湛铁路贯穿境内玉州区、陆川县、兴业县、博白县及洛湛铁路玉林段、玉林市、北流市、容县，国道324线与黎湛复线铁路纵横相交，建设中的南宁玉林—广州高速公路、洛湛铁路（玉林段）正编织着一个以玉林城区为中心的现代交通网络。市内高等级公路网络贯穿于各县（市）区，形成了“半小时经济圈”。全市行政区域面积12838km^2，其中，市区建成面积45km^2。

（三）人文条件

玉林是一座具有两千多年历史的文化古城，被世人誉为“岭南美玉胜景如林”、“岭南都会”。玉林的旅游资源丰富，有旖旎的南国山水风光，奇特的古今建筑，被誉为“天然南国园林”。玉林也是“中国优秀旅游城市”，以名胜古迹、侨乡风情、宗教文化、商贸旅游为特色的丹霞地貌和岩溶地貌景观遍布各县（市）区，有大容山国家森林公园、勾漏洞、真武阁、云天文化城等120多处旅游资源，是侨乡观光、休闲度假、宗教文化、文物考古、商贸洽谈、康复疗养、生态旅游的理想之地。从2004年开始广西玉林市每年举行一次中国·玉林中小企业博览会，简称“玉博会”，这成为玉林积极主动加强国内国际交流合作的平台，使玉林这座城市可以快速融入国际经济大潮之中，吸收国内外发达地区的先进经验，寻找新合作，共享新商机。玉林作为广西沿海城市群，与区内经济腹地相互对接、协调发展，多个重要节点城市处于经济合作区的相互重叠区和交叉点，是承载东部产业转移的加工基地和东部通向“东盟”的重要陆路通道，是桂东南地区政治、经济、文化、交通中心。

（四）农业发展

玉林是粮食、水果、禽畜重要生产基地，是著名的“荔枝之乡”“桂圆之乡”。优质谷产量、家禽饲养量、肉类产量均居广西第一，其中肉类产量、家禽饲养量均占广西总量1/5以上，全市农业产业化企业1886家，其中国家重点龙头企业3家，占广西总企业数的1/4，自治区重点龙头企业13家，占广西总企业数的1/5，农业总体发展水平居广西之首。水稻免耕抛秧、马铃薯免耕栽培、禽畜标准化生产、蘑菇二次发酵等先进技术均处于领先水平。玉林市有人口547.17万人，有海外华侨和港澳台同胞近80万人，是广西最大的侨乡。

二、模式内容

广西玉林“五彩田园”农业嘉年华的总建筑面积65372.48m^2，是目前全国主展馆面积最大的农业嘉年华项目，场馆分2015年和2016年两期建成。

（一）农业嘉年华一期

1. 场馆概况

玉林农业嘉年华一期在空间布局上分为4栋智能连栋温室，单栋面积为7372.8m^2，每栋连栋温室最东侧设为通道，由3个连廊将4栋连栋温室连接为一体。4栋连栋温室内部景观建设分别设有不同的主题，采用春、夏、秋、冬四季四色进行空间布置，分别为：瓜彩世界、农艺高科、五谷丰登、玉蔬临风四个场馆。

农业嘉年华举办期间，四大场馆共有60多个农业优新特品种、60余项先进农业技术及中农富通的11项专利参展，围绕农业科技，集中展示农业的新理念、新模式、新技术、新设施、新装备、新品种，吸引周边农业企业、市民、农民前来观摩，带动了广西玉林玉东新区休闲观光农业的发展。

2. 场馆布置

（1）瓜彩世界　瓜彩世界的主题与整体规划七彩田野相呼应，主要展示内容以瓜为主，展示不同种类、不同颜色、不同形状的瓜，营造出吉祥、喜庆的氛围。同时，通过不同的手段展示出瓜类的不同形态，让人既能感受到瓜类带来的乐趣，又能从中学到瓜类的文化和知识。馆内设置南瓜雕刻等体验活动，将游、赏、玩融为一体，使游客乐在其中。该场馆展示先进技术20余种，瓜类品种60余种。瓜彩世界效果图、平面图如图6－76、图6－77所示。

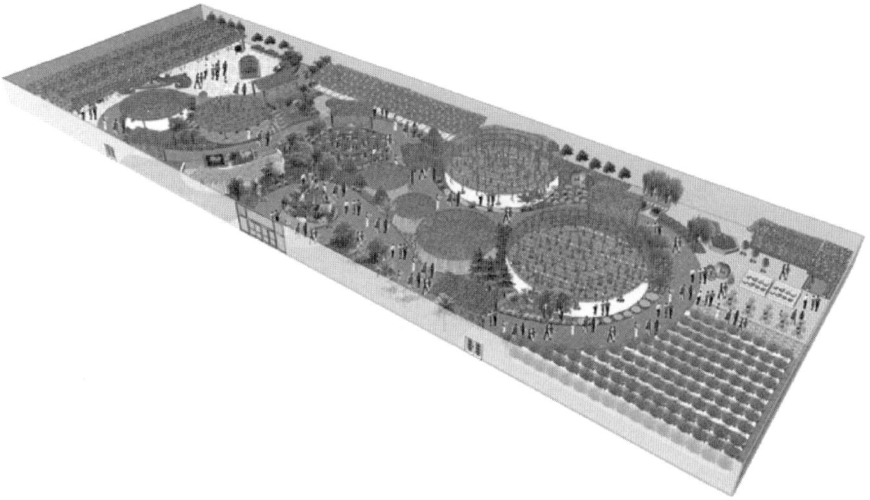

图 6－76 瓜彩世界效果图

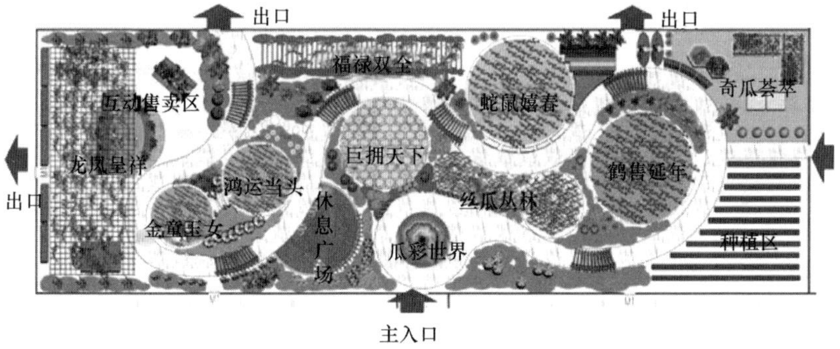

图 6－77 瓜彩世界平面图

（2）农艺高科 农艺高科场馆以科技栽培为主题，通过管道、雾培等多种高科技栽培方式种植蔬菜，并以此为基础进行造型，来展示丰富的蔬菜景观。场馆内设置了丰富的蔬菜景观和互动活动，能带给游客新奇的感受和体验。该场馆展示先进栽培技术 30 余种，蔬菜品种 40 余种。农艺高科效果图、平面图如图 6－78、图 6－79 所示。

（3）五谷丰登 该馆以“五谷杂粮”为主题，以种植展示和农事体验为主线。放眼望去，一大片种满各种各样传统五谷作物的景致映入眼帘。在农事体验区域中游客可亲自体验石磨面粉、石臼舂米、风车挑米、手工脱粒等农事给人们带来的乐趣。

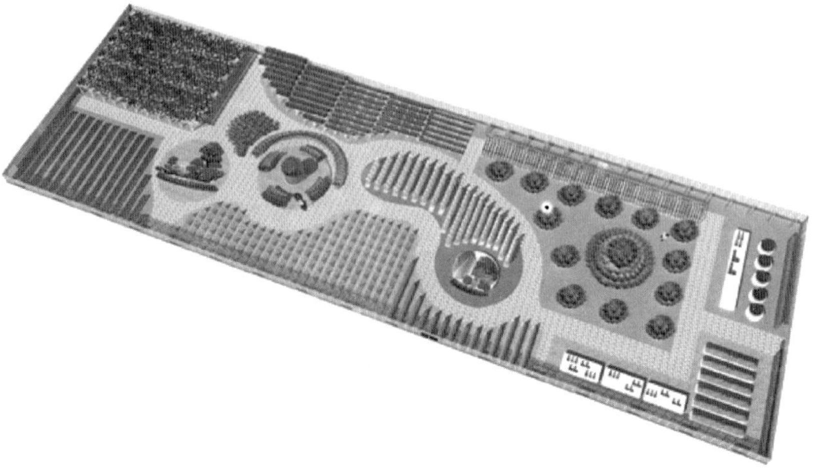

图 6－78　农艺高科效果图

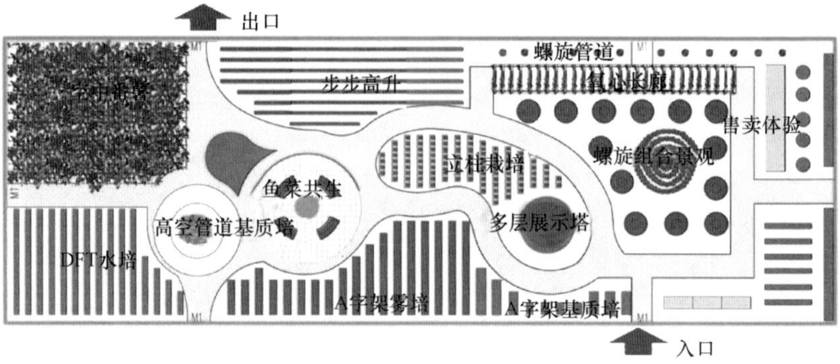

图 6－79　农艺高科平面图

本设计场景将南北方建筑风格、大江南北特色种植（五谷）融于一体，为游客提供了一个可赏可玩的场地，如图 6－80、图 6－81 所示。

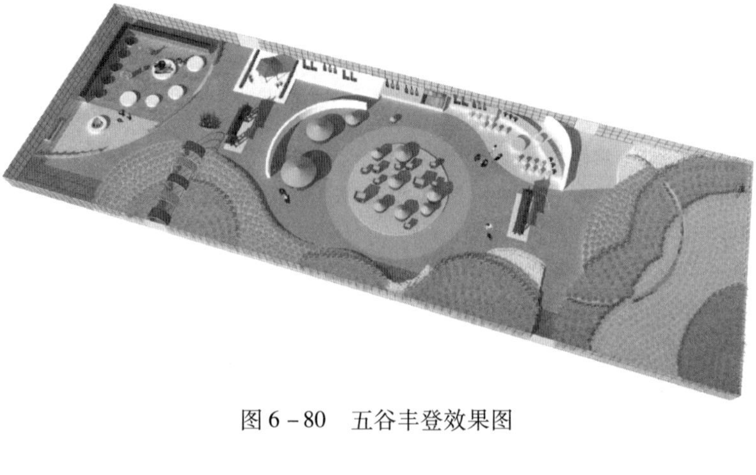

图 6－80　五谷丰登效果图

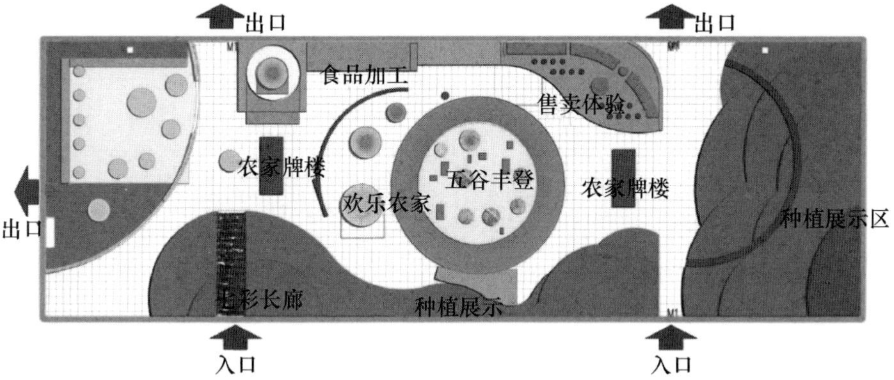

图6－81　五谷丰登平面图

（4）玉蔬临风　本馆展示了现代温室设施发展的高水平和先进成果，与国际接轨，体现现代农业理念，充分体现了现代农业设施的前沿性。在玉蔬临风馆里，从新、奇、特种植到精准农业方方面面都体现出农业科技为我们生活带来的惊喜，如图6－82、图6－83所示。

图6－82　玉蔬临风实景图

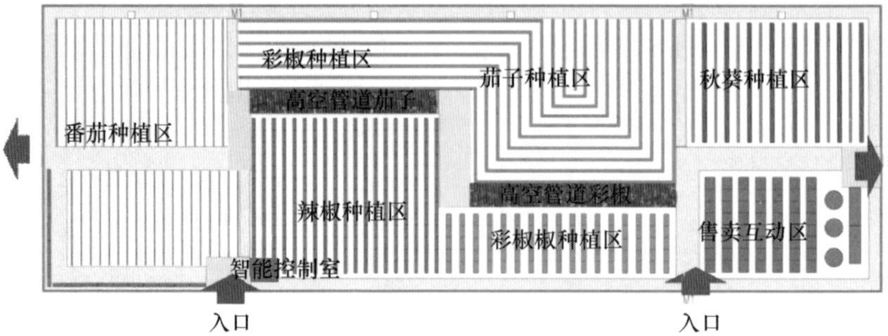

图 6-83 玉蔬临风平面图

（二）农业嘉年华二期

1. 场馆概况

玉林农业嘉年华二期在空间布局上增加了 4 栋智能连栋温室，前 3 栋单栋面积为 7525.44m^2，每栋连栋温室最东侧设为通道，由 3 个连廊将 4 栋连栋温室的通道连接，最后一栋面积为 9676.8m^2。4 栋连栋温室的内部景观分别有不同的主题，结合当地的优势产业，分别为蚕织天下馆、大漠风情馆、蜜境寻踪馆、梦幻花海馆及大糖盛世长廊。

农业嘉年华举办期间，四大场馆依次展示了桑树品种 60 余种，蚕品种 10 余种，蚕养殖技术和相关加工工艺 20 余种；沙漠植物 160 余种，沙漠植物种植及应用技术 10 余种，仙人指路、掌握天下、祥龙吐瑞、奇石幻影、生存有道等主题景观 13 项；展示 6 个种属的蜜蜂及农用蜜蜂、授粉蜂、寄生蜂等主要品种；搜集蜜源植物 40 余种，特殊蜜蜂相关植物 10 余种，关键栽培技术 7 种，蜂岛探秘、观礼平台等 11 处主题景观；展示木本花卉 50 种以上，草本花卉 50 种以上，梦幻花廊、花卉科技、花卉疗法等 19 个节点景观。二期建设引入当地农业产业特色并融合新兴科技，在农业嘉年华平台上联合更多科技、信息、加工、物流等产业，促进当地创意农业产业链开发，构建新型农业经济体系。这些内容丰富了场馆设计内容及活动策划方案，持续吸引游客关注，为实现“五彩田园”全域 5A 提供了项目支撑。

2. 场馆布置

（1）蚕织天下　广西桑蚕养殖历史悠久，在“十五期间”人们更是抓住“东桑西移”的发展机遇，大力发展种桑养蚕业。目前广西壮族自治区已成为中国桑蚕生产第一大省、世界重要原料茧生产基地。

本馆以桑蚕文化为主题，以丰富多彩的桑树品种、蚕品种和桑产品、丝织品加工工艺为元素，按照“观桑园、看桑蚕、感文化”的主线，通过实物展示、创意景观打造、体验互动等集科技、文化、景观、体验为一体的表现手法，给游客带来一场桑蚕科技和文化的盛宴。会展重点推出“果桑种植、桑寄生种植、桑树皮利用、桑蚕养殖、丝织加工、蚕保健应用、蚕沙利用”等技术，能促进桑蚕相关产业的发展。蚕织天下效果图、平面图如图 6－84、图 6－85 所示。

图 6－84　蚕织天下效果图

图 6－85　蚕织天下平面图

（2）大漠风情　本馆以沙漠风情为主题，以丰富多彩的沙漠植物品种、沙漠植物生存技能、沙漠植物的现代应用和沙滩文化为元素，通过沙漠环境营造、多彩沙漠植物种植展示、沙漠民俗体验等手法，营造出浪漫神秘的气氛，让游客感受异域风情、了解异域植物，如图 6－86、图 6－87 所示。

图6－86　大漠风情效果图

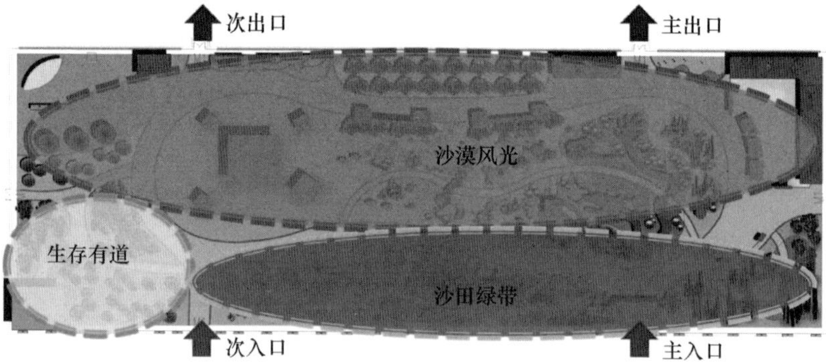

图6－87　大漠风情平面图

（3）蜜境寻踪　本馆通过主要展示农用蜂类种群和授粉采蜜过程、蜜源植物种植、蜂产品保健等，打造出了一个农用蜂主题场馆，如图6－88、图6－89所示。

（4）梦幻花海　广西素有“植物王国”“花卉宝库”之美称，本馆通过花卉的植物学知识、花卉的多样性栽培和多彩景观设计构思，让游客了解更多花卉科普知识和栽培技术，带动了当地的花卉产业发展，如图6－90，图6－91所示。

图6-88　蜜境寻踪效果图

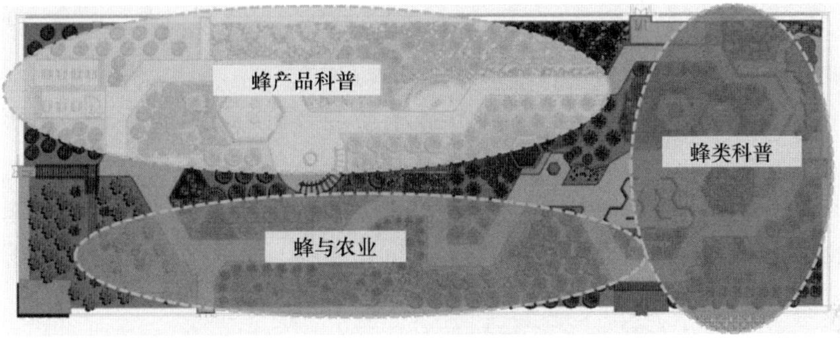

图6-89　蜜境寻踪平面图

图6-90　梦幻花海效果图

图6－91　梦幻花海平面图

三、综合效益

玉林项目的成功，使五彩田园获得了很多荣誉：2015 年 1 月，“五彩田园”获得广西壮族自治区人民政府授予的“广西现代特色农业（核心）示范区”称号，9 月荣获“中国农业公园”称号，10 月荣获“国家农业产业化示范基地”称号，11 月通过“国家4A 旅游景区和广西五星级乡村旅游示范点”称号。自 2015 年元旦开园接待游客以来，1—11 月“五彩田园”共接待游客 500 万人次，其中，进入高科技农业展示馆人数超过 100 万人次。玉林嘉年华项目已取得巨大成功，但玉林嘉年华在今后的发展中更需强化生产功能。传统嘉年华以旅游休闲功能为主，国外嘉年华主要是以庆贺丰收活动为主，中国嘉年华，特别是南京嘉年华实际是农博会的升级版，不具有生产功能。而北京连续三届嘉年华均以观光旅游为主，开放时间不到 2 个月，所有场馆内农产品主要展示为主，没有生产和销售的环节。

玉林农业嘉年华是周年开放的，而且每个场馆都担负着广西一个主导产业的科技展示功能。因此要充分利用好现代化的条件，在不影响观光效果的情况下，尽可能加大种植密度，增加产出。通过密植化、立体化来增加植物密度，提升观赏效果和产出，同时提高设施利用率。另外，由于农业旅游的淡旺季规律，为了充分利用展馆内的人力资源，提升劳动价值，也需要提升生产率来保证企业的生存。

利用好现有生产设施，增强生产功能，也是一项创新，栽培品种要具有高附加值。场馆管理人员的综合管理素质要求更高，对茬口安排和育苗等工作的时效性提出更严格要求。

珍贵的木本植物栽培具有节省人工、观赏性好、经济性好的特点，是优先发展的重点，同时可以进行销售。

第四节　辽宁辽阳模式

一、模式地域概况

（一）自然条件

辽阳属于温带湿润性季风气候，降水较多，雨量大，大部分降水集中在夏季，年平均降水量在800～900mm。全年日照时数少，无霜期为140～160天，冬季时间较长，气温较低，年平均气温6～8℃，年平均正积温3000～3400℃。

（二）区位条件

辽阳地处辽宁省中部，地理位置优越，东临本溪、岫岩、凤城，南界海城、鞍山，西接辽中、台安，北依沈阳。交通十分便捷，辽溪铁路横跨东西，长大铁路、沈大高速公路纵贯南北，公路干线小小线横贯东西，沈营、沈环等干线公路交织面网，与营口鲅鱼圈港、大连港、沈阳桃仙国际机场近距直通，水陆空交通十分便捷。

（三）人文条件

辽阳古称襄平、辽东城，是一座有着2400多年历史的文化古城，是东北地区最早的城市。公元前3世纪到17世纪前期，辽阳一直是中国东北地区的政治、经济、文化中心、交通枢纽和军事重镇。随着时代发展，辽阳成为沈阳经济区副中心城市，是新兴的现代石化轻纺工业基地，也是中国优秀旅游城市。辽阳有许多美不胜收的自然景观和著名的历史人文景观。自然景观有山清水秀的汤河旅游风景区，碧波涟涟的葠窝水库旅游区，蜿蜒奔流的太子河，谷幽树茂的石洞沟森林公园，风光旖旎的核伙沟自然风景区，四亿年前形成的喀斯特古溶洞——观音洞和终年结冰的姑嫂城冷地。历史人文景观主要有汉魏时期墓群壁画，唐代八宝琉璃井、高句丽燕州城（白岩城），辽代白塔，明代古城墙、遗址清风寺，清代东京陵、东京城和曹雪芹高祖曹振彦名碑、曹雪芹纪念馆等。

（四）农业发展

辽阳农业较为发达，是国家、省商品粮基地和瘦肉型猪、淡水鱼养殖基地。全市现有耕地面积147333km^2，粮豆种植面积在120000km^2以上，粮食平均年产750000t，果树栽植面积2066km^2，淡水鱼产量40000t，总产量居全省第二。西部平原土质肥沃，盛产玉米、水稻和淡水鱼，享有“粮仓”之称；东部山区林果茂盛，盛产南果梨、山楂。农业资源丰富，动植物资源繁多，野生动物有200种以上；树木、果树、中草药、花卉等品种较多，大丽花在昆明世博会上获得金奖。辽阳以高产优质粮田、林果业、蔬菜温室大棚、畜牧业（生猪、黄牛、肉鸡）、淡水养殖业“五项开发”为重点的“高产、优质、高效”农业正向纵深发展。

二、模式内容

（一）场馆概况

辽阳首山农业嘉年华总设施占地面积为41317.3m^2，以科技示范、新奇特农业品种、满汉农耕文化为主要内容，是集科技、景观、休闲、体验于一体的创意农业园区，分为蔬艺百科、紫菜大观、满汉全席、工厂育苗、清水田园、南果风情、花彩世界七大场馆。

（二）场馆布置

1. 蔬艺百科

本馆以蔬菜为主题，以各类特色蔬菜新奇特品种和科技栽培为展示元素，运用创意表现手法，打造出了丰富震撼的蔬菜景观。按照蔬菜的农业生物学分类，分为瓜瓜城堡、豆豆仙境、叶菜森林、茄果乐园、根茎星空、五味姜山、彩蔬派对、蘑幻王国及体验活动七个板块，通过全方位展示蔬菜科技、品种、创意景观、艺术体验等内容，引领游客一起欣赏蔬菜艺术。该馆集中展示蔬菜品种210余种，各类栽培模式30余种，其中新奇特蔬菜品种60余种，农艺科技16项，农艺景观10个，互动体验项目10余项。蔬艺百科效果图、平面图如图6-92、图6-93所示。

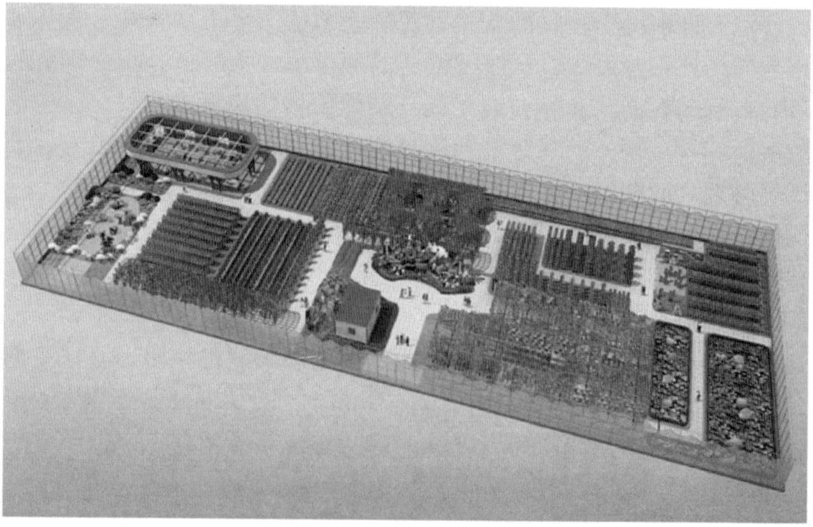

图6-92　蔬艺百科效果图

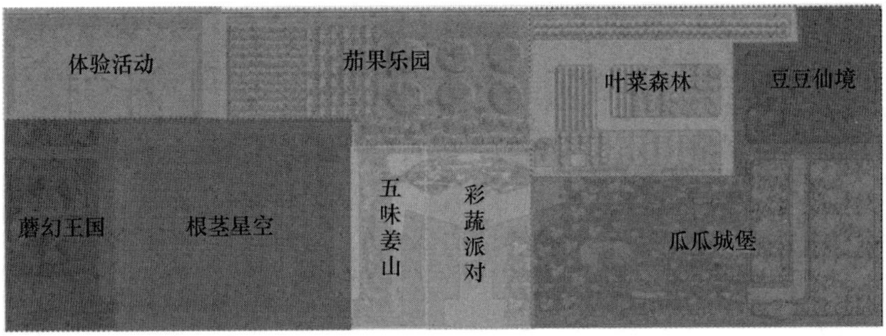

图 6－93　蔬艺百科平面图

2. 紫菜大观

本馆主题是“你所不知道的蔬菜健康”，以紫色蔬菜作为主线，以新奇特优紫色蔬菜品种为载体，将创新科技种植模式和创意景观融为一体，利用辽阳地区强光照、温差大的地域条件使紫菜形成鲜艳的色彩景观，并突出了紫色蔬菜的营养价值，彰显都市农业发展的科技性和前瞻性，引导市民了解关于蔬菜健康与保健的知识。本馆共计包含紫色蔬菜 35 种，栽培模式 10 种，农艺科技 3 项，农艺景观 5 个，互动体验项目 5 项，如图 6－94、图 6－95 所示。

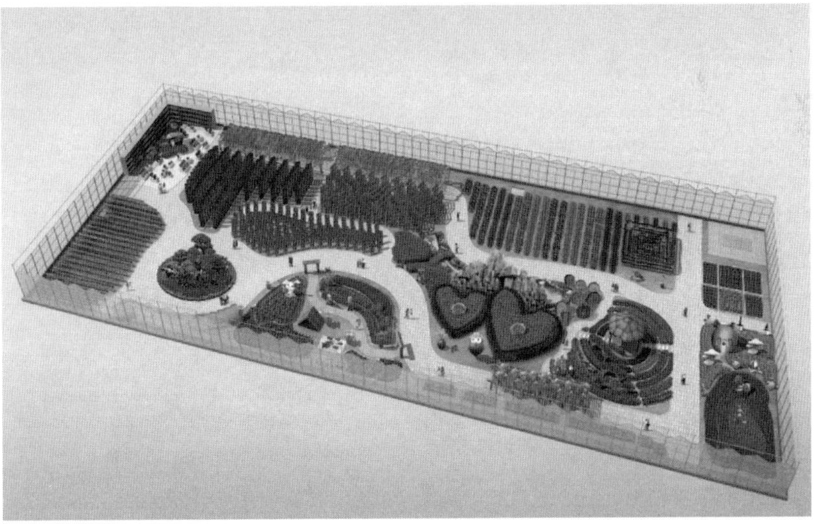

图 6－94　紫菜大观效果图

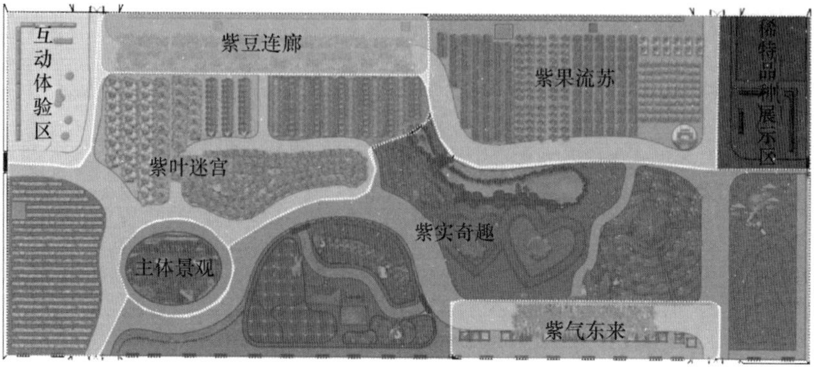

图 6－95　紫菜大观平面图

3. 满汉全席

本馆以农耕、民俗文化为主题，将种植展示和农事体验相结合，融入具有东北地域特色的满族文明和关东文明。游客在这里既可以感受春耕的忙碌，又可以体验秋收的喜悦，还可以深入地了解满族同胞的生活习俗和体会闯关东的艰辛。用场景再现和互动体验为表现手法，使游客在参观游览和互动参与的过程中了解历史悠久的农耕文化和博大精深的满族历史。以最能打动人的故事和文化唤起每个人对祖国的感情。满汉全席，带您一起品味满汉农耕的盛宴。该馆共展示大田作物品种 25 种，共设置农事体验类互动项目 20 种。满汉全席效果图、平面图如图 6－96、图 6－97 所示。

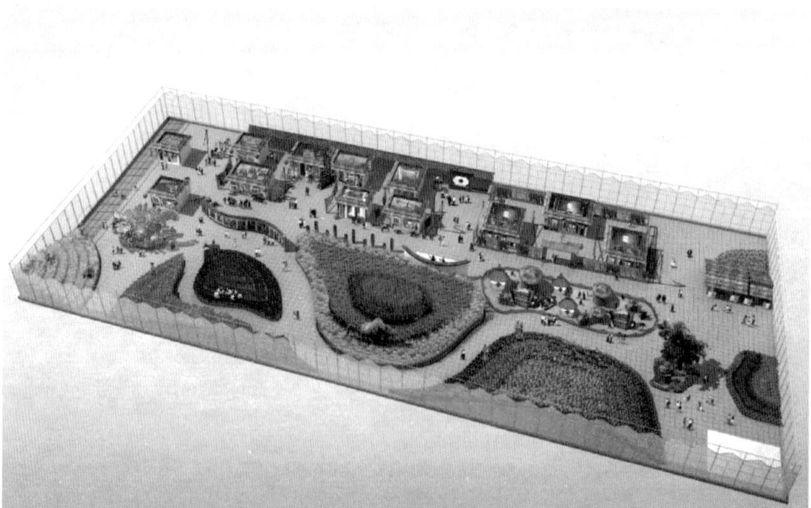

图 6－96　满汉全席效果图

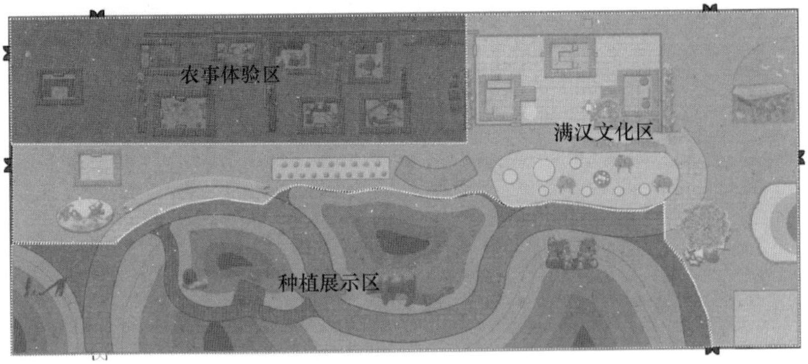

图 6－97　满汉全席平面图

4. 清水田园

本馆以“水”为主题，通过水生植物、人工湿地、水培蔬菜、灌溉展示、鱼类、特殊功能水展示及多项水的娱乐体验环节，全面而深入地向人们展示了水的科技性、艺术性、参与性、趣味性。通过各种水的应用和体验场景，将全馆的水景观、农业高效用水、水互动体验、水生态净化循环、水产品展销售卖贯穿到一起，为游客提供了一个可赏、可玩、可食、可学、可探索的水的生态休闲场所。

全馆水生植物有 32 种，沙生植物 38 种，功能水有 7 种，还有水的相关技术项目 28 项，景观小品 12 个，体验互动 13 项，售卖产品 10 个种类，如图 6－98、图 6－99 所示。

图 6－98　清水田园效果图

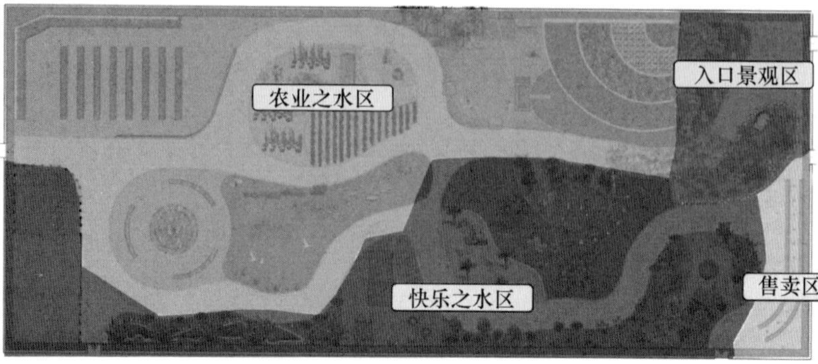

图 6－99　清水田园平面图

5. 南国风情

本馆主题是南果北种，让寒冷东北和温暖的南方营造一种反差效应。还原南方果树生产、丰收的场景；将南方水果品种、文化、科技、景观、体验、互动融为一体。同时展示当地特色的北方盆栽果树和秋收果品，达到南北方文化的融合。

南方果树品种 29 种，技术 10 种，景观创意 8 个，互动项目 6 个，体验项目 5 个，如图 6－100、图 6－101 所示。

图 6－100　南国风情效果图

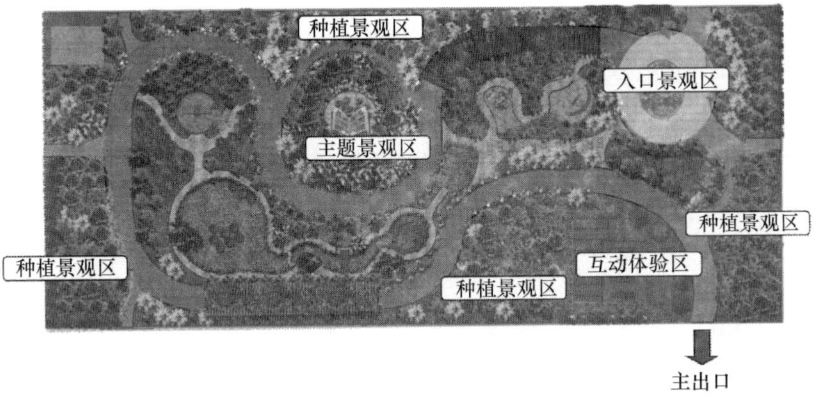

图 6－101　南国风情平面图

6. 花彩世界

本馆主题是花卉，以东北花卉产业为背景。以花卉的发展为主线，从自然的乡村原野花田，到近几年都市绿化、盆花、切花花卉，再到现在寄托人们情感的家庭园艺，这是一个由物质升华到精神的过程。场馆根据这个发展线路来进行景观设计。可用于观赏、婚纱摄影等活动。以花卉的品种、科技栽培展示、家庭园艺、盆栽、创意造景、花卉副产品展示等为表现形式，在冰冷的东北打造一个鸟语花香的缤纷世界，吸引东北以及全世界游客前往观赏。

花卉品种 194 个品种，先进技术 14 种，栽培模式 7 种，创意点 1 个（都市花海区域），创意景观 12 个，互动项目 6 个，体验项目 5 个，如图 6－102、图 6－103 所示。

图 6－102　花彩世界效果图

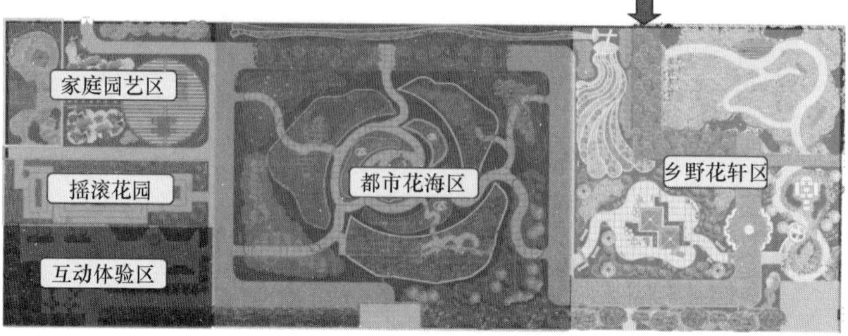

图 6－103　花彩世界平面图

三、模式综合效益

辽阳首山举办的首届农业嘉年华，创造性地在农业生产中融入了娱乐体验、观光休闲、文化创意及博览展销等新型元素，成为了发展都市农业新业态的成功典范，是首山现代农业示范区的标志性工程。这对于发展辽阳现代农业、建设生态乡村、促进三产融合有着重要的意义。项目从最初立项、规划、招商、土地流转到施工建设，仅用了 5 个月，创造了辽阳现代农业发展建设史上的“新速度”。该项目的快速建成，为辽阳县乃至辽阳市加速打造现代农业发展升级版注入新动力。

第五节　河北南和模式

一、模式地域概况

（一）自然条件

南和县位于邢台市中南部，东经 114°36′～114°52′，北纬 36°59′～37°06′。地处太行山附近冲积平原，地势平坦开阔，海拔 30.5～33.8m，由西南向东北倾斜。地处南和县的主要河流有澧河、顺水河、沙名河、留垒河，属子牙河水系。暖温带亚湿润季风气候，四季分明，春季多扬尘风沙，气候干燥；夏季炎热多雨，气候潮湿；秋季天气稳定、气候凉爽；冬季雨雪偏少、气候干燥寒冷。降水集中，年内温差大。年平均气温在 12～14℃，其中 1 月为最冷，平均气温在－2℃左右，极端最低气温可达－20℃；7 月最热，平均气温为 27℃，极端最高气温可达 41℃。秋季出游最为适宜。

（二）区位条件

南和县区位优越，处于京津石经济圈内，具有邢台市唯一的铁路、公路、高速三路交叉口，西距京珠高速 2km，距邢台市区和京广铁路 6km。交通便利，邢临、邢清公路和邢临高速公路横贯东西，赵辛、宁鸡、南石公路纵贯南北；南和县统一规划的中兴大街、新兴东大街向东可延至南和县境内，南和县积极与市道路对接，实施了体育大街、三河路、兴业路等道路新建，成功被纳入了“市十分钟经济交通圈”，被确定为邢台市“一城五星”中的东部卫星城。

（三）人文条件

南和县位于河北省南部，历史悠久，人杰地灵。新石器时代初期已有人类在此聚居，于西汉建制，在北齐时期更名为嘉禾，在北宋时期曾被称为澧州，元代初期名和阳，之后被命名为南和县。南和县是传说中的观音之乡，是唐朝名相宋璟、明朝右副都御史朱正色，现代书画家白寿章、演员王宝强等知名人士的故里。境内有汉墓群、北齐造像碑、隋代澧水石桥碑、白雀庵等名胜古迹。全县总面积为 405km^2，耕地面积为 29333km^2，总人口达 35 万人。

（四）农业发展

南和县资源丰富，特色明显。县内地势平坦，土质肥沃，水资源丰富，是传统的农业县。历史上南和县有“不求天”和“畿南粮仓”之称，在现代也是国家商品粮基地、河北省蛋鸡养殖基地、蔬菜生产基地、西葫芦之乡。

二、模式内容

南和农业嘉年华是河北省举办的第一个大型农业盛会，在组织上加强内外部合作，在产业链条上主导冀南地区的粮食、蔬菜、畜牧、林果加工业的发展，在活动中融入绿色生态的农产品加工产业元素，提升了河北农业大省的地位，在体现互动性和娱乐性的同时，也突出展现了冀南地区各产业的融合发展。紧扣京津冀一体化发展脉搏，紧密结合邢台市的特色产业和文化传统，以冀南地区为中心，打造了一个科技与艺术共融、观赏与体验结合、产业发展与娱乐休闲并存的农业嘉年华。

（一）场馆概况

整体温室场馆区的中心主题为“和文化”，源于南和之“和”，寓意生态和谐，城乡和谐，人与自然和谐，人与人之间的和谐，人体自身的和谐健康，农作物生长与气候时令的和谐。以南和当地六类特色产业为背景，运用创意的多彩农业景观及品种、技术手法打造了六个单栋面积为 6508. 32m^{2}的场馆，场馆主题分别为蔬朗星空、畿南粮仓、本草华堂、童话果园、花样年华、同舟共冀。

（二）场馆布置

1. 蔬朗星空

本馆以各类特色蔬菜新奇特品种和科技栽培为主题元素，运用创意表现手法，打造震撼的蔬菜景观。依据蔬菜的生物学分类，以蔬朗星空、星际空间、移动空间站、太空菜园、七彩星空、流光溢彩为主线，全方位展示蔬菜科技、品种、对人体的保健功能、艺术体验等内容，引领游客了解蔬菜知识。

该馆共涉及栽培模式 18 种，展示各类蔬菜品种 100 余种，其中新奇特品种有 30 余种，新型栽培技术有一树多果、气雾培土豆、树式栽培等，如图 6－104、图 6－105 所示。

图 6－104　蔬朗星空效果图

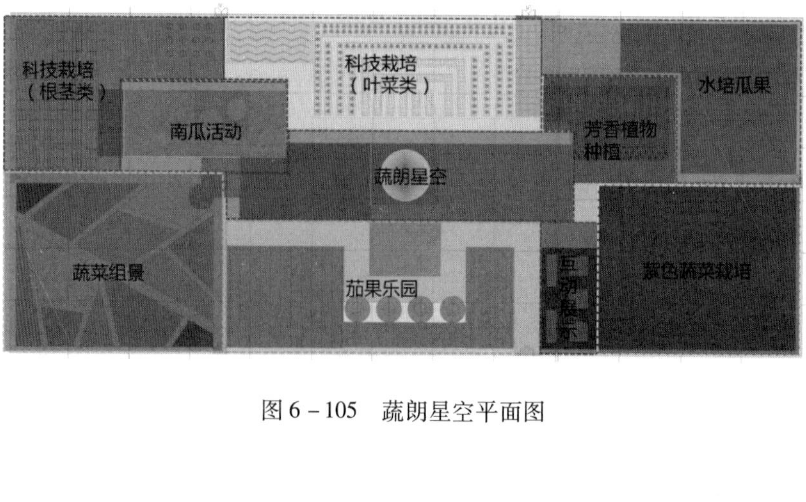

图 6－105　蔬朗星空平面图

2. 畿南粮仓

南和县素有“畿南粮仓”之称，是国家商品粮生产基地。畿南粮仓场馆主要从农耕文化及场景、粮食产品及其加工、酿酒及酒文化几个方面出发，通过梯田、打谷场、草垛等来表现农耕场景；粮食产品加工产业结合当地突出产业，被充分利用；酒文化的表现以酿酒过程为载体，结合相关诗词营造出酒文化的气氛，同时介绍各类粮食酒及饮酒相关知识。本场馆展示粮食相关作物20余种，景观节点30个，互动活动7项，如图6－106、图6－107所示。

图6－106　畿南粮仓效果图

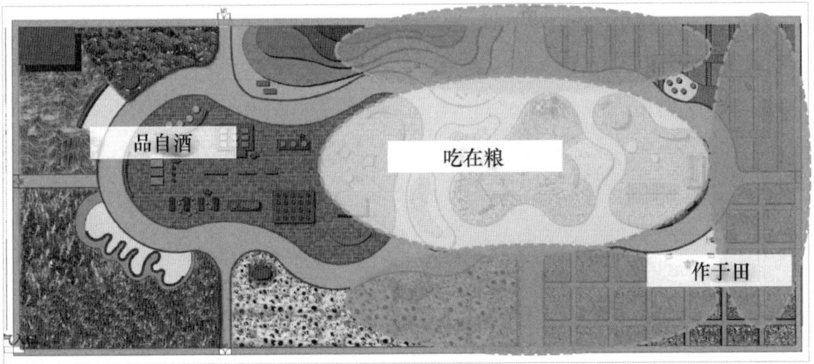

图6－107　畿南粮仓平面图

3. 本草华堂

中药是我国传统文化的瑰宝，中医养生博大精深，因此大力弘扬中医药文化、普及中医药保健养生知识具有重要的现实意义。南和县在古代被称为“和阳”，气候、土壤等适合种植中草药。本场馆充分结合南和当地的中药产业种植现状，以中医养生保健为主题，通过五行五位与人体五脏的对应结合关系，设计心肝脾肺肾五大主题功能区、十大景观节点，融入中草药景观元素，同时大力提倡药食同源思想，主张积极健康的养生方法，通过生活化的养生方法及途径，向游人活泼有趣地展现中医药文化，意在让人们感受中医文化，传承中医精髓。本场馆有主题景观 10 个，本草展示 150 余种，互动体验 15 余项，如图 6 - 108、图 6 - 109 所示。

图 6 - 108　本草华堂效果图

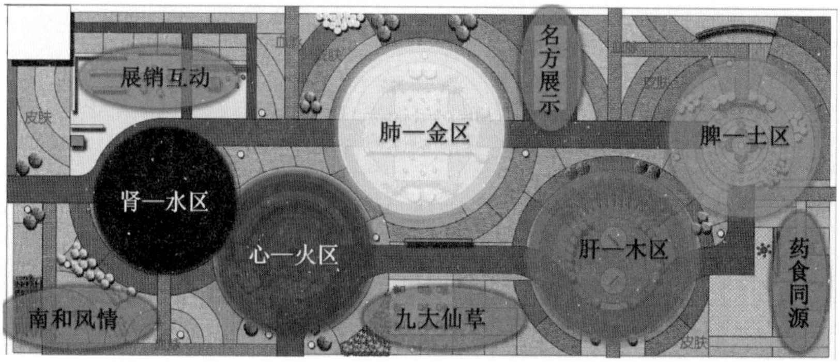

图 6 - 109　本草华堂平面图

4. 童话果园

本馆以童话乐游为主线，以瓜果为主要题材元素，结合观赏性较强的南方特有水果及当地特有的瓜果，利用童话故事打造景观节点的设置，把阿狸、小黄人等与水果文化融为一体，景观特点鲜明，紧扣时代脉搏，将科技、文化、艺术合理地融入场馆中，体现了充满童趣的视觉效果，馆内展示各类南方植物 70 余种，如图 6－110、图 6－111 所示。

图 6－110　童话果园效果图

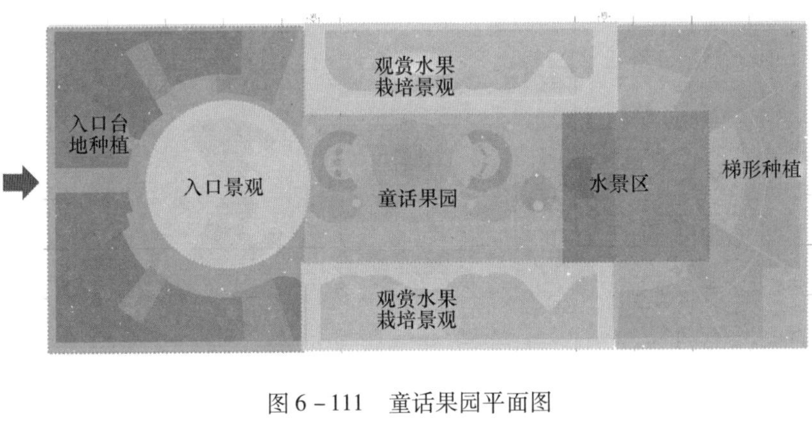

图 6－111　童话果园平面图

5. 花样年华

南和县是重要的苗木培育基地，本场馆从花卉文化、花卉应用与花卉科技入手，将花卉文化与当地佛教文化相结合，其中穿插科普进行展示；花卉既可食用又可用来制作艺术品，引入家庭园艺的做法使花卉更能贴近人们生活；花卉科技突出体现在各种栽培模式及在景观方面的应用，此会展可引领当地花卉产业发展。花样年华效果图、平面图如图6－112、图6－113所示。

图6－112　花样年华效果图

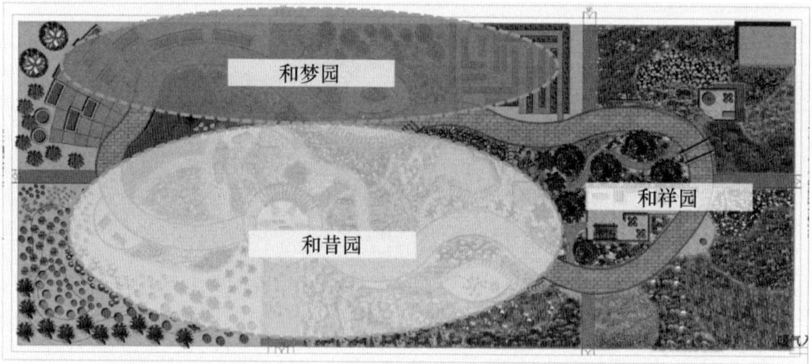

图6－113　花样年华平面图

6. 同舟共冀

习近平总书记指出："京津冀地缘相接、人缘相亲，地域一体、文化一脉，历史渊源深厚、交往半径相宜，完全能够相互融合、协同发展。"本馆以京津冀农业协同发展为导向，以水为载体，以京津冀的区域特色农业为主体，融合当地传统文化，分设京绣津冀、天河云海、神韵京畿、和谐燕京、弄潮渤海、互动体验六大板块，通过南水北调把京津冀紧密相连。以特色农业展现农业科技创新、节水灌溉技术和水科技，体现了京津冀人水和谐主题。本馆将京津冀的农业、文化、风土、民俗、科技、景观、体验、互动融为一体，营造京津冀农业互通、互融、协同发展的新业态。

本馆展示特色农业品种 40 种，节水灌溉技术 30 项，水科技 30 项，种植相关科技 30 项，互动体验 15 项，如图 6 – 114、图 6 – 115 所示。

图 6 – 114 同舟共冀效果图

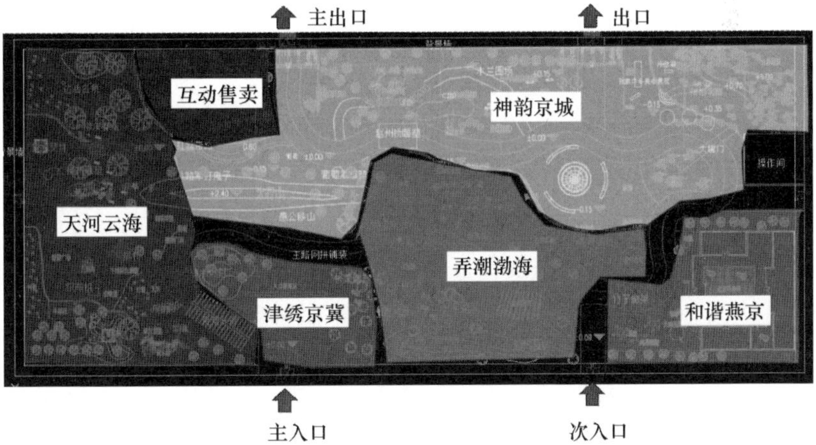

图 6 – 115 同舟共冀平面图

三、模式综合效益

南和农业嘉年华是中国农大富通公司设计的国内第四个农业嘉年华综合体，也是河北省首个具有较大影响力的嘉年华品牌。南和农业嘉年华不仅是一个科技展示的平台，也是帮助南和县“聚人气、融产业、搭平台、创品牌”发展的新模式，它将带动南和县农业产业的快速升级，打造出河北省现代农业发展的新典范，它也将成为华北现代农业产业的新地标和推动当地农业转型升级的有力抓手。

第六节　江苏南京农业嘉年华模式

一、南京地域概况

（一）自然条件

南京市位于江苏省西南部，长江下游中部，地理坐标北纬31°14′～32°37′、东经118°22′～119°14′。南京属亚热带季风气候，四季分明，年平均温度15.4℃，年极端气温最高39.7℃，最低-13.1℃，雨量充沛，年平均降水量1106mm。南京春秋短、冬夏长，冬夏温差显著。春季风和日丽；夏季炎热，与重庆、武汉并称“三大火炉”；秋天干燥凉爽；冬季寒冷、干燥。四时各有特色，皆宜旅游。

（二）区位条件

南京地处长江流域和沿海开放地带的交会处，紧邻中国最大的金融、经济中心上海，是中国国土规划中沪宁杭经济核心区的重要城市，在江苏沿海、沿江、沿线开放战略中处于枢纽位置，具有加速经济国际化的有利条件。交通种类多样，非常便利，铁路、公路、航空、水运、管道五种运输方式齐全，能构成立体化、大运量交通运输网络。公路网密集，京沪线、京沪高铁，长江流经，离海近，海运河运发达。同时，南京又是重要的航空港。

（三）人文条件

南京有着超过2500余年的建城史和近500年的建都史，是中国四大古都之一，有“六朝古都”“十朝都会”之称。南京建成区面积752.83km^2，常住人口达818.78万，地处长江下游，是承东启西的枢纽城市。南京市是长江航运物流中心，滨江生态宜居之城，华东地区中心城市和重要产业城市，国家重要门户城市，联合国人居署特别荣誉奖获得城市。南京襟江带河，石头虎踞，钟山龙蟠，依山傍水，山川秀美，旅游资源丰富，名胜古迹众多。南京旅游景点包括中山陵、夫子庙、明孝陵南京长江大桥、南京大屠杀遇难同胞纪念馆等。十条精品旅游线路分别是六朝怀古游、大明胜迹游、郑和遗踪游、民国文化游、宗教文化游、秦淮风情游、科教修学游、滨江风貌游、温泉度假游、乡村美景游。南京作为天下文化枢纽的所在，文化底蕴深厚，是国家四大科研教育中心之一、重要综合性工业生产基地、现代服务业基地和先进制造业基地、现代服务中心。南京的车辆制造规模居全国第三位，电子化工生产能力居全国第二位。

（四）旅游农业发展

南京旅游农业始于20世纪90年代，南京旅游农业的发展基本上可分为如下三个阶段。

1. 萌芽阶段（2001年以前）

地处南京长江中央的江心洲盛产葡萄，由于交通不便，知名度低，葡萄销售不畅。1999年当地政府为了扩大葡萄销售，策划举办了“江心洲葡萄节”，以此吸引南京城区居民前来观赏购买江心洲葡萄，活动取得了良好的成效。与此同时农民开始发展葡萄采摘、尝农家饭、享农家乐等旅游活动，自此南京走上了旅游农业发展的历程。在“葡萄节”的启示下，江心洲为了减缓淡旺季差异，又举办了“江鲜美食节”，通过开辟农家美食一条街，农家民俗一条街，举办各类农村民俗旅游活动，进一步带动了江心洲乃至整个南京旅游农业的发展。

2. 起步拓展阶段（2002年—2006年）

2002年南京市成立了农业旅游办公室，专门负责农业旅游的组织和规划，同年南京市农林局出台了《南京市农业旅游发展规划》并把旅游农业正式确定为农业主导产业，由此南京市进入以政府主导的南京市旅游农业整体拓展阶段。规划明确了南京市旅游农业的发展定位及总体目标，提出发展旅游农业的战略构想，在思想上确立了旅游农业发展的重要地位。初步形成了一圈三带四区的分布格局，一圈即南京环城都市旅游农业圈；三带是宁丹路林果花舟旅游农业带，宁镇路花舟观赏、宗教文化旅游农业带，宁杭路观光牧业特色农副产品旅游农业带；四区为深水傅家边高科技旅游业园区，浦口森林生态旅游农业区，六合金牛湖生态旅游农业区，高淳观赏渔业旅游农业区。

从2002年到2006年，南京市郊区乡村接待游客量年平均增长23%。旅游收入从2003年的15亿元增长到2008年的75.1亿元。

3. 整体提升阶段（2006年至今）

2006年，在我国兴起建设社会主义新农村及国家旅游局提出“中国乡村游”的旅游主题背景下，南京市提出“农业旅游全国名城”的战略目标。南京市旅游农业的发展进入全面发展、整体提升阶段。首先，旅游农业项目由

“面”上的推广拓展向至“质”上的深化转变。由于前期的快速发展，很多旅游农业行业项目由于缺乏长远规划、建设水准低下导致其生命周期短的现象。旅游农业不得不进一步向观光体验、休闲娱乐、度假疗养三个方向延伸，加强产品细分和分类指导，培育一批上规模、上档次的产业群，促进产业提档升级，塑造产品形象。为此，南京市旅游农业重点打造农业嘉年华、“金陵农庄”推广工程、农业休闲创意工程、百万市民下乡休闲工程和农业嘉年华产业园等五大工程。

其次，民间参与、行业自治。从2006年开始，大量民间资本投向南京旅游农业如六合的九九艳阳农庄、浦口的万成生态园、高淳的银林山庄等。旅游农业逐步形成政府搭台、民营企业唱戏的局面，政府的作用更多地体现在政策引导、基础设施建设等方面。2007年南京市农林局批准成立南京市旅游农业协会，由协会来协助政府管理，实行行业自律。休闲农业作为南京市农业发展的突破口取得了显著成效。2009年，南京市郊区（县）共接待旅游者753万人次，较上年增长18.6%，实现旅游总收入95.1亿元，增长26.63%，占全市旅游总收入比重的11.6%。2010年上半年，共接待旅游者433万人次，同比增长25.1%，实现旅游总收入55.58亿元，同比增长24.9%，占全市旅游总收入比重达到了12.7%。

南京农业嘉年华，在整合都市型现代农业资源、推动产业融合、休闲农业发展等方面具有重要的作用，同时兼有展览、展示、宣传和招商等多种功能，逐步成为全国知名的农业节庆品牌。

二、模式内容

（一）历届南京农业嘉年华简要概况

农业嘉年华作为南京农业节庆的品牌，始终以“农民的节日，市民的盛会”为宗旨，向社会全面展现休闲农业的发展成果，传递现代农业文化，展示现代农业新科技、都市农业新亮点、郊县农民新风采和城乡和谐新生活，为农民和市民搭建交流、互动、娱乐和共同发展的平台，具有“喜庆、和谐、发展”的内涵。从2005年开始至2015年，农业嘉年华每年在金秋举办，至今已成功举办十一届。

首届南京农业嘉年华于2005年9月25日—26日在白马公园由南京市林业局主办。第一次以情景乐园的形式，展示旅游农业建设成果、促进旅游农业提档升级走向全省，给了人们耳目一新的感觉，在社会上引起了轰动。本届农业嘉年华共推出12个休闲农业名景、91个系列的特色农副产品、25个系列的农家美食，两天共吸引旅客8万余人，发送宣传资料10万份，直接销售收入104.55万元。第一次确定了农业嘉年华的永恒主题“农民的节日、市民的盛会”。

第二届农业嘉年华于2006年9月17日—18日同样在白马公园由南京市林业局主办。本届农业嘉年华提出了“农业嘉年华、建设新农村”的年度主题，以“主题形象展”“农村致富路”“产品全家福”“市民乐翻天”“农林文化带”即“四区一带”5个板块为主要内容，整个活动突出体验性、参与性、适用性，注重展示性、观赏性、趣味性。通过精心策划、精心筹备、精心组织、精心实施，活动受到了市民的热烈欢迎，现场两天人流量突破了15万，各类产品销售收入超过了300万元。

第三届农业嘉年华于2007年9月16日—17日举办，地点同样选择在白马公园。但此界农业嘉年华第一次由江苏省农林厅（现为江苏省农业委员会）和南京市人民政府主办，活动无论是从规模还是档次均有了明显的提升，活动的主题为“现代农业、小康社会”，农业嘉年华不单是以休闲农业为主，还涉及农、林、牧、副、渔等多个产业，农业嘉年华成为展示南京都市农业的平台，现场推出“大舞台”“丰收乐”“创业园”“乐翻天”“全家福”“文化带”等六个板块。

第四届农业嘉年华于2008年10月11日—12日在白马公园举办，本届活动年度主题为“科技引领、快乐农业”，通过实物、图片、平面、立体等多元手法，向社会呈现出了一个“喜庆、和谐、发展”的农业盛会。除传统板块做了展示手段的创新外，首度打造的“奇品园”吸引了众多市民的眼球，同样也得到了各级媒体的关注，连《新闻联播》栏目对此也有报道，有专家将“南京农业嘉年华”与“成都农家乐”“北京京郊游”并称为国内休闲农业三大品牌。本届农业嘉年华人流量达到了24万人次，直接销售收入510万元。

第五届农业嘉年华于2009年9月20日—21日依然在白马公园举办，活动年度主题为“都市农业、时尚生活”，通过实物、图片、平面、立体等多元手法，向社会呈现出了一个“平安、有序、热闹”的农业盛会。活动主要包括了“大舞台”“金陵购物街”“金陵美食坊”“快乐农业嘉年华”“奇品园”“金陵农庄联盟长廊”等六个板块的内容。这届农业嘉年华开始真正地走向全国，首次吸引了国内甘肃、四川等地的企业参展，在内容设置上更加贴近百姓生活，现场展出了多种与市民家居生活息息相关的农产品，如阳台蔬菜、植物窗帘等。农业嘉年华的影响进一步得到提升，香港凤凰卫视《名片》栏目分三个专题全面报道了农业嘉年华活动，国际都市农业基金会也委派专人亲赴农业嘉年华开幕式，并向组委会颁发“都市农业推广与创意杰出城市奖”。同年申请注册的“农业嘉年华”商标成功获得通过。农业嘉年华成为南京都市农业的金字招牌。

第六届农业嘉年华于2010年10月16日—17日举办。主办单位首次提升到国家农业部乡镇企业局、江苏省农业委员会和南京市人民政府；举办场地首次由白马公园转移到绿博园；首度提出了“农耕天下、欢乐大家”的办节理念，并根据此指导思想，设计、打造了八个板块，分别为“七彩路”“大舞台”“购物街”“美食坊”“对接区（园区+社区）”“农博馆”“农庄带”和“狂欢区”等。第六届农业嘉年华集中体现农业嘉年华“创新、大气、热闹、喜庆”理念。在本届活动上，新建的“对接区”板块，将一些市民朋友们关心的小型农业投资项目包装出来，吸引了众多百姓的关注；重点打造的“农博馆”，以声、光、电形式展示农业的“过去、现在、未来”，给人耳目一新的感觉。多样的新、奇、特产品，活泼有趣的农事参与体验活动，加强了农业嘉年华的参与性。

第七届农业嘉年华于2012年10月15日—16日首次在南京绿博园举办，以“农村让您更休闲”为主题，通过对农业的生产、生活、生态和农业文化的精心策划和整体创意，借助图、声、光、电、影等表现手段，将农业新产品、农民新风采和农村新生活以新颖的、趣味的、互动的形式表现出来，搭建了城乡居民休闲观光、体验参与、娱乐欢庆的平台。第七届农业嘉年华于2011年10月15日~16日在南京绿博园举办，活动内容包括弘扬农耕文明和民俗风情的“农博馆”，品尝浓郁乡土特色风味的“美食坊”，展现民间艺术和乡土文化风貌的“大舞台”，汇集传统作坊和农村手工艺品风尚的“购物街”，展示农产品加工、农业创意风采的“七彩农业馆”，以参与、体验、互动、趣味于一体的“欢乐谷”。此次嘉年华达到了传承农耕文明、展示民俗风情、弘扬农村美食、传承传统手工艺的效果，促进了城乡居民的互动交流。此次活动盛况空前、效益空前，两天现场人流量超过了40万人次，直接销售收入2200万。

第八届农业嘉年华于2012年10月13日—14日首次在南京国际展览中心举办，主办方为中华人民共和国农业部。围绕“创意提升农业，休闲改变生活”设计、打造了“大舞台”“休闲农业创意精品馆”“美丽休闲乡村”“购物街”“美食坊”五个板块。本届南京农业嘉年华因有全国休闲农业创意精品推介活动的加入，有了新的内涵和新的文化，可谓是亮点纷呈，精彩连连。此次活动的参与范围不仅仅局限在江苏省、南京市范围内，来自全国各地的休闲农业创意精品齐聚一堂，为南京农业嘉年华更添精彩，此次展会的活动参展单位数量、搭建面积、参展单位范围都超越了往届展会。

第九届农业嘉年华于2013年10月13日—14日在南京国际展览中心举办。以“倡导生态文明，建设魅力乡村”为活动主题，设置了大舞台、江苏最具魅力休闲乡村展示馆、生态农业馆、生态文化馆、购物街、美食坊等六大板块。此届嘉年华以南京市生态农业园区、农业企业为主体，通过实物、实景、模型等展示生态农业生产过程，突出企业的精华，提供市民了解农业企业的空间。

第十届农业嘉年华于2014年9月29日—10月12日举办。活动场地转移至南京市浦口区雨发生态园。本届嘉年华活动以“都市农业，多彩生活”为主题，充分利用了雨发生态园的自然环境和地域优势，设有“一馆三区四园八景”，让农业回归农业，让生态回归生态。“一馆”即都市农业展馆；“三区”即舞台区、美食区、观光采摘区；“四园”即儿童及迪士尼乐园、垂钓乐园、烧烤乐园、青奥体验乐园；“八景”即时和年丰、玫瑰之约、松涛花海、迤逦长堤、金色田野、海天一色、天女散花、杉林芬芳，其中，青奥体验乐园十分受年轻游客的欢迎；儿童迪士尼乐园是小朋友们的最爱；汇聚了历届农业嘉年华较受欢迎的区县美食、都市圈特色小吃的美食区更是人气爆棚。本届农业嘉年华，形式多样、内容丰富，还首次全园覆盖无线WiFi，提供免费热点，可以说是一个全新的，以吃、喝、玩、乐、购、体验为要素的“农业与时尚”“农业与趣味”“农业与生态”的农业嘉年华。据会展期间统计，仅十一黄金周期间共接待游客人数23.3万人次，实现旅游直接收入（经营收入）1700万元。

第十一届农业嘉年华于2015年10月16日—11月1日在中国西瓜之乡横溪街道江宁台湾农民创业园举办。此次嘉年华以“交融互动乐享农耕”为活动主题，设有“大舞台、主展馆、欢乐谷、美食街、花博园、锦鲤园、渔趣园、农创园、百花园、开心农场、户外拓展区”等11个板块，集中展示本届农业嘉年华农业文化、农业科技与农业创意主题，此次会展的知识性、观赏性、趣味性和体验性都很强。本届嘉年华人流量共计38.5万人次，而综合收入更是达到1亿多元。

（二）南京农业嘉年华的发展特点

南京农业嘉年华已成功举办了十一届，不仅向市民推介旅游农业的景观、产品与特色线路，而且全面宣传现代农业成果，成为南京现代农业的一块金字招牌，得到全社会的高度认同。从已举办的十一届农业嘉年华来看，这种形式的农业会展具有很多特点。

1. 内容方面有着以下三个阶段的发展特点

第一阶段：起步阶段。以农庄、农特产、农家菜、农村绝活为主。第一届和第二届嘉年华活动，包括休闲农业园区推介、名牌农产品推介、农家美食现场制作、民间绝技现场展示四大块内容。这也是休闲农业食、住、行、游、购、娱的基本要素。

第二阶段：扩展阶段。向农业的展、娱、商、演、学、研全方位扩展。2007年是党的十七大召开之年，农业嘉年华以“现代农业，小康社会”为主题，将内容扩充到六方面，一是“展”：各郊区县小康建设和休闲农业成果展；二是“娱”：开展农歌会竞赛；三是“商”：农产品展销、小额投资洽谈等；四是“演”：农村民俗文化表演等；五是“学”：介绍和帮助市民学养花、草、鱼、宠物等；六是“研”：开展全国休闲农业论坛、南京金秋洽谈会分会场等。第三、四、五届农业嘉年华活动都采用了这六大板块作为会展模式。

第三阶段：品牌发展阶段。注入更多创新元素。从2010年的第六届农业嘉年华后嘉年华的人气越来越旺，规模越来越大，举办地点不断发生变化。南京市农委委托专业策划公司进行全面的包装策划，注册了“农业嘉年华”品牌，农业嘉年华形式多样、内容越来越丰富，逐渐形成了以吃、喝、玩、乐、购、体验为要素的“农业与时尚”“农业与趣味”“农业与生态”的农业嘉年华。其活动主旨围绕“农业”“创意”“互动”三要素进行不断创新。

2. 南京农业嘉年华主办单位的不断变化

南京农业嘉年华，最早由南京市农林局（现为南京市农业委员会）发起，前两届活动都由其主办。南京市农林局和7个区县农林局先后成立了旅游农业办公室，开展全市休闲农业景区（点）的星级评定工作，每年进行业务考核，并以主办农业嘉年华活动为主导，全面引领休闲农业的发展。从第三届活动开始，主办单位改为南京市政府和江苏省农林厅（后改为省农业委员会）。2010年，农业部开始着手主办休闲农业产业，农业部乡镇企业局内成立休闲农业处，农业部乡镇企业局成为南京农业嘉年华的第三家主办单位，并安排领导出席开幕式，提升活动的档次。2012年第八届嘉年华主办方是中华人民共和国农业部。从主办单位的变化可以看出，该活动的影响力在逐年扩大。只要有好的创意、好的组织、好的活动，就不怕没有上级单位的支持。

3. 南京农业嘉年华活动选址的发展历程

前五届嘉年华活动，在南京市中山陵园管理局辖区内的白马石雕公园举办。由于在市区范围内，紧邻中山陵和玄武湖景区，在活动刚刚推出的时候便聚集人气、社会影响大，不足之处在于场地面积有限，对于周边交通造成压力。2010年第六、七届农业嘉年华，会址迁入南京河西新城滨江风光带内的绿博园中。这里地处近郊区，是2005年10月首届中国国际绿化博览会的主办地，占地面积77km^2。从第八届到第十一届，举办地点先后在南京国际展览中心、南京市浦口区雨发生态园、江宁台湾农民创业园等，农业嘉年华的规模也不断扩大。

三、南京农业嘉年华效益的发展历程

从历届嘉年华发展来看，南京嘉年华在经济效益方面增速显著。第一届活动两天共吸引游客 8 万余人，发送宣传资料 10 万份，直接销售收入达 104.55 万元。到第七届农业嘉年华，一共有 200 多家企业 700 多个特色农副产品参展，吸引了市民 40 万次，现场农副产品、美食销售及农业订单合同总计 2200 万元，比第六届增加 200 多万元。而在第十一届嘉年华人流量共计 38.5 万人次，而综合收入达 1 亿元。

在社会效益方面，品牌效应突显。优质、安全、绿色的农产品和精品的休闲农业线路成为南京农业嘉年华的亮点，不仅契合了当前社会对食品安全的关注，也满足了人们对缓解都市压力、走向休闲乡村的精神需求，拉近了都市人与农业、农村的距离。南京市农委在市民和农民中的影响力和美誉度也大大增加，通过密集的新闻报道，众多南京市民都知道有个市农委举办的农业嘉年华，越来越多的农产品加工企业和农民组织与个体加入到嘉年华的活动中来。随着农业嘉年华知名度的提高，不少各地著名农副产品品牌也来到嘉年华现场展销，可以说南京农业嘉年华正在走出南京、走向全国。

四、南京农业嘉年华成功建设经验、借鉴与不足

当前，我国各省市都市型现代农业发展势头良好，休闲农业与乡村旅游产业已进入提档升级的重要阶段。农业嘉年华作为一种新的创意农业旅游节庆，其依托农事活动为基础，充分挖掘农业的生产、生态、生活等功能，推进农业与旅游、科技、文化等产业的有机结合，吸引游客前来观赏、品尝、购物、习作、体验、休闲、度假、游玩等，已成为了互促互动的新型现代农业的范畴，成为拓展农业功能，促进农产品销售，带动农民增收和壮大地方经济的新途径。它不仅是一个典型的三产融合项目，同时也是一个典型的都市农业多功能项目。农业嘉年华的本质是农业综合体或农业旅游综合体项目，是定位现代农业的引领者。南京农业嘉年华至今已举办了十一届，对当地都市型现代农业有很明显的带动力度，社会影响力也越来越大，其在活动策划、开展过程中表现出来的敢于挑战的勇气、创新的思维、清晰的思路、超强的力度值得我们学习和借鉴。

1. 政府主导，多方参与。

坚持政府搭台，企业唱戏，是农业嘉年华的典型特征。

农业嘉年华由南京市政府主办、农业部门具体承办的大型广场集市，省市领导给予高度重视和大力支持，亲临现场指导工作；农林部门具体主办，将其列为全年十五件大事之一，并成立筹委会，严格目标责任制，狠抓全过程落实；区县领导合力配合，各区县成立领导小组，分管区县长任组长，全力支持配合；职能部门提供专门协助，市公安、中山陵园管理局等相关部门，

编制了现场交通分流和秩序维护预案，确保活动按期顺利进行。政府主导，多方参与，是农业嘉年华成功举办的重要因素之一。

2. 周密策划，积极创新。

周密策划与创新是每届农业嘉年华顺利开展的关键所在。

市农林部门从3月份就开始征集活动主题、酝酿活动筹备方案，征求策划公司、媒体、部门及区县、参展企业等各方意见，并对参展的各个环节进行细致研究和周密部署。对电脑制作现场效果图反复模拟论证，制定活动期间安保、停车、舞台、展位、协调、紧急情况等详细预案。同时，每届嘉年华都注重与时俱进、推陈出新，在主题选择上，从体验农业旅游到建设新农村，从现代农业到科技农业，展现了都市农业发展新成果；在板块设计上，保留了市民喜爱的特色农副产品、农家美食两个特色项目，相继推出了农村致富路、大舞台、奇品园等特色板块，丰富了农业嘉年华内涵；在形式创意上，从图片到造景、从绝技展示到大型综艺表演，活跃了现场气氛。

3. 规范管理，注重服务。

农业嘉年华十分重视对集市的管理和对摊位的服务，并重点就外围交通、现场安全、产品质量、食品卫生等问题制订翔实的工作措施。

一是加强活动警戒，严把安全关。活动期间，市公安部门派出交警到现场维护交通车辆和治安秩序，并动用若干名武警、公安、保安维护现场秩序。二是注重展品档次，严把质量关。农林部门对所有参展农产品进行严格审查、筛选，并加大对展销柜台检查力度，参展农产品中通过三证（无公害、绿色、有机）及IS2000认证的达到90%以上。三是按照公开原则，严把价格关。所有农产品一律明码标价，对极少数参展企业哄抬物价的行为进行及时制止和纠正。四是实行准入制度，严把卫生关。参展企业一律凭证入场，销售人员一律挂牌上岗、统一着装（服装由农林部门统一购置、免费租用）；各区县与参展企业签订卫生责任状；为防止不良商贩混入，参展农产品将贴上嘉年华标签。

4. 宣传引领，品牌意识。

农业嘉年华成功的另一个重要原因就是通过宣传引领来打造品牌，全面提升南京旅游农业对外知名度。

为了让更多市民了解、参与、体验农业嘉年华，南京市制定了详细的宣传计划，召开新闻发布会，并以“农民的节日、市民的盛会”为口号进行集中宣传，南京电视台、南京日报等13家新闻媒体对整个活动进行全方位报道；活动期间邀请了多名著名主持人及众多明星，精心策划上演大型综艺娱乐特别节目，并在央视多套栏目对活动进行专门介绍；多家外地报纸、电台、电视台聚焦活动现场。媒体的宣传引领，进一步放大了南京农业嘉年华的品牌效应，使农业嘉年华不仅成为南京、甚至成为华东地区乃至全国旅游农业的重要旗帜，成为代表南京城市形象的一个窗口。

尽管南京农业嘉年华经过这几年的不断发展提升，得到了社会各界的认可，但仍存在一些不足之处。首先，南京农业嘉年华举办场地的变化，尤其是近几年每年变化一个地点，造成投入巨大，利用率低的问题。因此，要实现由整体项目短期运营向长期周年运营的转变；其次，农业嘉年华是一个都市农业综合体，在注重生态功能、社会功能、示范和教育功能的同时，应加强其生产功能。高科技农业展览馆除了进行现代最新农业生产技术的试验、示范、展示、推广外，对一些成熟的现代高科技栽培技术可以进行大面积标准化管理生产，为市民提供优质、安全具有高附加值的农产品。南京农业嘉年华主要以观光旅游休闲功能为主，场馆内农产品主要用于展示，没有长期生产和销售的要求。因此，本质上，升级农博会中的现代农业生产功能相对薄弱。

第七节 山东寿光模式

一、山东寿光地域概况

（一）自然条件

寿光市位于山东半岛中部，渤海莱州湾南畔，东经 118°32′～119°10′，北纬 36°41′～37°19′，海岸线长 56km，总面积为 2180km^2，地形全部为平原，是全国较早的对外开放城市之一。寿光市自然条件优越，属暖温带半湿润气候，四季分明，气候温和，夏无酷暑，冬无严寒，年平均气温在摄氏 12.4℃左右，境内年平均降雨量差距不大，干旱和湿润季节明显，年降雨量在 608mm 左右，光照充足，无霜期为 195 天左右。

（二）区位交通

寿光市区位优越，北临天津、河北，南达安徽、江苏，地处山东地域中心。交通发达，青羊铁路纵贯南北，济青高速公路横贯东西，潍高、羊临等国道、省道纵横交错，公路通车里程达 2600km，公路密度达到 55.6km 每百 km^2。全市实现了村村通公路，乡乡通柏油路的目标。羊口港是国家二类开放口岸，可直达韩国、日本、港澳等国家和地区。距济南、青岛飞机场仅有 1h 车程。城市基础设施完善，商贸服务业功能齐全，全市建成各种专业批发市场 36 处，商业服务网点 2 万多处。通信事业迅猛发展，建成了无线寻呼、自动电话和移动通信三个网，程控电话总容量 28.3 万条线。电力事业发展迅速，全市年供电量达到8.4亿千瓦时，农村通电率100%，是“全国农村电气化市”。城区年供水量1100000t，园林绿化面积为500km^2，城区绿化覆盖率达39%，人均公共绿地面积为13.9m^2，是“山东省人居环境范例奖”和首批“省级文明城市”，2005年，被授予“国家园林城市”荣誉称号。

（三）人文旅游

寿光是中国古老文化的发祥地之一，境内已发现龙山文化、大汶口文化遗址150多处。世界第一部农业巨著《齐民要术》的作者贾思勰诞生于此，寿光是现代冬暖式大棚蔬菜的发祥地，是中国著名的蔬菜之乡。寿光人民在长期的农业生产过程中，发展了农业文化，创造了独具特色的农业景观，已形成了“三大示范园、五大样板基地和两条示范线”的农业生态观光旅游网络。“三大示范园”是蔬菜高科技示范园、林海生态博览园和农业生态观光园。“五大样板基地”是以瑞克斯旺、先正达、海泽拉等国外种业公司示范农场组成的示范基地；以羊口为主的盐碱地无土栽培基地；以文家为主的万亩韭菜高效开发基地；以洛城、孙家集为主的绿色食品蔬菜基地；以稻田为主的国家级农业现代化示范基地。“两条示范线”是以弥河自然风光带、北洛奇异水果园、蔬菜批发市场、文家韭菜方、孙集三元朱、钓鱼台、洛城绿色食品基地、蔬菜高科技示范园和瑞克斯旺、海泽拉、先正达等为链结的旅游内环线，并向外延伸至巨淀湖、林海生态博览园、油区风光、羊口渔港、盐田风光为链结的旅游外环线。仓圣公园、水上公园等娱乐场所，拥有齐全的娱乐设施，为市民提供环境幽雅的活动场所，成为集旅游、度假、休闲、娱乐于一体的游览胜地。中国（寿光）蔬菜科技博览会、蔬菜文化节、林海荷花节、梨花节、百果采摘节、乡村庙会等节庆活动丰富多彩，成为寿光市重要的旅游品牌。悠久的历史、丰富的资源、浓郁的文化，形成了寿光独特的旅游魅力。

（四）旅游农业发展

寿光农业优势突出，资源物产丰富，是国家确定的粮食、棉花、蔬菜、果品、畜牧、水产综合商品基地。山东中南部土质肥沃，地下水源丰沛，宜多种农作物的生长。山东北部宜盐面积2.6km^2，被列为全国三大重点盐业开发区之一。沿海滩涂达300km^2，渔业资源丰富，主要经济鱼类20多种，贝螺虾蟹等10多种。目前，全市粮菜比例为4∶6，形成了40000km^2粮食、53333km^2蔬菜、12000km^2果品、300个饲养小区和20000km^2海淡水养殖的格局。寿光地区的农业现代化建设起步早，科技含量高，现已建成国家级万亩农业现代化示范区、万亩蔬菜高科技示范园、农业生态示范园、高效林业示范园、农业高新技术走廊等五大示范样板工程，引进推广了30多个国家的500多个新品种、200多项新技术。农业良种和先进技术覆盖率分别达到98%

和95%，科技对农业贡献率达58.6%，被国家命名为唯一的“中国蔬菜之乡”。全国最大的寿光蔬菜批发市场已发展成为全国的蔬菜集散中心、价格形成中心和信息交流中心，辐射全国30多个省市区。

二、模式内容

首届中国（寿光）蔬菜博览会于2000年4月20日—26日在全国闻名的寿光市蔬菜批发市场举办。本届菜博会以展示蔬菜之乡风采，加强技术交流合作，倡导绿色市场文明，以创造繁荣交易环境为主题，加快农业农村发展和农民增收步伐，加强地区间交流与合作，促进蔬菜标准化、产业化和国际化进程。厅内面积为3500m^2，设寿光辉煌成就展区和150个国际标准展位，共展出200多个蔬菜良种、5大类130多种实物瓜果蔬菜以及生物药肥、中小型机械、果蔬加工设备、加工出口蔬菜、果菜包装等系列产品和设施。

第二届中国（寿光）国际蔬菜博览会于2001年4月20日—5月7日在寿光市蔬菜高科技示范园举办。本届菜博会以“共享绿色，架起交流合作、发展桥梁”为主题，呈现四大特色：大，“中国一号菜园子”的大舞台，“蔬菜生产联合国”的大展示；高，高点起步高，新技术、蔬菜精品品种繁多；活，展厅内外展品鲜活，会内会外形式灵活；外，绿色通道通向五洲四海，菜龙飞腾飞向世界各地。会场设1个主展区和10个分展区，主展区总展览面积为3.3万m^2，厅内面积为6700m^2，设500个室内外展位。第二届中国（寿光）国际蔬菜博览会集中展示了蔬菜生产和加工领域的新成果、新技术，共展示蔬菜、花卉等11个大类500多个品种以及生物药肥、农业机械、加工设备等系列产品和设施。

第三届中国（寿光）国际蔬菜科技博览会于2002年4月20日—5月7日在寿光市蔬菜高科技示范园（寿光国际会展中心）举办。本展菜博会的显著特点是将“科技”二字写入了大会名称中，突出“绿色与科技”主题，成为中国加入WTO后举办的首届农业专业盛会，大会设1个主展区和13个分展区。大会主展区总展面积扩大到80000m^2，设室内、外展位900余个，展出瓜果、蔬菜、花卉、苗木等650多个品种，肥、生物药100多种，农业机械50多种。这届菜博会，增加了“非菜”内容，举办了蔬菜产业发展论坛，增加了无公害生产技术，农药残留速测设备和蔬菜深加工产品，邀请北京等外地各大超市经理参观蔬菜生产基地，敲定“订货”基地。

第四届中国（寿光）国际蔬菜科技博览会于2003年4月20日—5月7日在山东省寿光市蔬菜高科技示范园（寿光国际会展中心）举办。本届菜博会以“绿色与科技”为主题，立足创新和突破，以展览展示为核心，科技推广、经贸洽谈、理论研讨、文化交流、观光旅游并重，堪称绿色“航母”、科技“旗舰”。大会设一个主展区和15个分展区。主展区总面积扩大到10万平方米，室内外标准展位900余个，集中展示了无公害蔬菜与标准化生产，瓜果、蔬菜新品种及深加工产品，以生物农药、生物肥料为主要内容的生态农业以及以蔬菜、瓜果、花卉为主的旅游观光农业等。共展示国内外优良瓜果、蔬菜、花卉13个大类，700多个品种，生物药、肥200多种，农用机械70多种，加工产品200多种。本届菜博会的一个突出特点，实地种植和蔬菜景点相结合的展览模式，受到参会人员的青睐和欢迎。

第五届中国（寿光）国际蔬菜科技博览会于2004年4月20日—5月7日在山东省寿光市蔬菜高科技示范园（寿光国际会展中心）举办。本届菜博会以“绿色与科技”为主题，设1个主展区和12个分展区。主展区展览面积100000m^2，室内外展位1000个，集中展示了蔬菜及相关产业的最新科技成果、前沿技术和发展成就。共展览实物展品1万多kg、盆栽菜果展品4万多盆，涉及17大类1000多个品种。展会扩大了实地种植和蔬菜景点制作，绿色之韵、小桥流水、绿播五洲、绿色太极等景点受到游客欢迎。

第六届中国（寿光）国际蔬菜科技博览会于2005年4月20日—5月7日在山东省寿光市蔬菜高科技示范园（寿光国际会展中心）举办。本届菜博会以“绿色·科技·未来”为主题，设1个主展区和17个分展区。主展区展览总面积扩大到150000m^2，室内展览面积50000m^2，设标准展位和异型展位1200余个，并设有工厂化及组培育苗、蔬菜组合景点、奇异菜果园等展示区，种植菜果17大类，1000多个品种，实物展品50000kg。蔬菜景点十二生肖、世纪宝鼎、绿色宫殿、龙跃五洲、农家院、菜树林、农圣著书、绿色畅想与鲜活展品交相辉映，极为壮观。

第七届中国（寿光）国际蔬菜科技博览会于2006年4月20日—5月20日在山东省寿光市蔬菜高科技示范园（寿光国际会展中心）举办。本届菜博会以绿色、科技、未来为主题，设1个主展区和15个分展区。主展区总展览面积扩大到150000m^2，设8大展厅，室内展览面积70000m^2，室内外展位1500个，集中展示了各类菜果、花卉等1500多个品种。特别设立台湾农产品展示展销区，参展企业80多家，展出230余种台湾蔬菜、水果及农产品深加工制品。本届菜博会另设有“药用蔬菜厅”和“花卉厅”，各厅中设有蔬菜景点如锦绣中华、宝岛风光、水木年华、千古绝唱等菜中有景，景中有菜的奇观。

第八届中国（寿光）国际蔬菜科技博览会于2007年4月20日—5月20日在市蔬菜高科技示范园举行。本届菜博会以“绿色·科技·未来”为主题，促进农业及蔬菜产业的更大发展，推动社会主义新农村建设。主展区总面积

180000m²，设12个大展厅，室内展览面积达85000m²，室内外展位1500个，新增了山东省优秀农业龙头企业展区和15个分展区。大会共展出蔬菜、瓜果、花卉等品种2000多个。本届菜博会在展览展示上形成了以蔬菜多品种种植、果树栽培、实用高科技展示、标准化生产示范等板块，对蔬菜、瓜果产业的标准化生产、产业化经营的整个产业链条进行了全面展示。同时，新开辟的蔬菜景点展示厅，荟萃了天安门、绿色长城、鲤鱼跳龙门、流金岁月、四季平安、丹凤朝阳、龙船载福等景点，打造了生态农业观光黄金旅游。

第九届中国（寿光）国际蔬菜科技博览会于2008年4月20日—5月20日在寿光市蔬菜高科技示范园举行。本届菜博会以“现代、科技、希望”为主题，以展览展示为核心，集中展示了现代农业，尤其是蔬菜及相关产业领域的新品种、新技术、新成果。主展区总面积达350000m²，室内总展览面积达120000m²，拥有9个展厅，4个规模化蔬菜种植温室，设室内外展位2000多个。另有16个不同类型的分展区，从不同侧面全面展示了当今农业科技园区发展水平。展示蔬菜、瓜果品种2000多个，展出科研技术成果300余项，蔬菜艺术景点200多个。首次设立了山东省现代农业成果展区，集中展示了省内各地现代农业发展的新成果和新农村建设的新成就。举办了蔬菜产业高峰论坛、第五届蔬菜文化艺术节、中国欧盟企业家论坛等50余项活动。

第十届中国（寿光）国际蔬菜科技博览会于2009年4月20日—5月20日在寿光市蔬菜高科技示范园举行。本次菜博会以“绿色、科技、创新、发展”为主题，内外展位2000多个，展示蔬菜、瓜果、花卉品种2000多个，新增品种120多个，栽培模式30多种，新技术、新成果100多项，蔬菜景点200多个。同时举办国际设施园艺高层学术论坛、果蔬高效栽培技术研讨会及第六届蔬菜文化艺术节等文化交流研讨活动。

第十一届中国（寿光）国际蔬菜科技博览会于2010年4月20日—5月20日在寿光市蔬菜高科技示范园举行。菜博会以“绿色、科技、发展、共享”为主题，展览展示现代农业成果特别是蔬菜及相关产业的新产品、新技术、新成果，进行交流活动。展区总面积350000m²，设八个展厅（馆）、四个现代化蔬菜大棚和广场展位区。共展示菜果品种2000多个，有物联网智能化蔬菜管理系统、植物工厂技术、太空飞碟栽培技术等农业前沿技术以及30多种国内外最先进的蔬菜栽培模式。展会共有200多个大型蔬菜景观，同时也举办全国肥料产业现状与发展论坛、第二届蔬菜种业高层论坛、中国农业电视节目论坛等活动。

第十二届中国（寿光）国际蔬菜科技博览会于2011年4月20日—5月20日在寿光市蔬菜高科技示范园举行。菜博会以“绿色·科技·未来”为主题，全面提升展会国际化、专业化、法制化水平，进一步增强寿光蔬菜品牌优势，带动和促进现代农业与农村经济快速发展。会场总面积达 350000m^2，共设 1 个主展区和 11 个分展区，室内外展位 2000 个，展示名优蔬菜、瓜果、花卉品种 2000 多个，新品种 200 多个，新技术、新成果 100 多项，现代化栽培模式 30 多种，210 多个融入了文化内涵和现代农业科技的文化景点，寿光自主研发的智能化机器人，能够对蔬菜生长环境的温度、湿度、光照及病害情况进行监控，代表了蔬菜的未来发展方向。场馆新建了总面积达 20000m^2，是集观光、采摘、品尝、购买于一体的蔬菜采摘园。展会期间还将举办第二届中华农圣文化节，农圣文化国际研讨会，开设贾思勰农业科技大讲堂，“绿色天使”礼仪小姐大赛，菜王、瓜王、果王大赛等活动。

第十三届中（寿光）国际蔬菜科技博览会于 2012 年 4 月 20 日—5 月 20 日在寿光市蔬菜高科技示范园举行。本届菜博会以“绿色 · 科技 · 未来”为主题，全面汇集展示和互通交流国内外蔬菜产业领域的新理念、新品种、新技术、新成果，引导蔬菜产业的思路创新、机制创新、科技创新、管理创新，促进农业的转型升级。总展出面积达 350000m^2，其中室内 150000m^2，设八个展厅（馆）、六个蔬菜温室大棚、蔬菜博物馆、采摘园及广场展位。另外还设有多个分展区，全面体现农业产业化、标准化、国际化和现代农业园区建设水平。展会室内外展位共达 2000 个，共展示菜果品种 2000 多个，新技术、新成果 100 多项，首次展示磁悬浮蔬菜种植、机器人自动化采摘等新技术。展会期间举办第三届中华农圣文化节，现代农业专题论坛，现代农业实用技术培训活动，菜王、瓜王、果王大赛等活动。

第十四届中国（寿光）国际蔬菜科技博览会于 2013 年 4 月 20 日—5 月 20 日在寿光市蔬菜高科技示范园举行。本次菜博会以“绿色、科技、未来”为主题，以科学发展观为指导，全面汇集展示和交流国内外蔬菜产业领域的新理念、新品种、新技术、新成果，促进农业的转型升级。展会总面积增加到 450000m^2，其中室内展区面积 156000m^2，共有 10 个展厅（馆）、蔬菜博物馆、采摘园及广场展位区，室内外展位 2000 个。新增设两个面积同为 10000m^2 的高科技展厅。最具推广价值的蔬菜品种展示及最有潜力的蔬菜种苗繁育栽培、植物保护技术展示厅，厅内实行信息化管理，机械化操作，水肥一体化生产。最大的“荷兰模式”西红柿栽植区，采用岩棉栽植模式，共展示出 100 多个西红柿品种。盐生植物栽培区展出依托寿北资源开发出来的海洋蔬菜，成为本届菜博会的亮点。展会期间，举办第四届中华农圣文化节、首届文博会、第三届中国（寿光）国际设施园艺高层学术论坛等，进一步丰富了展会内容，提升了展会档次，扩大了展会影响。

第十五届寿光菜博会于 2014 年 4 月 20 日—2014 年 5 月 30 日在寿光国际会展中心举行。本次菜博会总面积达 450000m^2，其中室内面积达 156000m^2，设12个展馆（厅），共展出国内外蔬菜2000多种及寿光新研发的品种。展会的展示布局、科技含量、文化内涵、商业氛围等特色鲜明、亮点纷呈，相比以往的展会有了进一步的创新和突破。展厅主题也更加明确细化，突出展会学习型和技术推广型，演绎绿色峰会的别样精彩和现代农业的神奇魅力。其中整个一展厅是潍坊科技学院自主研发的蔬菜新品种及国内外值得推广的蔬菜新品种展示厅，此展厅实行水肥一体化生产、信息化管理、机械化操作，是现代最为先进的实地种植蔬菜展厅，其中有新品种栽培、蔬菜水肥一体化高产栽培技术和高档蔬菜花卉组织培养等技术。盐生植物栽培区展出依托寿北特有的盐碱地貌开发出来的海洋蔬菜，成为寿光蔬菜产业的又一亮点。蔬菜文化艺术景观共200多个，推进了现代生态农业旅游观光。产业采摘园占地20000m^2，是集观光、采摘、品尝、购买于一体的“田园超市”。园内蔬菜采用科学种植模式，严格按照国家有机农业的生产方式进行栽培，禁止使用农药等化学物质，均使用专业有机肥，配合荷兰熊蜂授粉等先进的植保技术，使农作物更营养、更安全、更健康。菜博会期间，多种形式、多个领域的交流活动同时举行。第五届中华农圣文化节、第二届文博会、第四届中国（寿光）国际设施园艺高层学术论坛、蔬菜产业大会等“展中展”“会中会”纵横交错，贯穿其中，进一步丰富了展会内容，提升了展会档次，扩大了展会影响。

第十六届中国（寿光）国际蔬菜科技博览会于2015年4月20日—2014年5月30日在寿光国际会展中心举行。本届菜博会以“绿色、科技、未来”为主题，共设有1个主展区和12个分展区，主展区面积达450000m^2，设有11个展厅、蔬菜博物馆及采摘园。展会展示果菜品种2000多个，新增品种200多个，新技术100多项，种植模式30多种。反季节栽培、果树生理调控等栽培技术，使南北方果树在同期内开花结果，人造光源生产绿色蔬菜、机器人采摘等智能化管理蔬菜，代表了蔬菜产业的最新技术和最高成果。蔬菜与文化相结合是此次菜博会的一大亮点，以“绿播丝绸路”为代表的蔬菜文化景观将传统文化、地域文化和现代艺术相结合，以西安标志性建筑“鼓楼”为起点，通过大雁塔、火焰山、楼兰古国、石头城、太阳城、特洛伊木马、荷兰风情等33处建筑组合，将“一带一路”的景观浓缩于展厅之中，造型精美、特点鲜明。

三、模式综合效益

首届中国（寿光）蔬菜博览会获得巨大成功，引起社会各界广泛关注，来自国内20多个省、市、自治区以及15个国家和地区的28万人次参会参展，原定7天的会期延长为18天。会议期间签订贸易合同8个，贸易额10亿元；

协议合同项目230个，签约额11.9亿元。本届菜博会充分展示了寿光和国内外蔬菜的优良品种、优质产品，让世界更多地了解了开放的寿光，也让寿光更快地走向世界。

第二届中国（寿光）国际蔬菜博览会先后有70多个国家和地区以及国内20多个省、市、自治区的38万人次参会参展。展会期间共签约项目75个，签约额18亿元；签定贸易合同34个，贸易额达15亿元，成为国内举办的规模最大的蔬菜专业盛会。

第三届中国（寿光）国际蔬菜科技博览会有来自70多个国家和地区及全国24个省、市、自治区的51万人次参会参展。国内160多家重要新闻媒体、450多名记者到会采访报道；签订合同、协议92个，签约32亿元，贸易额达20亿元。

第四届中国（寿光）国际蔬菜科技博览会尽管受“非典”影响，仍有来自50多个国家和地区及国内27个省、市、自治区的24万人次参会参展。签订合资、合作及独资项目76个，贸易额达27亿元，引资额37.38亿元，总投资额达42.78亿元。

第五届中国（寿光）国际蔬菜科技博览会共有来自美国、日本、韩国、荷兰等50多个国家和地区以及全国30个省、市、自治区的71.6万人次参会参展。100多家国内外媒体的400多名记者到会采访报道；共签订合同、协议77个，签约额达52亿元，贸易额31亿元。从本届开始，商务部正式批准菜博会为年度例会。

第六届中国（寿光）国际蔬菜科技博览会有来自50多个国家和地区以及全国30多个省、市、自治区的客商和观众达106万人次。新华社、中央电视台、人民日报等90多家主流媒体的550多名记者进行现场采访报道。会议共签订合资、合作及独资项目117个，签约额达96.7亿元，各类贸易额达153亿元。

第七届中国（寿光）国际蔬菜科技博览会吸引30多家中外著名农业企业、国家蔬菜工程技术研究中心、北京农林科学院以及20多个国家和地区、国内30个省市区的500多家客商到会参展。来自世界及全国各地的观众达136万人次。新华社、中央电视台、人民日报等100余家国内外媒体的600多名记者到会进行报道。大会共签订合资、合作及独资项目72个，签约额达98.4亿元，各类贸易额达157亿元。

第八届中国（寿光）国际蔬菜科技博览会有美国、法国、韩国、日本、以色列等20多个国家和地区、国内29个省市自治区的1100多家企业参展，来自世界和全国各地的观众达146万人次。新华社、中央电视台、人民日报、经济日报、农民日报、台湾TVBS、凤凰卫视等100余家国内外媒体的600多名记者到会报道，累计播发稿件 1000 多篇次。大会签约项目 73 个，签约额达 89 亿元，各类贸易额达 178 亿元。

第九届中国（寿光）国际蔬菜科技博览会共有来自美国、荷兰、韩国等 50 多个国家和地区的 152 万人次到会参观。新华社、人民日报、大众日报、中央电视台等 100 余家国内外媒体对菜博会进行了集中宣传报道，累计播发稿件 2000 余篇次。大会共签订项目 131 个，签约额达 138.7 亿元，合同贸易额达 202 亿元。

第十届中国（寿光）国际蔬菜科技博览会有来自 50 多个国家和地区，国内 30 个省市区 171 万人次到会参观，外地人员占到参会总人次的 70% 以上。新华社、中央电视台、人民日报、经济日报、农民日报、国际商报、中国质量报、大众日报等近 120 家国内外媒体、600 多名记者，从不同层面、多角度、深入广泛地向世人报道了菜博会，累计播发稿件 2000 余篇。全市与 20 多个国家和地区、100 多个经贸代表团开展了合资合作，组织开展了多种形式的项目推介、贸易洽谈和项目签约等活动，共签约项目 65 个，签约额达 106 亿元，贸易额达 161 亿元。

第十一届中国（寿光）国际蔬菜科技博览会共有 200 多个重要代表团、186 万人次到会参观。韩国、加拿大、美国、瑞士、以色列等 30 多个国家及台湾、香港地区的 3000 多家国内外企业参展参会。新华社、中央电视台、人民日报、经济日报、农民日报、国际商报、中国质量报、中国艺术报、大众日报、人民网、中国新闻网等近 100 家国内外媒体对菜博会进行了集中宣传报道，累计播发稿件 2000 余篇。菜博会期间，共签约项目 41 个，签约额达 144.7 亿元，贸易额达 160 亿元。菜博会主展区蔬菜高科技示范园被国家科技部授予国家农业科技园区。

第十二届中国（寿光）国际蔬菜科技博览会共有 200 多个重要代表团，120 多家国内外媒体，共计 201 万人次到会参观。菜博会期间，共举行了 35 次重点项目签约仪式，总投资额达 259.2 亿元，引资额达 158.2 亿元。

第十三届中国（寿光）国际蔬菜科技博览会接待会议团组 120 多个，参观人数达到 212 万人次。新华社、人民日报、中央电视台等 120 多家新闻媒体，从不同层面、深入广泛地进行了宣传报道。吸引 20 多个国家、地区及国内 28 个省市区的近万名客商参展，签约项目 41 个，签约额达 381 亿元，贸易额达 161 亿元。

寿光国际蔬菜科技博览会连续举办了十三届，国际化程度越来越高，国际经贸合作进一步扩大。与美国、荷兰、瑞士、德国、韩国、丹麦、日本等 50 多个国家及地区建立了长期业务合作关系。在会展形式上除了实体展馆，还开设了“网上菜博会”。采用数字虚拟、全景展示等技术实现网上展览、实体展览同步进行。菜博会推进了农业科技创新，推动了农业增效、农民增收，农业生产标准化、种苗化、基地化、品牌化、高端化。目前，寿光蔬菜生产基地发展到560000km^2，年产优质蔬菜40亿kg，17个产品获“国家地理标志产品”认定，552个品种获得“国家优质农产品”标志，成为“国家第一批现代农业示范区”“全国农产品质量安全工作先进单位”“全国农业标准化示范区建设先进单位”“国家食品安全示范县”和国家级“出口食品农产品质量安全示范区”。作为国内规模最大的国际性蔬菜产业展会，寿光国际蔬菜科技博览会被认定为国家5A级专业展会。

得天独厚的气候、区位、交通、历史文化以及雄厚的经济实力造就了寿光菜博会曾经的辉煌，随着今天信息化透明、交通越来越便捷、跨界资金投入农业等新元素的出现，寿光菜博会能否创新、突破蔬菜单一化产业、持续领先发展对于寿光菜博会是一个较大的挑战。

第八节　河南中牟模式

一、河南中牟地域概况

（一）自然气候

中牟县位于河南省中部偏东地区，隶属郑州市，东经113°46′～114°12′，北纬34°26′～34°56′。全县地理条件多为土地岗、洼相间，地形复杂，地貌多变。基本地势是西高东低，南北高，中间低的槽状地势。中牟县是典型的中纬度暖温带大陆性季风气候，四季分明，气候温和，雨热同期。年平均气温14.2℃，年平均日照2366h，日时数多，总辐射量大，全年无霜期240天，农耕期309天，作物活跃生长期为217天，有利于多种植物生长和农作物的复种。中牟县水资源比较丰富，全县年均降水量616mm，水质优良，年平均可利用总量5.5亿m^3，县境内大小河流40余条，县域水资源利用保护情况良好，年均引黄水量3.01亿m^3。全县林木覆盖率达到19.55%，生态环境优良。

（二）区位交通

中牟县区位优越，地处中原腹地，东邻古都开封市，南与新郑市、尉氏县接壤，西接省会郑州市，北濒黄河与原阳相望。境域东西最大宽度39km，南北最大长度55km，总面积为1406km^2。中牟县交通便捷，四通八达，铁路、公路、航空优势集于一体。陇海铁路、连霍高速公路、G220线、S102线横贯东西，S223线、万三公路纵穿南北。东接京九铁路、G106线，西连京广铁路、G107线。南距郑州国际机场28km，素有“一肩挑两市、一路通三城”

之说。中牟县土地总面积达 1416.6km^2，总人口达 71 万人，是中原经济区、郑州都市区、郑州航空港经济综合实验区三区叠加的中心区域，是郑汴融城战略和郑汴产业带核心区。

（三）人文旅游

中牟县为华夏文明最早发源地之一，历史文化悠久而灿烂，有众多文化古迹，主要有龙山文化遗址、裴李岗文化遗址，仰韶文化遗址。随着经济发展和旅游业的升温，中牟县总体规划了全县景区，雁鸣湖生态风景区、森林公园、东湖庄园、官渡古战场、三花村、潘安故里等景区连点成线，初步奠定了中牟县独具特色的旅游产业基础。仿古庭院、人民公社食堂、农家大院、垂钓园、欧式别墅、温泉洗浴等集人文、生态景观为一体的区域性生态休闲旅游成为人们休闲、娱乐、度假的主要选择。

（四）旅游农业发展

中牟县新农村建设稳步推进，农业结构调整成效明显。中牟县具有 28 种无公害农产品通过认证、266.7km^2 无公害作物种植面积，成为全省首批农业标准化示范县。建成标准化奶牛养殖小区 20 个，奶牛存栏 2.2 万头，成为全省畜牧业发展重点县和绿色乳业示范县。中牟县养殖水面达到 26.7km^2，有 5 个农业科技服务区域中心站。中牟县连续 16 年夺得河南省“红旗渠精神杯”，成为全国农田水利建设先进县。中牟“五洲绿源”牌西瓜、大白蒜、“牟红”牌黄河鲤鱼获省级名牌农产品称号。中牟大白蒜通过国家地理标志产品保护认证，成为全国“三绿”工程蔬菜类十大畅销品牌之一，《中牟大白蒜国家标准》填补了国内国家大白菜标准的空白。中牟大枣、大闸蟹、黑红薯、精米、辣椒等亦远近闻名。农业产业化水平持续提升，新建农村经济合作组织 68 个，创建市级以上龙头企业 26 家。农林牧渔业总产值达 45.5 亿元，年均增长 7.9%，农业综合经济效益显著提高。

二、模式内容

2010 年，中牟县提出建设“国内一流、国际知名”现代农业示范区的战略构想，并邀请中国农业大学规划设计院和中国旅游设计院，以高标准编制了农业发展规划，着力打造县域南北 630km^2 的都市型现代农业示范区。其中，以中牟·国家农业公园为代表的先导区建设成为中牟乃至郑州市都市型现代农业发展的一面旗帜。

（一）首届郑州中牟·国家农业公园嘉年华

1. 场馆概况

首届郑州中牟·国家农业公园嘉年华于 2014 年 4 月 17 号—5 月 3 号在中牟国家农业公园举行。本届嘉年华占地 4715333.3m^2，主要包括 8 馆 3 场 2 街

1 线，“8 馆”即：农科快轨、欢乐农庄、番茄迷宫、百舸争流、梦幻花香、乐活园艺、精品农业展销以及未来农业科普馆；“3 场”即：领头雁广场、欢庆广场、丰收广场；“2 街”即：室内小吃街、室外小吃街；“1 线”即：园区和生态水系游览线。内容涵盖农业、旅游、会展、科研、农产品交易、物流等多个行业。采用创意的手段予以包装，以人们喜闻乐见的形式呈现，并以充满农味的素材为特色，用生态的方式来传承农业文化，用生动的方式诠释乡愁，充分彰显了都市农业“旅游观光、采摘体验、休闲度假、健康养生”的无限魅力，创办成为一个集吃、住、行、游、购、娱为一体的，体现经济和社会效益的农业狂欢盛会。

2. 场馆布置

（1）农科快轨馆　场馆面积为 3994m^2，由四个板块组成，分别为：育种科技、精准农业、物联网农业体验以及生态农庄。展馆主要展示水培、基质培、雾培等栽培技术和成果以及姜山多娇、孔雀开屏等景观雕塑，充分体验现代农业技术对农业带来的新变化，吸引众多游客前来参观。

（2）欢乐农庄　场馆面积为 3994m^2，由四个板块组成，分别为：五谷道场、豆豆乐园、南瓜世界、水果汇。各种粮食作物种子制成的五谷丰登、农耕之魂等雕塑，集中将生活中的各种粮食作物一一展示，让广大青少年认识各种粮食作物，并感受传统农耕文化。

（3）番茄迷宫　场馆主要包含番茄新品种展示、番茄迷宫、番茄实验室、番茄酱制作工艺展示、花式番茄酱制作体验、吃番茄擂台赛及番茄采摘配送等各种以番茄为题材的活动，将我们生活中最常见的番茄重新演绎，让游客更加清楚认识番茄，给游客带来不同凡响的新鲜体验。

（4）百舸争流　场馆面积为 2754m^2，场馆主要开展热带鱼和淡水鱼等鱼类水族展示、鱼类知多少、亲子捕鱼、产品展销及捕鱼电玩等游戏互动体验活动，以“船和帆”的概念布景，将鱼类展示和互动游戏学习融为一体，使游人可以近距离与各种鱼类接触，增进对海洋的了解。

（5）梦幻花香　场馆面积为 4992m^2，精选世界各地百合名优品种，进口荷兰 149 个品种 22 万粒种球，分为红色、白色、粉色、黄色、橘色 5 个色系，有亚洲系、东方系、解炮杂交系、喇叭杂交系四大系列。以芳香植物为主材料，可提炼花香精油，进行手工皂制作等。精油制作工坊，手工皂 DIY 可提供游人亲手制作的场地。让游人在花香中获得享受。

（6）乐活园艺　展馆面积为 3456m^2，集中展示各种家庭园艺样板间，包括阳台园艺、露台园艺、居室园艺、屋顶园艺、别墅庭院园艺等，展示不同的园艺材料、器材及技术，并融入生活元素，满足市民精神和物质生活需求。

（7）精品展销馆　场馆面积为 6000m^2，汇集园区的各种精品，主要包括食品加工展示、优质农产品推广和农产品拍卖等。为全省农民、农业企业的特色农产品搭建一个展示、推介、销售的平台，促进订单农业、农超、农企对接，为游客选购安全、放心的特色农产品提供便捷的服务。

（8）未来农业馆　主要由三部分组成，分别为芽菜工厂、未来餐厅以及诺亚方舟进口通道、中间科普教育和100人的3D电影院，集生产、实验、教育、观光为一体。芽菜工厂展示芽菜生产全过程，含有26项专利技术，展现了一粒种子到一个蔬菜产品的生产、加工、产业化过程，7天的时间完整地展示一个从种子到餐桌的全产业链过程。展会还展示通过人脸识别系统、行为跟踪系统、眼球移动系统等7项技术来检测人应该怎么吃才会最有益健康，并可列出食材清单的新兴科技。

3. 三广场

三广场包括丰收广场、欢庆广场、领头雁广场。

丰收广场：是中牟国家农业公园的主要广场之一，占地面积为8000m^2，主要放置各种游客互动项目，如中小型游乐设施、嘉年华游艺等，同时也是花车巡游的主要表演区域，游客在这里可以体会到中原特色文化表演和农民丰收的喜悦。

欢庆广场：位于园区索克和广利的广场处，占地面积为10000m^2。欢庆广场主要有民俗表演、非物质文化遗产表演、二十四节气与传统农耕文化讲座、广场鸽互动活动和花车巡游表演。

领头雁广场：位于万邦渔庄内，占地面积为13000m^2。此广场距入口处最近，是入口人流集散、各种主题节目巡展等户外活动的主要广场。

4. 两街

两街即特色美食街、台湾风情美食街。

特色美食街：占地面积达1500m^2，汇集了全省、全国及全世界各地的特色美食，主题口号是“美人美景美新城，食粮食面食风尚”。美食街涵盖了河南省各地区的特色名吃，嘉年华期间供游客品尝，包括开封灌汤包、开封凉粉、濮阳壮馍、西华逍遥胡辣汤、邓城叶氏猪蹄、洛阳浆面条、新乡红焖羊肉、郑州烩面、郏县饸络面、固墙手擀面、商水疙瘩面、南德糊涂面、洛阳水席等。多种口味任游客选择，让游客在这里大饱口福。

台湾风情美食街：占地面积约4000m^2，集中展现宝岛台湾的人文风情、特色美食。嘉年华期间供游客品尝各种小吃，让游客在这里品味到独特的美食风味。为游客提供餐饮、休闲服务。

5. 一线即游览线

从雁鸣大道到一号路，围绕万邦生态渔庄、龙翔水产、凌云温泉、中加科技、广利农耕、索克香漫湖庄园，到四号路国成精品果蔬，再到二号路，志义农业科技、华秀花卉、苍润润园、富士康科技工厂、蝴蝶兰庄园形成的主要游览线。

嘉年华举办期间，梨园大戏台、舞蹈表演、农趣摄影展、五彩风筝节、你型我秀、情景剧表演等主题表演活动贯穿嘉年华活动期间。

（二）中牟·国家农业公园第二届农业嘉年华

中牟·国家农业公园第二届农业嘉年华于2015年3月28日—6月2日在中牟国家农业公园举行，以“农业梦、田园情”为主题，为期67天。本届嘉年华场馆面积增加19000km^2，景观、育苗品种数量相比第一届增加了一倍以上，主题活动增加7项以上。开展“七馆、四场、两街、两线、七活动”，“七馆”即七大主场馆：欢乐农庄、农科快轨、番茄迷宫、鸟语花香、乐活园艺、农产品展销、开心农场。“四场”即四大广场：领头雁广场、丰收广场、欢庆广场、露营广场。“两街”即两条美食街：龙翔室外美食街、丰收广场美食街。“两线”即两条观光线路：园区场馆游览路线、水上观光路线。“七活动”即七大主题活动：徒步大赛、骑行大赛、摄影采风大赛、风筝大赛、动漫乐园、田园好声音、房车露营节。活动形式更加突出了与企业之间的互动性、与游客之间的体验性和展示了县域南北的互补性。中牟·国家第二届农业嘉年华加入了更多互动元素，让每个场馆都“动起来”，吸引游客前来积极参与，为游客打造一个新鲜有趣、好看、好玩、好吃的农业盛会。

三、模式综合效益

中牟国家农业公园园区进驻的企业已达13家，高标准建设投入已达30亿元，建成了旅游要素完备的都市人休闲乐园和生态氧吧。嘉年华强力推进了中牟国家农业公园建设，助力中牟旅游产业的转型升级。

第九节　河北青龙模式

一、模式地域情况

（一）自然条件

青龙县是山区农业县，境内山多地少，素有“八山一水一分田”之称。青龙县是满族自治县，属暖温带亚湿润气候区，四季分明，日照充足，昼夜温差大，平均气温8.9℃，平均降水量715mm，年无霜期为162天。

（二）区位条件

青龙满族自治县茨榆山乡，位于河北省青龙满族自治县城东南20km，处在环京津、环渤海经济圈和冀东经济区内。距北京250km，距天津265km，距石家庄480km，距秦皇岛市区118km，距唐山市区145km，距承德市区160km。地处北京、承德、秦皇岛旅游金三角的中央，具有得天独厚的区位优势。

（三）人文条件

青龙为满族自治县，其地域文化具有明显的满族风情；同时奚族曾在青龙祖山建立王朝，所以这里也留有奚族的文化特点。满族服饰从衣服的材料、装饰花纹、款式，到鞋帽袜、发式与饰物均有一定的讲究和特色；奚族的服饰主要为胡服。在饮食方面有传统满族食品粘豆包、樟椤叶饼、粘饽饽等，奚族的饮食主要为水粥。青龙区盛产木材、山草、石料，房屋的建造以木石结构为主。格局传统，对房屋朝向、门窗开设的位置有一定的讲究，建屋还遵循一些信仰习俗。据考古研究发现，火炕应该是奚族人发明的。当地人们崇尚礼节、尊长孝亲；平时娱乐活动形式丰富，有猴打棒、青龙大秧歌、青龙寸子秧歌、皮影戏、剪纸等。奚族的奚琴赫赫有名，现在的二胡就是由奚琴发展而来。

（四）农业发展

青龙县为重要林业县和水果生产县，林地面积达1500km^2，水果种植面积27000km^2，主要种植苹果、梨、板栗等。2011年，青龙满族自治县财政累计投入“三农”资金9.3亿元，年均增长53%。新增省市级龙头企业37家、农民专业合作社217家。青龙县先后被认定为全国出口板栗食品质量安全标准化示范县、河北省肉鸡生产标准化示范区、中药材产业示范带和农民专业合作社建设示范县。其中“龙富”牌红富士苹果，被认定为2001年中国国际农业博览会“名牌产品”，备受国内外专家的好评和消费者的青睐。青龙县有林业用地2188.7km^2，现有林地面积1413.3km^2，干鲜果树2200多万株，全年果品产量达120000t，主要有苹果、梨、板栗等。由于气候适宜，生长期长，光照条件好，青龙县生产的水果含糖量高，酸甜可口，畅销国内外。青龙板栗是“京东板栗”的代表产品，在日本单独注册商标为“青龙甘栗”。

二、模式内容

（一）场馆情况

河北青龙农业迪士尼是以农业嘉年华为基础，以科技农业发展和本土农耕文化为素材，以迪士尼娱乐精神为引导的一种农业科技娱乐互动体验模式。展会共有六大场馆，主题紧紧围绕冀东和冀北地区主导产业，特色明显，以故事的形式来展开农业发展的过程，首先是现代科技和未来生产方式的展现，然后是农业发展的回顾，再到现在产业化的立体化、丰富化，最后是水与农业的关系及农业水力的利用。

（二）场馆布置

1. 蔬菜王国

本场馆以蔬菜为主题，围绕科技、智慧和生态三个方面，结合蔬菜的栽培技术、品种展示，互动娱乐，展现一个绿色、多彩的蔬菜高科技馆。场馆内有蔬菜品种200余种，其中新奇特品种50余种，涉及高科技栽培技术30余种，栽培模式26种，互动体验活动12项，如图6－116、图6－117所示。

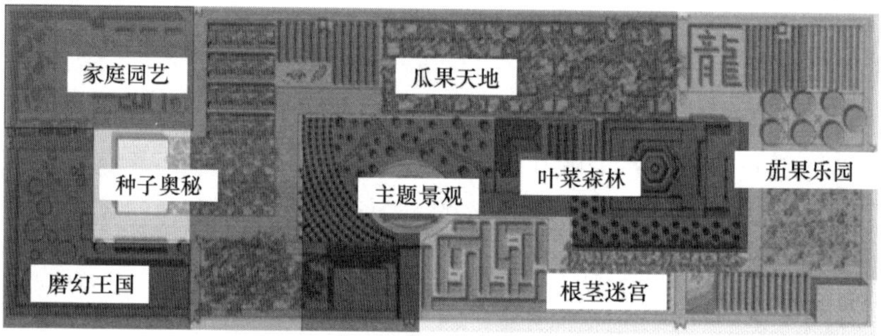

图6－116　蔬菜王国效果图

图6－117　蔬菜王国平面图

2. 农耕时光

本场馆以农耕、民俗文化为主题，将杂粮、中药种植展示与农事体验相结合，融入当地传统的奚族文化，挖掘当地传统美食与技艺，让游客在参与体验中感受当地生活细节和传统艺术。本场馆展示农作物品种 60 余种，栽培模式 7 种，新技术 17 种，新奇特品种 20 余种，中药品种 40 余种，互动体验项目 7 大类，如图 6－118、图 6－119 所示。

图 6－118　农耕时光效果图

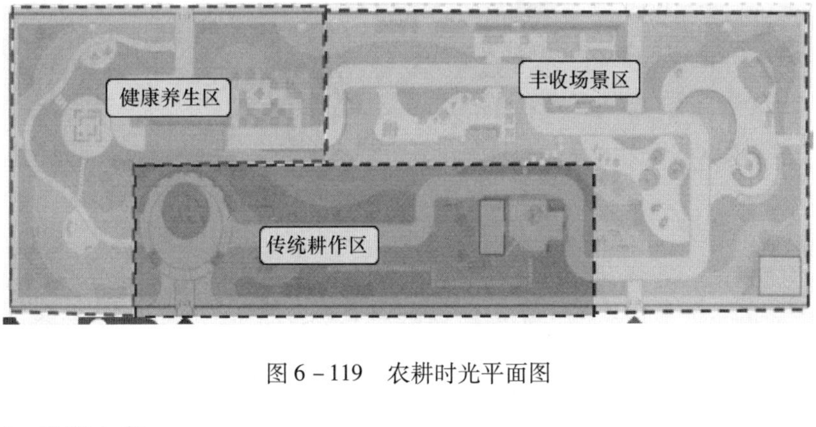

图 6－119　农耕时光平面图

3. 桑麻人家

本场馆以桑蚕文化为主线，结合满族文化，突出柞蚕产业，将棉麻纺织技术和现代科技引进来。将栽桑、养蚕、缫丝、纺织、加工等具体过程分为两个大区，同时将棉麻作为单独的分区，来讲述悠久的桑棉麻历史，展示桑树品种 64 种，高新技术 12 余种，栽培模式 10 种，新奇特品种 20 种，互动项目 12 项，如图 6－120、图 6－121 所示。

图 6－120　桑麻人家

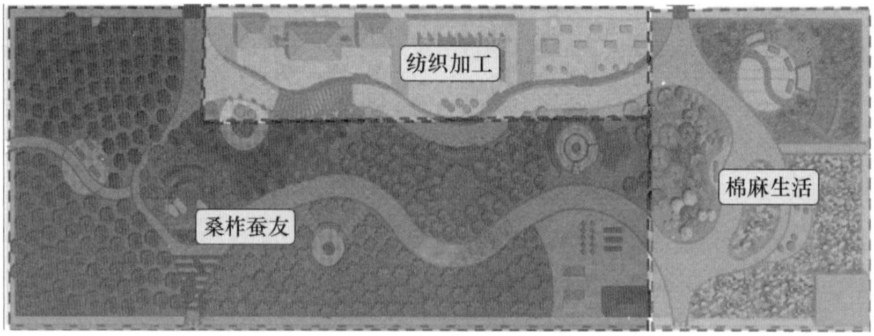

图 6－121　桑麻人家平面图

4. 花果奇缘

整个场馆的景观表现和内容表达主要通过人类男孩龙儿送水果精灵小青重返家乡的童话故事展开，是以植物由种子变为幼苗，再开花结果的发育历程为形式，从文化、应用与科教三方面为切入角度。以青龙县本地长城文化以及浪漫的花卉文化，打造多彩多样的文化景观效果；从花卉的可食性、药用性、艺术性等入手，配合果树的食用性，展现相关食用价值；收集当地的珍稀品种或者新品种、食虫植物、奇特品种进行展示，并配合插花艺术展示，对花的象征意义与结构等进行宣传。本场馆共有花果仙树、花海长城、玫瑰庄园等共 13 个节点景观，6 种关键栽培技术，14 项互动活动，展示花卉品种 210 种以上，如图 6－122、图 6－123 所示。

图 6－122　花果奇缘效果图

图 6－123　花果奇缘平面图

5. 鱼乐世界

本馆以鱼文化为主线，以渔业高科技示范为载体，以水科技为依托，打造养鱼、赏鱼、捕鱼、品鱼、咏鱼五大展区，彰显现代水产养殖与休闲渔业的科技性和前瞻性，通过寓教于乐的形式引导游客在科普教育与科技示范中学习、参与、体验、收获、乐享，并带动青龙县的水产养殖业融合发展，促进农民就业增收。本馆展示水产品种 100 余种，观赏水草 10 余种，养殖模式 10 项，水处理技术 7 项，物联网技术 2 项，互动体验项目 24 项，如图 6－124、图6－125 所示。

6. 水润嫁园

本场馆以农业水资源利用为主题，把古代农业粗放用水到现代农业高效用水历程和水生植物种植等进行实景和虚拟形式的展示。场馆以水资源分布与农牧业生产为主线，分为水作区（梦里水乡、水田织梦、水境灵鲜）和旱作区（灌溉农田、水科探秘、雨润牧场、水兴沙洲）两部分，结合生产实践，充分展示水科技、创意景观、科普文化、互动体验等内容，打造作物用水展示和互动体验区，体现了本场馆的科技性、科普性、文化性、艺术性、参与性和趣味性。

图 6－124　鱼乐世界效果图

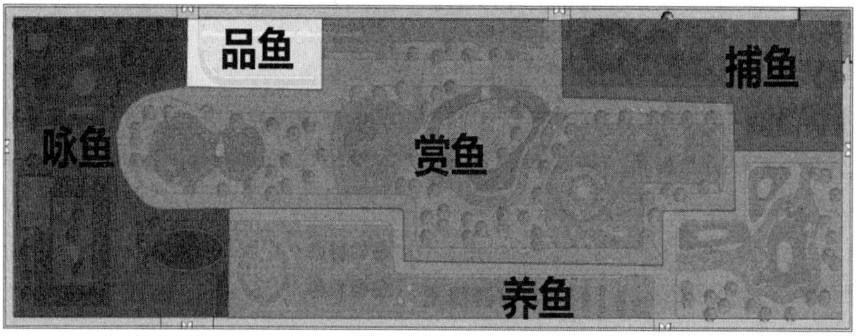

图 6－125　鱼乐世界平面图

场馆内涉及水科技 20 项（灌溉技术 15 项），水生蔬菜品种 12 种，水生植物 30 种，水稻品种 5 种，沙生植物 30 种，互动体验 42 项，如图 6－126、图 6－127 所示。

图 6－126　水润嫁园效果图

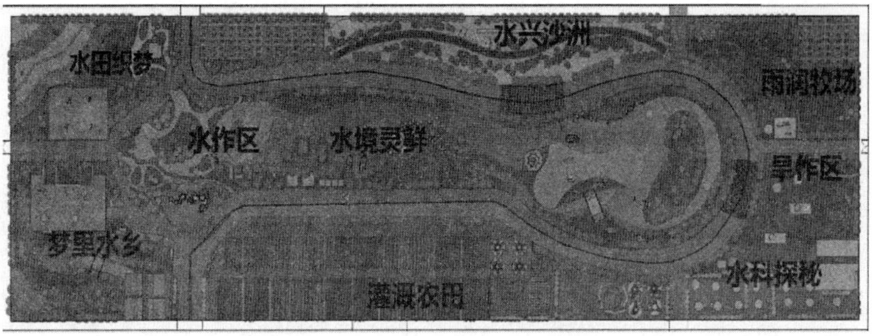

图 6－127　水润嫁园平面图

三、模式综合效益

农业迪士尼是以农业嘉年华为基础，以科技农业发展和本土农耕文化为素材，以迪士尼娱乐精神为主导的一种农业科技娱乐互动体验模式，是一个聚集资源、表达主题、扩延思想的平台，体现了和谐共生的农业发展理念，旨在构建一个共享欢乐的农业乐园。河北青龙农业迪士尼项目是河北省首个农业迪士尼，从设计上，凸显了国际性、先进性、科技性，展现了农作物从田间到餐桌的各个过程，涵盖了多个领域，从科技到人文，深度挖掘、融合创新，将引领冀东和冀北地区农业发展方向，优化了本地区产业结构。

第十节　辽宁凤城模式

一、模式地域情况

（一）自然条件

凤城地区属辽东山地丘陵地貌类型，北部是海拔 1000m 以上的侵蚀构造地形。中部是遭受中等切割的山地丘陵，属构造依次降低的阶段状地貌，向南至黄海沿岸，逐渐变为低丘宽达数十千米的波动起伏的带状平原，属海蚀和堆积地形。凤城地区属于中湿带湿润地区，大陆性季风气候，四季分明，全年平均气温 7.9℃，平均最高气温 14℃，平均最低气温 2.6℃；无霜期最多为 173 天，最少为 138 天，平均无霜期 156 天。多年平均降水量 1044mm，最大年降雨量 1509.4mm；平均日照时数 2372.2h。

（二）区位条件

凤城市交通发达便捷。境内有沈丹铁路、凤上铁路、沈丹公路、沈丹高速公路贯穿。大梨树村位于凤城市西南 10km 处，距沈丹高速公路凤城出口处 5km，公路贯穿境内，公汽交通便捷。

（三）人文条件

凤城市历史悠久，名胜古迹众多，旅游资源丰富，有国家 AAAA 级风景名胜区凤凰山、全国农业旅游示范点大梨树村、东汤圣泉度假村温泉、玉龙湖景区等旅游景点。而大梨树村是国家级生态农业旅游观光区，由花果山、药王谷、联珠三湖、仿古新村、影视城、休闲游乐区等区域组成，是集赏花摘果、休闲娱乐、度假避暑、会议接待为一体的综合性旅游区。这里的山水田园风光、传统中国医药文化、地道的农家饭菜深受游人喜爱。

（四）农业发展

2013 年，凤城市粮食产量达 245000 万吨。新建了 6 个国家级和 1 个省级玉米万亩高产创建示范区。2013 年新建设施农业小区 15 个，面积达 100km^2。辽东万亩苗木生产基地苗木产值达 3. 3 亿元。新建规模化养殖小区 22 个。新发展农业产业化龙头企业 6 家。凤城市被国家确定为粮食自给工程建设县（市），凤城市为丹东地区唯一的全国蔬菜生产信息检测基点县。凤城有 300 多年的烟草种植历史，被国家确定为烟草出口基地县。“凤城老窖”被评为中国十大文化名酒。大梨树、陶李村和草河丹玉园区先后被评为省级现代农业园区。凤城市先后被确定为全国商品牛、绒山羊和板栗生产基地，获得中国板栗“丹东栗”第一市（县）的称号。现在，凤城市的小浆果、山野菜、中药材、食用菌等特色产业均实现了增产增收。

二、模式内容

（一）场馆情况

凤城市大梨树村现代农业示范展示馆共两个场馆，建设面积共计为 12134. 4m^2。以现代都市农业为依托，以先进农业科技为支撑，以休闲农业为抓手，探索现代都市人群的多方需求，通过农业休闲旅游、健康运动、特色采摘等活动内容，打造集生态农业、都市农业和休闲农业为一体的独具特色的魅力农业园区。

（二）场馆布置

1. 瓜蔬溢彩

本馆建设面积为 5224. 4m^2，以各类瓜果、蔬菜新奇特品种立体栽培为展示元素，运用创意农业表现手法，结合大梨树村“干”字精神，体现了当地现代农业是“巧干、实干”的产业。根据不同作物生长习性和种植模式，分为特菜奇观—瓜彩世界—展销区—培训室四个功能区，全方位地展示了现代蔬菜瓜果立体种植科技、新奇特品种、创意文化景观以及菜果种养采摘等互动内容。场馆集中展示了新奇特根茎叶类品种48种，茄果类品种36种、观赏瓜类品种75种，立体栽培设施20余种，农艺科技40种，农艺景观节点10余个，添设互动体验项目6项，如图6－128、图6－129所示。

图6－128　瓜蔬溢彩效果图

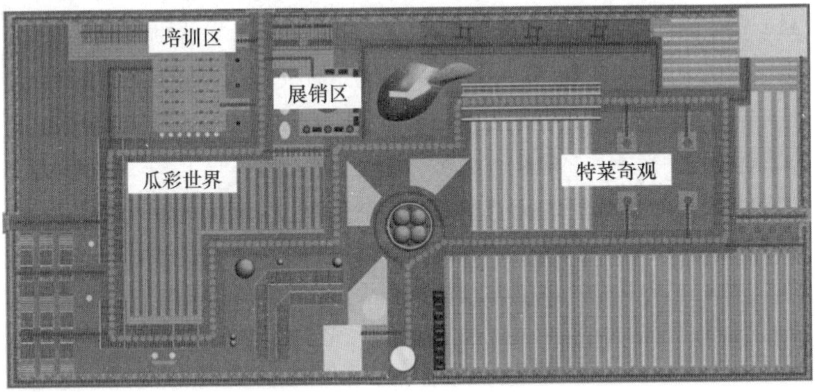

图6－129　瓜蔬溢彩平面图

2. 果茶飘香

本馆建设面积6912m^2，以各类新奇特草莓品种和科技栽培模式、南果北种、茶园景观、北方特色果树为展示元素，运用创意表现手法，打造出了丰富震撼的现代农业科技景观。根据不同作物生长习性和种植模式，分为南国风情、草莓乐园、特果香韵三个功能区，全方位的包括了现代农业科技、品种、创意景观、艺术体验等内容，如图 6－130、图 6－131 所示。场馆集中展示南方果树品种 41 余种，北方果树品种 15 种，草莓品种 43 余种、各类栽培模式 33 余种，先进技术 30 项，农艺景观 10 个，增添互动体验项目 8 项。

图 6－130　果茶飘香效果图

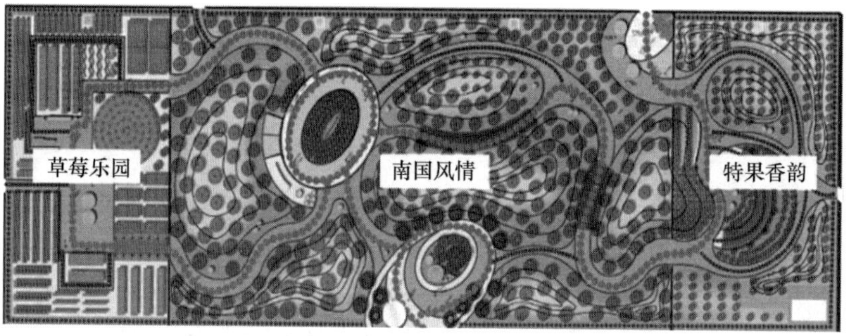

图 6－131　果茶飘香平面图

三、模式综合效益

凤城市大梨树村现代农业示范展示馆遵循“以农业为基底，以科技为支撑，环境友好为前提，文化融入、景观表现、功能保障为手段”的思路，将现代设施农业科技成果引入园区，融入凤城市大梨树村独具特色又丰富多彩的乡村文化中，设计了有创意的农业技术推广及农业观光项目，打造引领当地市区的高科技示范农业园，满足了当地及周边农民对先进农业技术的需求和农业生态观光旅游的需要，引领带动了凤城市的设施农业发展并使其成为农业生态观光旅游的亮点地区。

结 语

农业嘉年华，将嘉年华的理念引入了农业领域，是中国对农业的发展和创新，目前国外还没有相关报道。农业嘉年华就是农业行业里的狂欢节。现代农业嘉年华则融入了更多更新的内容，它以发展现代都市农业为方向，以市场需求为导向，以现代农业科学技术和科学装备为支撑，以农产品、农具为道具，以现代农业产业体系和经营形式为载体，以弘扬农耕文化、享受农事乐趣为内容，充分发挥农业的多功能性，用开放创新的思想，将农业与文化结合，是一场传统文化的盛会，是一个聚集资源、表达主题、扩延思想的平台。农业嘉年华经过几年的发展，越来越受到广大市民的欢迎，已经显示出了其旺盛的生命力。

目前全国农业嘉年华已经举办了20余期，北京中农富通园艺有限公司已在全国各地完成8个农业嘉年华项目，项目均取得了巨大的社会影响力。公司团队在完成项目的同时，也在不断总结、创新、发展这个项目，对于农业嘉年华的再发展，形成以下几点思考：

一、农业嘉年华项目运营的几点思考

中国农业嘉年华自从北京农业嘉年华开始真正获得了社会认可。一般而言，一个好的项目在五年左右的时间如果没有创新和提升，没有好的商业模式，都会步入衰落期。因此，在嘉年华运营过程中，应牢牢把握好以下几点：

（1）农业嘉年华项目是农业、科技、旅游、文化四轮驱动的一个综合载体。以科技创新，绿色生态，特色文化，互动体验等为特色，吸引广大游客前来参观。

（2）农业嘉年华项目是一个农业多功能性支撑的综合平台，是现代农业科技展示推广平台，地方优质农产品贸易平台，农业观光旅游休闲平台，新型职业农民培训和市民食品安全科普平台，中小学生社会实践认知平台，农业创新孵化平台，地方文化宣传平台。

（3）农业嘉年华项目是一个万众创新，大众创业的农业产业孵化器。嘉年华项目高度集成世界最新实用科技，凝练国内外“六新”（新思路、新模式、新工艺、新设施、新装备、新品种）发展理念，为农业企业孵化提供了技术支撑。

（4）农业嘉年华项目是一个现代农业的会展平台。在嘉年华场馆因汇聚世界先进技术和设备，所以具备举办农业专业会展和高层论坛的物质条件。原则上在每个省农业嘉年华最多可发展两个同类项目，所以具有独特性和稀缺性，基本可以引领全省农业科技的发展，农业嘉年华可以举办成为省级或大区域的农博会，特色展会，各种当地文化盛会等。

（5）嘉年华项目是一个高度聚集人气的项目，是经济、社会、生态三效合一的市场化项目。因其多功能属性极强，所以能获得社会各阶层的一致认同。它建立了沟通农民生产和市民消费的桥梁，也打破了企业和政府各负其责的责任界限问题，同时解决了农民就业增收的问题。

（6）农业嘉年华项目也是一个农业综合体或农业旅游综合体项目，是一、二、三产联动项目，是城乡统筹一体化项目。它是农业嘉年华项目，农业科技园项目，农业奥特莱斯，农业迪士尼等高度集成。它能最终实现引领现代农业发展、促进农民增收、建设生态、美丽新农村的目的。

二、如何提升品种展示和科技展示功能的思考

随着国内嘉年华项目的不断建设，给农业带来的重大机遇也让农民对未来发展有了全新的认识。它不仅是一个典型的三产融合项目，同时也是一个典型的都市农业多功能项目，需要几个方面努力：

（1）要继续深入挖掘和认真理解农业嘉年华。农业嘉年华作为一个都市农业项目，已经成为一个全社会逐步认可的品牌，有很大潜力可挖。

（2）要有充分的危机意识，嘉年华项目需要不断创新，才能保证这一新生事物能够可持续发展，保持其新鲜度。

（3）要充分强化放大嘉年华的农业特色和科技特色，才能保证品牌长效运行。

（4）要充分和当地的实际情况结合，融入当地农业发展的大背景，结合当地文化，充分发挥三产融合功能，并保持创新、开放、绿色的发展理念。

（5）要真正做到在当地农业发展中起到长期引领示范作用。要实现三效合一，特别是要注重农业嘉年华在经济效益上的提升。

具体做法：

（1）每个场馆设计要与当地主导产业相匹配，为场馆长期发展和经营提供创新方向和物质基础。一般全省只支持一个农业嘉年华主旨项目，所以要在全省选择主导产业。

（2）每个场馆要按照所选择的主导产业所涉及的品种，依据建设品种资源库的模式去不断引进完善，跟踪世界品种发展趋势，及时引进最新品种。

（3）每个场馆要与当地历史文化或主导产业文化做到深度融合，同时体现农业的多功能性。

（4）每个场馆要充分表达现代农业科技要素，引领并服务于当地农业理念的开拓性发展。

（5）每个场馆随着设计面积的逐步扩大，要具有一定的生产和研发功能。

三、嘉年华项目设计，运营过程中要实现几个观念的转变

观念一，要实现整体项目由短期运营向长期周年运营的转变；

观念二，要实现由场馆设计重视技术和品种的数量型向数量和质量并重型转变；

观念三，要实现由整个项目单一参观展示功能向生产功能和展示功能并重转变；

观念四，要实现由单个场馆只注重景观效果向单个场馆设计要结合当地主导产业发展转变；

观念五，要实现由单纯技术和品种堆积的技术设计思想向人文化、系统化设计思想转变；

观念六，要实现由目前各场馆策划各自为战、互不关联向串联各场馆设计和场馆排列顺序的思路转变；

观念七，要实现由场馆静态设计向全年动态设计转变（季相变化）；

观念八，要实现由场馆平面设计向立体设计转变（空间景观）；

观念九，要实现由单一门票盈利模式向多种盈利叠加模式转变；

观念十，要实现劳动力由粗放式管理向绩效制、精细化管理转变。

四、强化农业嘉年华生产功能的思考

传统嘉年华多以旅游休闲功能为主。国外嘉年华主要以丰收庆贺活动为主，中国嘉年华，多以观光旅游为主，场馆内农产品主要用于展示，没有生产和销售的要求。因此本质上是农博会的升级，现代农业生产销售功能相对弱势。

都市农业生产功能，也称经济功能，是指通过发展都市地区生态农业、高科技农业和可持续发展农业，为都市居民提供新鲜、卫生、安全的农产品，以满足城市居民食物消费的需要。农业嘉年华是一个都市农业综合体，在注重生态功能、社会功能、示范和教育功能的同时，也要加强其生产功能。高科技农业展览馆除了进行现代最新农业生产技术的试验、示范、展示、推广外，对一些成熟的现代高科技栽培技术也可以进行大面积标准化生产，为市民提供优质、安全具有高附加值农产品。要充分利用好现代化的温室，在不影响观光效果的情况下，尽可能加大种植密度，增加产出。利用好现有的生产设施，增强设施的生产功能，也是一项创新活动。通过密植化、立体化来增加植物的密度，不仅可提升种植观赏效果和产出，也可提高设施的利用率。要充分做好育苗茬口、育苗批次周期安排，场馆内展示的农产品应在其生长

的最佳时期及时采摘出售，以充分利用温室内资源。

五、增加游客体验项目的构思

农业嘉年华要实现真正意义上的突破，做到可持续发展，必须树立科学发展观，抓住农业旅游业的本质规律和游客的根本需求，增加游客体验活动。体验活动作为农业嘉年华的一大特色，是吸引消费者前来的最大特色，人们选择农业体验，是为了满足好奇心或者回忆早年的经历，因此要抓住消费者的这种心理，才能准确把握市场动态，不断推出新产品以满足消费者需求。

（一）构思一个好的体验主题

每一种体验都应当有一个主题，无论这些主题是有专门指向的还是泛泛所指的，无论主题设计是优秀还是拙劣，无论主题实施严格还是松懈，这些都会在体验中慢慢被体现出来。因此，寻找一个合适的主题可以说是体验项目的设计中心环节。

那么怎样才能算得上一个好的体验主题呢？

第一，吸引人的主题必须能够淡化宾客的现实感。在戈特迪纳的主题分类中，每一个主题都能改变人类体验的维度，无论体验者当时的年龄、地理位置、环境条件（熟悉或陌生、危险或安全等）、社会关系或自我形象有何不同。建立不同于日常活动的供人投入、学习、娱乐和感受的现实，是所有成功主题的基础，也是建立地方感的核心要求。

第二，给人感受最丰富的主题往往拥有可以改变人们现实感的主题。例如，停车库是一个我们都体验过的空间，一般的停车线是用一维标志来体现空间位置的，作用就像一个报摊，给自己划定一个范围，使用者通常用来停车，不必担心之后找不到车。标志牌提供的是二维体验，能让人看到自己把车停在了什么地方。而在芝加哥的奥黑尔机场，这里对标准停车库的主题化设计是三维式的。显然，这样做给找车带来了很多乐趣，人们再也不用像在其他停车场那样面对茫茫车海挠头了，他们很快就能找到自己的停车地点。

（二）开发体验性旅游项目

农业嘉年华具体项目的体验设计是游客体验项目的核心。科学合理地开发体验性旅游项目也正是嘉年华的成功所在。如何强化嘉年华具体项目的体验化设计，有以下几个关键步骤：

第一，设计场景和营造体验氛围。利用现有的资源搭建体验的场景或“舞台”，为旅游者提供一个体验的真实环境。针对具体的体验主题，可以设计出若干活动场景，这些活动场景要紧紧围绕主题精心组合，由体验线索把它们串联起来。而且，在每一个场景中都要根据体验要求进行精心的氛围包装，充分刺激消费者的各种感官。在旅游活动的开展中，被涉及的感官越多，就可足以构成美妙的感觉。

第二，策划活动和设计体验过程。在具体的体验场景和“舞台”设计基础上，根据主题线索设计体验“剧情”，策划各种活动项目，打造一个高享受的体验过程。在旅游产品的“舞台”设计和“剧情”表演中，经营者扮演着“导演”的角色，各种旅游资源构成了“道具”和“舞台布景”，在主题公园这个大剧场中，旅游体验者和服务人员共同作为“演员”在舞台上演出，在某些场合还要突出旅游者的主角色彩。

第三，塑造意象和设计体验意象。意象是主题在体验活动中的折射，是更加具体、更为直接的一种活动概括和图景描绘，更具现实性和宣传效果。体验项目要讲究意象塑造，只有赋予项目以形神兼备的意象，才能激活旅游体验者内在心理空间的积极主动性，引起其发自内心的热烈反响，进而积极参与体验中，最终达到身心的满足。

基于以上理论，农业嘉年华要围绕农业生产过程、农民劳动生活和农村风情风貌，精心策划，做到体验类型多样，乡土文化创意新颖，休闲特色明显，公众参与度高，带动农民增收和增加农产品销售作用大。要体现农业嘉年华内容的创新和差异性，避免节庆活动雷同。农业嘉年华不能追求形式上的模仿，要挖掘浓厚的文化底蕴和农作方式、生活习惯、趣闻传说的展现。将乡村文化创意内涵挖掘出来，深层次、多方位地开发设计营销思路，做出具有乡村特色的创意产品，才能增强活动的吸引力。要努力提炼乡村历史文化、民俗文化、生态文化和农耕文化，让消费者体验返璞归真的乡野乐趣。通过开发一批融创意性、知识性、竞技性、趣味性、艺术性、参与性为一体的创意农业旅游产品，可满足消费者个性化旅游需求，打造有口皆碑的创意农业旅游节庆品牌。

（三）提供游后体验载体——旅游纪念品

人们到一个地方旅游，通常会购买旅游纪念品以示纪念，如明信片、工艺品等。旅游纪念品买回来以后，人们通常会有两种做法：珍藏或赠送他人。珍藏纪念品的人往往把纪念品看做是他们宝贵的个人财富中的一部分，一次难以忘怀的体验的纪念。根据心理学分析，他们中的很多人会向别人炫耀自己的体验、讲述自己的体验。而把纪念品作为礼物赠送他人的游客即使不主动讲述旅游中的所见所闻，也会倍受赠者所问及。因此，旅游纪念品成为承载旅游者旅游体验的载体，它是消费者进行口碑传播的最直接也是最有效的有形展示物，是一种强有力的无声广告。因此，旅游纪念品的开发需加重活动体验的标志性：使用个性化的设计，对不同类型的游客提供不同类别的纪念品，这类纪念品常常成为人们旅游结束后向亲友炫耀的道具。

六、完善农业嘉年华服务体系

除了必要的咨询服务处、商业服务点、餐饮服务处、邮政服务点、医疗服务点设置外，应设置游客意见箱。进一步加强管理，保持交通畅通，加强进场农产品管理，杜绝小商贩趁机混入，兜售伪劣农产品和哄抬物价；完善环境卫生管理制度，进一步加强环境卫生，减少垃圾，保持清洁；规范从业人员行为，场馆所有工作人员应当提前培训、统一服装，正确运用普通话、做到对嘉年华各个场馆了如指掌，熟知旅游线路及解说词；各场馆导游指示牌、品种介绍牌、互动体验解说牌要做到数量和质量均到位，全方位为游客着想；总结经验和教训，换位思考，站在游客的角度审视各场馆服务体系是否存在欠缺和不足，每周开展总结会议，对发现的问题、采取的措施、取得的经验和教训进行总结归纳并进行交流和学习，以便今后为游客提供一个更为舒适的旅游环境。

总之，农业综合体是区域经济社会发展到较为发达的新阶段出现的一个新兴产物，是对长期以来农业园区实践的不断总结后提出的一个现代农业发展的新概念，它是来源于农业园区，又高于农业园区的新概念，可以说是现代农业园区的“升级版”。作为诞生于农业发展新阶段的新生事物，以新理念、新内涵、新模式、新机制、新使命彰显其鲜明的时代特征。农业嘉年华的本质是农业综合体或农业旅游综合体项目。中国农业嘉年华自北京嘉年华的成功举办开始真正获得了社会的认可。实践证明，农业嘉年华越来越受到政府和各界人士的广泛好评，是现代农业的引领者。农业嘉年华将立足自然、文化资源，以市场为导向，以文化为内涵，拓展农业范畴，使农村与城市交融，人与自然和谐共处，通过自身的不断发展成为创新型现代农业盛会。

参考文献

[1] 陈安全，牛牧，黄娜，等．城郊农业观光园设计探讨［J］．现代农业科技，2010（1）：248－249.

[2] 陈剑．浅议园林景观设计施工图［J］．硅谷，2009（24）：99.

[3] 陈雪梅．传统农业向现代农业的转变［J］．特区经济，2000（8）：30－33.

[4] 程志波，张善信．狂欢后的沉思——嘉年华的技术文化意义［J］．山东科技大学学报，2004（2）：22－25.

[5] 第三届北京农业嘉年华调查分析［J］．北京农业职业技术学院学报，2015（5）：5－9.

[6] 第四届北京农业嘉年华活动举行［J］．饲料广角，2016（6）：5.

[7] 高成．南京农业嘉年华建设广场集市的经验与启示［J］．经济研究，2010，26：46－47.

[8] 谷莘，刘树，任荣．基于游客视野的北京农业嘉年华的分析与思考［J］．北京农业职业技术学院学报，2016（4）：13－17.

[9] 侯健美，张军．解析“嘉年华”掘金之道．北京日报，2004.7.20.

[10] 胡零二．园林施工规划与施工中的细节处理［J］．现代园艺，2014（24）：197－198.

[11] 金成，徐淑梅．我国主题公园经营管理的深层次开发研究——以迪斯尼、嘉年华的成功管理经验为例［J］．边疆经济与文化，2007（11）：24－25.

[12] 金水根．硬质景观施工图设计与工程施工的控制［J］．科技创新导报，2010（02）：101－103.

[13] 鞠熙．法国狂欢节与城市政治：从文艺复兴到现代狂欢节的兴起［J］．节日研究，第十辑．

[14] 李保印．21世纪的生态农业模式农业观光园［J］．河南职技师院学报，2002（03）：68－70.

[15] 李纯锴．基于DEA模型的乡村旅游土地流转的经济效益评价——以重庆市“美丽乡村嘉年华”为例［D］．硕士学位论文，西南大学，2011.

[16] 李海娥，何再平．试论我国主题公园发展的新选择：增加游客体验——环球嘉年华成功的启示［J］．宁波大学学报，2005（4）：137－141.

[17] 李坤，钟倩如，黄思寒．农业嘉年华面面观——关于一场农作物狂欢的思考［J］．北京农业，2015（12）：39－40.

[18] 李清亚．浅析园林施工图绘制［J］．四川建筑，2013，33（6）：62－63.

[19] 李艳，张巧玲，董观志．中国嘉年华的制约因素与发展策略［J］．特区经济，2008（3）：279－280.

[20] 林虹．浅谈如何做好景观施工图设计［J］．福建建材，2014（06）：39－41.

[21] 刘灿．探讨优秀植物配置图的设计流程［J］．广东园林，2011（04）：38－41.

[22] 农业嘉年华开启新型产业［J］．农业科技与信息，2013（9）：39－40.

[23] 秦向阳，王爱玲，张一帆，等．创意农业的概念、特征及类型［J］．中国农学通报，2007（10）：29－32.

[24] 沈建华，张永清，储建．欢乐嘉年华休闲乡村游——南京旅游农业发展侧记［J］．

江苏农经济，2005（10）：15－16.
［25］盛起．浅谈园林施工图［J］．山西建筑，2009，35（15）：346－347.
［26］田亦平，陈奕捷，范子文．南京农业嘉年华考察报告［J］．北京农业职业学院学报，2012，26（2）：12－17.
［27］图解园林施工图系列［M］．北京：中国建筑工程出版社，2011.
［28］王爱玲．国外的创意农业［J］．国外农业，2014（9）：39－40.
［29］王爱玲．国外的农业创意：类型、经验及启示［J］．世界农业，2014（5）：16－19.
［30］王劲军，陈大治，徐玉柱．现场设计配合的几点经验［J］．管理方略，60.
［31］王涛，唐炎．论乡村体验旅游在城乡大众体育统筹发展中的作用——以重庆乡村嘉年华体验旅游区为例［J］．山东体育学院学报，2009（07）：21－24.
［32］徐成响．从农业嘉年华看都市型现代农业发展的结构化模式［J］．北京农业职业学院学报，2013（2）：15－18.
［33］杨鲲鹏．农业嘉年华让都市农业“魅力四射”［J］．中国农业信息，2014（7）：10－13.
［34］尤溪镇—国庆“乡村嘉年华”发力“生态经济”．台州日报，2008.10.5.
［35］余敖，郭丹．园林硬质景观施工图的表现方法［J］．广东园林，2009（06）：39－40.
［36］俞菊生．都市农业的理论与创新体系构筑［J］．农业现代化研究，1999（04）：207－210.
［37］张天柱，廖海．广西玉林“五彩田园”农业嘉年华——全国面积最大且首个全年开放的农业嘉年华场馆［J］．农业工程技术，2015（12）：16－18.
［38］张月芹．流行词语“嘉年华”探析［J］．菏泽学院学报，2008（60）：104－106.
［39］赵惜然．国外节庆大观［J］．北京农业，2014（32）：46－48.
［40］周代红．园林景观施工图设计［M］．北京：中国林业出版社，2010.
［41］3000余件休闲农业创意精品火爆北京农业嘉年华［J］．中国乡镇企业，2014（4）：39－40.

主题景观

蔬菜组合景观

立体管道栽培

树式栽培

高空管道栽培

巨型南瓜

总平面图

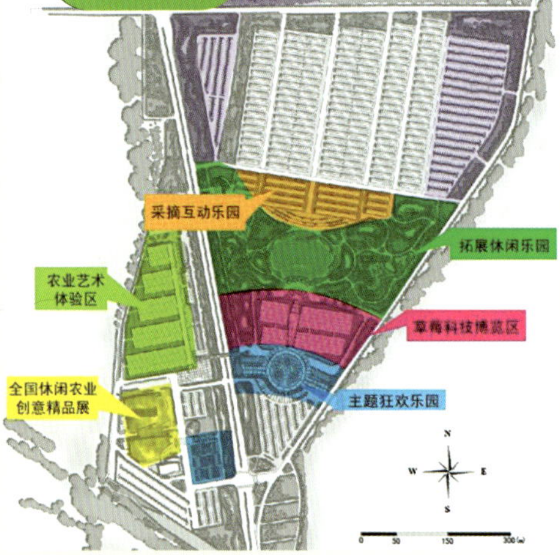

草莓采摘体验

迎客景观雕塑

奇特的观赏瓜

模具娃娃塑形

立体栽培

总平面图

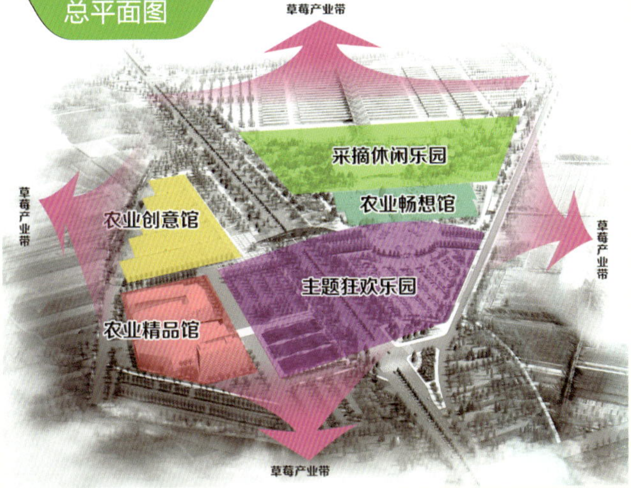

希望田野主题景观

向阳花海种植景观

田园情话景观小品

农事互动体验

奇瓜荟萃主题景观

总平面图

乡野味道景观

蔬菜景观雕塑

欢庆丰收景观

竹艺廊架

和美田园景观

总平面图

嘉年华园区实景图

蚕架 DIY 互动

科普教育合影

瓜彩世界主题景观

玉树迎宾景观

心形组合景观

中国花卉分布景观

高效栽培展示

农事互动体验

观光游客

桑蚕养殖展示

总平面图

蔬艺百科主题景观

开幕式现场

水主题景观

玉米贴画展示墙

科技栽培

总平面图

曲径通幽景观

竹艺船景观

沙漠植物景观

互动体验

现场参观游客